ramses 2022

SOUS LA DIRECTION DE **THIERRY DE MONTBRIAL** ET **DOMINIQUE DAVID**

ifri

AU-DELÀ DU COVID

- SORTIR DU COVID
- LA COURSE À LA PUISSANCE
- 30 ANS APRÈS LA CHUTE, L'ESPACE POST-SOVIÉTIQUE

DUNOD

Illustration de couverture : © gettyimages
Mise en page : Belle Page

11, rue Paul Bert, 92240 Malakoff
www.dunod.com

ISBN 978-2-10-082210-2

Sommaire

Table des matières

Partie 1 Perspectives

Partie 2 Trois enjeux pour 2022

» La course à la puissance

» 30 ans après la chute, l'espace post-soviétique

Sous la direction de Tatiana Kastouéva-Jean

Partie 3

Le monde en questions

Les vidéos du RAMSES 2022

Découvrez 8 interviews exclusives pour éclairer les lignes de force des thématiques du RAMSES 2022.

Perspectives, p. 15

Thierry de Montbrial

- Sous l'invocation rituelle au multilatéralisme, les puissances de toutes tailles ne cherchent-elles pas d'abord à structurer leur zone d'influence ?
- Depuis le dernier sommet de l'OTAN, la Chine est-elle officiellement entrée dans le « portefeuille » de l'Alliance atlantique comme menace ?
- Le « Sud » est-il destiné à devenir l'horizon stratégique majeur des Européens ?

Trois enjeux pour 2022, p. 38

Dominique David

Présentation des dossiers phares du RAMSES 2022 :

- Sortir du Covid
- La course à la puissance
- 30 ans après la chute, l'espace post-soviétique.

Démondialisation, nouvelle mondialisation ?, p. 66

Françoise Nicolas

- Le Covid a-t-il créé la crise de la mondialisation ?
- Comment se manifeste dans le domaine économique le retour des États ?
- Quelle organisation pour les chaînes de valeur dans l'après-Covid ?

L'UE projetée vers la puissance ?, p. 126

Claude-France Arnould

- L'UE a-t-elle bien ou mal « improvisé » face à la crise pandémique ?
- En dépit de ses proclamations, l'UE n'a toujours pas de politique étrangère : pourquoi ?
- Synergies de défense entre Européens : est-ce une percée vers une défense commune ?

La Russie après la réforme constitutionnelle, p. 142

Tatiana KASTOUÉVA-JEAN

- Peut-on mesurer l'impact de la pandémie sur la Russie ? sanitaire, économique ? politique ?
- La stabilité politique du régime est-elle assurée par le démantèlement progressif des oppositions ?
- La diplomatie russe paraît aligner les succès : quelles sont ses impasses ?

Terrorisme : vingt ans après, p. 288

Marc HECKER & Élie TENENBAUM

- 20 ans après le 11 Septembre, l'Afghanistan et le Sahel signent-ils l'échec de la « guerre contre le terrorisme » ?
- Comment évolue la géographie de l'implantation et de la menace terroristes ?
- Le terrorisme doit-il être éradiqué ou simplement endigué ?

Quel horizon pour la France au Sahel ?, p. 256

Alain ANTIL

- La fin de l'opération Barkhane marque-t-elle un retrait des Français et la fin des interventions classiques contre le terrorisme ?
- L'objectif du renforcement des États sahéliens et de leurs armées est-il réaliste ?
- Y a-t-il un risque d'extension du djihadisme sahélien à d'autres pays d'Afrique de l'Ouest ?

Le climat à l'heure de la COP26, p. 296

Carole MATHIEU

- À quelques mois de la COP26, quel bilan peut-on dresser de l'application de l'accord de Paris ?
- La rivalité sino-américaine peut-elle servir la lutte contre le réchauffement climatique ?
- Les engagements européens sont-ils tenables ? Et à quelles conditions ?

Partie 1

Perspectives

par Thierry de Montbrial

L'état du monde au milieu de 2021

vidéo
http://dunod.link/ramses01

À vaincre sans péril…

À l'issue d'une étrange campagne électorale passée dans son bunker, Joe Biden est devenu président des États-Unis. Vaincu par la pandémie, Donald Trump s'est montré comme prévu mauvais perdant, et l'assaut du Capitole, le 6 janvier 2021, restera dans les mémoires comme, aussi, la sinistre journée de l'inauguration du 46e président. Les divisions du pays n'ont pas disparu. Et l'affligeante propagation de la *cancel culture* et de la *woke culture*, qui pétrifie les universités américaines, envahit même l'Europe, pour ne pas dire la France, dont elles sont originaires à travers le structuralisme des années 1960 et ses avatars… Tout cela nourrit, en Chine, en Turquie et ailleurs, l'impression d'une décadence de la civilisation occidentale. Ce n'est d'ailleurs pas une bonne nouvelle pour la Russie, dont l'entente avec la Chine a des limites géopolitiques et culturelles dont on pressent qu'elles seront vite atteintes.

Au lendemain de son élection, le nouvel hôte de la Maison-Blanche, vieux briscard de la politique, a mobilisé l'*establishment* démocrate pour « guider à nouveau le monde », comme si « le monde » n'aspirait qu'à se ranger derrière lui. La nouvelle administration américaine est professionnelle et cohérente, prête à des concessions à l'air du temps. Le secrétaire d'État Antony Blinken est connu et apprécié en France, où il a vécu ses jeunes années. L'Europe, qui retenait son souffle dans la crainte qu'un Trump réélu ne sonne la fin de l'Organisation du traité de l'Atlantique nord (OTAN), est soulagée. Dans l'Europe du Sud, droguée à la dépense publique, la Bidenmania se nourrit aussi d'une contestable comparaison avec Roosevelt, comme si les effets de la pandémie étaient du même ordre que ceux de la Grande Dépression, puis de la guerre. On attribue à Biden les mérites de la vaccination et de ses effets, alors que sur ce point au moins c'est à Trump qu'il faudrait rendre hommage. En tout cas, l'Amérique de Biden s'est immédiatement montrée tout aussi égoïste que celle de son prédécesseur : *America First*, bien sûr. Une fois les siens servis on s'occupera des autres, en faisant de la politique. Tous les États qui en ont les moyens font de la politique, même avec les vaccins.

En politique étrangère, les premiers pas de la nouvelle administration ont été sans surprise : réaffirmation rhétorique de l'attachement au multilatéralisme (contrastant avec la commémoration virtuelle et lugubre du 75e anniversaire de l'Organisation des Nations unies [ONU] en septembre 2020) ; retour dans l'accord de Paris sur le climat (un rare point d'entente avec la Chine), tout en défendant bec et ongles les intérêts gaziers ; retour aux rites dans les alliances héritées de la guerre froide ; reprise du dialogue diplomatique avec la Russie ; priorité stratégique à contrer les ambitions de la Chine ; annonce de la volonté de rassembler sous la bannière étoilée toutes les démocraties du monde (mais quelles démocraties ?…) ; intention d'en revenir à l'accord nucléaire avec l'Iran (JCPoA) et de rééquilibrer la politique au Moyen-Orient, malgré le poids de la droite israélienne, y compris pour le conflit israélo-palestinien réveillé en mai 2021 ; confirmation unilatérale du retrait d'Afghanistan, au risque d'un retour en force des Talibans ; plus généralement, volonté de prendre du recul par rapport à tout ce qui ne touche pas aux intérêts américains essentiels ; accord de principe sur la taxation des entreprises multinationales...

Le président Biden a triomphé sans gloire, mais il a le mérite de se montrer modeste. Il fait face à d'immenses défis, à l'intérieur comme à l'extérieur. Ses vrais combats, c'est maintenant qu'il commence à les mener. Contrairement à Obama, il n'obtiendra pas de prix Nobel à crédit. Par contraste, ses succès n'en seront que plus méritoires.

La pandémie n'est pas encore vaincue

Pourtant, sur ce front, une immense victoire a déjà été obtenue avec la découverte, dans des délais records, de plusieurs vaccins contre le Covid-19, surtout ceux fondés sur la technologie révolutionnaire de l'ARN messager, vaccins prometteurs aussi face aux variants susceptibles de provoquer une suite indéfinie de vagues de contaminations. Il faut aussi rendre hommage aux performances industrielles et logistiques de la vaccination aux États-Unis, et même dans l'Union européenne (UE), dont les institutions n'étaient nullement préparées à pareil choc. Leurs lenteurs tiennent en partie aux impératifs de la démocratie dont les modalités sont encore inadaptées à la gestion des catastrophes.

Je voudrais ici ajouter quelques précisions conceptuelles sur le vaccin en tant que bien public mondial, ou bien commun de l'humanité. Au niveau d'abstraction le plus élevé, le propre d'un bien public est de pouvoir être consommé par tout le monde en même temps, sans que l'on puisse empêcher quiconque d'en profiter. En pratique, les biens publics sont attachés à des unités politiques, comme la défense nationale ou la santé publique. Ce sont les États qui définissent les politiques les concernant, les financent et les exécutent. Les politiques publiques en matière de santé, notamment vis-à-vis des maladies non transmissibles, diffèrent d'un pays à l'autre, en fonction de nombreux paramètres, souvent d'ordre culturel. Comme le monde ne constitue pas une unité politique (pas même à ce stade l'UE, ne l'oublions jamais), on ne saurait parler de politique sanitaire mondiale. L'Organisation mondiale de la santé (OMS) est une organisation internationale du système de l'ONU, dont la mission, étroite du fait de la nature même de l'ONU, n'est en rien comparable à celle du ministère de la Santé d'un hypothétique gouvernement mondial. Ses moyens propres sont fort limités, même dans le domaine de l'accès à l'information. Son rôle est de faciliter la coordination de certains aspects des politiques sanitaires des États membres. Sa parole est contrainte comme pour toutes les organisations internationales.

Sur le plan conceptuel, il est pourtant certain que la vaccination est un bien public mondial dans le cas d'infections hautement transmissibles et dangereuses comme le Covid-19. Mais la mise en œuvre de cette idée ne peut actuellement reposer que sur la coopération internationale classique. Elle soulève de nombreuses difficultés concrètes, pas seulement financières, dont les solutions n'ont rien d'évident. C'est en particulier le cas pour les brevets, qui dépasse manifestement le problème des vaccins, puisque toute connaissance scientifique ou technologique *une fois acquise* porte potentiellement le caractère d'un bien public. Ce constat n'interdit heureusement pas des mesures spécifiques d'aide internationale.

Si l'on jette un regard rétrospectif sur les 18 premiers mois de la lutte contre la pandémie, on peut dire que les pays d'Asie de l'Est ont gagné la première manche, et que la Chine est restée dans le peloton de tête, pas seulement grâce à ses vaccins. On mettra un sérieux bémol pour le Japon. Les États-Unis ont rapidement rattrapé leur retard, sans avoir eu besoin de mettre leur population en coupe réglée comme en Chine, et l'Europe, sans vaccin en propre et sans appareil de décision bien adapté, s'en est finalement honorablement tirée. Parmi les pays dont les politiques sanitaires se sont révélées désastreuses, on soulignera le cas du Brésil de Bolsonaro, dont le populisme est maintenant défié par la perte du soutien de la Maison-Blanche et par la perspective du retour de Lula dans le jeu politique. Bolsonaro semble tenté par des manœuvres anticonstitutionnelles. Quant au gouvernement indien, sa gestion non moins catastrophique pourrait aboutir à la remise en cause du modèle ethnique dans lequel « la plus grande démocratie du monde » s'est engagée depuis 2014 sous la houlette de Narendra Modi. Dans d'autres parties de la planète, comme en Afrique, les populations ont, jusqu'à ce jour, moins souffert de la maladie que de ses effets économiques et sociaux indirects.

Pour conclure ce très bref développement sur la pandémie elle-même, on peut dire qu'on a beaucoup appris en peu de temps. Elle accélère notamment la redistribution de la puissance. Et de nouvelles vagues sont probables.

L'économie mondiale en mutation accélérée

Le fait le plus marquant dans ce domaine est l'envahissement de l'économie numérique : accélération d'une révolution technologique déjà largement lancée, mais aussi développement fulgurant (avec plus ou moins de bonheur) du télétravail, du télé-enseignement, de la visioconférence comme substitut au voyage d'affaires, etc. Après la pandémie, ces évolutions laisseront des traces encore difficiles à évaluer. Il faut ajouter l'explosion de l'e-commerce, avec ses implications au niveau de la logistique. Globalement, les GAFAM (Google, Apple, Facebook, Amazon et Microsoft) aux États-Unis ou les BATX (Baidu, Alibaba, Tencent et Xiaomi) en Chine sont devenus des hyperpuissances industrielles. La machine *anti-trust* pourrait se mettre en route outre-Atlantique, et les autorités chinoises se servent du sujet de la concurrence pour mettre au pas les dirigeants d'entreprises devenus trop indépendants, comme l'emblématique Jack Ma.

Dans l'ensemble, la mutation se traduit par des records de fusions et acquisitions, mais aussi à court et moyen termes par des pénuries, par exemple pour – dans des genres bien différents – les semi-conducteurs ou le carton.

Parallèlement, on notera encore l'ampleur de la cybercriminalité ou de l'espionnage ; celle des activités de traçage ou – à l'inverse – le recours aux *blockchains*, à commencer par les cryptomonnaies. Cette question des cryptomonnaies fait de plus en plus ouvertement débat. Elle renvoie à une analyse approfondie des critères aristotéliciens de la monnaie (étalon de valeur, instrument des échanges, instrument de réserve), et à l'idée que la monnaie traditionnelle fait partie de ces biens dont on peut dire (comme des doses individuelles d'un vaccin…) qu'ils ont une double nature de bien privé et de bien public. Le cours forcé d'une monnaie traditionnelle a pour contrepartie la stabilité que l'État est supposé lui garantir, de même qu'une dose individuelle de vaccin (qui ne profite qu'à un seul) a pour pendant la politique vaccinale qui, elle, profite à une population dans son ensemble.

Les secteurs les plus sinistrés sont les plus liés au présentiel : transport de personnes, hôtellerie et restauration, tourisme, commerce classique, culture, sport, etc. Certaines activités comme la construction ont pu échapper à la crise d'où, par exemple, une pénurie de bois…

Le grand secteur en mutation accélérée, indépendamment du Covid, est celui de l'énergie, du fait de la pression croissante des opinions publiques (et des organisations non gouvernementales) face au réchauffement climatique et à l'environnement. Mais la course à l'énergie verte a aussi un contenu proprement idéologique. Ainsi l'Allemagne, qui a mis brutalement un terme à l'énergie nucléaire, en vient-elle encore à construire des centrales à charbon. Et les États restent malgré tout sensibles aux intérêts économiques. Les États-Unis reviennent dans l'accord de Paris, mais promeuvent leurs exportations de gaz, par exemple en Allemagne qui, de son côté, a obtenu la levée du véto américain sur le gazoduc Nord Stream 2, pour la plus grande satisfaction des Russes et la désolation des Ukrainiens. La politique est toujours plus complexe qu'on ne le croit, et le secteur de l'énergie est hautement politique. On pense également aux difficultés de sociétés comme Total, devenu TotalEnergies, soumises aux avatars classiques de la géopolitique (comme en Birmanie ou au Mozambique) mais aussi de plus en plus aux pressions d'activistes de toutes sortes.

En arrière-plan aussi, on soulignera le retour du nationalisme économique et donc le recul du libéralisme, la volonté des grandes puissances de limiter leur dépendance sur les points de vulnérabilité, et celle de l'UE d'accéder à la « souveraineté technologique » (par exemple en développant l'industrie des semi-conducteurs). Quant à ceux dont les capacités de louvoiement sont limitées pour une raison ou pour une autre, ils n'auront d'autre choix que de se regrouper, ou de s'en remettre à des protecteurs et à leurs conditions.

Le spectre de la hausse des taux d'intérêts

Plusieurs de ces évolutions sont potentiellement génératrices de hausse des prix. À quoi s'ajoute que l'économie chinoise toujours florissante, et les relances keynésiennes massives opérées à l'aveugle notamment par les pays occidentaux dans le but de relancer la croissance et l'emploi, font déjà sentir leurs effets sur les marchés des matières premières.

L'inflation qui commence à sourdre, c'est déjà de l'inflation. Or, beaucoup d'économistes réputés restent peu sensibles au thème de l'inflation (*a fortiori* à celui de la stagflation), ce fléau qui a disparu au cours des Trente Glorieuses de la mondialisation libérale dans les pays avancés. On voit bien qu'au cours de la dernière décennie la culture des banquiers centraux, jadis façonnée par la hantise de l'inflation en ce qu'elle sape la confiance dans la monnaie dont ils sont les garants, s'est transformée (voir plus haut la remarque sur la monnaie en tant que bien public). Ces derniers mois, qu'il s'agisse notamment de la Réserve fédérale (FED) ou de la Banque centrale européenne (BCE), les banques centrales ont tendu à minimiser les signaux pointant vers un possible retour des anticipations inflationnistes, en arguant notamment de ce que l'on n'observait pas de tensions alarmistes sur les marchés du travail.

Toute réflexion au sujet de la hausse des prix renvoie aux débats des années 1970 sur ses causes et ses effets. Sans tomber dans le dogmatisme de Milton Friedman, alors très en vue, on peut dire que l'abondance de liquidités est toujours un facilitateur de l'inflation, soit qu'elle accompagne une augmentation autonome des coûts dans les marchés où la concurrence est imparfaite (salaires ou prix de l'énergie par exemple), soit qu'elle favorise la hausse de la demande globale, indirectement par le crédit (hormis le cas de la « trappe à liquidité »), ou directement par la dépense publique (ou même privée depuis les chèques de Donald Trump). Sans oublier la spéculation financière et la formation de bulles.

Dans la conjoncture actuelle, les marchés du travail pourraient devenir moins compétitifs en conséquence de la déglobalisation partielle (la réduction de l'interdépendance), auquel cas toute inflation par les coûts tendrait à se répercuter en hausse salariale. Une fois l'inflation amorcée, les anticipations agissent comme un accélérateur et les mécanismes décrits par les diverses formes de la « courbe de Phillips » entrent en jeu. Quant aux effets de l'inflation – tant du point de vue de la justice que de l'efficacité économique –, ils ont été largement analysés dans le passé, et plus récemment au niveau de l'économie mondiale à l'époque des chocs pétroliers de la décennie 1970.

L'essentiel est que plus l'inflation est ancrée dans un pays (ou une zone monétaire), plus le coût global de son éradication est élevé. L'un des effets majeurs de l'inflation, même à l'état naissant, est la hausse des taux d'intérêt, qui incluent les anticipations, lesquelles amplifient la réalité perçue tant que des mesures crédibles n'ont pas été prises pour restaurer la confiance dans la stabilité des prix. Cette hausse pénalise l'activité entrepreneuriale en général, et la demande de biens durables. Elle a un effet immédiat sur la charge de la dette publique et, à la seule exception des États-Unis, vulnérabilise les États où cette dette est la plus haute, surtout quand ces États – s'ils figurent comme la France parmi ceux où les prélèvements obligatoires (impôts, cotisations sociales) sont les plus élevés – n'ont plus qu'une marge de manœuvre réduite voire inexistante. De tels États risquent l'humiliation de se voir tôt ou tard imposer de l'extérieur les conditions de leur rétablissement.

Rappelons la dictature des agences de notation à l'époque relativement récente de la crise de la zone euro, au début des années 2010. On n'a pas oublié les affres de la Grèce, ou même de l'Italie. La France est toujours au premier rang quand il s'agit de faire sauter les verrous de Maastricht, et elle ne s'est pas privée récemment de dépenser au-delà même de ce que l'épidémie justifiait. Elle tomberait à la merci de la moindre crise de confiance si, par ailleurs, elle ne parvenait toujours pas à mener ses nécessaires réformes, comme celle des retraites.

Multilatéralisme : au-delà du slogan

Voilà bien des années que, dans *Ramses*[1] et d'autres écrits, je décris le système international comme multipolaire, hétérogène (politiquement et idéologiquement), global et complexe. À présent, deux pôles – les États-Unis et la Chine bien sûr – surplombent les autres en tous domaines. Tandis que l'identité du premier semble vaciller quelque peu, celle du second s'affirme de plus en plus agressivement. Difficile d'imaginer davantage l'hétérogénéité assumée entre les deux. La mondialisation n'en survit pas moins pour le moment, même si, comme on l'a vu, chacun est engagé dans la quête de l'indépendance maximale. Les deux États visent à préserver pour l'un, à acquérir pour l'autre, la position dominante. Mais tandis que l'un veut encore croire à la vocation universelle de l'idéologie occidentale (mais laquelle exactement ?), l'autre ne manifeste aucune prétention à exporter son « socialisme aux caractéristiques chinoises ».

États-Unis et Chine

Pour autant, je vois les deux comme des puissances impériales, pour paraphraser Raymond Aron[2]. La première cherche, ouvertement depuis l'avènement du président Biden, à rassembler les démocraties dites libérales sous sa bannière : à savoir la plupart des États membres de l'Alliance atlantique (mais *quid* de la Turquie par exemple ?) et ceux de ce qu'on appelle maintenant le Quad (États-Unis, Inde, Japon et Australie) dans le cadre du nouveau concept géopolitique de l'Indo-Pacifique, au sein duquel la France a mieux qu'un strapontin eu égard à ses départements et territoires d'outre-mer et au poids non négligeable de ses armées (capacités de projection) et de sa diplomatie. Washington aimerait en incorporer d'autres, à commencer par la Corée du Sud, qui résiste.

La nouvelle puissance impériale, elle, ne fait pas de prosélytisme idéologique. Elle s'assure des débouchés par les Nouvelles routes de la soie et en occupant des positions géostratégiques comme des bases navales. Elle cherche à consolider ses accès en créant des dépendances, et en achetant des amitiés. Elle s'y est essayée en Europe même, avec un certain succès dans un premier temps, et n'a commencé à rencontrer des résistances visibles qu'à partir de l'été 2020.

Pour lâcher le grand mot, je dirai : *chacun cherche à renforcer ses zones d'influence, tout en souhaitant pour le moment préserver la mondialisation.* À la limite, on retrouverait des « blocs » comme au temps de la guerre froide, avec des zones d'influence cristallisées et une réduction considérable de l'intrication des chaînes de valeur. Mais la température n'est pas encore tombée si bas. Cela pourrait toutefois advenir en quelques années. Cette hypothèse est cependant d'autant moins certaine que la Chine a encore beaucoup de retards à rattraper, qu'elle ne manque pas de faiblesses (comme sur le plan démographique) et que, selon les experts, le président Xi Jinping ne manque pas d'opposition, comme ce fut le cas pour Mao

1. Depuis *Ramses 2008*.
2. R. Aron, *République impériale. Les États-Unis dans le monde (1945-1972)*, Paris, Calmann-Lévy, 1973. Voir également T. de Montbrial, « Le monde d'hier et de demain », discours prononcé à la conférence du 40e anniversaire de l'Ifri, le 10 avril 2019, publié dans la revue *Politique étrangère*, numéro spécial, septembre 2020.

Zedong lui-même pendant le dernier tiers de son règne. Deux questions mériteraient de retenir davantage l'attention : dans quelle mesure le système économique chinois, politiquement très encadré, pourrait-il faire mieux, sur le long terme, que le capitalisme américain ? Et *quid* de la capacité comparative des deux systèmes à s'adapter à la contrainte environnementale ?

Russie : un nouveau jeu de puissance

Les États-Unis et la Chine ne sont pas les seuls à vouloir se constituer des zones d'influence. C'est évidemment le cas de la Russie. La rencontre de Poutine avec Biden à Genève, le 16 juin 2021, permet sans doute au premier de penser qu'il continue de disposer, au moins dans l'immédiat, d'une réelle liberté d'action en Europe, au Moyen-Orient ou en Afrique par exemple, en deçà des lignes rouges fixées par les Américains. Le maître du Kremlin n'attend rien de l'UE, dont la vision du monde extérieur est d'autant plus dominée par l'idéologie qu'elle n'est pas au clair sur sa propre identité. Sa politique de sanctions est largement inefficace, et même contreproductive. Poutine s'est donné les moyens juridiques de rester au pouvoir jusqu'en 2036 (il aura alors 84 ans), ce qui ne signifie pas nécessairement qu'il le fera. Surtout, il entend rester maître des horloges, pour autant que sa santé le lui permette.

Dans cette hypothèse, les chances semblent de son côté car, malgré des ratés, les *siloviki* ont les moyens d'anéantir ses oppositions, comme celle qui s'est construite autour d'Alexeï Navalny, même si en raison de la demande de Biden il ne peut se débarrasser aisément de cette personnalité hors du commun. Les mécanismes de la propagande sont bien huilés. Le complexe militaro-numérico-industriel[3] fonctionne bien lui aussi, et bénéficie des asymétries propres à la cybersécurité.

On dit parfois que le régime n'a pas su donner une vision au peuple russe. Mais le fait est que la Russie, au bord de l'effondrement dans les années 1990, est redevenue une puissance avec laquelle il faut compter, reconnue comme telle par les États-Unis eux-mêmes. Sa politique extérieure, qui exploite au mieux divergences et contradictions des Occidentaux – y compris dans le domaine des sanctions –, vise d'abord à consolider une zone d'influence là où les intérêts russes sont perçus comme majeurs. C'est le cas en Crimée et, de façon moins radicale, en Géorgie ou au Donbass. D'où les manœuvres militaires, pour que les Occidentaux n'aient pas de doute à ce sujet, bien avant la rencontre de Genève. Moscou agit plus indirectement mais non moins clairement en mer Baltique ou, par d'autres moyens, en Moldavie par exemple. Dans le Caucase, Poutine s'est vengé des Arméniens qui avaient élu Nikol Pachinian en 2018, en favorisant la victoire de l'Azerbaïdjan au Haut-Karabagh, certes avec le soutien de la Turquie pourtant peu désirable de son point de vue. Mais c'est lui qui a fixé les termes de la paix et les troupes russes occupent maintenant le terrain. Cela n'a pas empêché, au contraire peut-être, Pachinian d'être réélu le 20 juin 2021. Quant à la Biélorussie, les Russes n'ont qu'à attendre le moment propice pour que se concrétise le rapprochement attendu de longue date entre les deux pays. La survie politique de Loukachenko dépend largement de Poutine, lequel n'a

3. Voir T. de Montbrial, « Perspectives », *Ramses 2021. Le grand basculement ?*, Paris, Ifri/Dunod, 2020.

pas intérêt à ce que l'autocrate de Minsk soit remplacé dans des conditions où la transition risquerait de lui échapper.

Tout cela dit, la Russie de Poutine n'est pas l'URSS de Staline ni même celle de Brejnev, et une démocrature n'est pas plus une dictature qu'une démocratie. C'est un régime hybride dont la liberté d'action reste large, pourvu qu'il garde conscience des « lignes rouges » à ne pas franchir. Biden a rendu service à Poutine sur ce point, et certainement lui rend-il aussi service en cherchant à contenir la Chine. D'une certaine manière, Poutine et Biden sont devenus complices.

Le jeu de la Turquie

Autre exemple qui a retenu l'attention pendant l'année 2020-2021 : la Turquie d'Erdoğan. Celui-ci est probablement plus vulnérable chez lui que Poutine en Russie. L'histoire du XXe siècle a laissé des traces dans la partie européenne de la Turquie et en Anatolie. Le kémalisme n'est pas tout à fait mort, et le rêve d'un AKP (Parti de la justice et du développement) qui aurait pu être aux musulmans ce qu'en Europe l'ancienne démocratie chrétienne fut aux catholiques, ne s'est pas complètement évanoui. Avec cela, l'économie n'est guère en bonne santé. Hanté par le coup d'État raté de 2016, Erdoğan continue d'épurer les retraités des armées, les professeurs des universités, et tout ce qu'il peut.

Ce qui ne l'empêche pas de saisir, comme Poutine, les opportunités extérieures, qu'il s'agisse d'accaparer une part du gâteau énergétique en Méditerranée orientale, d'exploiter les rivalités dans le Caucase ou en Libye, ou même de prendre pied en Afrique. Erdoğan défend ouvertement l'islam politique et n'hésite pas à intervenir avec véhémence dans les affaires intérieures des États européens comme l'Allemagne ou la France qui abritent d'importantes minorités turques (surtout l'Allemagne). Sans oublier son obsession des Kurdes, ses actions en Syrie ou en Irak. Après s'être senti très libre sous le mandat de Donald Trump, l'homme fort d'Ankara doit maintenant tenir compte d'un président américain qui ne veut pas trop d'ennuis de ce côté-là non plus.

Parmi les sujets qui fâchent figure justement la relation avec la Russie, et notamment les achats d'armes à un État toujours présenté par l'*establishment* de l'OTAN comme l'adversaire principal, alors qu'on ne se réfère encore qu'en pointillés à la Chine ou aux diverses formes de djihadisme. Mais le 46e président des États-Unis a d'autres priorités qu'une réforme de l'OTAN qui obligerait à mettre les points sur les *i*, ce dont au fond personne ne veut dans l'immédiat, et le président Erdoğan n'a sans doute pas trop de soucis à se faire pourvu que, lui aussi, il garde le sens des limites. Quant à la relation entre la Turquie et la Russie, son cadre résulte de la géographie politique, et l'histoire nous renseigne sur ce qu'elle pourrait redevenir si les États-Unis cessaient complètement de s'y intéresser. S'agissant de l'UE et de la Turquie, la géographie politique leur impose de trouver des compromis, dans les limites toujours fixées par les intérêts supérieurs des États-Unis. Encore faudrait-il que l'Union ait une idée claire de ses propres intérêts.

Un système international encore assez fluide

Les développements qui précèdent suffisent pour affirmer que le système international reste encore assez fluide ou, si l'on préfère cette image, visqueux. Il peut évoluer dans diverses directions et le chemin ne se révélera que progressivement. Malgré les intentions proclamées par les uns et les autres, le multilatéralisme traditionnel (la notion peut être interprétée de diverses manières[4]) pourrait bien ne jouer que marginalement dans la préparation du monde de demain, en dehors de quelques grandes situations-types comme le climat ou, on l'espère, la santé, c'est-à-dire des domaines qui préfigurent les « communs » d'une humanité qui devra apprendre à les identifier correctement et à les protéger si elle entend se perpétuer dans de bonnes conditions, ce qui n'est pas acquis.

Si le multilatéralisme ne joue plus par ailleurs qu'un rôle marginal ou formel dans les prochaines années, et si le système de l'ONU ne parvient pas à se réformer dans l'avenir prévisible comme il est hautement probable, la tentation pourrait être grande pour les États-Unis, la Chine, voire la Russie – en s'associant avec tel ou tel autre État en tant que de besoin – de former une sorte de directoire planétaire de fait, fondé sur le réalisme, de façon aussi à réduire le risque d'un accident susceptible d'enclencher une Troisième Guerre mondiale. Le très respecté amiral américain James Stavridis vient de publier un ouvrage dans lequel il imagine un scénario de ce genre en 2034, autour de Taïwan comme chacun l'aura compris[5].

L'Europe et ses flancs

Préliminaires : géopolitique, politique internationale, guerre et diplomatie

Avant de parler de l'état de l'Union européenne, il me paraît nécessaire de préciser certains concepts, tels que je les emploie. Tout d'abord, les unités actives en général, politiques en particulier, se donnent des *objectifs* plus ou moins enveloppés d'*idéologie*. Dans mon livre *L'Action et le système du monde*, je définis l'idéologie comme « un système cohérent d'idées, utilisé ou même construit pour justifier par la raison les objectifs d'une unité active ou d'un ensemble d'unités actives[6] ». Une idéologie mérite pleinement son nom quand elle est vécue par ceux qui la pratiquent. Il s'agit de justifier des intérêts étroits en les diluant dans un discours plus large, comme les droits de l'homme pour les démocraties. Inversement, en analysant un discours idéologique (d'aucuns diront : en le déconstruisant), on isole des éléments dont le caractère dominant est manifestement idéel, et d'autres dont le caractère dominant est non moins manifestement réel. La distinction est subtile, car l'idéel peut camoufler le réel, comme l'idéologie occidentale

4. Voir T. de Montbrial, « Rivalités de puissance, idéologies et multilatéralisme », *Revue Défense nationale*, n° 838, mars 2021.
5. E. Ackerman et Admiral J. Stavridis, *2034: A Novel of The Next World War*, New York, Penguin Press, 2021.
6. T. de Montbrial, *L'Action et le système du monde*, Paris, Presses universitaires de France, 2011 [4e édition].

contemporaine (démocratie, libéralisme économique, droits de l'homme), ou le communisme pendant la guerre froide.

La souche concrète de beaucoup d'intérêts à l'état naissant, comme diraient les chimistes, est indéniable. C'est le cas pour le contrôle de certains lieux terrestres ou maritimes pour assurer la sécurité d'un territoire. C'est pourquoi j'ai proposé dans divers ouvrages et articles d'appeler *géographie politique* la partie de la politique dominée par des enjeux géographiques, comme la quête d'accès directs aux ressources naturelles, quand on ne fait pas entièrement confiance aux marchés. La géographie est entendue comme la science des rapports entre les humains et les territoires. Dans ma façon de voir les choses, la *géopolitique* est la partie de la géographie politique dont les enjeux sont dominés par l'idéologie, comme dans la colonisation européenne qui prétendait répandre « la civilisation ». La référence à l'idéologie, quand il est possible de la séparer clairement de la réalité, permet de préciser la définition d'Yves Lacoste, devenue classique en France, selon laquelle la géopolitique est la science des « représentations » relatives aux territoires. Et surtout, la reconnaissance du caractère phénoménologiquement réel d'une partie de la géographie politique distincte de la géopolitique me paraît essentielle pour qui s'intéresse sérieusement à l'étude rigoureuse de ce qu'on appelle, sans bien les définir, les *biens communs de l'humanité*, comme le climat, l'environnement ou la santé qui occupent une bonne place dans l'actualité des relations internationales.

Ayant dit tout cela, il faut reconnaître que le mot *géopolitique*, prohibé jusque vers 1980 en raison de ses connotations nazies, a envahi le champ de la géographie politique tant à l'université que dans la presse, et, au moins dans la vie courante, il faut bien se conformer à l'usage. Encore doit-on garder à l'esprit que l'imprécision du langage comporte le risque de fausser le jugement.

Je viens d'évoquer le champ des relations internationales. La deuxième confusion que je veux dénoncer ici, encore plus grave que la première, mêle *géopolitique* (au sens large, c'est-à-dire assimilée à la géographie politique) et *relations internationales*. Le champ des relations internationales couvre celui des rapports entre unités actives de toute nature, dès lors que ces rapports mettent en jeu au moins deux unités politiques différentes. Aux deux extrémités de ce champ, on trouve le système interétatique et la sociologie des relations internationales, assez prisée en France.

Il importe de bien comprendre que si la géographie politique – en particulier la géopolitique – imprègne le gros des relations internationales, elle ne les détermine pas, pas même les relations interétatiques. Dans ce dernier cas par exemple, chaque État, face à une situation géopolitique (au sens large) donnée, ce que j'ai appelé dans *L'Action et le système du monde* l'« usine de fabrication des décisions », a toujours le choix entre plusieurs options, lesquelles ne sont d'ailleurs pas prédéterminées, mais résultent d'un processus – parfois difficilement retraçable *a posteriori* – sur lequel l'air du temps, la politique intérieure, les pratiques administratives, les lobbies, les médias, naturellement les ambitions personnelles, exercent leur influence. Au cœur du dispositif décisionnel se situe l'évaluation des ressources en tous genres, qui sont les facteurs de production de la puissance mais aussi, pour certaines de ces ressources, les conditions de leur mise en œuvre dans le cadre de stratégies.

Toute la complexité de ces interactions, auxquelles s'ajoute le hasard exogène, explique le halo d'incertitude autour de la politique internationale, que les meilleures analyses ne peuvent que réduire sans jamais l'éliminer. Ce n'est pas sans raison que l'Ifri est l'*Institut français des relations internationales* et non l'Institut français de géopolitique, ou qu'en 1973 nous avons donné au *brain trust* du ministère français des Affaires étrangères le nom de *Centre d'analyse et de prévision* (il s'appelle aujourd'hui Centre d'analyse, de prévision et de stratégie).

Dans le cadre plus étroit des relations interétatiques, il faut encore souligner l'importance des figures du soldat et du diplomate qui, dans l'œuvre de Raymond Aron, symbolisent l'État dans sa capacité à faire la guerre ou la paix, deux activités complémentaires et partiellement substituables dans la réalité.

La guerre comme la paix peuvent s'exprimer sous de nombreuses formes, mais les principes généraux de la lutte armée, de même que la diplomatie, ont un caractère universel. À ceux qui, après la chute de l'Union soviétique, croyaient naïvement en la fin de l'Histoire et donc à la fin de la Guerre, l'histoire des trois dernières décennies a rappelé la réalité, comme tout récemment au Haut-Karabagh (avec l'emploi combiné systématique de drones et de missiles sol-sol, une grande première), ou avec l'affrontement de mai 2021 entre Israël et le Hamas. Dans ces deux cas, les causes fondamentales des engagements (une bataille n'est qu'un épisode dans une guerre) relèvent de la géopolitique au sens strict (incompatibilités idéologiques sur les mêmes territoires). Le second cas donne aussi l'occasion de rappeler qu'un État dépourvu de forces armées (le Hamas est extérieur à l'« État palestinien ») est incomplet dans un sens très fondamental. Il est vrai qu'en termes économiques, le coût d'un appareil militaire devient vite sans commune mesure avec celui d'un appareil diplomatique. Et les deux formes de ressources ne sont substituables qu'à la marge.

J'ajouterai que l'art de la diplomatie n'est pas seulement celui de la négociation à l'ombre de la force, mais aussi celui de la persuasion à la lumière de la raison. Ce dernier aspect est essentiel dans la recherche d'intérêts communs, entre partenaires bien sûr, mais également entre adversaires. À la limite, on rejoint – au niveau global – le problème des biens communs de l'humanité.

L'Union européenne et son (ses ?) intérêt(s)

La construction européenne est assurément une entreprise idéologique en cours, dont les fondations remontent au moins à l'entre-deux-guerres. Certains de ses pans, encore à consolider, sont entrés dans le champ du réel (l'eurozone, pour le plus récent), alors que d'autres paraissent encore d'une grande fragilité (la citoyenneté et donc la libre circulation, les frontières communes…) ou embryonnaires (la santé, la politique extérieure et de sécurité commune). Si l'Union a effectivement un pied dans le réel, celui qu'elle devrait avoir dans l'idéel est mal assuré, et rien ne permet d'affirmer que l'édifice lui-même ne changera pas profondément de forme dans les prochaines décennies ou même qu'il ne dégénèrera pas en une vague confédération, comme le craignaient ceux qui, dans les années 1990, s'inquiétaient avec raison d'un élargissement trop rapide. Avec le risque supplémentaire que la révolution numérique et la mondialisation ont favorisé la montée des populismes et que, sur le Vieux Continent, rien n'est plus facile que de désigner « Bruxelles » comme bouc émissaire.

En envisageant un scénario de mutation, je ne vise pas spécialement la Grande-Bretagne qui – le général de Gaulle dont la réflexion était nourrie par l'histoire (et la géographie politique…) l'avait bien vu – n'aurait pas dû rentrer dans la Communauté telle qu'elle était à l'époque. Mais après la disparition du Général, les pressions étaient très fortes. Après quatre ans d'atermoiements et de négociations misérables, le Royaume-Uni doit maintenant se frayer un chemin dans un terrain miné et assurer sa propre survie. Boris Johnson viole ainsi déjà le traité qu'il a signé *in extremis* fin 2020. Je ne vise pas ici non plus le troisième grand État fondateur de la Communauté économique européenne, l'Italie, qui dans les situations difficiles finit toujours par trouver un membre du grand *establishment* économique ou financier international pour rentrer dans le rang, avant d'en revenir aux petits jeux politiques. Le sauveur s'appelle aujourd'hui Mario Draghi – le précédent super-Mario était Monti. Je n'ai pas davantage de raisons de m'inquiéter du Luxembourg, de la Belgique – ou même des Pays-Bas que le Brexit a douchés en 2016.

Comme il était prévisible, ce sont les membres les plus récents, comme la Pologne ou la Hongrie, qui ruent le plus dans les brancards. La plus grande difficulté reste le nombre : comment peut fonctionner de manière efficace un attelage à 27, encore voué à s'agrandir ? En ce sens, l'UE est un formidable laboratoire de multilatéralisme[7].

Que le pire ne soit jamais certain, l'année 2020-2021 l'a montré une fois de plus. Comment la politique vaccinale aurait-elle pu être plus rapide, puisque la Commission n'avait jamais été configurée pour ce type de choc, et que les vaccins venaient d'ailleurs ? Comment le plan de relance de 750 milliards d'euros, approuvé par l'Allemagne, ce qui est remarquable, aurait-il pu être mis en œuvre plus rapidement dans une Union dont chaque membre revendique encore sa pleine souveraineté démocratique ? Pour qui connaît un peu Bruxelles, comment ne pas admirer, au contraire, la mise au point rapide de stratégies crédibles pour protéger les investissements critiques et développer la « souveraineté technologique » de l'Union ?

Je m'abstiendrai de poursuivre l'analyse dans cette direction, pour me concentrer sur un seul point. Comme on l'a déjà rappelé, quelques semaines encore avant l'échéance la victoire de Donald Trump à la Maison-Blanche paraissait l'hypothèse la plus probable. C'est le virus qui, plus que Biden, a eu raison de lui. Et beaucoup s'attendaient à ce que, réélu, le 45e président proclame le retrait unilatéral des États-Unis de l'OTAN. Les Européens de l'Ouest qui, au lendemain de la Seconde Guerre mondiale, avaient eu la chance de pouvoir se mettre sous la protection américaine pour éviter la propagation des coups de Prague, et ceux de l'Est qui, les ayant subis, se sont jetés dans les bras des États-Unis une fois leur liberté retrouvée, retenaient leur souffle. La bifurcation a été évitée de justesse, mais les Européens doivent maintenant savoir ce que les historiens de la longue durée voient comme une évidence : rien n'est jamais acquis à long terme ; ni le

7. Voir T. de Montbrial, « Rivalités de puissance, idéologies et multilatéralisme », *op. cit.*

succès de la construction européenne, ni la pérennité du protectorat américain. Après le (lâche ?) soulagement du 3 novembre 2020, le plus grand risque serait de pratiquer la politique de l'autruche, ou si l'on préfère celle du non-choix.

Les échéances électorales : Berlin et Paris

Une appréciation objective de la géographie politique européenne oblige à reconnaître que l'Allemagne et la France constituent autant que jamais l'axe central de la construction européenne, et même plus que jamais depuis le Brexit. Leur responsabilité historique est immense, puisqu'elles devraient non seulement s'entendre sur l'essentiel, mais aussi conjuguer leurs diplomaties pour associer les autres pays membres, en sorte que la construction soit en réalité une véritable co-construction. En l'occurrence, l'effort diplomatique ne consiste pas seulement à convaincre les autres, mais aussi à comprendre leurs points de vue et leurs intérêts, dans une dynamique où toutes les parties prenantes s'enrichissent mutuellement de la diversité et de la complémentarité de leurs expériences. Aucun « couple » ne saurait prétendre à « la » vérité en matière européenne. Cette vérité est la partie idéelle de la co-construction. Il ne me paraît pas sage à ce stade de discourir abstraitement sur le concept d'identité européenne. En revanche, il est indispensable de travailler à identifier les intérêts communs des membres de l'Union et à les faire partager par les populations. Que signifierait une union à laquelle ne serait pas associé un ensemble prometteur de biens communs, et donc d'intérêts à défendre ?

Si l'année 2021-2022 s'annonce critique pour l'Europe, c'est aussi parce que, à quelques mois de distance, l'Allemagne et la France connaîtront des élections nationales décisives. Arrivée au pouvoir en 2005, Angela Merkel hérita d'un État fort après une transition réussie par ses prédécesseurs Helmut Kohl et Gerhard Schröder, État voué à s'affirmer comme première puissance économique d'une Union européenne métamorphosée et plus atlantiste que jamais. Ceci n'étant pas entièrement incompatible avec l'héritage gaullien, dont la dernière manifestation fut l'opposition de la France à l'invasion de l'Irak en 2003, opposition que l'Allemagne, la Belgique et le Luxembourg avaient également exprimée à leur manière (*Pralinen Gipfel*). Tout cela certes sans effet.

Les seize années du règne d'Angela Merkel ont été marquées par une transformation du monde à laquelle la Chancelière s'est adaptée au jour le jour, usant de son exceptionnel talent pour contribuer à recoller les morceaux après chacune des crises qui ont déferlé, comme le plus récemment celle de la pandémie de Covid-19 (accords sur les vaccins et sur un plan européen de relance). Pragmatique comme toujours, elle a fait le dos rond face aux coups de boutoir de Donald Trump, attendant la fin de son mandat. Mais elle n'a jamais envisagé sérieusement de changer de paradigme. La personne qui lui succédera, probablement dans le cadre d'une combinaison partisane dans laquelle, selon les prévisions actuelles, les Verts pourraient jouer un rôle majeur, ne fera pas l'économie d'une difficile révision.

Depuis la Seconde Guerre mondiale, l'Allemagne a bâti sa puissance en bénéficiant à peu de frais du protectorat américain pour sa sécurité, et d'un commerce international dépolitisé qui a fait la fortune de son économie en général, de son industrie automobile en particulier. *Cette ère est terminée.* Bien qu'ayant exercé son mandat entre 2005 et 2021, Angela Merkel restera comme la dernière chancelière du XXe siècle[8]. Le XXIe siècle politique a vraiment commencé, et parce que l'Allemagne est la première puissance économique européenne, ses choix dans les prochaines années seront déterminants pour l'avenir de l'Europe, et à travers elle pour celui du système international dans son ensemble à l'horizon, disons symboliquement, de la petite trentaine d'années qui nous sépare du centenaire de la création de la République populaire de Chine.

En France, les choses se présentent différemment. De par son âge et sa vision, Emmanuel Macron est un homme du XXIe siècle, mais le pays ne parvient pas à s'extraire de ses ornières structurelles, de ses confrontations idéologiques et, en fin de compte, de son addiction à la dépense publique pour laquelle les circonstances actuelles sont pain bénit. La passion pour la redistribution conduit à cette absurdité que nos services publics sont délabrés alors que nous détenons des records en matière de prélèvements obligatoires.

En instaurant la Ve République, le général de Gaulle a voulu mettre un terme à l'instabilité ministérielle de la IVe. Le Général a démissionné trois ans après sa réélection, quatre des sept premiers présidents de la Ve n'ont fait qu'un mandat (interrompu par la mort dans le cas de Georges Pompidou). François Mitterrand a régné pendant 14 ans mais a connu deux cohabitations. Cinq des sept années du premier mandat de Jacques Chirac ont été une cohabitation, et il n'a été réélu qu'après avoir réduit à cinq ans le mandat présidentiel et bénéficié de la présence inattendue de Jean-Marie Le Pen au second tour de l'élection en 2002. En toute hypothèse, la liberté d'action de la personne qui occupera l'Élysée entre 2022 et 2027 pour conduire les réformes risque de se trouver réduite. C'est pour ne pas se trouver coincé, s'il est réélu, que l'actuel chef de l'État a envisagé de remettre la réforme des retraites sur la table avant même les élections présidentielles. Quant à la politique européenne et étrangère, elle pourrait subir des turbulences si Marine Le Pen était élue. Quoi qu'il en soit, la marge de manœuvre du prochain président serait lourdement entravée dans le cas où l'écart économique entre l'Allemagne et la France continuerait à se creuser, surtout si, en l'absence de réformes dignes de ce nom, la question de l'endettement devenait grave. Tout se tient.

L'Alliance : quelles menaces ?

Supposons hardiment dans ce qui suit qu'après les deux échéances électorales dont on vient de parler, l'alignement des étoiles soit propice aux adaptations nécessaires pour que progressivement l'UE devienne un acteur à part entière face aux nouvelles conditions de la géographie politique. Je commencerai par les relations transatlantiques.

Sous la présidence de Donald Trump, le président Macron a provoqué un électrochoc en proclamant la « mort cérébrale » de l'OTAN et la nécessité pour l'Europe de parvenir à l'« autonomie stratégique ». L'Alliance atlantique est un tabou en Allemagne, et de tels propos ne pouvaient qu'y susciter des réactions vigoureuses,

8. Voir T. de Montbrial, « Toward a New German Foreign Policy », *Internationale Politik Quarterly*, avril 2021, et « Face à la volonté américaine de contrer la Chine, l'Allemagne devra faire de vrais choix », *Le Monde*, 16 avril 2021.

ainsi que dans tous les États où l'histoire a enraciné un sentiment de peur de la Russie et de ses poussées impériales. Il n'en est pas moins nécessaire de poser le problème de l'avenir d'une alliance militaire qui a déjà survécu trente ans à la disparition de la cause qui fut à son origine : la menace soviétique.

Le tournant post-soviétique ayant malheureusement été manqué – le temps a suffisamment passé pour que *Ramses* n'ait plus à en analyser les raisons : c'est maintenant la tâche des historiens –, c'est un fait que les positions se sont suffisamment durcies pour que, ne serait-ce que de ce seul point de vue, l'Alliance atlantique demeure actuellement justifiée. À charge pour les États-Unis de traiter la question des rapports avec la Russie dans l'esprit du multilatéralisme, ce dont il est permis de douter, en dehors des postures. Mais il n'y a pas que la Russie. L'Europe (c'est d'elle qu'il s'agit ici) est soumise à une menace terroriste durable de caractère djihadiste, alors que les Américains se sentent aujourd'hui suffisamment protégés pour moins s'intéresser à cette question, comme le montre la confirmation (unilatérale) par le président Biden du retrait d'Afghanistan, au risque que l'histoire se répète d'une manière ou d'une autre. Plus généralement, tout indique que l'intérêt de Washington pour le Moyen-Orient tend à se réduire aux intérêts américains jugés essentiels, comme la survie d'Israël. Un aspect devenu critique pour le devenir de l'Alliance atlantique est le comportement de la Turquie, laquelle joue ouvertement contre les intérêts de certains de ses partenaires dans l'Alliance et entretient avec la Russie des relations ambiguës. Et reste par ailleurs toute la question de la cybersécurité.

Dans la perspective du moyen et long terme, comme prévu, Joe Biden n'a pas tardé à soulever la question du rapport entre l'Alliance atlantique et la Chine. Implicitement au sommet du G7 ; explicitement à celui de l'OTAN. Jusqu'à preuve du contraire, les Chinois n'exercent aucune menace *directe* d'ordre militaire sur les intérêts européens, et rien ne saurait justifier à ce stade leur inclusion dans le champ de l'Alliance. Que l'Empire du Milieu pose de redoutables défis aux Européens dans l'ordre économique, technologique ou stratégique est reconnu ; que les Européens aient intérêt à en parler avec les Américains est évident. Tout cela bouscule les relations transatlantiques, mais pour autant l'Alliance est-elle le cadre approprié pour ces discussions ? En diplomatie, il ne faut jouer avec le feu – dans tous les sens du terme – qu'à bon escient, donc rarement et seulement après mûre réflexion. La question des relations transatlantiques par rapport à la Chine est fondamentale, car les États-Unis de Biden ont déjà commencé à jouer la carte discutable d'une approche idéologique, consistant à réunir sous la bannière étoilée l'ensemble des États supposés démocratiques, face à la coalition abstraite des démocratures et des dictatures. De ce point de vue, il est possible que le rapprochement actuel entre la Russie et la Chine serve la cause de ceux des Démocrates américains qui promeuvent l'esprit de croisade. Les Européens ont-ils un intérêt commun à tomber dans le piège d'un nouveau monde bipolaire ? Quoi qu'en pense la France comme, à un moindre degré, l'Allemagne et quelques autres, le 14 juin, au sommet de l'OTAN à Bruxelles, les Européens ont mis un doigt dans un engrenage qui risque d'y conduire. Derrière cela, il y a le fait que jamais les États-Unis n'ont eu autant de moyens de pression, notamment dans l'ordre technologique, sur les Européens.

Quelle « autonomie stratégique » ?

Ayant ainsi tenté de clarifier un peu le sujet de l'Alliance atlantique, nous pouvons aborder celui de l'autonomie stratégique de l'UE. Ses détracteurs sont fondés à poser la question embarrassante : *autonomie par rapport à qui* ? Qui pourrait sérieusement répondre : par rapport aux États-Unis ? Pour bien faire, il faut distinguer entre « souveraineté technologique » – sur laquelle un consensus est en train d'émerger pragmatiquement sous la houlette de la Commission – et recherche, beaucoup plus délicate mais parfaitement sensée, d'une coopération européenne plus poussée dans les industries militaires ou spatiales par exemple, ou encore identification d'intérêts communs aux Européens qui ne soient pas perçus par les Américains comme affectant leurs propres intérêts majeurs, en un temps où ils se concentrent sur leur objectif principal : *empêcher la Chine de devenir la première puissance mondiale.*

Que les Européens prennent en charge, quand ils en sont potentiellement capables, leurs propres intérêts – dès lors qu'ils ne sont pas incompatibles avec ceux des Américains – serait une approche autrement constructive que celle, traditionnelle, du *burden sharing*, qui consiste essentiellement à acheter américain. Tel pourrait être me semble-t-il un objectif raisonnable, que je vais préciser dans les dernières sections de ces *Perspectives* consacrées au flanc sud de l'UE.

Afrique du Nord/Moyen-Orient : affaires du dedans, affaires du dehors

Quelle que soit la définition de l'Europe à un moment donné, son flanc sud est constitué des territoires riverains de la Méditerranée (et des mers adjacentes) qui n'en font pas partie et, par contiguïté, de ceux auxquels la géopolitique (au sens large), telle qu'elle s'est incarnée dans l'histoire, les a plus ou moins solidement soudés. Du point de vue civilisationnel et de plus en plus politique, le trait dominant du flanc sud de l'Europe actuelle (entendue comme l'UE) est l'islam. Si l'on met à part la Serbie et le Kosovo, la Bosnie-Herzégovine, le Monténégro et la Macédoine du Nord, tous issus de l'ex-Yougoslavie, ainsi que l'Albanie, autant de candidats actuels ou potentiels à l'Union[9], le flanc sud de l'Europe se compose de deux couches, avec les États suivants, listés dans l'ordre des aiguilles d'une montre. Première couche : la Turquie ; le sous-ensemble (généralement qualifié de Proche-Orient) constitué par la Syrie, le Liban, la Jordanie et Israël ; l'Égypte ; la Libye, la Tunisie, l'Algérie et le Maroc. Pour la seconde couche, profondément intriquée avec la première : l'Irak, l'Iran, l'Arabie Saoudite et les autres États du Golfe ; la bande du Sahel (c'est-à-dire la « rive sud du Sahara ») au sens large avec le Soudan, le Tchad, le Niger, le Mali et la Mauritanie.

Le concept très opérationnel de flanc est l'un des plus importants de la géostratégie, qui se rapporte aux invariants géographiques dans la manière de traiter dans l'esprit stratégique les relations de voisinage. Si l'UE était un État constitué

9. Les populations musulmanes constituent dans ces pays : au Kosovo, 90 % des habitants ; en Bosnie-Herzégovine, 51 % ; au Monténégro, 19 % ; en Macédoine du Nord, 33 % ; en Albanie, 70 %.

– comme les États-Unis, la Russie ou la Chine –, la description qui précède serait parfaitement claire. Mais l'UE n'est qu'une unité politique d'un type nouveau en voie de formation, selon un processus dont le terme est largement imprévisible, tant dans les modalités que dans la temporalité. Par exemple, le Maghreb est perçu bien différemment quand on le considère de Varsovie ou de Paris. Dans la perspective polonaise, les flancs stratégiques sont les États issus de trois empires (la Russie, l'Allemagne et l'Autriche-Hongrie) et la péninsule scandinave, au nord de la mer Baltique. Après le dégel consécutif à la chute de l'Union soviétique, c'est tout naturellement – on l'a déjà rappelé – que la plupart des pays membres de l'UE se sont tournés vers les États-Unis pour leur sécurité. La France, qui en cela n'a jamais cessé d'être gaullienne, a continué de porter sur l'histoire et la géographie politique le regard du temps long, et il aura fallu le coup de semonce de la présidence Trump pour qu'au moins certains de ses partenaires commencent à accepter l'idée d'un après qui ne sera pas comme l'avant.

D'où, en particulier, le débat naissant sur l'avenir de l'Alliance atlantique évoqué ci-dessus, mais aussi la nécessité de travailler à une formulation précise des intérêts communs aux membres de l'UE par rapport à son flanc sud tel que je viens de le définir, en un temps où l'intérêt des États-Unis pour le Moyen-Orient comme pour l'Afrique est en train de s'affaiblir. En ce qui concerne les États-Unis, cela tient au changement de posture vis-à-vis de la Russie et de l'Europe, mais aussi à la révolution en cours dans le domaine de l'énergie, qui a elle aussi un caractère transformationnel.

Le point d'ancrage, pour identifier un intérêt immédiat, proprement européen, concernant l'Afrique du Nord/Moyen-Orient – entendu comme le flanc sud le plus proche – est le phénomène migratoire, dont les origines sont bien antérieures aux tragédies du « printemps arabe ». Ce phénomène, dont on trouve l'équivalent dans d'autres régions du monde (entre les États-Unis et le Mexique par exemple), s'explique par la démographie, l'économie et la géographie politique. On ne peut expliquer en détail ces flux humains qu'en se remémorant l'histoire. Pour les Français, il est plus facile de comprendre l'ampleur de leur immigration d'origine arabe (estimée à environ 6 millions par l'Institut Montaigne[10]) que la raison pour laquelle la communauté turque est beaucoup plus élevée en Allemagne (environ 4 millions) qu'en France (entre 600 000 et 800 000). Pour cela, il faut se rappeler l'étroitesse des relations entre les empires allemand et ottoman à la fin du XIXe siècle et au début du XXe. D'une manière générale, beaucoup de situations présentes ne peuvent se comprendre que par l'histoire. Ainsi la rivalité entre la France et la Grande-Bretagne est-elle encore sensible, par exemple, dans le Golfe ou en Afrique de l'Est.

Le point important est ici que le gros de l'immigration européenne est, culturellement, marqué par l'islam et par la mémoire de la période coloniale. Sans entrer dans les débats au demeurant importants sur l'assimilation, l'intégration ou encore le choc des civilisations, il est clair qu'en se modifiant en profondeur par l'immigration, les populations européennes importent des problématiques

10. H. El Karoui, « Nouveau monde arabe, nouvelle "politique arabe" pour la France », Institut Montaigne, août 2017.

qui leur étaient antérieurement étrangères, ce simple fait se répercutant sur la politique intérieure des pays d'accueil et suscitant des passions. Un des sujets les plus rebattus de l'histoire de la pensée politique est l'interaction entre la politique intérieure et la politique extérieure ou, comme on disait jadis, les affaires du dedans et celles du dehors. Dans le cas de l'Europe et de son flanc sud qui nous occupe ici, la dimension islamique de cette interaction a pris une importance majeure. Cela a commencé par l'affrontement israélo-arabe et ses ramifications. Puis il y eut les chocs de la révolution iranienne et de la guerre d'Afghanistan, ceux des guerres contre Saddam Hussein, à l'origine d'Al-Qaïda puis de Daech, enfin les échecs du « printemps arabe ». Je m'abstiendrai de disserter ici sur les responsabilités, mais il est manifeste que les effets externes de ces désastres ont conduit à la situation présente où tout se mélange : mouvements migratoires, réfugiés, montée et extension des mouvements djihadistes, etc.

Les États-Unis prennent maintenant leurs distances vis-à-vis de l'Europe et de ses flancs, empêtrés qu'ils sont dans des situations que leurs politiques ont largement contribué à créer. Voilà pourquoi les États membres de l'UE devraient aujourd'hui identifier clairement leurs intérêts en Afrique du Nord/Moyen-Orient, ainsi que ceux qu'ils pourraient partager, ou non, avec leurs partenaires dans cette région. L'identification des intérêts est la précondition de toute politique extérieure et de sécurité.

Au Moyen-Orient, l'héritage de Donald Trump est marqué par les accords d'Abraham de la fin de l'été 2020, avec le rapprochement entre les Émirats arabes unis et Israël, étendus au Soudan et au Maroc (en échange de la reconnaissance par Washington de l'appartenance du Sahara occidental au royaume chérifien) mais pas à l'Arabie Saoudite, surtout après le choc de Gaza. Tout cela en même temps qu'un engagement de Netanyahou à ne pas annexer la Cisjordanie, comme il en avait proclamé l'intention. L'héritage de Trump, c'est aussi le retrait unilatéral en 2016 de l'accord nucléaire avec l'Iran (le JCPoA), et un certain laxisme vis-à-vis de la Turquie. Joe Biden s'efforce de remettre le JCPoA sur les rails, et se heurte aux exigences prévisibles de Téhéran, de plus en plus tourné vers la Chine. Comme prévu également, la politique de Trump a servi le camp des conservateurs. L'élection programmée d'Ebrahim Raïssi pour succéder à Hassan Rohani augmente la liberté d'action du régime. Biden a obtenu un assouplissement de l'Arabie Saoudite, qui a tiré un trait sur sa guérilla contre le Qatar. Le Royaume se déclare maintenant favorable à une coexistence pacifique avec l'Iran. Pour cela, il faudrait des compromis, notamment sur le Yémen. Riyad entend donner la priorité à sa modernisation économique et sociale, et l'on sait que les hydrocarbures, tout en ayant encore de beaux jours devant eux, sont en voie de perdre leur suprématie dans l'économie de l'énergie. Le nouveau président des États-Unis a également prié son homologue turc de se calmer, mais celui-ci n'en a manifestement pas fini avec ses tentations néo-ottomanes sur le flanc sud de l'Europe, et en Europe même, ce que celle-ci ne peut pas feindre d'ignorer, comme on l'a déjà dit.

L'épisode le plus inattendu s'est produit en mai 2021 à partir d'affrontements entre Juifs et Arabes israéliens dans les territoires occupés, qui ont donné au Hamas le prétexte pour se lancer dans une attaque militairement peu efficace mais spectaculaire contre l'État hébreu, au prix de pertes humaines et matérielles disproportionnées dans ses rangs. Ce n'est que tardivement et à contrecœur que Biden est intervenu pour exiger un cessez-le-feu. Si le sentiment prévaut que le Hamas a gagné politiquement la partie, c'est que la gauche américaine – et pas seulement elle – a retrouvé le sens des injustices à l'encontre des Palestiniens, et surtout que tout un chacun peut maintenant penser qu'un État juif mais multiethnique ne serait pas viable : les Occidentaux eux-mêmes ne sauraient accepter dans la durée une sorte d'apartheid radicalement contraire à leurs valeurs. Joe Biden a ainsi dû réaffirmer son attachement au principe des deux États, auquel les Arabes eux-mêmes ne croyaient plus.

Cette brève guerre entre Israël et Gaza a à peine interpellé les parties prenantes aux accords d'Abraham, d'autant plus que l'Autorité palestinienne reste évanescente. La séquence rappelle cependant qu'on ne peut faire l'impasse sur un conflit dont le règlement est impossible sans le Hamas et ceux qui le soutiennent. Dans le vocabulaire classique des relations internationales, disons que toute stabilisation au Moyen-Orient devra reposer sur un équilibre des forces (*balance of power*) entre les principales parties prenantes, intérieures mais aussi extérieures à la région. Avec cette difficulté supplémentaire que les régimes politiques des États concernés sont plus ou moins stables.

Ainsi ne peut-on que s'interroger sur l'avenir de la République islamique d'Iran et, dans son cas plus encore que dans d'autres, sur la relation entre les affaires du dedans et celles du dehors. Encore faut-il souligner que la Perse (Iran) est un grand État-nation, en partie tourné vers l'Asie. Quoi qu'il en soit, ne serait-ce qu'en raison du poids croissant des communautés musulmanes au sein de l'UE, celle-ci, en tant que telle, ne peut plus se permettre de regarder en spectateur ce qui se passe en Afrique du Nord ou au Moyen-Orient, et de subir passivement les conflits qui s'y déroulent.

Le Sahel

Du point de vue géopolitique (au sens large), cette région n'a pas attendu la colonisation pour que s'y développent des conflits incessants, entre « blancs » nomades et « noirs » sédentaires comme on le rappelle souvent, de façon caricaturale puisque les blancs peuvent être noirs et réciproquement. Les seconds n'ont cessé d'être victimes des razzias et des pratiques esclavagistes des premiers. Faut-il rappeler au passage que les Européens n'ont pas eu dans l'histoire le monopole des pratiques esclavagistes ? Il est vrai que la décolonisation, en confiant majoritairement le pouvoir aux populations noires, a amplifié les fractures dans cet espace en inversant au moins localement les positions. Mais les dynamiques actuelles n'ont plus que de lointains rapports avec cet héritage. De nos jours, l'islam représente plus de 85 % de la population en Mauritanie, au Mali et au Niger (nettement moins au Burkina Faso et au Tchad). Les taux de fécondité et l'illettrisme y sont élevés (moins en Mauritanie).

Certains de ces États, qui ne le sont que nominalement, sont incapables d'assurer leurs fonctions les plus basiques, comme l'éducation. C'est le cas au Mali, encore marqué par deux coups d'État emboîtés, en août 2020 et en mai 2021. Leurs élites se comportent souvent en prédateurs. Et les prédateurs de l'extérieur en profitent sans scrupule. Tous font partie des pays les moins avancés. La géographie politique suffit à expliquer pour l'essentiel la prospérité des trafics en tous genres (drogues, médicaments, armes...) au Sahel, mais aussi par exemple que les États du Golfe aient pendant longtemps subordonné leur aide à la construction de lieux de culte. On soulignera toutefois la relative stabilité politique de la Mauritanie, république islamique appliquant une version modérée de la charia. Cet exemple montre qu'il est possible pour la France (et pour l'Europe) d'avoir de bonnes relations avec un État islamique – certes de taille modeste – pourvu qu'il ne lui porte aucun préjudice.

Ce point est capital, car le fait est que certaines confréries ou certains groupes musulmans contribuent au bien de populations soumises à d'incessantes épreuves. Ce fut d'ailleurs la raison pour laquelle, en Algérie, le Front islamique du salut (FIS) remporta les élections au début des années 1990. La véritable explication de l'intervention militaire française au Sahel – dans le cadre du droit international, et avec un soutien certes encore minimal de ses partenaires européens – est la crainte, fondée, qu'à travers des jeux de menaces, d'alliances ou d'allégeances, l'islam, même « social », ne débouche sur l'islam politique, et en fait sur le djihadisme – avec des conséquences régionales débordant le Sahel, d'abord vers le Golfe de Guinée (la Côte d'Ivoire, etc.), puis de là vers l'Europe.

Le Golfe de Guinée est un vrai enjeu stratégique pour l'Europe. Les Français sont encore capables de raisonner à long terme, moins hélas que les Chinois ou même les Russes. En tout cas, le scénario d'une « afghanisation » du Sahel doit être pris au sérieux, à condition de ne pas trop forcer la comparaison. Elle ne serait certes pas dans l'intérêt des États de l'Afrique du Nord et de l'Ouest, mais la coopération de ces États entre eux et avec la France (ou à un moindre degré d'autres pays européens) est difficile. Je pense surtout à l'Algérie. C'est une litote.

Le terrorisme islamiste a fait irruption au début des années 2000, par contagion venue du Moyen-Orient et de l'Asie, qui a envenimé les plaies locales. Les mouvements islamistes ont commencé avec Al-Qaïda au Maghreb islamique (AQMI) dans les années 2000. Au nord du Mali, l'implantation des terroristes algériens consécutive à la défaite du Groupe islamiste armé (GIA) en 2002, après la guerre civile des années 1990, a joué un rôle important. Une dizaine d'années après, la chute de Kadhafi, à la suite d'une opération où la France ne s'est pas distinguée par ses capacités d'anticipation, a contribué à l'aggravation de la situation. Sans oublier les ambitions particulières, comme celle du chef touareg Iyad Ag-Ghali. Et je ne m'attarde pas sur les groupes djihadistes issus de l'« État islamique » (Daech) ou d'autres plus spécifiques comme Boko Haram, au Nigeria. Toutes ces entités ont profité des mécontentements ambiants, de facteurs idéologiques ou de dynamiques de groupe[11].

L'action de la France au Sahel s'inscrit dans le cadre général de réouverture du jeu dont nous parlons depuis le début de ces *Perspectives*, qui se manifeste en Afrique

11. M. Hecker et É. Tenenbaum, *La Guerre de vingt ans. Djihadisme et contre-terrorisme au XXIe siècle*, Paris, Robert Laffont, 2021.

comme partout. Ce continent est désormais ouvert à tous vents et à toutes les convoitises d'États – comme la Chine, la Russie ou la Turquie – inspirés par des stratégies et des mobiles différents, économiques ou politiques (à travers le poids des votes de l'Assemblée générale des Nations unies par exemple). La difficulté est que nous nous sommes appuyés sur des chefs d'État à la légitimité douteuse (comme Idriss Déby ou *a fortiori* son fils après sa mort le 20 avril 2021), identifiés à des régimes inefficaces et corrompus. Le dernier putschiste malien, le colonel Assimi Goïta, entend flirter avec les djihadistes.

Malgré sa légitimité internationale, notre action se heurte donc à des accusations croissantes – certes plus ou moins orchestrées – de néo-colonialisme : au Sahel, en Afrique, mais aussi à voix plus ou moins feutrées en Europe même ou aux États-Unis. C'est pourquoi Emmanuel Macron a décidé de revoir notre dispositif, après la mort de Déby et le coup de force de Goïta. Aboutissement en fait d'une démarche amorcée depuis au moins deux ans. D'un point de vue européen, l'idée que l'on doive défendre le sud de notre flanc sud commence à être timidement reconnue. Le Sahel ne doit pas devenir une nouvelle base arrière du djihadisme. La vraie difficulté est de trouver comment la France et les Européens pourraient accompagner positivement les dynamiques sociales en cours au Sahel, quitte à accepter de collaborer avec des régimes islamiques, si ce devait être la condition du soutien des populations, pourvu que ces régimes ne menacent personne à l'extérieur, et qu'à l'intérieur ils respectent les droits des minorités, chrétiennes ou autres. En même temps, tant en France et en Europe qu'à l'extérieur, il est essentiel (et difficile !) de montrer que les États membres de l'UE, et l'UE elle-même, tout en restant attachés à leurs racines – faute de quoi ils se dissoudraient dans le grand large de la vacuité – respectent la ferveur des pratiquants de la religion musulmane, tout en s'opposant fermement à l'instrumentalisation de l'islam comme de toutes les religions à des fins politiques ou criminelles.

La notion d'autonomie stratégique de l'Europe pourra prendre sens dans son voisinage (au sud, mais aussi à l'est et au nord), si nous faisons l'effort de rechercher puis d'identifier clairement nos objectifs communs, tout en admettant que l'entente sur les grands principes de sécurité n'est pas incompatible avec la concurrence, économique ou culturelle entre nous.

La longueur inhabituelle des *Perspectives* de cette 40e édition de *Ramses* me contraint à conclure en quelques mots. Comme le *Ramses 2023* paraîtra après les prochaines élections présidentielles en France, je me limiterai à un avertissement aux futurs candidats à ces élections. L'avenir de l'UE, désormais otage de la rivalité entre les États-Unis et la Chine, se jouera dans les prochaines années. La France ne pèsera pas dans les choix à venir si son incapacité à se réformer devait lui faire perdre la maîtrise de son destin.

Thierry de Montbrial
Membre de l'Académie des Sciences morales et politiques
Fondateur et Président de l'Institut français des relations internationales
Fondateur et Président de la *World Policy Conference*
Le 12 juillet 2021

Partie 2

Trois enjeux pour 2022

Le temps retrouvé

vidéo
http://dunod.link/ramses02

Il existe une histoire des épidémies – hier enfouie dans un passé oublié –, mais celle que nous venons de vivre s'y inscrit très spécifiquement. D'abord parce qu'elle fut brutale et courte à l'aune des gigantesques atteintes du passé (peste, choléra, ou même grippe espagnole) ; ensuite parce que les conditions de la sortie – si nous y sommes – ne peuvent être étalonnées sur les expériences d'hier.

En sortir, mais dans quel état ?

Nous en sommes encore au temps des réactions. À la crise, nos sociétés ont partout opposé des recettes séculaires – isolement, intervention de l'État pour faire respecter les mesures… –, aujourd'hui à la fois plus aisées et plus difficiles à mettre en œuvre du fait de notre niveau de développement technique, ainsi que les ressources de la modernité : information, vaccins, crédits publics…

Les grandes pandémies du passé ont toutes laissé des traces profondes sur l'organisation sociale et politique. L'empreinte du Covid, sa profondeur, ne se profileront que progressivement, même si l'on peut déjà lister quelques domaines évidemment concernés.

La progression de la science ne dépend pas de *diktats* publics mais autorités scientifiques et responsables publics peuvent privilégier des domaines de recherche. En matière de recherche médicale, quelles places respectives auront demain les maladies infectieuses, les atteintes non transmissibles, les maladies du grand âge, etc. ? De plus, la science se concrétise dans des systèmes sociaux de production et de diffusion, et la crise du Covid a montré que le dynamisme de la recherche vaccinale, par exemple, pouvait peiner à se traduire en processus industriels.

Les systèmes de santé des pays développés ont plus ou moins bien tenu – et ailleurs, là où l'organisation publique est défaillante, les atteintes de la pandémie ont souvent pu être limitées. Mais l'attention prioritaire accordée au système hospitalier ne peut laisser ignorer que, face à d'autres pandémies, c'est tout le système de soin, donc la santé globale d'une population, qui serait un facteur central de résistance – une santé commune qui, elle, ne peut reposer sur le seul système hospitalier.

Le système de santé mondiale, à travers l'Organisation mondiale de la santé (OMS) ou les coopérations civiles, a rapidement montré ses limites. Son absence de pouvoir opérationnel du temps de crise pose un problème majeur : dans un monde ouvert à toutes circulations, celle des virus serait-elle la seule à ne pouvoir être prévue et gérée collectivement? La question générale de l'articulation de l'action des États avec les structures d'un monde commun s'impose à nouveau : les interdépendances sont une vulnérabilité quand les circulations se ferment; elles sont un besoin absolu pour gérer les moyens de lutter contre une pandémie qui se joue des frontières, mais un besoin dont l'efficience doit être organisée… Pour l'heure, sous les solidarités de propagande et les diplomaties vaccinales, c'est bien la division du monde qui s'affirme, brutale et multidimensionnelle : entre pays riches préoccupés de leur propre sauvegarde, entre pays riches et pauvres, ces derniers ne recueillant que les miettes d'une charité mal ordonnée.

Quel type de mondialisation redessinera-t-on dans l'après-crise? Tentera-t-on d'intégrer les dimensions commerciales, politiques, environnementales, sanitaires, d'une inévitable interdépendance, en les articulant aux niveaux nationaux de la décision politique? C'est difficile à imaginer aujourd'hui, tant la crise a éclairé et peut-être conforté différents « réflexes » politiques et sociaux de réponse à la pandémie : le contrôle politico-social en Asie (*hard* ou *soft*); la vitalité des sociétés civiles en Afrique; en Europe, le mixte de droit d'exception et de contrôle juridique; et au niveau de l'Union européenne (UE), le difficile – impossible? – glissement de la logique bureaucratique à l'opérationnalité politique (avec l'habituelle hypocrisie d'États reprochant vertement à la Commission de ne pas faire ce qu'ils lui dénient avec constance les moyens de faire…)

Pendant la crise, la course continue…

Les logiques du monde ne s'arrêtent pas pendant les crises. Et la course qui, depuis trente ans, tend à redéfinir la hiérarchie des puissances s'affirme chaque jour plus rude. La crise a seulement permis de mieux identifier quelques facteurs contemporains d'accumulation de cette puissance, qui seront déterminants dans l'avenir proche.

Le fonctionnement même de nos sociétés durant la pandémie a survalorisé l'ensemble des technologies de l'information, autour desquelles s'organise désormais la compétition des puissances de premier rang. Ajoutons-y l'espace, un temps oublié par le débat public, et de plus en plus nécessaire pour gérer les flux informationnels, dans le domaine civil comme dans le domaine militaire. C'est la capacité à maîtriser ces technologies, et les productions nécessaires à leur mise en œuvre, qui organisera demain les rapports fondamentaux entre la Chine, les États-Unis, l'Europe et quelques autres puissances « de niche », ainsi qu'avec ces entreprises-mastodontes qui dessinent désormais un monde particulier de la puissance.

La puissance économique des pays développés a-t-elle été atteinte par l'hyperkeynésianisme de crise, ou ces pays n'ont-ils fait que montrer l'efficiente souplesse de leurs moyens? Les banques centrales ont aidé à financer la crise comme il était impératif de le faire. Les déficits publics poseront pourtant, à terme mais inévitablement, problème : pour être épongés, ou restructurés au service de politiques d'avenir, de long terme. En tout état de cause, il y aura retour à une gestion plus ordinaire, avec une transition à négocier, et de nouvelles règles collectives à élaborer, en particulier en Europe pour les pays dotés d'une monnaie commune.

C'est une fois encore la balance indépendance/interdépendance qui se propose, permanente oscillation de la modernité. Du côté de l'indépendance : le sursaut du militaire. Au Haut-Karabagh, le militaire moderne montre sa supériorité classique ; en Afghanistan ou au Sahel, le militaire classique montre son impuissance face aux conflits non conventionnels. Mais un peu partout, ce militaire qu'on voulait marginaliser par la dissuasion et le droit, fait son retour, quand par exemple la Chine, la Russie, la Turquie s'attachent à dessiner ou à consolider leurs zones d'influence. Du côté de l'interdépendance : le fonctionnement même du monde, une fois encore tel qu'éclairé par le Covid. Quelles interdépendances assumer, et comment les organiser ? Une seule certitude : les États doivent être là en première ligne : comme toute crise, la pandémie les a remis au centre du jeu – on ne les oublie, on ne les méprise, qu'en temps calme…

La métaphore utile est ici celle des frontières : elles sont nécessaires pour séparer les communautés humaines, et pour transformer les espaces de confrontations en passages, en échanges.

L'UE figure-t-elle parmi les compétiteurs crédibles de la course à la puissance ? Comme poids, par rapport auquel d'autres se déterminent, oui. Comme acteur, c'est moins sûr. Une fois encore – l'UE est censée aimer les chocs qui la font progresser –, la crise a révélé, éclairé : à la fois un montage administratif non politique (et en l'espèce non compétent par les traités), et un appareil pouvant bricoler – lentement mais efficacement – des solutions techniques : vaccins, plan de relance… Ceci annonce-t-il un certain passage au politique ? On peut en rêver, mais le saut politique de l'UE dépend d'une décision politique qui ne peut être prise par l'Union : cela vaut pour le sanitaire, l'économie, et évidemment la diplomatie et la défense. Le plus vraisemblable est que le choix de « politiser » l'UE ne sera pas fait – peut-il d'ailleurs l'être à l'unanimité des 27 ? –, et que le curieux animal européen continuera à témoigner de notre créativité intellectuelle et juridique. Quant à témoigner d'une volonté collective de jouer au monde de la puissance…

Trente ans après la chute

Trente ans après, la Russie est-elle stable – son régime politique est-il pérenne, son économie viable ? –, et que pèse-t-elle dans l'arène internationale ?

Produit de l'apathie politique générée par 70 ans de slogans et une mémoire traumatique de la guerre civile ; de l'appropriation privée du pouvoir économique et du contrôle d'État imposée par les sauvages années 1990 ; de l'humiliation de l'effondrement redoublée par l'arrogance occidentale ; et de l'héritage de siècles de régimes autoritaires : la semi-démocratie russe semble installée dans le paysage pour durer.

L'État politique tient, même si l'enthousiasme du soutien baisse, et en l'absence de toute alternative identifiable. La réaffirmation de puissance de la forme poutinienne du régime sert de ciment nationaliste. L'économie résiste assez bien aux sanctions et aux crises, financières ou sanitaires, même si demeurent les problèmes de long terme : investissements insuffisants, infrastructures, poids de l'économie de rente… La puissance militaire est à nouveau tangible, même si ses capacités de projection sont en réalité limitées, tout comme son efficacité, traditionnellement bornée à la garde d'un immense territoire et aux régions avoisinantes.

Moscou a même, contre beaucoup de prévisions, réussi à structurer un ensemble économique, l'Union économique eurasiatique, traitée avec condescendance à l'ouest de l'Europe, avec un rôle régional de désenclavement, en même temps que de contrepoids aux ambitions chinoises le long des Nouvelles routes de la soie.

Quant à la diplomatie russe, elle a ré-imposé, au fil des faiblesses et des erreurs de l'Occident, sa présence quasi globale : dans ses alentours, au Moyen-Orient, en Méditerranée, en Asie…, jouant habilement ses cartes : une capacité de blocage ici, là de négociation dans les crises internationales.

Russia is back, sans doute, au grand déplaisir de ceux qui, à l'Ouest, avaient vite tiré un trait sur son existence même. Mais les défis qui s'imposent à Moscou sont gigantesques. Internes : la Russie a devant elle tous les problèmes de conversion des régimes semi-démocratiques ; son ouverture économique est encore bien partielle ; l'accrochage chinois est un ballon de survie, mais il est menaçant pour le long terme ; et la démographie russe est toujours en berne… Extérieurs : la rodomontade diplomatico-stratégique est le seul argument qui impose Moscou dans les dialogues qui lui importent vraiment, c'est-à-dire avec Washington et Pékin ; mais ses moyens sont là à la fois réels et limités. Et des problèmes plus proches pourraient vite, et violemment, s'imposer, avec les transitions politiques mal négociées dans l'espace hier soviétisé. Combien de temps le blocage des conflits non résolus passera-t-il pour une habile stratégie ? Comment négocier la transition politique de régimes proches – comme celui de la Biélorussie –, sans parler de l'étrange destin imposé au couple Moscou-Kiev par le terrible échec des manœuvres russes ? Comment gérer autrement que par un erratique jeu de balance les ambitions des puissances régionales proches : Turquie, Iran ? En bref, comment Moscou (qui n'est pas sorti de la conception des zones d'influence – mais quelle puissance en est sortie ?) pourrait-il consolider puis gérer sa propre zone d'influence ?

La Russie est-elle stable ? Puissance de la terre par excellence, quelles relations entend-elle établir avec les terres qui l'environnent ? Et comment négociera-t-elle le poids international qui est le sien, sur un échiquier dont les pièces ont repris un mouvement compulsif ? Ces trois questions, centrales compte tenu du poids du pays, suggèrent de réintégrer toutes affaires cessantes la question russe dans les réflexions sur la construction d'un nouveau système international, quel qu'il soit.

***

Car c'est cette reconstruction qui est en cause. Après nous avoir, un bref été, fait rêver à l'éclosion d'un monde nouveau, la crise sanitaire mondiale nous renvoie à un programme inchangé : les questions de demain – nouveau dessin des puissances, organisation collective, maîtrise des technologies, prise en charge des problèmes transversaux… – sont celles d'hier, en plus grave. Après le temps-panique, le temps stratégique est de retour.

D. D.

Covid-19 : un moment dans l'histoire de l'humanité

Entre ruptures et continuités

Lutter contre l'extension de la pandémie, c'est d'abord en revenir à d'anciennes recettes d'isolement ou de fuite, accumulées lors d'expériences multi-séculaires. Mais la crise du Covid-19 a aussi mis en lumière des caractères particuliers de notre époque : l'ouverture des sociétés, une division internationale du travail qui crée des dépendances… La sortie de crise incitera sans doute à de multiples remises en cause : au niveau national, ou de l'organisation de la sécurité sanitaire mondiale.

Face à une pandémie que les pays développés pensaient appartenir à un passé révolu, les historiens ont été très sollicités. Mais que peut vraiment nous apprendre une mise en perspective historique? La question se doit d'être posée, car la rupture par rapport au passé est très forte, du fait de l'hyper-mobilité contemporaine, de la mondialisation des échanges qui ont révolutionné les échelles chronologiques et spatiales; mais aussi, tout particulièrement, de l'avancée de la science, des technologies et de la médecine.

La dernière pandémie de grande ampleur, et de nature proche (bien que différente), fut celle de la grippe dite espagnole, importée en Europe en 1918. Pendant plusieurs mois, au printemps 1918, les débats se développèrent entre les médecins sur la nature de la pandémie, avant d'aboutir au consensus : il s'agissait d'une *influenza*. En dépit des progrès réalisés depuis les années 1870, les médecins ne pouvaient alors pénétrer le monde des virus, qu'ils appelaient « virus filtrants[1] »; ils n'étaient pas capables de les isoler et la mise au point d'un vaccin efficace était donc inaccessible – même si certains furent produits. En outre, la guerre absorbait toute l'énergie de la puissance publique, si bien que les mesures collectives prises par les pouvoirs publics furent longtemps limitées.

1. Passant à travers les filtres de porcelaine de Chamberland.

La grippe espagnole n'a gagné l'une des premières places de l'agenda politique que lors de sa troisième vague, à l'automne 1918. Le milieu médical, bien représenté par Émile Roux, directeur de l'Institut Pasteur, affirmait alors avec force qu'il fallait isoler le malade dès l'apparition des symptômes et surveiller les personnes qui avaient été en contact avec lui. Lors de cette troisième vague, les conseils aux soignants incluaient le port d'un masque. Pour la population dans son ensemble, l'Académie de médecine conseillait bien de fermer un certain nombre de lieux publics, mais seuls quelques maires, ici et là, en fonction de la gravité de l'épidémie, suspendirent l'enseignement (comme à Montpellier) et prirent des mesures de désinfection approfondie de certains lieux publics. Enfin, les antibiotiques n'existaient pas encore pour combattre les surinfections dont la plupart des grippés décédés avaient été atteints.

Une rupture

Avec la pandémie de Covid-19, le rythme est bien différent. L'identification du coronavirus responsable de la maladie a été extrêmement rapide, ainsi que le séquençage de son génome (un ou deux mois). Les principaux moyens de s'en protéger ont également été cernés dès les premiers mois de l'année 2020, en dépit de la timidité des consignes de l'Organisation mondiale de la santé (OMS) quant au port du masque en population générale (préconisé seulement le 5 juin 2020…). La transmission interhumaine a été rapidement établie, si bien que les mesures barrières, en particulier la distanciation physique et l'usage du gel hydroalcoolique, ont aidé à limiter l'ampleur des contaminations. L'observation clinique a rapidement permis d'identifier les moments où les respirateurs et les techniques récentes de réanimation et de soins intensifs devaient être mobilisés, et de préciser quelles étaient les substances médicamenteuses efficaces, à chaque phase de la maladie. Ainsi, une multitude de cas et de très nombreux décès ont-ils pu être évités, du moins dans les pays développés.

Enfin, un an après le début de l'épidémie en Chine, les premiers vaccins efficaces ont été mis au point et ont pu être injectés à des dizaines de millions de personnes, en particulier dans les pays riches. Ces vaccins ont permis d'envisager la protection des deux tiers de la population des pays développés en quelques mois, et par conséquent une protection contre la pandémie, jusqu'à ce que la diffusion de nouveaux variants du virus nécessite de nouvelles vaccinations adaptées.

Tout cela a pu paraître bien long, mais il s'agit en réalité d'une chronologie très brève, sans précédent dans l'histoire.

Les permanences sociales et humaines

On peut pourtant retrouver le paysage habituel des épidémies du passé dans les réactions actuelles de la puissance publique, dans le jeu des acteurs socio-professionnels, et dans les débats sur les traitements ou les attitudes des populations.

Les pouvoirs publics minorent en général dans un premier temps la gravité de la nouvelle épidémie. Lors de l'avancée du choléra vers l'Europe occidentale en 1830, lors de la grippe dite russe (1889), ou encore au début de la grippe espagnole en 1918, de la grippe dite de Hong Kong (1968-1970), ce fut le cas tout comme au début de l'épidémie de Covid, pour ne pas alarmer les populations et maintenir une vie économique et sociale normale le plus longtemps possible.

En outre, la construction, depuis la fin du XVIIIe siècle, d'un horizon historique d'éradication des grandes épidémies, qu'illustrent successivement les réussites des vaccinations contre la variole, puis l'essor de la bactériologie et la mise au point des sérums ou vaccins qui en découlent, en attendant les sulfamides puis les antibiotiques, a rendu les gouvernants, et une large partie de la population, confiants dans les effets protecteurs de progrès scientifiques et médicaux continus, indicateurs de développement.

Ce qui entraîne même certaines opinions dans une sorte de sentiment de supériorité par rapport à des pays voisins jugés moins performants : ceux de l'est de l'Europe lors de l'arrivée du choléra en 1830-1831, ceux du sud de l'Europe dans le cas du Covid. Telle fut l'attitude française, un temps, par rapport à l'Italie et à l'Espagne ; l'attitude suédoise par rapport à la France, l'Italie ou l'Espagne. Et les médecins, lancés dans la recherche éperdue de traitements efficaces, de s'affronter, comme par le passé, sur la qualité de leurs propositions – l'exemple de l'hydroxychloroquine promue par le professeur Raoult s'inscrit ici dans l'histoire longue, très longue, des épidémies…

Chaque tendance politique tente d'instrumentaliser l'épidémie à son profit (par exemple les Républicains et les Légitimistes lors du choléra de 1832) : l'actualité de ces derniers mois, après une solidarité de façade qui n'a duré que peu de temps, en a donné de nombreux exemples (d'abord dans les rangs des extrémistes, de droite comme de gauche, puis parmi les partis républicains, au fur et à mesure que les échéances électorales se rapprochaient). Chaque groupe socio-professionnel tente également de tirer parti de l'épidémie, depuis les personnels soignants jusqu'aux employés des transports publics ou aux personnes travaillant au contact du public en général.

Enfin la population, déjà prompte à sourciller quand elle croise à Paris en février 2020 une personne d'origine asiatique, retrouve les vieilles pratiques de désignation de boucs émissaires responsables de l'épidémie : autrefois les lépreux, les juifs, les mendiants voire les migrants ; aujourd'hui les cibles de tous ordres identifiées sur les réseaux sociaux. Elle retrouve aussi les conseils prodigués par Hippocrate dès l'Antiquité : en cas d'épidémie, il convient de quitter la ville très tôt, d'aller loin et suffisamment longtemps pour que l'épidémie ait disparu au retour vers la ville. Au cours des périodes de confinement décidées par les pouvoirs publics en 2020 et 2021, les Français qui en avaient les moyens matériels ont appliqué de façon massive ce conseil pourtant fort ancien.

Au cœur de toutes les grandes épidémies se manifestent deux tensions majeures : entre la nécessité de protéger la population de la maladie d'un côté et celle de maintenir la vie économique et sociale de l'autre ; entre la nécessaire application de mesures coercitives afin de préserver la santé publique et le maintien des libertés individuelles et collectives. Depuis une année, ces tensions se sont fortement exprimées dans les débats sur la gestion publique de l'épidémie. Pour des raisons différentes, les pressions des milieux professionnels et les demandes d'une partie de la population incitent les pouvoirs publics à émettre les signes forts d'un début de sortie de crise le plus tôt possible.

Sortir de la crise

À toutes les époques, les sorties de crises épidémiques sont liées, pour la population, à la perception d'une baisse du nombre des décès. Dans les temps où quarantaines, lazarets et cordons sanitaires formaient le dispositif de protection contre les pestes, la décision des autorités levant ces contraintes changeait brutalement la vie quotidienne des populations qui retrouvaient à nouveau leurs activités économiques et marchandes, une vie sociale, et la possibilité de voyager en dehors de leur ville, de leur région ou de leur pays. L'expérience a été récemment vécue en France à plusieurs reprises depuis le début de la pandémie, mais sur des temps brefs par rapport au passé. Lors de la peste de Marseille de 1720, un cordon sanitaire de 60 kilomètres de long, doté de 89 postes de garde, avait été mis en place le 31 juillet 1720. Un quart des troupes royales avait été envoyé sur place afin de le faire respecter; elles y sont restées stationnées plus de deux ans et demi. Des moyens considérables étaient donc mobilisés sur une durée très longue, représentant un coût très important pour le budget de l'État.

De grands basculements dans le monde ont été imputés aux pestes. Leur fréquence, pendant de nombreuses décennies, autour de la Méditerranée, aurait conduit au déclin de Byzance et à l'expansion de l'Europe occidentale illustrée par la puissance de l'Empire de Charlemagne. La peste noire du milieu du XIVe siècle et les pestes récurrentes qui assaillirent le bassin méditerranéen jusqu'au début du XVIIIe siècle auraient pu indirectement faciliter l'essor, et la puissance, de la Hanse des marchands de l'Europe du Nord aux XVe et XVIe siècles.

L'histoire montre aussi que de nombreuses et importantes mesures succèdent aux grands épisodes épidémiques : amélioration des systèmes d'information, de contrôle et d'isolement après la Grande Peste médiévale; développement de la salubrité et de l'hygiène publique après les assauts du choléra en Europe occidentale au XIXe siècle. Quant à la grippe espagnole, elle accéléra les investissements en matière d'épidémiologie et de virologie (qui aboutit dans les années 1930) et suscita la création d'un Comité d'hygiène (ancêtre de l'OMS) au sein de la Société des Nations. Qu'en sera-t-il de la crise dont nous sortons actuellement ?

Quelques interrogations

Doit-on penser que cette longue année de pandémie, de ralentissement de toutes les économies, aura également des répercussions sur les grands équilibres mondiaux ? La première différence à prendre en compte est celle de la durée des pandémies : des siècles ou au moins des décennies d'un côté, deux années, probablement, de l'autre. La survenue du Covid-19 a mis en évidence les effets de la mondialisation, dont elle est aussi l'une des conséquences. L'Europe ne disposait plus du potentiel industriel pour fabriquer des masques respiratoires dans l'urgence, elle ne disposait plus des principes médicamenteux de base, ni de l'autonomie qui lui aurait permis de continuer la production de produits manufacturés (de très nombreuses pièces ou parties de dispositifs sont uniquement construites en Asie). La pandémie a ainsi permis de prendre conscience d'une réelle perte de souveraineté économique.

Dans la course à la mise au point de vaccins, la suprématie scientifique et économique des États-Unis s'est manifestée de façon éclatante, servie par l'importance des investissements de la puissance publique dans la recherche et la production de vaccins, pleinement illustrée par la rupture scientifique que constitue la maîtrise de la technique de l'ARN messager. L'Europe a dû se satisfaire, pour l'heure, d'un rôle de façonnier des grands laboratoires américains.

En simplifiant quelque peu le propos, on observera que l'Europe a connu une triple difficulté : celle de n'avoir pas assez investi dans la recherche pour aboutir à une proposition forte de mise au point de nouveaux vaccins ; celle d'être devenue dépendante, dans de nombreux secteurs, de la production et de l'approvisionnement venant d'Asie ; enfin celle de tenter de limiter la propagation de l'épidémie tout en respectant les libertés individuelles et publiques. *A contrario*, la Chine a utilisé la pandémie pour montrer au monde que son organisation paramilitaire et des mesures de coercition fortes avaient jugulé l'extension de l'épidémie – mesures servies, de surcroît, par la maîtrise de nouvelles technologies permettant des prises de température à distance, ou le rappel à l'ordre des passants ne portant pas de masques dans la rue.

Certains voisins de la Chine ont pourtant développé d'autres moyens de lutte contre l'épidémie. Taïwan, traumatisé par l'épisode du syndrome respiratoire aigu sévère (SRAS) auquel il avait payé le plus lourd tribut mondial, a adopté une politique stricte fondée sur l'information acquise directement en Chine (réseaux sociaux, résidents taïwanais), qui lui a permis une mise en place précoce des mesures de protection. Les autorités sont convaincues que, face à une épidémie, les pouvoirs publics ne peuvent qu'être en retard, la maladie se propageant d'abord de façon silencieuse et peu détectable. Ici, le résultat est spectaculaire : 12 décès seulement dus au Covid au 15 mai 2021 pour 23,5 millions d'habitants…

La Corée du Sud a, elle, choisi une mobilisation générale de défense fondée sur la responsabilisation individuelle et sur la mobilisation des technologies mises au point par ses *start-ups* : tests de dépistage, applications sur smartphone permettant de déclarer la maladie et d'informer en retour chacun de la densité de cas positifs qui l'environnent lorsqu'il se déplace dans la ville… Tout cela afin d'éviter au maximum des contraintes entravant la vie économique et sociale, et de limiter le nombre de décès : 1 600 pour une population de 51,7 millions d'habitants.

L'Europe est apparue pendant des mois bien dépourvue face aux États-Unis, capables une fois encore de mobiliser leur puissance scientifique et industrielle, à la Chine qui limitait l'extension de l'épidémie en adoptant des mesures drastiques peu soucieuses des libertés individuelles, et à au moins deux pays asiatiques conjuguant efficacement la lutte contre la contagion et le maintien des libertés individuelles essentielles (notion, il est vrai, très dépendante de la culture politique et de l'état de l'opinion).

La prise de conscience de la dépendance de l'Europe par rapport aux pays asiatiques dans des domaines économiques majeurs conduira-t-elle à une priorisation politique de secteurs économiques et scientifiques jugés vitaux ? L'Europe va-t-elle décider de financer massivement la recherche (comme le font les États-Unis) ? Du côté des populations, quelles seront les conséquences du traumatisme subi ?

Un redéploiement des priorités d'investissement et des choix de consommation des ménages ? Un relatif abandon des résidences en centre-ville surtout si le télétravail, largement expérimenté au cours de l'épidémie, confirme son essor ? Une forte adhésion à la vaccination ? Comment vont évoluer les rapports Nord/Sud si les vaccinations ne peuvent s'étendre rapidement dans les pays pauvres et les protéger de vagues successives du Covid ?

Les faiblesses de la sécurité sanitaire mondiale

L'expérience des épidémies du passé montre que la vigilance et la qualité de l'alerte peuvent permettre d'anticiper l'arrivée probable de l'épidémie et de déclencher des dispositifs de protection (dont l'efficacité, après ce que nous venons de vivre, n'est pas contestable). Les efforts pour mieux suivre le développement des épidémies, s'en protéger, éviter même qu'elles ne sortent de la région où elles se sont d'abord manifestées, ont été au cœur des politiques des villes marchandes de l'Italie médiévale, des États centraux puis des initiatives internationales de maintien de la sécurité épidémique.

Les conférences sanitaires internationales mises en place à partir de 1851 avaient pour but de prévenir l'arrivée du choléra et de la peste dans le bassin méditerranéen ; l'objectif premier était bien de limiter l'extension de l'épidémie repérée à sa région d'origine. Aujourd'hui encore, la doctrine de l'OMS consiste à éviter que les épidémies dangereuses ne sortent du pays dans lequel elles se manifestent, et où elles doivent être déclarées dès que repérées. L'attitude de la Chine qui, pour le moins, n'a pas été rapide dans sa déclaration à l'OMS, pose question quant à l'efficacité de cette stratégie.

L'OMS devra tirer les leçons de cette pandémie sans précédent depuis sa création, pandémie qu'elle n'a su éviter. On peut s'interroger sur la lenteur de ses prises de décisions en janvier et février 2020, alors que Taïwan avait déjà fermé ses frontières, sur la déclaration de danger pandémique qui n'intervient que le 11 mars, sur la préconisation du port du masque en population générale publiée seulement le 5 juin. Des réflexions importantes sur la notion de santé globale ont été conduites depuis les années 1990 mais la sécurité collective dépend aussi de la transparence de chacun des pays. Si tel n'est pas le cas, que faire ?

P. B.

Pour en savoir plus

- P. Bourdelais, *Les Épidémies terrassées : une histoire des pays riches*, Paris, La Martinière, 2003.
- C. Stoffel, M. Schuppers *et al.*, « The Ongoing Crises in China Illustrate That the Assessment of Epidemics in Isolation Is No Longer Sufficient », *Transboundary and Emerging Diseases*, vol. 67, n° 3, mai 2020.
- F. Vinet, *La Grande Grippe. 1918, la pire épidémie du siècle*, Paris, Vendémiaire, 2018.

Voir également la carte « Le coronavirus dans le monde en 2021 », p. 324-325 de cet ouvrage.

Le Covid-19 et le concept de santé mondiale

La fin des illusions

Les constructions politiques et institutionnelles dérivées du concept de santé mondiale ont été inopérantes face à la pandémie. Défaut de prise en compte des expériences et informations venues des pays du Sud ; impuissance de structures internationales dominées par les pays riches ; poids de l'industrie pharmaceutique sur les partenariats public-privé ; égoïsme des pays développés dans leurs stratégies vaccinales : la société internationale doit tout repenser pour faire face aux prochaines pandémies.

Avec plus de 160 millions de cas et 3 millions de morts à la mi-2021, la pandémie de Covid-19 aura montré que le monde est à la fois un dans sa vulnérabilité et profondément divisé dans ses réponses à une transmission fulgurante du virus à syndrome respiratoire aigu sévère (SRAS-CoV-2).

Depuis plus de trente ans pourtant, et notamment porté par la pandémie du VIH/SIDA, un mouvement d'ensemble avait traversé la santé publique internationale, imposant la notion de santé mondiale dans un domaine de plus en plus vaste, et faisant espérer un engagement solidaire universaliste là où dominait une notion de santé internationale Nord/Sud fortement institutionnelle. Ce mouvement se développa autour d'une architecture d'initiatives souvent éphémères – se disant presque toujours quelque peu pompeusement « globales » –, de partenariats publics-privés forts ou faibles, mais aussi de multiples structures de gouvernance se réclamant de grandes responsabilités planétaires bien que souvent sans légitimité.

L'importance de la notion de santé mondiale ne fait aucun doute : elle touche aux conditions effectives de survie et de bien-être de milliards de femmes, d'enfants et d'hommes, et à leurs relations avec leurs environnements physique, biologique, social et économique. C'est bien la construction politique, qui s'est développée autour d'elle et qui est devenue un véritable système politique en soi, qui est finalement tombée en panne à l'épreuve de la pandémie de Covid-19.

Un irréalisme devenu structurel

On a déjà avancé[1] une prédiction sur l'incapacité des structures se réclamant de la santé mondiale à juguler la pandémie du Covid-19, du fait de la conjonction d'une priorisation encore trop faible de la santé dans le champ international, du manque de fondement des décisions politiques, et de la privatisation croissante des politiques publiques internationales. L'analyse doit être approfondie à la lumière de la récente chronologie des dysfonctionnements qui ont mené la santé mondiale d'un Pearl Harbour lors de l'irruption du virus en janvier 2020 au Waterloo de la fin de l'année lors de la deuxième vague.

En dépit d'une succession effrénée de panels d'experts et de personnalités de haut niveau, de résolutions politiques portées par différents forums internationaux, d'adresses solennelles, et surtout de douzaines de rapports savants et de milliers d'éditoriaux et d'articles scientifiques produits au début du millénaire, en particulier face à la menace de grippe aviaire, on a dû constater presque partout dans le monde une incapacité chronique à atteindre le niveau de préparation à une pandémie, notamment concernant les moyens techniques de réponse. Ainsi, alors qu'a d'abord dominé une pénurie universelle de masques et des plus simples équipements de protection, celle-ci a été suivie d'une non-accessibilité aux réactifs pour les tests de dépistage de masse, tandis qu'une pénurie d'oxygène touche maintenant l'Amérique du Sud et le sous-continent indien.

Les discussions, qui portent surtout sur une faible réactivité imputée à l'absence de leadership et de mécanismes d'adhésion à des décisions obligatoires, font largement l'impasse sur le fait que les politiques ignoraient à peu près tout de l'absence de stocks de matériels et de plans de préparation à jour ; et qu'aucun effort n'avait été fait pour mesurer l'impact social et économique d'une pandémie de longue durée, en dépit de l'exemple largement étudié de la grippe espagnole de 1918-1920.

Le déni de réalité qui a suivi la panique de mars 2020 et ses redoutables conséquences n'a pas seulement été le fait de charlatans, avec ou sans diplôme, niant l'existence même du virus et de ses dangers, ou poussant leurs gouvernements à s'abstenir de mesures de contrôle au nom de la fumisterie de l'« immunité collective ». La non-prise en compte des réalités et des expériences d'autrui est le stade ultime d'un irréalisme structurel qui a aussi poussé à négliger les acquis de pays d'Asie et du Pacifique – Chine, Taïwan, Singapour, Corée du Sud, Vietnam, Australie, Nouvelle-Zélande – qui, forts de la mémoire institutionnelle encore vive de leur exposition en première ligne à la pandémie du SRAS de 2003, ont su appliquer une stratégie d'élimination du virus, plutôt que de s'aligner sur des stratégies inopérantes de contention de la transmission, jaugées sur le nombre de cas graves. Celles-ci, suivies en Europe et aux États-Unis mais imitées un peu partout, se sont soldées par des centaines de milliers de morts, des privations de libertés et des dommages économiques considérables[2]. Il eut été tout aussi intéressant pour les pays occidentaux d'analyser de près les expériences des pays d'Afrique subsaharienne, observées par

1. Voir D. Kerouedan, « La pandémie du Covid-19 : enjeux et solutions », *in* T. de Montbrial et D. David, *RAMSES 2021. Le grand basculement*, Paris, Ifri/Dunod, 2020.
2. Voir à ce propos la synthèse des effets du « Zéro Covid » sur les libertés et les économies de l'Organisation de coopération et de développement économiques (OCDE), *Lancet*, 28 avril 2021.

les membres correspondants du « Groupe Afrique Covid-19 » de l'Académie de médecine sur la période de mars 2020 à mars 2021. Une des explications de taux d'hospitalisation et de mortalité initialement bas sur le continent étant la grande réactivité et la préparation africaines à la lutte contre les grandes endémies[3].

Des orientations de doctrine et des instruments inappropriés

Il est saisissant de constater que les pays ayant pratiquement dominé la pandémie ont eu une part minime dans les travaux des panels, commissions internationales, rapports de haut niveau et publications scientifiques qui se sont répandus en vingt ans sur les menaces infectieuses, alors qu'ils avaient, pour certains d'entre eux, des expériences des plus pertinentes à partager.

Au contraire, le système de santé mondiale a produit des documents, des directives, des modèles d'action qui ont contribué à entretenir des illusions fatales. Ainsi le *Global Security Index* plaçait, quelques mois avant le début de la pandémie, le Royaume-Uni et les États-Unis en tête des pays les mieux préparés : deux pays qui ont accumulé par la suite les mortalités les plus élevées.

Que dire de l'Organisation mondiale de la santé (OMS), prise en otage par un comité d'experts n'ayant, pour la plupart, jamais eu de responsabilité de gestion de crise mais appelés à statuer sur la déclaration d'un événement de santé de portée internationale comme prévu par le Règlement sanitaire international (RSI) ?

Des semaines de tergiversations ont contribué à faire perdre le mois de janvier 2020 pour réagir, alors que la pandémie se répandait visiblement partout. Ces hésitations se sont muées en paralysie quand il s'est agi de conseiller les autorités nationales, souvent largement dépendantes de l'expertise technique de Genève, sur l'usage des masques de protection ou la suspension des vols de passagers en provenance du foyer initial de la pandémie. L'OMS n'a pas pris la mesure de la prolifération, ces cinq dernières années, des vols en provenance directe de Wuhan, ni mesuré que son argument traditionnel – la suspension des vols prive le pays affecté des secours nécessaires – était caduc quand le pays en question produisait la presque totalité des matériels sanitaires à l'échelle mondiale : la Chine n'est pas le Liberia…

Chaque liaison aérienne maintenue apportera ses nouveaux cas, et la non-coordination entre États des suspensions (tardives) des vols vers l'Europe incitera aux escales multiples, décuplant ainsi les foyers. Les faits d'une telle nature sont pourtant élémentaires à appréhender. Leur ignorance semble dénoncer une pensée de groupe ou de l'entre-soi.

Comme le relève Richard Horton, rédacteur en chef du *Lancet*, durant ces mois nulle synthèse d'informations ni analyse de fond ne semble gagner les chancelleries par les canaux des attachés d'ambassades chargés des affaires sanitaires ou scientifiques en poste à Pékin, alors même que les détails sur la nouvelle maladie fusent de partout, sur les canaux officiels et les réseaux sociaux chinois.

3. M. Gentilini, D. Kerouedan *et al.*, « Observation de la pandémie de Covid-19 en Afrique subsaharienne dans 14 pays francophones et 3 régions, sur la période mars 2020-mars 2021 », article à paraître en 2021 dans le Bulletin de l'Académie nationale de médecine.

La grande réunion organisée par l'OMS les 12 et 13 février 2020 pour dessiner un agenda de recherche – pléthorique et impraticable comme souvent – exclut à nouveau les scientifiques d'Asie déjà expérimentés et qui ont par ailleurs, comme le relève Horton, déjà publié l'essentiel sur l'infection au SRAS-CoV-2 en matière de diagnostic, d'épidémiologie, de présentation clinique et de traitements.

Une vision étroite et biaisée du monde de la santé publique

Le système de santé mondial n'est donc réceptif aux expériences que lorsqu'elles sont formulées à travers un système de force Nord/Sud qui n'est pas équitable au niveau scientifique et intellectuel, et ceci indépendamment de leur pertinence. Le principe de la collaboration scientifique internationale, auquel aucun des nombreux rapports ne manque de se référer, s'exerce à sens unique. La mainmise des partenariats publics-privés, pratiquement jamais dirigés par des cadres locaux, sur les programmes de terrain conditionne cette orientation condescendante.

À ce biais s'ajoute un degré élevé de solipsisme, le système politique de santé mondiale tournant sur lui-même, ignorant durablement les réalités démographiques et institutionnelles des pays les plus vulnérables. Appelant régulièrement à une augmentation des transferts de fonds destinés à la préparation aux épidémies, il néglige les conditions systémiques nécessaires pour réaliser des investissements productifs locaux en matière de santé. Il est clair que la santé mondiale, organisée en initiatives concurrentielles, n'a pas de place pour des investissements généralisables dans tous les secteurs de la santé et donc pas de place pour la préparation à la pandémie.

La pandémie aura-t-elle été sous-préparée ou sur-préparée ?

Une fois encore, il est paradoxal de constater qu'en dépit d'une incessante succession de résolutions et de rapports de haut niveau, l'impréparation était presque totale dans la plupart des pays. Les questions soulevées ici sont celles de la valeur que les États accordent à une santé pourtant publique, et de l'organisation thématique et structurelle de la santé mondiale. Hélas, nul effort n'est en vue dans le cadre des évaluations entreprises pour traiter de ces questions de fond. Par analogie avec la grenouille qui ne réagit plus à son ébullition si chauffée lentement et non échaudée brusquement, le manque de réactivité n'est-il pas dû à un arrosage constant d'alertes souvent disproportionnées, comme au trop-plein d'initiatives politiques non abouties depuis vingt ans, qui auraient conduit à l'indifférence, ou tétanisé les décideurs ?

La Maison-Blanche aura ainsi lancé, en l'espace de quelques années seulement, deux initiatives mondiales de sécurité sanitaire : la *Global Health Security Initiative* en 2001 et le *Global Health Security Agenda* en 2014, presque identiques, toutes deux à peu près aussi dépourvues d'impacts et de réalisations concrètes.

On déplorera, dans ce contexte, que le rapport assez sévère du panel indépendant commissionné par le directeur général de l'OMS sur le fonctionnement de l'instance internationale au début de la pandémie ne comporte aucune analyse des conditions locales de terrain déterminant les réactions possibles, et que la création de nouvelles structures de gestion y soit proposée sans conditions claires de gouvernance, ce qui les voue à l'échec.

Des capacités publiques de recherche importantes, qui n'aboutissent pas

On ne peut certes négliger l'élargissement considérable des compétences scientifiques face aux menaces pandémiques. Depuis les années 1990, sur des initiatives de tous bords, la recherche vaccinale a pris un nouvel élan. Par exemple, les vaccins ARN messager ont été systématiquement étudiés pendant près de trente ans avant de déboucher sur l'adaptation technologique rapide aux premiers vaccins anti-Covid. Mais la dépendance de la recherche publique vis-à-vis de la grande industrie pharmaceutique qui développe en produits de santé les inventions et découvertes, n'a pas permis de servir *in fine* les principes d'équité au nom desquels elle revendique ses financements.

En dépit des sommes pharamineuses mobilisées par la puissance publique aux États-Unis et en Europe, et de l'importante hausse des capitalisations boursières des entreprises de premier plan, les investissements sur les sites de production ont été insuffisants pour faire passer la production annuelle de vaccins de quelques centaines de millions de doses aux quelque cinq milliards nécessaires pour l'ensemble de la population mondiale vulnérable.

Le fait que quelques pays riches aient pu acheter rapidement la presque totalité de la production de vaccins – sans que, par ailleurs, ces contrats privilégiés soient honorés dans les délais impartis et l'immense majorité des pays pauvres ne recevant presque rien de ce qui avait aussi été financé en leur nom –, montre l'impuissance des partenariats publics-privés, même réputés comme l'Alliance mondiale pour la vaccination et l'immunisation (GAVI) formant avec l'OMS et la Coalition for Epidemic Preparedness (CEPI) l'Initiative COVAX. Les instruments développés sous l'égide du système de santé mondiale se sont montrés insuffisants et limités par une culture dépendante des intérêts industriels, qui aura leurré à la fois les Nations unies et l'Union européenne.

Cette culture est sans doute aussi responsable du retard qu'a pris le débat sur la levée des brevets des vaccins. Peu discuté en 2020, ce sujet pourtant objet de vifs échanges ces dernières vingt-cinq années attendra le revirement spectaculaire – et qui surprend l'Europe – des États-Unis, pour regagner droit de cité, hélas à un moment où cette éventuelle levée aura déjà raté ce qui aurait pu être son impact le plus important.

Les déséquilibres politiques du système de santé mondiale sont également illustrés par la faiblesse des initiatives européennes pour la mise à disposition des vaccins, alors que le Vieux Continent en est le principal inventeur et exportateur. Une technostructure – peu transparente – comme le CEPI est financée largement par les Européens, mais gérée par d'anciens fonctionnaires de la Maison-Blanche. L'excès des vaccins réservé par les riches Européens pour les années à venir manquera aux pays d'où partiront les nouveaux variants.

Plus flagrante encore est l'impossibilité d'organiser une recherche pertinente sur les traitements, les grandes organisations de recherche préférant perdre des mois précieux pour tenter de repositionner des médicaments déjà en échec dans les essais concernant d'autres infections virales, plutôt que de mobiliser de nouvelles molécules pour d'autres essais cliniques.

Il est dès à présent clair que l'accès aux médicaments, dans le cadre des solutions proposées au niveau de la santé publique internationale, passera de plus en plus par la création et le renforcement des capacités locales de production. Nombre de pays donnent déjà l'exemple, comme Cuba, l'Égypte, la Thaïlande ou le Sénégal.

Les financements sont-ils la clé du problème ?

Un des éléments remarquables des développements intervenus autour du concept de santé mondiale est l'importance concédée à la dimension financière. Rapports et résolutions sont systématiquement accompagnés d'appels à dons supplémentaires ou à la création d'instruments financiers nouveaux. Dès le 5 mai 2020, l'appel au financement de la lutte contre le Covid-19 lancé par la présidente de la Commission européenne Ursula von der Leyen rassemblait plus de 7 milliards de dollars de promesses de dons. Un an plus tard, cet effort de solidarité ne se sera guère concrétisé, puisque de nouveaux appels seront lancés lors des sommets du G7 et du G20 pour mobiliser de nouveau des fonds à cet ordre de grandeur, et sans que soient précisés les mécanismes et priorités à mettre en place pour développer durablement des systèmes de santé pouvant résister aux pandémies et à leurs effets délétères.

***

Les montages politiques dérivés du concept de santé mondiale ont démontré leurs insuffisances dès les premières phases de la pandémie de Covid-19.

La non-représentation durable dans le système actuel des pays les plus affectés, des expériences les plus pertinentes pour combattre la pandémie, les privilèges aussi remarquables qu'improductifs concédés au secteur privé, appellent à un changement profond de la gouvernance de la santé publique internationale. Les bases de ce changement devraient être une inversion de la représentation Nord/Sud et un développement des compétences scientifiques et industrielles locales. La santé mondiale exprime aujourd'hui une hégémonie politico-scientifique : dépassée elle-même par la globalisation des épidémies, elle ne devrait pas pouvoir survivre dans ses formes actuelles.

M. P. & D. K.

Pour en savoir plus

- P. Baldwin, *Fighting the First Wave: Why the Coronavirus Was Tackled So Differently Across the Globe,* Cambridge, Cambridge University Press, 2021.
- H. Clark et E. Johnson Sirleaf (dir.), « Covid-19: Make It the Last Pandemic », The Independent Panel for Pandemic Preparedness and Response, Organisation mondiale de la santé, 2021.
- R. Horton, *The Covid-19 Catastrophe: What's Gone Wrong and How to Stop It Happening Again*, Cambridge, Polity Press, 2020.

Quelle résilience pour les systèmes de santé ?

Privilégier les soins primaires et centrés sur la personne

La pandémie de Covid a menacé de désorganiser durablement les systèmes de santé, même dans les pays développés membres de l'OCDE. La résilience de ces systèmes face aux futures maladies infectieuses doit s'appuyer sur un suivi plus systématique des affections chroniques qu'impose l'allongement de la vie, sur un renforcement des dispositifs de soins primaires qui permettent de soulager le système hospitalier, et sur la participation active des patients quant à la préservation et au suivi de leur propre santé.

La pandémie de Covid-19 exerce une pression considérable sur les systèmes de santé mondiaux. De nombreux efforts ont été déployés pour accroître la capacité hospitalière et des personnels de santé, et mettre en place des mesures de distanciation sociale. Ces mesures ont aidé à faire face à l'augmentation soudaine de la demande et freiner la propagation du virus, mais elles n'ont pas limité les répercussions négatives sur l'accès et la continuité des soins.

La pandémie de Covid-19 a clairement montré à quel point il est essentiel que les systèmes de santé reposent sur des soins primaires performants et centrés sur la personne pour favoriser l'accès au système de santé et la continuité des soins, notamment pour les personnes atteintes de maladies chroniques. Les besoins de santé non satisfaits, causés par une perturbation du système de santé, entraînent des retards de diagnostics et une détérioration de l'état de santé physique et mental, qui exercent en retour une grande pression sur les systèmes de santé.

Des systèmes de santé résilients, capables de faire face à des crises sanitaires majeures, doivent reposer sur des soins primaires performants, accessibles, centrés sur la personne et répondant à leurs besoins individuels. Plutôt que de ne réagir qu'en situation d'urgence, ces systèmes de santé doivent favoriser la prévention, aider les personnes à devenir plus actives dans la gestion de leur santé et traiter les problèmes à un stade plus précoce, pour éviter les hospitalisations.

Covid-19 : un lourd bilan partout dans le monde

Depuis le début de la pandémie, plus de 160 millions de contaminations et plus de 3,3 millions de morts, dont la moitié dans les 38 pays de l'Organisation de coopération et de développement économiques (OCDE), ont été enregistrés : chiffres sans doute sous-estimés du fait de la défaillance des systèmes de tests, et du caractère asymptomatique de nombreuses infections. Les taux de létalité ont, dans certains pays de l'OCDE, dépassé les 10 % (14 % à 16 % dans les pays les plus touchés entre avril et juin 2020) avant de décliner lors des deuxième et troisième vagues. Plus récemment les taux de létalité ont baissé autour de 2 % dans les pays de l'OCDE, mais ces taux dépendent non seulement de la sévérité de la maladie et de l'accès aux traitements, mais aussi des procédures de test et de la détection des cas asymptomatiques.

Environ 90 % des décès ont concerné des personnes de 60-65 ans et plus; les personnes de plus de 80 ans comptant pour environ la moitié de ces décès. Les patients souffrant de maladies chroniques – cancers, problèmes cardiaques, diabètes de type 2, problèmes respiratoires, drépanocytose, obésité – sont plus à même de développer une forme grave de la maladie, d'être hospitalisés et de nécessiter des soins intensifs. Les groupes socialement et économiquement désavantagés, ayant le plus souvent des difficultés d'accès aux soins, des revenus limités et un état de santé dégradé, sont également plus vulnérables au virus et à ses formes graves.

Alors que les personnes âgées atteintes de maladies chroniques sont donc plus vulnérables, elles subissent davantage les effets indirects de la pandémie, avec une interruption des soins médicaux courants. Les fermetures des services de santé et la peur de la contamination dans les salles d'attente ont conduit nombre de patients à reporter leurs soins, même quand ceux-ci exigeaient la continuité.

Dans six pays de l'OCDE, le dépistage des cancers du sein pour les femmes de 50 à 69 ans a chuté de 11 % en 2020 par rapport à 2019, et le dépistage du cancer du col de l'utérus pour les femmes de 20 à 69 ans de 7 %. De nombreux autres exemples indiquent un retard de dépistage et prise en charge du cancer :

- Au Royaume-Uni, les signalements urgents de suspicions de cancers par les services de soins primaires ont baissé de 76 % et les rendez-vous de chimiothérapie de 60 % par rapport à la période pré-Covid.
- En France, le nombre des cancers diagnostiqués a baissé de 30 % à 50 % en avril 2020 par rapport à avril 2019.
- En Italie, on compte 1,4 million de dépistages en moins dans les cinq premiers mois de 2020 par rapport à la même période en 2019.

D'importantes réductions sont également constatées pour les soins ambulatoires. Le nombre des consultations dans les structures de soins primaires a par exemple diminué de 50 % en Belgique et aux États-Unis, de presque 40 % en Allemagne, 30 % en Angleterre, 25 % en France et 11 % en Norvège durant la première vague de la pandémie.

Une étude menée en juin-juillet 2020 a montré qu'en Europe une personne sur cinq déclarait avoir reporté un rendez-vous médical nécessaire, ou un traitement, durant la première vague de la pandémie[1]. Ces retards de diagnostic et ces ruptures de suivi médical auront des répercussions importantes sur l'état de santé de nombreuses personnes. Au Royaume-Uni, on estime que le nombre de décès par cancer pourrait enregistrer une hausse pouvant aller jusqu'à 20 % dans l'année qui suit la crise. En France, les retards de diagnostic pourraient conduire à une hausse de la mortalité de 10 % à 15 % par mois de retard.

Protéger les plus vulnérables : investir dans la santé, et dans les soins primaires

Des soins primaires performants permettent de réduire la pression générale sur le système de santé : en favorisant la prévention et le dépistage, en gérant de manière proactive les maladies chroniques, et en prenant en charge les soins de suite et de réadaptation.

Premièrement, la prévention est une fonction centrale des systèmes de soins primaires pour maintenir les populations en bon état de santé. Elle recouvre l'éducation et la promotion de la santé, le dépistage, ou encore la vaccination. Investir dans la prévention signifie miser sur la résilience des systèmes de santé. Pourtant, dans les pays de l'OCDE, seules 3 % des dépenses de santé sont consacrées à la prévention. C'est loin d'être suffisant compte tenu de l'impact des facteurs de risque (comme l'obésité ou la consommation nocive d'alcool) et des maladies chroniques sur la santé, les inégalités, le marché du travail ou la productivité.

Deuxièmement, les soins primaires constituent la première ligne de défense : ils prennent en charge les formes légères de Covid-19 et facilitent le diagnostic, le suivi, le traçage et l'endiguement de l'épidémie. Ils favorisent l'adhésion aux mesures de santé publique qui s'imposent et apportent une aide psychologique aux individus. Des soins primaires complets, accessibles et au plus près des patients, sont susceptibles de détecter et diagnostiquer précocement les nouveaux cas de Covid-19.

Troisièmement, avec l'augmentation continue des maladies chroniques, la prise en charge des personnes concernées est devenue un enjeu majeur pour les systèmes de santé. En effet, des soins primaires de qualité et accessibles se traduisent par des taux d'hospitalisation plus faibles et un recours moins fréquent aux services d'urgence. Face à un choc sanitaire tel que celui provoqué par le Covid-19, la continuité des soins courants est donc essentielle pour éviter une pression excessive sur les hôpitaux.

Quatrièmement, en tant que premier point de contact, les soins primaires constituent un soutien important pour les individus dont l'état de santé se dégrade en raison des effets directs et indirects de la pandémie. Il peut s'agir d'apporter une aide psychologique et sociale qui serait primordiale, notamment dans le contexte d'une interruption des soins, d'un sous-diagnostic des problèmes de santé, ou encore d'un isolement prolongé.

Enfin, les soins de suite et de réadaptation après hospitalisation sont également très importants. Certains patients souffrent d'une forme longue de Covid-19.

1. « Living, Working and Covid-19 Dataset », Dublin, Eurofound, 2020.

Si ces formes longues sont encore peu connues, le système de soins primaires a là encore un rôle essentiel à jouer pour prendre en charge des symptômes tels que fatigue, difficultés respiratoires, maux de tête ou problèmes psychologiques.

Les systèmes de santé les plus résilients ont renforcé les soins primaires face à la pandémie

Le renforcement des soins primaires a permis à certains pays de réduire la pression sur l'ensemble du système de santé. L'Islande, la Slovénie ou le Royaume-Uni ont par exemple mis en place des structures de proximité dédiées au Covid-19, pour travailler en étroite collaboration avec d'autres structures de soins primaires pluridisciplinaires et éviter l'encombrement des hôpitaux. Ces structures prennent en charge des patients souffrant de formes légères du Covid-19, ne nécessitant que des soins de premiers recours. Ces structures assurent également le suivi des soins une fois les patients rentrés chez eux, tout en facilitant une rapide ré-hospitalisation en cas de dégradation de leur état de santé. Le développement de programmes de soins à domicile a également contribué au maintien de l'accès aux soins durant la crise, comme au Canada, en France, en Espagne ou aux États-Unis.

Le déploiement du personnel de santé a également aidé à répondre à la hausse de la demande de soins, tout en préservant la continuité des soins pour tous. L'élargissement du rôle des pharmaciens a par exemple permis d'assurer la fourniture des soins et des médicaments pour tous. Au Canada, en France, au Portugal, en Espagne, les pharmaciens ont pu renouveler les ordonnances, ou prescrire eux-mêmes certains médicaments pour maladies chroniques, permettant aux médecins de se consacrer aux cas les plus complexes. Dans certains pays de l'OCDE, les pharmaciens sont désormais autorisés à vacciner contre le Covid-19 : un grand pas pour l'accélération de la couverture vaccinale (par exemple en France, en Italie, ou au Royaume-Uni).

L'élargissement de la télémédecine a également permis de maintenir la continuité des soins pour les patients et de limiter la propagation du virus. L'usage des technologies digitales n'était pas généralisé dans les pays de l'OCDE avant la pandémie, mais son accélération a été spectaculaire. Près de 40 % des adultes de 27 pays européens ont témoigné avoir eu recours à une téléconsultation (par ordinateur ou téléphone) depuis le début de la pandémie[2]. En Norvège, le pourcentage de consultations digitales est passé de 5 % avant la pandémie à presque 60 % durant la pandémie. En France, le nombre des téléconsultations a atteint 1 million par semaine en avril 2020, contre environ 10 000 par semaine avant le mois de mars. En Allemagne, environ 19 500 téléconsultations ont eu lieu en mars, contre 1 700 par mois en janvier et février 2020. L'accélération du recours à la télémédecine rend les systèmes de santé plus résilients, mais elle exige aussi l'adaptation de certaines barrières institutionnelles (telle la simplification de certaines dispositions juridiques ou des conditions de remboursement), ainsi qu'un investissement continu dans les plateformes digitales et les applications, et ce pour installer ces systèmes durablement au cœur des systèmes de santé.

2. *Ibid.*

Construire des systèmes de santé centrés sur la personne

Les systèmes de santé faisaient face à des défis majeurs bien avant la pandémie, mais celle-ci a porté nombre d'entre eux au centre du débat politique. La croissance économique et le progrès social du dernier siècle ont permis d'immenses progrès en matière de santé : l'espérance de vie a progressé de plus de 13 ans dans les pays de l'OCDE depuis sa création en 1960. Mais le paradoxe est que ces systèmes de santé, dessinés en un tout autre temps, ne sont pas toujours prêts à relever les défis d'aujourd'hui.

La croissance des maladies chroniques et le vieillissement de la population sont désormais des défis majeurs. Les systèmes de santé doivent pouvoir suivre les patients souffrant de maladies chroniques, dans les conditions imposées par la rapide progression de l'espérance de vie. Quant au Covid-19, il a montré qu'il fallait aussi anticiper l'émergence de futures maladies infectieuses et s'assurer que les patients puissent bénéficier des services dont ils ont besoin, y compris dans une situation d'urgence sanitaire.

Alors que les systèmes de santé tentent de s'adapter pour être plus résilients face aux chocs sanitaires futurs, ceux qui sont axés sur les patients – autrement dit qui s'assurent que ceux-ci sont entendus dans les prises de décisions, qui écoutent leur choix en matière de soin, qui leur donnent une information et un statut de participant actif dans la co-production de leur santé, et qui s'assurent que le système de santé est intégré et coordonné autour de leurs besoins – seront primordiaux pour répondre aux défis du XXIe siècle. Si l'on s'accorde largement sur les bénéfices d'un système de santé centré sur la personne, le chemin reste encore long pour le traduire dans les faits.

La mesure de la satisfaction et de l'expérience des patients s'est faite plus commune ces dernières années, mais elle demeure fragmentaire et souvent limitée à des domaines cliniques précis. Le nombre d'admissions en soins intensifs, de tests positifs et les taux de mortalité sont certes importants à étudier, mais les craintes, les inquiétudes, les croyances, les expériences des patients influent aussi profondément sur leurs comportements, sur leur santé, et donc sur la pression exercée sur le système de santé : elles doivent donc aussi être recueillies et étudiées.

Depuis 2017, suite à une réunion ministérielle sur la santé de l'OCDE, de nombreux pays ont joint leurs forces pour élaborer une nouvelle enquête internationale qui permettra de comprendre les résultats des soins et les expériences vécues par les patients atteints d'une ou plusieurs maladies chroniques et qui reçoivent des soins primaires. L'initiative PaRIS (Patient-Reported Indicator Surveys) entend ainsi développer une nouvelle génération de statistiques internationales de santé, pour mesurer la performance des systèmes de santé et savoir dans quelle mesure ils répondent aux besoins des patients. Si cette initiative a été développée avant la pandémie, cette dernière lui a donné un sens nouveau, la population visée par l'enquête correspondant très largement à la population durement frappée par la pandémie. Le recueil des résultats et les expériences de ces patients sont tout particulièrement importants : cette étude, pour laquelle une collecte de données de terrain est prévue dans plus de 20 pays pour début 2022, intégrera une liste de questions en relation avec le Covid-19.

Investir dans les soins primaires et les soins centrés sur les patients

La pandémie de Covid-19 a montré que les soins primaires étaient, dans certains systèmes de santé de l'OCDE, mal préparés au choc : ils ont eu des difficultés à s'adapter à la forte hausse de la demande. La réponse des systèmes de santé a massivement concerné les hôpitaux, entraînant une certaine rupture dans la prévention et les soins courants. De par leur proximité et leur rôle de premier point de contact avec le système de santé, des soins primaires performants peuvent répondre à la majorité des besoins de santé, renforçant ainsi la résilience des systèmes de santé aux prochains chocs sanitaires. Ils permettent de réduire la pression sur le système de santé dans son ensemble, grâce à la prévention, la détection, la gestion des premières manifestations d'une épidémie, la prise en charge des formes légères et le maintien de la continuité des soins.

Pour se préparer au mieux aux futures urgences sanitaires, il faut par conséquent investir dans la résilience des systèmes de santé, en renforçant les soins primaires – centrés sur la prévention, organisés en équipes multidisciplinaires, équipés de technologies digitales adaptées – et en privilégiant une utilisation optimale des professionnels de santé. Le développement des systèmes de santé centrés sur la personne est également essentiel pour parer aux éventuels chocs sanitaires. Il faut en ce sens s'orienter vers une responsabilité partagée, permettre aux personnes, lorsqu'elles le peuvent, d'être actives dans la gestion de leur santé et de contribuer aux efforts collectifs pour lutter contre une menace de santé publique. Enfin, la mesure des résultats et des expériences déclarés par les patients est nécessaire pour garantir des systèmes de santé centrés sur la personne. L'initiative PaRIS de l'OCDE sera là un élément clé contribuant à la transformation des systèmes de santé.

C. B., M. van den B., E. S. & F. G.

Pour en savoir plus

- « COVID-19 Situation Update Worldwide, as of Week 21, Updated 3 June 2021 », European Centre for Disease Prevention and Control, 2021.
- « Strengthening the Frontline: How Primary Health Care Helps Health Systems Adapt During the Covid-19 Pandemic », OCDE, 2021.
- « Health at a Glance – Europe 2020: State of Health in the EU Cycle », OCDE/Union européenne, 2020.

Covid-19 : une banalisation des états d'urgence ?

L'état de droit fait de la résistance…

Le sentiment diffus de l'installation d'un état de droit exceptionnel et incontrôlé s'installe dans les opinions des pays démocratiques. L'impuissance des institutions internationales à maîtriser la pandémie a certes renvoyé les décisions au niveau des États, qui ont mis en œuvre les dispositifs juridiques existants et des textes nouveaux. Mais un peu partout, et en particulier en France, le pouvoir judiciaire a progressivement affirmé son contrôle sur des décisions politiques de plus en plus centralisées.

L'épidémie de Covid-19 suscite dans la plupart des États démocratiques le sentiment de l'installation dans la durée d'un régime dérogatoire au droit commun et autorisant de graves atteintes aux libertés. Impression renforcée par une superposition de menaces : la menace pandémique s'ajoutant à une menace terroriste qui est loin d'avoir disparu. Cette perception demeure pourtant largement subjective, et ces régimes juridiques d'exception se caractérisent d'abord par leur caractère discontinu.

Si l'on considère le cas français, l'état d'urgence lié au terrorisme a pris fin le 31 octobre 2017, et l'état d'urgence sanitaire n'a été déclaré que deux ans et neuf mois plus tard, en mars 2020. Il a ensuite été interrompu en juillet 2020, pour reprendre en octobre de la même année. La situation n'est guère différente en Espagne, où « l'état d'alerte » a été appliqué de mars à juin 2020, avant d'être de nouveau mis en œuvre en octobre dans la région madrilène.

La Constitution allemande, quant à elle, ne connaît pas de régime d'exception constitutionnel, les auteurs de la Loi fondamentale de 1949 s'étant souvenus de l'article 48 al. 2 de la Constitution de Weimar, accusé d'avoir facilité la prise du pouvoir par Adolf Hitler. L'urgence est déclarée sur le fondement d'une loi fédérale sur la lutte contre les maladies infectieuses, qui a permis au Parlement de constater en mars 2020 l'apparition d'une « situation épidémique d'ampleur nationale ». Le ministre fédéral de la Santé est dès lors fondé à prendre des mesures exceptionnelles de restriction des libertés. Leur discontinuité demeure toutefois, le gouvernement devant en négocier le contenu avec les *Länder*, également compétents en matière de santé publique : la situation juridique des *Länder* peut donc varier au regard des restrictions apportées aux libertés.

Ce caractère discontinu des états d'urgence liés au Covid-19, observable dans nombre d'autres pays, heurte un discours souvent relayé par les médias selon lequel ces régimes d'exception auraient suscité des atteintes de plus en plus lourdes aux libertés publiques. En réalité, ces dernières connaissent les mêmes vicissitudes que les états d'urgence, partagées entre confinement et déconfinement, évoluant au fil de la diffusion du virus.

Ces régimes d'exception se caractérisent par une gestion de la pandémie par les États, les organisations internationales et européennes n'étant pas parvenues à imposer de normes communes. Pour autant, ce repli sur l'État n'est pas nécessairement négatif au regard de la protection des libertés. Les tribunaux internes se sont en effet peu à peu donné les moyens de contrôler les mesures prises, améliorant l'ancrage de l'état d'urgence dans l'état de droit.

La gestion du Covid-19 : un repli sur l'État

Dès l'apparition du virus, il n'a pas été contesté que la rapidité de sa transmission et l'absence de traitement médical immédiatement efficace appelaient des ingérences dans bon nombre de libertés. Les États ont assumé cette responsabilité, les organisations internationales n'étant pas en mesure d'intervenir efficacement dans ce domaine.

L'OMS : un fonctionnement chaotique

Sur le plan universel, l'Organisation mondiale de la santé (OMS) a été la première sollicitée pour assurer une gestion coordonnée de la crise. Elle se compose de deux structures essentielles : une Assemblée mondiale de la santé reposant à la fois sur l'universalité et l'égal droit de vote des États, et un Conseil exécutif formé d'États élus pour trois ans. Ainsi organisée, l'OMS peut être comparée à une arène où s'affrontent des États concurrents. La gestion de l'épidémie a ainsi été largement entravée par l'opposition entre les États-Unis et la Chine, et les premiers ont réduit leur contribution financière au cœur de la crise, accusant l'OMS de complaisance à l'égard de la seconde.

L'instrument essentiel de l'OMS est le Règlement sanitaire international (RSI), qui lui permet d'adopter « telle mesure sanitaire ou toute autre procédure destinée à empêcher la propagation des maladies d'un pays à l'autre » (article 21a de la Constitution de l'OMS). Sur son fondement peut être déclarée une Urgence de santé publique de portée internationale (USPPI), décision suscitant l'adoption d'une série d'instruments non contraignants de *soft law*.

Dans le cas du Covid-19, ce système a fonctionné de manière chaotique. Le 23 janvier 2020, le Comité d'urgence du RSI, composé de 15 experts en principe indépendants, a rendu, sur partage des voix, un avis estimant que le Covid-19 n'était pas une USPPI, avis accusé de satisfaire les intérêts chinois. Il a donc été remis en question dès le 30 janvier, avec une déclaration formelle d'USPPI. Mais ce deuxième avis est demeuré sans influence sérieuse sur les États, comme les recommandations qui l'accompagnaient. En mai 2020, alors que le président

Trump menaçait de quitter l'Organisation sous un mois si elle ne se réformait pas, l'Assemblée adoptait une résolution qui se ramenait à une somme de bonnes intentions, ne concernant guère que la prévention et la planification des épidémies.

Si le conflit sino-américain a aggravé la crise, les causes profondes de cet immobilisme doivent être recherchées dans d'autres directions. D'une part le RSI ne donne le choix qu'entre deux solutions : déclarer une USPPI, ou pas. Aucune mesure intermédiaire d'alerte ou de mise en garde n'est réellement prévue, qui permettrait, en amont, de susciter des réactions coordonnées entre les États. D'autre part, l'OMS, limitée au *soft law*, ne peut prendre de mesures contraignantes s'imposant aux États. Enfin, son organisation même fait de l'OMS un espace de conflits entre États, situation qui pèse lourdement sur sa capacité décisionnelle.

L'Europe sans moyens

On aurait pu espérer que le droit européen, plus contraignant, permettrait l'émergence d'un standard européen dans le traitement des libertés en période de pandémie.

Le dispositif de la Convention européenne de sauvegarde des droits de l'homme laisse aux États une large autonomie dans leurs décisions susceptibles de restreindre les libertés en période d'urgence. Son article 15 permet aux États parties de « prendre des mesures dérogeant aux obligations prévues par la présente Convention », à la condition que cette dérogation intervienne « en cas de guerre ou en cas d'autre danger public menaçant la vie de la nation ». Certains États ont immédiatement considéré que l'épidémie de Covid-19 pouvait être assimilée à un tel danger, et les premières déclarations d'activation de l'article 15 sont intervenues à l'initiative de la Lettonie, de la Roumanie, de la Moldavie et de l'Arménie.

Les États qui recourent à cette procédure doivent néanmoins respecter les droits considérés comme absolus, comme le droit à la vie ou l'interdiction de la torture. En revanche, ils peuvent limiter les autres libertés garanties par la Convention, à condition que « la situation l'exige » et que les mesures prises ne soient pas en contradiction avec d'autres obligations découlant du droit international.

Ce dispositif reste toutefois largement incantatoire. Le recours à l'article 15 n'est pas une condition préalable à la mise en œuvre d'un état d'urgence. En témoigne le cas de la France qui, comme bon nombre de membres du Conseil de l'Europe, n'a pas cru bon d'activer ses dispositions, et a néanmoins mis en œuvre un droit des circonstances exceptionnelles. Surtout, s'il est vrai que les mesures dérogatoires prises par les États demeurent normalement soumises au principe de proportionnalité et à un contrôle juridictionnel, celui-ci reste de la compétence des tribunaux internes. La Cour européenne des droits de l'homme ne pourrait donc être saisie qu'une fois les voies de recours internes épuisées, sans doute longtemps après la fin de l'épidémie.

L'Union européenne (UE), quant à elle, n'a pas réellement les moyens d'intervenir efficacement dans ce domaine. L'UE n'exerce que les compétences qui lui sont explicitement attribuées par le traité – principe de subsidiarité énoncé par l'article 5 du traité de l'Union. De fait, le domaine de la santé demeure de la compétence des États, et l'article 168 du Traité sur le fonctionnement de l'Union européenne se borne à lui attribuer en ce domaine une compétence « qui complète les politiques nationales ». Son rôle dans « la lutte contre les grands fléaux » est d'ordre essentiellement préventif, et elle doit « favoriser la recherche sur leurs causes, leur transmission et leur prévention ». Et si elle est fondée à s'intéresser aux « menaces transfrontières graves sur la santé », c'est seulement avec un rôle de « surveillance » et, le cas échéant, d'« alerte ».

De fait, l'UE n'a aucune compétence particulière en matière de protection des libertés durant une pandémie. Elle est apparue d'ailleurs plus efficace lorsqu'il a été question de gérer les conséquences financières de la crise économique induite par le Covid-19. Cette situation s'explique largement par les fondements mêmes de l'Union. Projet d'intégration économique, elle repose sur la reconnaissance d'un marché intérieur qui a pour fondements la croissance économique et la libre concurrence. Parmi toutes les libertés, celle de la libre circulation des personnes et des biens est donc privilégiée, et particulièrement protégée. De fait, la lutte contre la pandémie de Covid-19 est apparue comme un phénomène difficile à appréhender par l'UE. Nécessitant des mesures de confinement et la fermeture des frontières, elle heurtait directement les principes fondamentaux du droit de l'Union. On peut dès lors s'interroger sur la pertinence de certains choix consistant à tenter de faire émerger, en pleine crise, une politique européenne de la santé qui n'avait jamais existé.

État d'urgence et état de droit

Devant l'absence d'instruments internationaux, la lutte contre la pandémie a donc été du ressort exclusif des États. Mais leur droit n'était pas toujours immédiatement adapté à la gestion d'une telle crise.

À épidémie exceptionnelle, droit exceptionnel

Certains États disposaient déjà d'un régime d'urgence prévu par leur Constitution. C'est ainsi que l'article 32 de la Constitution espagnole de 1978 prévoit un *estado de alarma*, mobilisable en cas de « crises sanitaires, telles que les épidémies ou les situations de contaminations graves ». On se souvient qu'un système comparable d'intégration de l'état d'urgence dans la Constitution française avait été souhaité par le président Hollande après les attentats de novembre 2015, mais la révision constitutionnelle n'avait pas pu aboutir.

D'autres États pouvaient user d'un état d'exception sanitaire prévu par une loi antérieure à l'épidémie. Tel est le cas de l'Italie, qui dispose d'un « état d'urgence de niveau national » prévu par un décret-loi de 2018 et intégré dans le Code de la protection civile. La France, quant à elle, avait introduit dans le Code de la santé publique en 2007 une police spéciale applicable « en cas de menace sanitaire grave appelant des mesures d'urgence, notamment en cas d'épidémie ».

Ces États ont-ils tiré bénéfice de cette anticipation ? Hélas, ces textes n'ont guère résisté à l'ampleur d'une crise qui nécessitait, aux yeux des gouvernants, une centralisation des décisions. Le gouvernement italien s'est rapidement heurté à des pouvoirs régionaux qui n'entendaient pas se laisser déposséder de leur compétence de principe en matière de santé. En France, pays pourtant centralisé, il a été juridiquement nécessaire de substituer le pouvoir réglementaire général du Premier ministre à la police spéciale assurée par le ministre de la Santé. Deux lois nouvelles ont donc été votées, une organique et une ordinaire, en date du 23 mars 2020.

L'exemple français illustre une tendance générale à considérer qu'une situation exceptionnelle ne peut être gérée avec les instruments du droit commun. Même l'Allemagne, pourtant traditionnellement réticente à l'égard des régimes d'urgence, a voté une loi spécifique en mars 2020, comme le Royaume-Uni qui a adopté au même moment un *Coronavirus Act*. Tous ces textes reposent sur une logique centralisatrice qui touche à la fois les États fédéraux et les États unitaires, la loi britannique étant, quant à elle, destinée à unifier les règles en vigueur dans l'ensemble des nations composant le Royaume-Uni.

Les résultats d'une telle politique doivent pourtant être nuancés. C'est ainsi que la Chancelière allemande se voit contrainte de négocier en permanence avec les *Länder*, qui conservent une compétence de droit commun en matière de santé. Elle a dû chercher l'appui du Bundestag pour imposer des mesures attentatoires aux libertés parfois mal acceptées par les gouvernements fédérés. En revanche, dans un État unitaire comme la France, les lois du 23 mars 2020 ont conduit à une centralisation encore plus importante au profit de l'exécutif. Toutes les mesures prises ont été adoptées par décret, et le juge administratif a sanctionné l'usage du pouvoir de police générale par les maires. Il a ainsi été jugé qu'un élu ne pouvait imposer le port du masque si aucune norme nationale ne l'imposait, pas plus qu'il ne pouvait décider la réouverture de magasins ou interdire les locations saisonnières. Cette pression centralisatrice s'est réalisée au profit du président de la République, assisté d'un Conseil scientifique non élu, au détriment du Premier ministre pourtant constitutionnellement titulaire du pouvoir réglementaire. Il a provoqué une frustration du Parlement, totalement écarté du pouvoir décisionnaire, et d'une opinion prompte à dénoncer un pouvoir de décision éloigné du principe démocratique.

Le retour de l'état de droit

Cette dynamique centralisatrice n'a pas conduit à une remise en cause totale de l'état de droit. Après la sidération provoquée par l'irruption de l'épidémie et le premier confinement qui a suivi, les juges se sont ressaisis et ont entrepris de contrôler les mesures prises. L'exemple français est, à cet égard, éclairant, car l'état d'urgence sanitaire, exclusivement exercé par l'exécutif, n'a été soumis à aucun contrôle parlementaire significatif. Le contrôle a donc été entièrement assuré par les juges.

Dans un premier temps, le Conseil d'État, statuant en référé sur des décrets limitant les libertés, s'est borné à reprendre de manière stéréotypée les motivations exprimées par l'exécutif. Commençant par rappeler les circonstances, c'est-à-dire « l'émergence d'un nouveau coronavirus (Covid-19), de caractère pathogène et particulièrement contagieux et sa propagation sur le territoire français », il affirmait ensuite que la mesure prise – qu'il s'agisse d'imposer un confinement, d'interdire l'ouverture des magasins ou des restaurants – était proportionnée à la menace que faisait peser le virus sur la santé publique. S'il est vrai que quelques demandes de suspension ont abouti, elles furent peu nombreuses et d'une portée limitée. Le juge des référés du Conseil d'État a ainsi précisé que les sorties autorisées pendant le confinement pouvaient être effectuées à bicyclette, ou que les drones surveillant le déconfinement ne devaient pas être utilisés à des fins d'identification.

Peu à peu, l'état de droit a, en quelque sorte, repris le dessus. En témoignent deux arrêts de la Chambre criminelle de la Cour de cassation rendus le même jour, le 26 mai 2020. Alors que le juge des référés du Conseil d'État avait refusé, en avril 2020, de suspendre une ordonnance prolongeant les détentions provisoires pour une durée allant jusqu'à six mois en matière criminelle, la Cour de cassation déclare que « la prorogation administrative de la détention provisoire ne saurait être décidée sans l'intervention du juge judiciaire ». Elle rappelle ainsi que l'autorité administrative ne saurait contrôler la procédure pénale, même en période d'état d'urgence sanitaire. Intervenant le 3 juillet 2020 sur une question prioritaire de constitutionnalité, le Conseil constitutionnel confirme cette analyse, rappelant qu'une loi d'habilitation autorisant le gouvernement à intervenir par ordonnance « ne saurait le dispenser du respect des règles et principes de valeur constitutionnelle, notamment des exigences de son article 66 » – lequel affirme précisément le rôle du juge judiciaire comme gardien des libertés individuelles.

Cette évolution jurisprudentielle peut être observée dans bon nombre d'États. À peu près partout les juges ont exercé un contrôle de proportionnalité entre mesure de restriction d'une liberté et menace pour la santé publique représentée par le virus. De fait, les solutions peuvent être divergentes. Les juges allemands et français ont ainsi estimé qu'une interdiction de manifestation était disproportionnée, alors que les juges espagnols et britanniques affirmaient le contraire. Ces contradictions n'ont rien de surprenant si l'on considère que le droit applicable en matière d'état d'urgence demeure strictement étatique.

L'état d'urgence est désormais encadré par les juges, une situation qui empêche de considérer ces droits d'exception comme monolithiques et reposant sur une volonté constante de restreindre l'ensemble des libertés. Au contraire, le droit de l'urgence demeure prévu par la loi et placé sous un contrôle juridictionnel qui tend à s'affirmer au fil du temps. À cet égard, il démontre la nécessité d'un véritable pouvoir judiciaire, entièrement indépendant de l'exécutif et capable de garantir efficacement les libertés, surtout en état d'urgence.

R. L.

Pour en savoir plus

- « La crise sanitaire », *Revue de droit sanitaire et social*, n° 5 (hors-série), 23 octobre 2020.
- « L'Union européenne face à la crise du Covid-19 », *Revue trimestrielle de droit européen*, n° 3, 2 novembre 2020.
- H. Pauliat et S. Nadaud, *La crise de la Covid-19 : comment assurer la continuité de l'action publique ?*, Paris, LexisNexis, 2021.

Démondialisation, nouvelle mondialisation ?

vidéo
http://dunod.link/ramses03

Quelle organisation pour l'économie mondiale après la pandémie ?

Les effets de la mondialisation étaient discutés avant la pandémie du Covid-19. Cette dernière a éclairé certaines de ses faiblesses, comme la perte de contrôle des États sur des productions jugées stratégiques. Le retour des États ne se traduira sans doute pas par un bouleversement des chaînes de valeur, la question des coûts de production demeurant prégnante contre l'impératif de sécurité. Mais la mondialisation va devoir se redéfinir, en particulier pour tenir compte de la compétition technologique.

Alors que les supposés bienfaits de la mondialisation étaient déjà largement débattus depuis le début du XXIe siècle, la pandémie de Covid-19 et la crise économique qu'elle a déclenchée ont accéléré les tendances en cours et élargi les interrogations, soulignant les vulnérabilités des chaînes de valeur mondialisées et remettant sur le devant de la scène l'impératif de sécurité économique. À l'issue de cet épisode, quelles pourraient être les nouvelles modalités d'organisation de l'économie mondiale ? Répondre à cette question exige d'en revenir d'abord au contexte dans lequel s'est inscrite la pandémie : celui d'une mondialisation apparemment en perte de vitesse.

L'essoufflement de l'hypermondialisation

Au cours des dernières décennies, la mondialisation s'est développée sur la base d'une organisation industrielle de plus en plus complexe, avec une fragmentation toujours plus fine des processus productifs, une dispersion géographique des chaînes de valeur à des fins de réduction de coûts, et une logique du « juste à temps » fondée sur des stocks réduits au minimum. Au tournant des années 1990, les biens intermédiaires, pièces détachées et composants, ont commencé à sillonner le monde et à dominer les échanges (atteignant jusqu'à 55 % du total du commerce mondial), alors que les entreprises cherchaient à faire des économies là où elles le pouvaient.

Les bienfaits de la mondialisation sont alors largement vantés. Non seulement elle favorise l'efficacité de la production, mais en permettant à certains pays pauvres de s'insérer dans les chaînes de valeur mondialisées (CVM) et à se diversifier au-delà des seuls produits de base (miniers ou agricoles), elle génère une convergence économique sans précédent, qui leur permet d'accélérer leur croissance et de réduire progressivement l'écart avec les pays riches. La mondialisation (et les CVM) apparaît bel et bien comme un puissant moteur de croissance !

Pourtant, après avoir connu une tendance constante à l'approfondissement depuis la fin de la Seconde Guerre mondiale et une accélération dans les décennies 1980 et 1990, la dynamique de mondialisation connaît un tassement depuis la crise financière de 2008-2009. Au cours de la dernière décennie, la croissance des échanges commerciaux (dont près de la moitié relève des CVM) a en effet marqué le pas. Nombre d'études confirment ce constat, quel que soit l'indicateur retenu. Ainsi, l'intensité en importations de la production mondiale a atteint un point haut en 2008, avant de reculer progressivement en tendance ; de même, l'indice d'ouverture commerciale (mesuré comme le rapport entre le commerce et le produit intérieur brut mondial) fléchit sur cette même période, conduisant certains auteurs à parler non plus de mondialisation mais de *slowbalisation*…

Différents facteurs peuvent expliquer ce ralentissement : il est tout d'abord assez naturel que la tendance à la mondialisation finisse par s'essouffler, faute de nouvelles percées technologiques (comme la révolution de la conteneurisation dans les années 1970, et la révolution des technologies de l'information et de la communication dans les années 1990). Mais certaines interrogations commencent aussi à se faire jour sur la réalité des bienfaits de la mondialisation, qui conduiraient de fait à sa perte de vitesse.

Plusieurs faiblesses

La mondialisation a tout d'abord engendré un creusement des inégalités entre les acteurs en mesure de tirer parti de ce type d'organisation d'une part, et d'autre part ceux qui en sont exclus. Dès lors, l'image de la mondialisation triomphante s'est progressivement ternie, et les premiers doutes quant à ses vertus ont émergé. Aux États-Unis par exemple, nombre d'emplois dans le secteur manufacturier de compétence moyenne ont été perdus en raison du commerce avec la Chine et des pays contribuant à ses chaînes de valeur, alors que des emplois ont été gagnés dans le secteur manufacturier de haute compétence et dans les services, avec pour résultat un emploi total pratiquement inchangé. Les travailleurs américains qui ont fait des études supérieures ont vu leur salaire augmenter, tandis que ceux qui n'ont pas fait ce type d'études ont vu leur salaire diminuer[1].

En fait, si la mondialisation a suscité des déconvenues, c'est sans doute que les attentes étaient exagérées, que les pertes éventuelles avaient été passées sous silence, et enfin – et peut-être surtout – que les politiques publiques n'avaient pas été mises en place pour amortir les chocs et compenser les perdants. L'erreur a été de taire ces aspects ou de les minimiser, ce qui a débouché sur des mouvements de contestation et de remise en cause de la mondialisation, alors que c'est sa gestion qui est à revoir, plus que la mondialisation elle-même. Loin de n'offrir que des

1. D. Dollar, « Liens invisibles », *Finances et Développement*, Fonds monétaire international/Banque mondiale, juin 2019.

bénéfices, la mondialisation présente aussi d'autres risques qui avaient été largement négligés : ainsi les excès d'une mondialisation libérale incontrôlée sont-ils apparus de manière criante à l'occasion de la crise financière de 2008.

En outre, de nouvelles préoccupations ont émergé au cours des toutes dernières années. Contrairement à l'idée largement répandue selon laquelle l'intensification des échanges réduirait les risques de conflit en accroissant les interdépendances, l'instrumentalisation de ces interdépendances à des fins coercitives a démontré qu'il n'en était rien. En fait, tout réseau de production présentant un goulot d'étranglement peut aisément être instrumentalisé, et devenir une arme redoutable. La montée des tensions entre la Chine et les États-Unis a fait prendre conscience des risques associés à une imbrication très poussée des économies et à la nécessité de réduire la dépendance des chaînes d'approvisionnement à l'égard de la Chine. L'heure des interrogations et des remises en question avait donc déjà sonné, mais celles-ci allaient devenir plus pressantes dans le contexte de la crise sanitaire.

La crise du Covid-19 : révélateur plus que tournant

La crise du Covid a mis en évidence la puissance des interdépendances, qui se manifestent tant au niveau de l'offre que de la demande. Les CVM induisent en effet une double dépendance : du côté de l'offre, *via* l'approvisionnement en biens intermédiaires, mais aussi du côté de la demande *via* l'utilisation à l'étranger de biens intermédiaires produits sur le sol national. Toutes les économies étant liées les unes aux autres, un choc sur l'un des maillons de la chaîne se répercute instantanément sur tous les autres, que ce soit en amont ou en aval.

Contrairement à ce que l'on a pu parfois avancer, la complexité des chaînes de valeur n'est pas – en tout cas pas exclusivement – à incriminer. Il n'est en effet pas certain que les circuits de production auraient été moins touchés en l'absence de CVM complexes, puisque l'approvisionnement au niveau national a également été interrompu, ou perturbé, en raison des mesures de confinement. En outre, plus que le recours à la fragmentation extrême de la production en elle-même, c'est la perte de contrôle sur des productions essentielles qui pose problème.

Si la pandémie a révélé une autre facette de vulnérabilités déjà mises en évidence précédemment, elle a également soulevé de nouvelles questions sur la mondialisation : comment poursuivre une production mondialisée alors que les voyages intercontinentaux ne sont plus possibles, comment faire face à la désorganisation des chaînes de valeur due au blocage d'un pôle manufacturier essentiel (en l'occurrence Wuhan), mais aussi comment répondre à la frénésie d'importations d'équipements médicaux ?

Une remise en question du modèle économique

Plus fondamentalement, c'est à une remise en question du modèle économique jusque-là dominant (et jugé optimal) que l'on est en train d'assister. En effet, si la mondialisation a facilité l'émergence de certains pays pauvres, elle a aussi conduit à la désindustrialisation de certaines économies avancées, qui ont choisi de concentrer les productions manufacturières dans des pays où les coûts de main-d'œuvre sont moins élevés, ne conservant sur leur territoire que les activités jugées les plus à même de créer de la valeur, au nombre desquelles les activités de services. Ces choix, qui paraissaient aller de soi (dans une optique exclusive de réduction des coûts), se sont avérés hasardeux et risqués. Ainsi la délégation à l'extérieur de certaines productions (comme celle des médicaments de base ou des équipements médicaux) a montré ses limites. Au-delà de la sphère sanitaire, les effets pervers associés à la sous-traitance systématique de nombreuses activités au nom de l'efficacité économique sont apparus au grand jour, sous la forme d'une dépendance excessive, surtout pour des biens jugés essentiels ou stratégiques, impliquant de revoir l'arbitrage efficacité *vs.* sécurité. En d'autres termes, c'est avant tout le caractère stratégique de certains produits qui crée de la vulnérabilité.

Les esprits ont toutefois eu tôt fait de s'emballer, et la tentation était grande de « jeter le bébé avec l'eau du bain » en condamnant la mondialisation en bloc après l'avoir parée de toutes les vertus. En réalité, la crise a surtout révélé les risques associés à la dépendance de nombre de pays occidentaux à l'égard de la Chine, notamment dans certains secteurs critiques, et c'est cette double réalité qui est jugée problématique.

Vers une nouvelle mondialisation ? Le retour de l'État

La crise et les défis économiques qui l'ont accompagnée ont engendré des réponses tant de la part des États que de celle des entreprises. Du côté des pouvoirs publics, certaines mesures d'urgence, telles les restrictions à l'exportation, ont pu laisser penser que la balance était irrésistiblement en train de pencher vers plus de protectionnisme au nom de la sécurité nationale. Mais il s'est agi tout au plus d'une mise en parenthèses temporaire de certaines dispositions, et donc d'un retour sur le libéralisme qui n'est pas destiné à durer.

Toutefois, en réponse aux défis évoqués précédemment, la plupart des États ont choisi de s'engager dans un interventionnisme plus affirmé, passant notamment par des incitations au rapatriement sur le territoire national de certaines activités jugées (à tort ou à raison) stratégiques. Le gouvernement japonais a par exemple débloqué une enveloppe de 220 milliards de yens (1,7 milliard d'euros) pour aider les marques japonaises à quitter la Chine pour s'installer au Japon, et 23 milliards de yens pour celles qui s'implanteraient en Asie du Sud-Est.

Sécuriser les chaînes d'approvisionnement

Parallèlement, en réponse aux risques politiques, les pouvoirs publics ont évoqué (de manière plus ou moins explicite) l'idée de concentrer les approvisionnements en produits critiques sur des partenaires jugés « de confiance ». Ainsi, après plus de six mois de discussions, l'Australie, l'Inde et le Japon ont lancé en avril 2021 une initiative trilatérale visant à créer des chaînes d'approvisionnement résilientes (*Supply Chain Resilience Initiative* – SCRI) et à réduire leur exposition au risque chinois. À l'occasion d'une réunion en mars 2021, les quatre pays membres du Quadrilateral Security Dialogue (États-Unis, Australie, Inde et Japon) ont également décidé d'unir leurs efforts pour constituer une chaîne d'approvisionnement en terres rares qui leur permettrait de limiter leur dépendance à l'égard de la Chine, alors que ces métaux sont indispensables tant pour la production de téléphones mobiles que celle de batteries pour véhicules électriques. Enfin, au cours de la rencontre entre les ministres des Affaires étrangères américain et japonais début 2021 à Tokyo, les deux parties ont confirmé leur volonté de « mener des discussions suivies pour bâtir des chaînes d'approvisionnement résilientes, diversifiées et sûres ». À l'évidence, ces initiatives ont plus à voir avec les tensions géopolitiques qu'avec la pandémie elle-même, mais elles relèvent toutes d'une même logique interventionniste.

Le décalage entre les objectifs des pouvoirs publics et ceux du secteur privé explique toutefois le succès pour le moins mitigé des initiatives publiques de relocalisation de la production, comme dans le cas du Japon. De même, en Corée, les redéploiements industriels se sont faits vers des destinations à faible coût de main-d'œuvre, suggérant que c'est bien toujours la logique de réduction des coûts et d'efficacité qui l'emporte.

Sécurité vs. *réduction des coûts*

Si la préoccupation de sécurité est première pour les États, pour les entreprises c'est en effet l'objectif d'efficacité et de réduction des coûts qui continue de prévaloir sur tout autre, même si la sécurité du bon fonctionnement des chaînes de valeur fait désormais partie intégrante de l'équation. Ainsi, la volonté de sécuriser certains approvisionnements peut *a priori* exiger de diversifier les fournisseurs, voire de dupliquer certaines chaînes de valeur. La vulnérabilité de la chaîne de valeur est en effet plus forte en l'absence de sources d'approvisionnement alternatives, mais l'option de diversification des fournisseurs n'est pas toujours ouverte ; si elle l'est par exemple pour les pièces détachées automobiles, elle est exclue pour les semi-conducteurs les plus sophistiqués. Du point de vue des entreprises, ce sont avant tout des mesures techniques et organisationnelles qui doivent être mises en place, et la sécurisation des chaînes de valeur passe d'abord par leur maîtrise et par une forte capacité d'anticipation des chocs. Deux éléments qui sont le fondement de l'agilité des entreprises.

Des réorganisations complètes des CVM, si elles sont évoquées par certains auteurs, devraient néanmoins rester marginales et varier d'un secteur à un autre. L'expérience d'épisodes précédents de perturbations dans les CVM incite en effet à la prudence : suite à la triple catastrophe de Fukushima (tremblement de terre, tsunami, incident nucléaire) de mars 2011, contrairement à toute attente les entreprises touchées n'ont pas cherché à réduire leur degré d'internationalisation[2]. De même, les entreprises électroniques violemment touchées par les inondations dans la plaine centrale de Thaïlande à l'automne 2011 n'ont pas migré en masse vers d'autres sites de production ; bien au contraire, elles ont choisi d'y augmenter leur production, les gains associés aux effets d'agglomération l'emportant vraisemblablement sur toute autre considération de court terme[3]. La forte capacité de rebond et l'agilité des entreprises ne doivent pas être sous-estimées.

Il reste que la pandémie va incontestablement changer les modalités de la production au sein des entreprises, comme en atteste le recours plus systématique à la digitalisation, au télétravail, ou encore à l'impression 3D. En outre, certaines

2. S. Miroudot, « Reshaping the Policy Debate on the Implications of Covid-19 for Global Supply Chains », *Journal of International Business Policy*, vol. 3, n° 4, octobre 2020.
3. « Covid-19 and Global Value Chains: Policy Options to Build More Resilient Production Networks », Organisation de coopération et de développement économiques (OCDE), 3 juin 2020.

options techniques, jugées jusque-là non économiques, pourraient le devenir dans ce nouveau contexte, comme l'utilisation de robots pour assurer des tâches confiées jusque-là à de la main-d'œuvre bon marché dans des pays en développement éloignés. Plus globalement, l'industrie dite 4.0 devrait être amenée à se développer dans le cadre d'une nouvelle normalité post-Covid.

***

La restructuration géographique des chaînes de valeur ne sera sans doute pas aussi importante que certains avaient pu l'anticiper, mais l'économie mondiale semble s'acheminer vers une certaine forme de démondialisation, sous la pression de facteurs géopolitiques plus qu'économiques. En effet, en lieu et place d'une mondialisation libérale débridée, les pressions en faveur d'un retour de l'État se font plus fortes, et l'arbitrage est désormais plus favorable aux considérations de sécurité nationale, au détriment du calcul de simple efficacité économique, avec la menace chinoise en arrière-plan. La compétition technologique étant aujourd'hui plus importante que jamais, il n'est pas surprenant que le rôle de l'État soit jugé plus nécessaire que par le passé.

Il n'est pas certain toutefois que tous les acteurs (et notamment les consommateurs) aient pris la pleine mesure des implications concrètes que ces changements pourraient avoir pour eux, en particulier sous forme de hausse des prix. Tout autant que la précédente, la nouvelle mondialisation pourrait bien susciter d'importantes déconvenues.

F. N.

Pour en savoir plus

- D. Dollar, « The Future of Global Supply Chains: What Are the Implications for International Trade? », *in* B. S. Coulibaly, K. Derviş, H. Kharas et Z. Qureshi (dir.), *Reimagining the Global Economy: Building Back Better in a Post-Covid-19 World*, Washington, D. C., Brookings Institution, 2020.
- D. W. Drezner, H. Farrell et A. L. Newman (dir.), *The Uses and Abuses of Weaponized Interdependence*, Washington, D. C., Brookings Institution, mars 2021.
- B. Javorcik, « Reshaping of Global Supply Chains Will Take Place, But It Will Not Happen Fast », *Journal of Chinese Economic and Business Studies*, vol. 18, n° 4, novembre 2020.

La crise, la reprise et les dettes

Retrouver la maîtrise des dépenses publiques

La crise du Covid-19 se soldera par un effet durable sur les finances publiques : déficits publics et dettes pèseront sans doute longtemps sur les décisions politiques. L'inflation ne pourra suffire à effacer leurs conséquences, même si la reprise se montre dynamique. Et de nouvelles normes budgétaires et de contrôle collectif, tenant compte de l'affectation de long terme des dépenses, devront être élaborées par les partenaires européens du Pacte de stabilité et de croissance.

S'il est un domaine où la crise sanitaire et économique va laisser des traces durables, c'est bien celui des finances publiques. La stratégie du « quoi qu'il en coûte », mise en œuvre en France comme ailleurs, était indispensable pour limiter l'ampleur d'une récession déjà suffisamment profonde et pour contenir la montée des faillites d'entreprises et du chômage. Le creusement considérable des déficits publics, et des dettes publiques, a constitué le revers de la médaille. La facture de la crise va contraindre les politiques publiques pendant des années, et sans doute plusieurs décennies.

L'explosion des déficits publics et des dettes publiques

La récession engendrée par le Covid-19 a été exceptionnelle. En France, le produit intérieur brut (PIB) en volume a reculé de - 8,2 % en 2020, contre « seulement » - 2,5 % en 2009 après la crise bancaire mondiale. Dans un tel contexte, les rentrées fiscales ont massivement baissé par le jeu des stabilisateurs automatiques. Dans le même temps, les dépenses publiques, aux trois niveaux concernés (État, collectivités locales, sécurité sociale), ont explosé.

La dérive des dépenses publiques a connu durant cette période une exception notable : le gonflement du stock de dette publique n'a pas entraîné d'augmentation des charges d'intérêt, car les États ont pu (et peuvent encore pour certains) emprunter à des taux proches de zéro, voire pour les moins risqués d'entre eux à des taux négatifs. En France – mais le cas français n'est pas isolé –, les charges d'intérêt sur la dette publique ont diminué de 20 milliards d'euros en valeur absolue de 2010 à 2020, alors que dans le même temps l'encours de cette dette a crû de 770 milliards. Bel effet de ciseau, dû pour une bonne part à la politique de *quantitative easing* (achats massifs de titres) menée par la Banque centrale européenne (BCE). Pour la zone euro prise globalement, le déficit public est passé de 0,6 % du PIB en 2019 à 7,2 % en 2020. Pour la France, il a augmenté de 3,1 % en 2019 à 9,2 % en 2020.

La dérive des flux (les déficits) entraîne un gonflement des stocks (l'encours de la dette). C'est ainsi que le ratio de dette publique dans la zone euro est passé de 83,9 % fin 2019 à 98 % fin 2020. La France est au-dessus de la moyenne de la zone, puisque les chiffres correspondants sont pour elle respectivement de 97,6 % (2019) et 115,8 % (2020).

En points de PIB, l'Allemagne a connu avec le Covid-19 une augmentation comparable à celle de la France. La seule différence – et elle est décisive – est qu'elle est entrée dans la pandémie fin 2019 avec un ratio de dette publique juste en dessous du seuil de 60 % fixé par le Pacte de stabilité et de croissance (PSC). Fin 2019, la France était, elle, tout près de 100 %. Cela veut dire que dès le début de la pandémie nous n'avions déjà plus de marge de manœuvre. On retrouve ici une illustration de la mauvaise gestion des finances publiques en France sur la durée du cycle économique. Notre pays ne réduit pas suffisamment les déficits lorsque la croissance est là ; il a donc peu de marge lorsqu'elle se dérobe…

Les agents privés (ménages, entreprises…) s'étaient déjà lourdement endettés avant le Covid-19. Par nécessité, mais aussi pour profiter des bas taux d'intérêt. La grande récession de 2020 et la persistance des difficultés au premier semestre de 2021 ont accentué le gonflement des dettes privées. En 2000, l'endettement des ménages français représentait 53 % de leur revenu disponible. Vingt ans après, le taux d'endettement a quasiment doublé, pour atteindre 100 %. En 2020, la France est proche de la moyenne européenne (97 %), au-dessus de l'Allemagne (85 %) mais très en deçà des États-Unis (128 %) et du Royaume-Uni (126 %). C'est surtout la dette immobilière qui a progressé. Pour nombre de ménages, la baisse des taux d'intérêt sur leurs emprunts bancaires a pu compenser l'augmentation des prix d'acquisition. Les banques, sous l'aiguillon de la concurrence, ont accordé des crédits immobiliers à taux modéré (autour de 1,3-1,4 % pour du très long terme) et fixe. Depuis 2019, le Haut Conseil de stabilité financière (HCSF) a souligné la progression trop rapide, selon lui, des crédits immobiliers. Il avait même adopté certaines mesures pour la freiner, des mesures qui ont été suspendues avec l'arrivée de la pandémie.

Quant au taux d'endettement des entreprises françaises, il était de 74 % du PIB à fin septembre 2019 et est passé à 86 % à fin septembre 2020. La dynamique de la dette des entreprises a été plus marquée en France que chez la plupart de nos voisins. Les entreprises, comme les ménages, ont voulu profiter des taux d'intérêt faibles. Les mécanismes de soutien aux entreprises mis en place dès le début de la pandémie ont été multiples et efficaces : chômage partiel (ou activité partielle) qui a évité la montée à court terme du chômage effectif ; dispositifs des Prêts garantis par l'État (PGE) accordés par les banques et du Fonds de solidarité ; reports voire dans certains cas annulation des charges fiscales et sociales… À la fin du premier trimestre 2021, l'encours des PGE avoisinait 130 milliards d'euros, une somme conséquente mais en deçà de ce qui avait été imaginé au début de la pandémie (autour de 300 milliards). Le soutien massif a conduit à ce qui n'est un paradoxe qu'en apparence : le nombre de faillites d'entreprises a diminué entre 2019 et 2020, en dépit de la profondeur de la récession. Le « quoi qu'il en coûte » signifie donc aussi l'accroissement des dettes privées, et spécialement celles des firmes.

L'impact du soutien étatique – sans négliger celui apporté, par ailleurs, par la BCE à l'ensemble de la zone euro – sur l'activité et l'emploi devra être évalué dans la durée. En gros, deux scénarios sont concevables. Ou bien le « quoi qu'il en coûte » aura permis « d'acheter du temps » : dès que les soutiens publics faibliront voire disparaîtront, les faillites et le chômage augmenteront rapidement. Ou bien le retrait très progressif des soutiens publics aux entreprises, ainsi que l'ampleur de la reprise, permettront de contenir les effets retardés de la crise. Celui qui prévaudra de ces deux scénarios résultera du rythme de la reprise mondiale et européenne, et de la pertinence des politiques publiques des prochains mois.

La dynamique des dettes dans la phase post-crise

L'amélioration de la situation sanitaire et la levée d'un certain nombre de contraintes laissent entrevoir une reprise qui, avec le retournement favorable des anticipations, pourrait être notable dès la mi-2021. Avec l'essor de la vaccination, la Commission européenne a révisé à la hausse ses prévisions. En mai 2021, elle prévoit pour la France une croissance de 5,7 % en 2021 et de 4,2 % pour 2022. Le « rattrapage » va être d'autant plus intense que le recul a été plus marqué.

L'ampleur de la reprise va aussi dépendre du calendrier de mise en œuvre du plan de relance européen de 750 milliards d'euros, et des plans de relance nationaux – pour la France du programme de 100 milliards (avec un recoupement partiel entre les deux niveaux, européen et national). La rapidité avec laquelle la confiance reviendra du côté des ménages et des entreprises sera déterminante, car elle va conditionner l'intensité du retour de l'épargne additionnelle accumulée durant la pandémie vers la consommation, et pour les entreprises vers l'investissement.

Le véritable indicateur du choc subi, et du rebond attendu, sera fourni par le temps nécessaire pour retrouver le niveau d'activité de 2019 – juste avant la crise. À la lumière des récents développements, et dans l'hypothèse où il n'y aurait plus de nouvelle vague épidémique, la France pourrait retrouver l'activité de 2019 au premier semestre de 2022.

D'aucuns, par souci de transparence et de bonne identification du coût budgétaire de la crise, ont proposé de séparer la dette Covid du reste de la dette publique. C'est sans doute une mauvaise idée, pour deux raisons. La première, c'est que le cantonnement supposerait, pour le même souci de transparence, de mettre en regard de cette dette les moyens de l'amortir, autrement dit d'évoquer de possibles et futures augmentations d'impôts, au moment même où la conjoncture fragile supporterait mal de telles annonces. La seconde raison découle du fait que la dette publique doit être considérée comme un tout. La découper en tranches en fonction des événements qui ont provoqué son gonflement serait artificiel.

Dans l'histoire, l'inflation est souvent venue alléger le poids réel des dettes. L'inflation, surtout lorsqu'elle n'est pas anticipée, provoque des transferts des créanciers vers les débiteurs, en réduisant la valeur réelle des dettes, publiques ou privées.

Où va l'inflation dans les années qui viennent ? Au printemps 2021, elle a assez nettement rebondi aux États-Unis, sous l'effet du plan massif de relance décidé par l'administration Biden, de l'envolée de certaines matières premières, etc. La Réserve fédérale considère qu'il s'agit là de facteurs transitoires. En pratique, tout va se jouer sur les salaires et les anticipations d'inflation. Ces dernières seront-elles revues à la hausse ? Si oui, il pourrait y avoir un enclenchement de la boucle prix-salaires. La problématique, en zone euro, est différente de celle des États-Unis : l'activité y est moins soutenue, la relance moins forte. L'inflation y est encore en dessous de la cible d'inflation retenue par la BCE, et cela pourrait continuer en 2022…

Deux conclusions découlent de cette analyse : premièrement, à l'horizon des deux ou trois prochaines années, l'inflation devrait rester modérée dans les pays avancés, en dépit des politiques monétaires très accommodantes et de l'abondance de liquidités ; ensuite, au-delà de cet horizon temporel, l'incertitude sur le rythme d'inflation demeure. Mais ce serait folie de la part des débiteurs de compter sur l'inflation pour alléger leur endettement, car on ne peut totalement écarter le scénario dans lequel, pour des raisons structurelles (mondialisation…), l'inflation resterait durablement basse dans les pays avancés.

Étaler la dette dans le temps, en allongeant ses échéances, est une façon de la rendre plus supportable pour le débiteur, le cas limite – assez théorique – étant celui d'une rente perpétuelle. Pour l'État, un tel rééchelonnement est spécialement avantageux s'il emprunte à taux fixe, transférant ainsi le risque de remontée des taux vers les investisseurs, et si les taux longs lors de l'émission des titres sont faibles. Deux conditions satisfaites en 2020, et qui le seront probablement encore pour toute l'année 2021.

Au cœur de la pandémie, le rééchelonnement a surtout concerné les dettes des entreprises : moratoires et délais de grâce à répétition sur les PGE, ou sur les charges fiscales et sociales dues par les firmes… Au sortir de cette crise, les entreprises françaises vont manquer cruellement de fonds propres. L'idée est d'attirer une part de l'épargne additionnelle des ménages pour financer en fonds propres la part fragile, mais solvable, du tissu productif – étant entendu qu'il ne sert à rien de prolonger à l'excès la survie des entreprises « zombies ». À cet égard, la formule des prêts participatifs va dans la bonne direction.

D'aucuns proposent tout bonnement d'annuler la dette publique Covid. Des propositions dans le même sens sont faites pour une partie des dettes d'entreprises constituées pendant la crise. Mais autant l'annulation d'une partie des dettes de pays en développement peut se justifier, autant pour les pays avancés tout cela n'a pas grand sens. Un pays qui, unilatéralement, répudie une part de son endettement a peu de chances de pouvoir se financer à nouveau par de la dette. En zone euro s'ajoute un autre argument. À la suite de ses achats massifs de titres, la BCE porte environ 25 % de la dette publique dans la zone à la fin de 2020. L'annulation de cette partie-là aurait deux effets contraires. Elle aurait certes pour les États membres l'avantage de diminuer l'encours de leurs dettes, mais elle dégraderait le bilan et les résultats de la BCE, réduisant les dividendes versés par la Banque centrale à ses actionnaires, les États membres. Ces États seraient donc gagnants d'un côté, perdants de l'autre.

On sait que le critère premier de la soutenabilité de la dette est l'écart entre le taux de croissance de l'activité (g) et le taux d'intérêt sur la dette (r). Sur le plan macroéconomique, il s'agit de comparer le taux de croissance du PIB et le taux d'intérêt moyen sur la dette publique. Pour une entreprise endettée, il faut comparer le taux de croissance de son chiffre d'affaires et le taux moyen sur sa dette.

Lorsque (g) est supérieur à (r), la dette est soutenable en dynamique. Elle n'explose pas *via* les charges d'intérêt payées sur la dette. Par contre l'endettement, public ou privé, fait boule de neige si le taux d'intérêt (r) dépasse le taux de croissance (g). Tel était le cas en 2020 en France et dans nombre de pays européens. Avec la reprise, l'écart va s'inverser, nous ramenant dans la zone de soutenabilité, à condition que n'intervienne pas un choc sur les taux d'intérêt nominaux et réels qui viendrait compliquer le bouclage financier. Olivier Blanchard parie sur la persistance de taux bas pour relativiser le problème de la dette publique. En fait, tout dépend de l'horizon temporel retenu. En 2021-2022, la remontée des taux devrait rester modérée et ne pas inverser le sens de l'écart entre (g) et (r). Pour la suite, l'incertitude est totale, et le scénario d'un choc de taux ne peut être exclu.

Le gouvernement français compte sur la croissance pour rendre soutenable la dette publique française. Les simulations disponibles viennent quelque peu refroidir les plus optimistes : elles montrent que la France mettrait plusieurs décennies à effacer la dette Covid… Conclusion problématique, qui pose en fait une double interrogation : sur la maîtrise des dépenses publiques et sur une possible augmentation des impôts, non pas en 2021-2022 mais plus tard. Il paraît difficile d'écarter complètement le scénario dans lequel la dette Covid pèserait plus tard, *via* la fiscalité, sur les jeunes générations.

À la recherche de nouvelles normes budgétaires

Les normes définies par le PSC – les seuils de 3 % pour le déficit public et de 60 % pour le ratio de dette publique – sont les premières victimes collatérales de la crise. Une fois la crise sanitaire maîtrisée, il va falloir se mettre d'accord en Europe sur de nouvelles règles.

Un point pourrait cependant rencontrer un large consensus : au regard de l'objectif de soutenabilité, il ne faut pas se limiter à la dette publique, mais considérer l'endettement total (dette publique *et* dette privée). Pour le reste, c'est-à-dire l'essentiel, le champ des possibles est ouvert. Philippe Martin, Jean Pisani-Ferry et Xavier Ragot proposent que chaque pays membre définisse un objectif de dette publique (mais répétons qu'il faudrait raisonner sur la dette totale) à un horizon de cinq ans, fondé sur des considérations de soutenabilité. Une institution budgétaire indépendante – en France le Haut Conseil des finances publiques (HCFP), renforcé – serait juge de la crédibilité de cet objectif. Et la Commission européenne pourrait à son sujet disposer d'un droit de véto. Il faut s'attendre à des débats difficiles au niveau européen. L'enjeu, essentiel pour l'avenir de l'euro, est de redéfinir un dispositif crédible et efficace de coordination des politiques budgétaires et fiscales dans la zone euro.

Du côté français, la maîtrise des dépenses publiques était problématique avant la pandémie ; elle va le rester après. La France affiche, pour le ratio des dépenses publiques sur le PIB, l'un des chiffres les plus élevés en Europe. Améliorer l'efficacité des dépenses publiques : l'objectif est ancien, et les résultats encore décevants. Cela requiert à la fois une volonté politique claire et une bonne méthodologie pour évaluer au plus juste cette efficacité. La Commission Arthuis a présenté en mars 2021 plusieurs propositions : fixer une norme pour l'évolution des dépenses publiques sur la durée du quinquennat, en veillant à ce que « la croissance des dépenses soit inférieure à la croissance des recettes » ; privilégier les dépenses d'avenir (transition écologique, recherche et développement, éducation et formation professionnelle, etc.) ; mettre en place une institution budgétaire indépendante, « avec un mandat ambitieux et des moyens en propre », donc nettement plus autonome et effective que l'actuel HCFP.

***

En tout état de cause, les nouvelles normes budgétaires françaises devront être en harmonie avec les nouvelles règles qui vont refonder le PSC pour la zone euro. Par-delà les incertitudes sur le résultat final, on voit bien s'affirmer les grandes tendances : privilégier l'objet même des dépenses publiques ; éclairer les conditions de la soutenabilité, en mettant en avant la dette plutôt que les déficits, même si les deux sont par définition intimement liés ; adopter donc, dès le départ, une vision inter-temporelle, de long terme, qui ne sous-estime pas l'impact des cycles électoraux sur les finances publiques mais en gère résolument les implications.

C. de B.

Pour en savoir plus

- O. Blanchard, « Public Debt and Low Interest Rates », *American Economic Review*, vol. 109, n° 4, avril 2019.
- P. Martin, J. Pisani-Ferry et X. Ragot, « Pour une refonte du cadre budgétaire européen », *Les Notes du Conseil d'analyse économique*, n° 63, avril 2021.
- « Nos finances publiques post-Covid : pour de nouvelles règles du jeu », Commission pour l'avenir des finances publiques, mars 2021.

La Chine, le Covid-19 et la démocratie en Asie

Jusqu'où va le modèle chinois ?

Le modèle chinois a d'autant plus impressionné les Occidentaux qu'ils ont eux-mêmes constamment recouru à des régimes juridiques d'exception. Le succès de la « contrôlocratie » chinoise est d'abord d'avoir renvoyé en Chine la contestation à l'impensable. Mais ailleurs en Asie, les mouvements et contestations démocratiques demeurent bien vivants.

Si l'on en croit Carl Schmitt, la dictature représente « le contraire de la discussion ». La définition n'a pas seulement le mérite de la clarté : elle permet de faire le lien entre l'ordinaire des régimes autocratiques, comme celui de la Chine contemporaine, et ce qui se produit dans les États démocratiques quand ils proclament des états d'urgence ou d'exception. Tel était déjà le sens de la « dictature » à Rome, cette période de six mois pendant laquelle la République se mettait d'elle-même entre parenthèses pour faire face à une invasion ou une sédition. Dans tous les cas, il n'est plus question de discuter, mais d'obéir.

Une normalisation des états d'urgence ?

Ces exceptions présentent une tendance frappante à se normaliser dans l'histoire récente. Loin de renvoyer à un cas isolé, l'état d'urgence sanitaire compte de nombreux précédents sécuritaires dans le monde durant les deux dernières décennies. Un détail terminologique ne trompe d'ailleurs pas : la métaphore de la guerre est partout filée pour justifier ce basculement.

On pourrait arguer que les situations n'ont pas grand-chose en commun, mais la similitude des solutions n'en apparaît dès lors que plus éloquente : états d'urgence sécuritaires, sanitaires, peut-être demain climatiques… L'idée s'est répandue pour ainsi dire à vue d'œil qu'il est impossible de combattre une menace d'importance sans suspendre la discussion. Aux États-Unis comme en France, pour citer deux berceaux de la démocratie représentative, les parlements se sont vus reléguer au second plan depuis le début de la pandémie, les décisions essentielles étant prises à huis clos par l'exécutif dans des cénacles dédiés : la *White House Coronavirus Task Force*, ou le Conseil de défense. Sans peut-être que chacun en ait pris conscience, il semble désormais aller de soi que l'efficacité l'emporte sur toute autre considération. Et dans la pratique, les responsables politiques se révèlent nombreux à ne plus considérer qu'un débat ouvert soit le meilleur moyen d'atteindre cette efficacité.

Le triomphe de la « contrôlocratie » ?

On doit garder ce contexte à l'esprit pour comprendre l'écho que rencontre la stratégie chinoise. Quoi que l'on en pense sur le fond, son succès – économique, sanitaire – a renforcé cette perception latente. La prudence reste de mise, mais cela n'affecte pas le tableau d'ensemble. Il faut sans doute n'accorder qu'une confiance relative aux chiffres officiels, mais si les hôpitaux étaient submergés en Chine, on ne pourrait manquer de le savoir. Le régime met d'ailleurs un malin plaisir à multiplier les grands événements, à Wuhan même. Jamais, depuis les années 1930, les démocraties occidentales n'avaient à ce point pâti de la comparaison avec un régime autoritaire. Elles n'ont pas seulement échoué à préserver des vies ou des emplois ; leur bilan n'apparaît guère plus probant sur le plan des libertés, avec la litanie des confinements et des reconfinements.

Si toutes les crises portent en elles un potentiel autoritaire, le risque est d'autant plus grand aujourd'hui, alors que les démocraties se voient opposer le triomphe de ce que Stein Ringen a justement qualifié de « dictature parfaite », voire de « contrôlocratie ». « Parfaite » en ce sens que le pouvoir y dispose d'un arsenal de surveillance inédit, dont il s'est servi à la fois pour contenir l'épidémie et empêcher toute enquête sérieuse sur ses origines. On mesure mal – et pour cause, puisque les instruments manquent délibérément – l'imprégnation de la propagande, mais les indices pointent tous dans le même sens. Un universitaire étranger, de passage à Shanghai, aura souvent à cœur de s'exprimer sur Tian'anmen. Les autorités invitantes l'en décourageront fermement : on lui fera comprendre que les jeunes ne savent pas, ou préfèrent ne pas savoir. Différence cruciale avec les totalitarismes du passé : les étudiants du bloc de l'Est se jetaient sur les livres interdits sitôt passé le Rideau de fer. Pour autant qu'on puisse le constater, par exemple avec les très nombreux étudiants chinois en échange à Séoul, rarissimes sont ceux qui montrent aujourd'hui semblable curiosité, alors même que les documents abondent dans leur langue maternelle. L'emprise s'étend donc au-delà des frontières de la Chine, et pour beaucoup bannit la dissidence dans le domaine de l'impensable.

Stein Ringen, qui n'est pas sinologue, ne se laisse pas intimider par les millénaires de glose néo-confucéenne que les « princes rouges » remettent au goût du jour : il replace froidement la croissance chinoise dans son contexte politique. Contrairement à une idée reçue, celle-ci ne se distingue pas d'abord par son rythme : elle ne fait que dupliquer à grande échelle ce qui s'est passé naguère chez les « dragons[1] ». La nouveauté est ailleurs. Outre l'ampleur sans précédent de sa surface, elle réside en ceci que le post-maoïsme est parvenu à garder la main sur le processus depuis Tian'anmen (Hong Kong mis à part), contrairement aux dictatures militaires de Taïwan ou de Corée du Sud qui ont été contraintes de lâcher du lest jusqu'à la démocratisation.

1. Hong Kong, Singapour, la Corée du Sud et Taïwan.

Les dynamiques démocratiques résistent

Lorsqu'on se replonge dans ces analyses à la lumière de la pandémie, on est frappé de voir à quel point celle-ci ne fait que les prolonger, voire les aggraver. Il n'y a rien de paradoxal à ce que la Chine sorte renforcée du chaos dont elle est l'épicentre, précisément dans la mesure où la discipline de fer qui sous-tend son développement peut aussi servir à resserrer les rangs face aux plus indésirables de ses effets secondaires. Dans sa course folle, le capitalisme chinois est certes incapable de freiner l'artificialisation des sols, et donc la prolifération des zoonoses, par exemple au cours des deux dernières décennies (SRAS, grippe H1N1, aujourd'hui Covid-19), mais il n'a pas non plus son pareil pour assembler des hôpitaux en quelques semaines – ainsi à Wuhan entre le 23 janvier et le 3 février 2020, soit entre le premier coup de pioche et le premier patient.

On comprend du même coup l'envie que le modèle suscite en Occident, lequel a eu un mal fou à doter sa population de masques en papier, sans même parler des lits de réanimation. Bien sûr, cette fascination se double fréquemment de répulsion, quand on songe au modèle de société qui l'accompagne, ou au sort des Tibétains et des Ouïghours. Même lorsque la Chine s'essaie à montrer un visage plus aimable, par exemple en expédiant des respirateurs artificiels vers l'Italie en mars 2020, le moins qu'on puisse dire est que ces tentatives de séduction font long feu. Pour autant, ces réticences et cette indignation demeurent en Europe purement « morales », c'est-à-dire impuissantes, incapables d'inspirer une riposte concrète.

Il est intéressant de noter que le problème ne se pose pas du tout dans les mêmes termes en Asie de l'Est et du Sud-Est, où la mobilisation pro-démocratique, en revanche, ne faiblit pas. C'est même exactement le contraire depuis quelques années. On l'a vu avec les manifestations monstres en Corée du Sud contre la présidente Park en 2016-2017[2]. On en est encore témoin avec le bras de fer désespéré qui se poursuit à Hong Kong, ou avec la réaction populaire au coup d'État de la junte en Birmanie. Une campagne récente est typique de ce point de vue : celle de « l'alliance du thé au lait », dont se revendiquent les militants de la démocratie partout dans la sinosphère – c'est-à-dire non seulement dans les pays de langue chinoise, mais dans tous ceux qui ont gravité dans l'orbite de la Chine au cours des siècles, d'abord Hong Kong, la Thaïlande et la Birmanie, puis finalement à travers tout l'Extrême-Orient. La péninsule coréenne n'était, par exemple, initialement pas concernée, mais les pages de soutien n'ont pas tardé à essaimer également en coréen.

Plusieurs éléments méritent ici d'être relevés, à commencer par le choix d'un signe de ralliement aussi « asiatique » que possible : c'est-à-dire une boisson qui est consommée sous diverses formes (brûlante ou glacée, âcre ou sucrée, etc.) partout sur le continent. L'idée est bien sûr d'insister à la fois sur la diversité des coutumes et sur l'unité du combat. Le mouvement met délibérément en avant sa dimension régionale, sans référence à l'Occident. On aurait tort de s'arrêter à ses côtés plus folkloriques, et notamment à son imagerie colorée. Il ne faut jamais oublier, à cet égard, que la distinction tranchée que nous faisons dans les langues occidentales entre ce qui relève du privé et du public, de l'intime et du politique, ne se reproduit pas telle quelle en Asie. Ce sont par exemple deux idéogrammes identiques qui servent à rendre, en

2. Voir C. Gaudin, « Entre humains en Corée », *Esprit*, mai 2020.

les inversant, les idées de *démocratie* et de *communauté*. Soient 民, les gens, et 主, vivre, exister, habiter : 民主 = la vie des gens, la volonté populaire, la *démocratie* et 主民 = les gens qui habitent ensemble, l'existence partagée, la *communauté*.

D'un point de vue occidental, on aperçoit tout de suite ce qui choque dans cette combinaison, laquelle met d'emblée l'accent sur le collectif et le consensus plutôt que sur les libertés individuelles. Conformément aux habitudes de discussion en Asie, la confrontation directe des opinions passe au second plan. Un tel déplacement n'empêche pourtant pas d'être riche de sens d'un autre point de vue. Car ce que cette vision des choses perd en termes de controverse, elle le compense en mettant en exergue cet autre élément qui n'a pas moins d'importance, savoir précisément le *peuple*, l'être-ensemble qui fonde toute démocratie.

Il est même possible que, ce faisant, les idéogrammes soulignent assez justement ce qui fait défaut dans un Occident en proie à une polarisation et une fragmentation croissantes entre « communautés ennemies ». Comment serrer les rangs face à un péril quelconque si le peuple manque ? Comment éviter de s'en remettre à une « dictature » au sens de Schmitt – même localisée, provisoire, encadrée – en l'absence d'une délibération commune ? Et sans discipline collective, comment ne pas s'abandonner au Léviathan étatique ?

***

En ce sens, la Chine propose une réponse dangereusement évidente au désarroi de l'Occident. Son exemple nourrit une tentation autoritaire qui n'a cessé de croître en Europe et en Amérique, patente dans les résultats électoraux de l'extrême droite, et y compris dans des pays qui s'en étaient gardés jusqu'à ces toutes dernières années. Si la tendance reste inverse dans plusieurs pays d'Asie, c'est sans doute en partie parce que l'émiettement n'y est pas poussé aussi loin. À ce constat s'ajoute le fait que, la proximité aidant, les réussites de Taïwan et de la Corée face à la pandémie y sont mieux connues qu'en Occident. Ces deux pays sont parvenus à la dompter sans état d'urgence ni confinement, au moyen d'une constante participation populaire, passionnante mais dont l'examen de fond reste à faire.

Il est encore trop tôt pour tirer tous les enseignements de la crise, mais non pour suggérer des pistes de recherche. Au nombre de ces dernières, la consolidation, ou l'éveil, des démocraties en Extrême-Orient n'est sans doute pas la moins digne de considération.

C. G.

Pour aller plus loin

- C. Gaudin, « Korean Democracy in Times of Coronavirus », *Lettre du Centre Asie*, n° 80, Ifri, 1er avril 2020.
- S. Ringen, *The Perfect Dictatorship: China in the 21st Century*, Hong Kong, Hong Kong University Press, 2016.
- J. Wang et K. Nahm, « From Confucianism to Communism and Back: Understanding the Cultural Roots of Chinese Politics », *Journal of Asian Sociology*, vol. 48, n °1, mars 2019.

L'Union européenne face au Covid-19

Entre résilience et non-compétence

Incompétente au titre des traités fondateurs sur les décisions de santé publique, l'Union européenne a pu mettre en œuvre une coordination, une solidarité entre États membres, en particulier au niveau économique et financier. La crise devrait pourtant aussi renforcer ses aspirations géopolitiques.

Démarrée sur la base d'une non-compétence de l'Union européenne (UE) sur les questions sanitaires, la crise du Covid-19 semble aboutir à un renforcement de l'UE, selon le principe de Monnet : « L'Europe se fera dans les crises et sera la somme des réponses apportées à ces crises. » La Conférence sur l'avenir de l'Europe qui s'est ouverte à Strasbourg le 9 mai 2021 a précisément pour enjeu de savoir comment renforcer l'UE.

L'UE dans la crise sanitaire

Dans les traités, l'UE n'a qu'une « compétence d'appui » aux États en matière de santé (art. 6, Traité sur le fonctionnement de l'Union européenne – TFUE) et une « compétence partagée » avec les États sur les « enjeux communs de sécurité en matière de santé publique » (art. 4 et 168, TFUE) : cela inclut la prévention, la recherche, la certification et les autorisations de mise sur le marché (c'est le rôle de l'Agence européenne des médicaments), ainsi que l'échange d'informations, mais pas l'organisation ni la fourniture de services de santé et de soins médicaux – ces services étant et restant organisés et financés sur une base nationale.

Dès le début de la pandémie, ce sont les États qui ont dû monter au créneau pour y répondre sur les plans sanitaire et économique, confirmant Carl Schmitt : c'est « l'état d'exception » qui « révèle avec la plus grande clarté l'essence de l'autorité de l'État » (*Théologie politique*, 1922). Les États ont alors repris le contrôle de leurs frontières, organisé la riposte sanitaire, ouvert les vannes budgétaires pour secourir l'économie – « quoi qu'il en coûte », d'après le discours d'Emmanuel Macron de mars 2020 annonçant le premier confinement.

L'UE est pourtant restée un cadre de coordination, et d'action. Dès le 9 janvier 2020, une semaine après l'activation de la cellule de crise de l'Organisation mondiale de la santé (OMS), le mécanisme d'alerte précoce du Centre européen de prévention et de contrôle des maladies (ECDC) était à son tour activé. Le 28 janvier, le Mécanisme européen de protection civile était lui aussi enclenché, pour soutenir les opérations de rapatriement de résidents européens bloqués à l'étranger par les mesures de quarantaine. Les ministres de la Santé de l'UE commençaient à discuter de la réaction à la pandémie le 13 février, les ministres de l'Économie et des Finances des répercussions économiques de la crise dans une visioconférence le 4 mars, et les chefs d'État et de gouvernement se concertaient par visioconférence à quatre reprises (10 mars, 17 mars, 26 mars et 23 avril).

L'UE ne s'est pas substituée aux États dans leur organisation médicale et pour les mesures de confinement/déconfinement, décidées, au fil des vagues de l'épidémie, dans un cadre national et sur des critères nationaux. Elle a laissé les États membres restaurer entre eux les contrôles aux frontières pour des raisons sanitaires, ou organiser des transferts de patients par solidarité. Elle a relâché les disciplines pour permettre aux États de faire face au choc sanitaire et économique (règles en matière d'aides d'État, activation de la clause générale d'exemption du Pacte de stabilité budgétaire), mais elle n'est pas restée inerte. Elle a assuré une assistance médicale à certains États membres et à des États tiers, à travers son Mécanisme de protection civile. Elle a passé des commandes groupées d'équipements médicaux.

Si elle n'a pas brillé pour les commandes de vaccins, négociant sur le prix plutôt que sur la rapidité – occasionnant des retards de vaccination par rapport aux États-Unis, à Israël ou au Royaume-Uni, qui n'ont pas hésité à bloquer les exportations alors que l'UE jouait le jeu des chaînes d'approvisionnement mondialisées –, sa stratégie a néanmoins permis à des petits pays de bénéficier des approvisionnements européens et, globalement, l'action combinée et coordonnée de l'UE a permis de traverser la pandémie en limitant ses conséquences sanitaires et économiques.

La question peut cependant se poser aujourd'hui d'un renforcement de la compétence et de l'action de l'UE en matière de santé, non pour ce qui touche aux systèmes sanitaires nationaux, mais en matière de prévention des épidémies, de recherche et d'innovation, ou de réserves stratégiques.

Le maintien de la libre-circulation

S'il est une compétence fondant l'intervention de l'UE dans la crise causée par la pandémie, c'est bien le principe de libre-circulation, à la base de la construction européenne.

Au niveau interne, la Commission a veillé à ce que l'état d'exception que générait le retour des contrôles aux frontières ne détruise pas le fonctionnement du marché intérieur. Elle a émis des recommandations, suivies par les États, pour que la libre-circulation des marchandises soit maintenue (« voies vertes » aux frontières, non mise en quarantaine des routiers) et pour que les travailleurs transfrontaliers ou saisonniers puissent continuer à franchir les frontières. Elle a enfin fait adopter un passeport sanitaire européen.

Au niveau externe, la coordination européenne a consisté à établir une approche commune de la gestion extérieure des frontières (avec, par exemple, une liste de pays tiers sûrs, pour lesquels les voyages non essentiels restaient permis) et un contrôle plutôt qu'une interdiction des exportations de médicaments, de matériel médical et de vaccins. Alors que nombre de pays faisaient prévaloir l'égoïsme national, l'UE a également veillé à maintenir un minimum de solidarité avec les pays en développement, à travers son Mécanisme de protection civile et un soutien au programme COVAX de l'OMS pour la fourniture de vaccins.

Si la gestion de la pandémie s'est principalement appuyée sur les États, elle a sans doute accéléré la prise de conscience de la nécessité de sauvegarder une autonomie stratégique de l'UE dans des domaines autres que la défense (la santé, mais aussi l'énergie, les matières premières, le numérique...), sans pour autant conduire l'UE à tourner le dos aux principes de libre-échange : c'est le sens du concept d'« autonomie stratégique ouverte » promu par le commissaire Phil Hogan (avant sa démission) et validé par les États membres.

Le plan de relance et ses implications

Le choc économique des mesures de confinement et de soutien budgétaire massif (avec une baisse de 7 % du PIB de l'UE en 2020, plus forte que celle de la récession de 2009) aurait pu, comme en 2010, précipiter la zone euro dans une crise des dettes souveraines. La France a dépassé la barre des 100 % d'endettement public par rapport au PIB, et son écart avec l'Allemagne s'est accru. L'Italie est, quant à elle, passée de 135 % à plus de 150 % du PIB.

L'UE a appris de ses erreurs. Très rapidement, la Banque centrale européenne a élargi son programme de rachat de titres publics (se portant acquéreur de 70 % des titres émis par les États, proportion comparable à celle des États-Unis, du Japon ou du Royaume-Uni). Très rapidement aussi, l'outil budgétaire a pris le relais de l'outil monétaire : les ministres de l'Économie et des Finances se sont accordés en avril 2020 sur un plan commun de plus de 500 milliards d'euros pour financer les mesures de chômage partiel des États, et prêter aux entreprises et États qui en feraient la demande.

La France et l'Allemagne ont proposé à leurs partenaires, le 18 mai, un audacieux plan de relance européen de 750 milliards d'euros, visant notamment à aider les États fragilisés comme l'Italie et l'Espagne, deux maillons importants de la zone euro. La pandémie a également permis de donner un coup d'accélérateur aux négociations sur le cadre financier pluriannuel 2021-2027, encalminées après plusieurs cycles de négociation au plus haut niveau. À l'issue d'un marathon de quatre journées de négociations en présentiel à Bruxelles (du 17 au 21 juillet), les chefs d'État et de gouvernement se mettaient d'accord sur un cadre financier de près de 1 100 milliards d'euros pour 2021-2027, doublé d'un plan de relance de 750 milliards sur la période 2021-2023. Les États membres les plus réfractaires, surnommés les « frugaux » (Autriche, Danemark, Finlande, Pays-Bas, Suède), obtenaient une réduction des dons (390 milliards au final) par rapport aux prêts remboursables (360 milliards) et un élargissement de leurs rabais – en dépit du retrait du Royaume-Uni qui était à l'origine de ce système de rabais à l'époque de Margaret Thatcher (1984).

Ces mesures peuvent apparaître comme un triple succès. L'UE a apporté une réponse monétaire et budgétaire à la hauteur de la crise. Le plan européen est certes inférieur aux plans américains, mais il faut lui ajouter les efforts budgétaires nationaux (le plan européen financera une partie des plans nationaux), et l'Allemagne d'Angela Merkel – l'UE de manière générale – a enfin répondu à la proposition d'Emmanuel Macron d'établir un budget significatif pour la zone euro : le budget européen va doubler, même si cet accroissement est limité à la période de crise (2021-2023).

L'UE accomplit, de plus, des pas nouveaux dans son intégration économique, budgétaire et monétaire : elle va lever pour la première fois une dette commune significative sur les marchés (avec une mutualisation de l'endettement pour la partie des prêts et un financement par emprunt européen d'une partie des dépenses de relance), et le remboursement de la dette s'accompagnera de la mise en place de nouvelles ressources propres (taxe sur les plastiques, taxe carbone, taxe numérique, taxe sur les transactions financières, etc.) : une avancée importante vers de possibles impôts européens, et donc vers le renforcement de l'intégration politique, qui pourra s'inscrire à l'agenda de la Conférence sur l'avenir de l'Europe.

Enfin l'UE a fait preuve de solidarité vis-à-vis de ses membres les plus fragiles, évitant une nouvelle crise des dettes souveraines et réduisant le risque de récupération de la crise par les mouvements populistes anti-européens. Il reste que le retour à la normale risque de s'accompagner du retour des antagonismes habituels entre pays latins privilégiant les dépenses et la relance, et pays nordiques réclamant réformes de compétitivité et efforts de consolidation budgétaire…

Les implications géopolitiques

Comment singulariser l'effet de la pandémie sur les bouleversements géopolitiques depuis début 2020 ? Le durcissement des relations avec la Chine, la Russie et la Turquie aurait pu avoir lieu sans le Covid, même si la pandémie a été utilisée par la Chine dans sa « diplomatie des masques », et par la Russie et la Chine dans leur « diplomatie du vaccin ». De même, la pandémie n'a pas vraiment joué de rôle dans la négociation de la nouvelle relation post-Brexit avec le Royaume-Uni, ni dans la relance de la relation transatlantique avec l'administration Biden (même si l'élection de ce dernier est partiellement un effet de la crise sanitaire).

La pandémie aura malgré tout accru la conscience des Européens que la période de la mondialisation heureuse sans frontières est révolue, que la transition écologique et numérique est plus importante que jamais, et que la réflexion doit s'approfondir sur leurs liens de solidarité, leur autonomie stratégique, voire leur souveraineté. L'UE mise toujours sur le multilatéralisme – engagée, par exemple, dans l'OMS quand l'administration Trump lui tourne le dos –, mais dans un monde de tensions et de rapports de force accrus, elle doit aussi définir et défendre ses intérêts, ses valeurs et pratiquer le réalisme de la géopolitique. C'est l'objectif de la « Boussole stratégique » que l'UE a mise en chantier et qui doit aboutir sous la présidence française au premier semestre 2022.

M. L.

Pour en savoir plus

- Y. Bertoncini, « Renforcer notre autonomie stratégique après le Covid-19 : vertus d'une approche franco-européenne », Terra Nova, 15 juin 2020.
- P. Debreu, « L'Europe de la santé n'existe pas ? Si, mais peut beaucoup mieux faire », Terra Nova, 8 avril 2020.
- M. Lefebvre, « Plan de relance à 750 milliards d'euros : le nouveau souffle de l'Union européenne ? », Diploweb, 13 septembre 2020.

Afrique : pourquoi le Covid-19 n'a pas fait imploser le lien social

Les normes sociales et culturelles résistent

Au-delà des mesures restrictives prises par les États, les normes sociales, les solidarités et le communautarisme religieux ont permis d'amortir le choc sanitaire et économique. Les réseaux sociaux ont joué en faveur du lien social, mais aussi négativement en véhiculant de fausses informations et de la méfiance vis-à-vis des vaccins.

Face au Covid-19, la plupart des gouvernements africains ont mis en œuvre des mesures de distanciation sociale, avec des restrictions aux frontières et aux voyages, la fermeture des écoles et l'interdiction des grandes manifestations sportives, culturelles et religieuses. L'Afrique du Sud a imposé 21 jours de confinement total. Le Sénégal et la Côte d'Ivoire des couvre-feux et des confinements partiels. Le port du masque et les règles d'hygiène (lavage des mains, gel hydroalcoolique) ont été recommandés, selon des modèles mondialisés. Dans un continent où la population dépend largement de l'économie informelle, interdire certaines activités essentielles à la survie quotidienne révélait cependant le défaut d'adaptation des mesures à des contextes socio-familiaux spécifiques.

Si la faiblesse des capacités de tests peut faire douter du nombre de cas positifs déclarés, le nombre de malades et de décès reste éloigné des chiffres ailleurs constatés. Les mesures contre la pandémie ont pourtant suscité la défiance : pour l'essentiel, les marchés, les églises, les mosquées n'ont cessé d'être fréquentés, les motos-taxis ont continué à rouler, et les jeunes à prendre le thé sur les trottoirs. Baptêmes et funérailles ont rassemblé les foules, malgré les répressions. Jeunes, commerçants, transporteurs et marabouts ont poussé les États à assouplir les mesures restrictives tout en appelant à la responsabilité individuelle et sociale des populations.

Des transformations socio-économiques réelles

Les économies ont été largement touchées par les mesures de restriction, alors que le système sanitaire, peu préparé à une telle épidémie, atteignait ses limites d'offre de soins. Dans des espaces où le secteur informel emploie plus de 80 %

des populations, la restriction des mobilités a ralenti le commerce transfrontalier, aggravé le chômage (passé de 5 % à 11,5 %), dégradé les revenus et les moyens de subsistance, les transferts financiers des migrants connaissant un fort recul. Les mesures sociales de distribution de riz, ou portant sur le paiement des factures d'électricité, ou de distribution d'argent, réponses uniformes aux besoins prioritaires, ont aussi induit fragmentation et aggravation des inégalités sociales. La pandémie interrogeait la capacité des politiques publiques à répondre à une urgence sanitaire, économique et sociale, avec des systèmes de protection collective précaires. Mais les effets économiques des mesures restrictives ont varié en fonction des différences structurelles et des politiques macroéconomiques entre États africains, ainsi que des modalités d'implication et de participation des populations.

Dans une zone ouest-africaine où les migrations sont un facteur essentiel des systèmes alimentaires, les limites à la mobilité ont affecté les chaînes d'approvisionnement, contrariant l'accès aux marchés régionaux, limitant la capacité des producteurs et des ménages à écouler leurs produits, avec les pertes de revenu correspondantes. Les familles ont dû faire face à une baisse des stocks de nourriture et à une hausse des prix alimentaires. La fermeture des écoles a entraîné une insécurité alimentaire pour des enfants à qui la cantine scolaire donne la seule chance de se nourrir, compensant les difficultés des ménages.

Comprendre les effets sociaux de la pandémie

Malgré le retard de l'Afrique en matière de transformation numérique, les mesures de lutte contre le Covid-19 ont insufflé une dynamique numérique pour le travail, les échanges commerciaux ou interpersonnels, l'apprentissage et la formation. Le haut taux d'utilisation des téléphones portables a contribué à stimuler ces innovations. Les jeunes ont ainsi montré qu'ils n'étaient pas seulement consommateurs de services numériques, mais qu'ils pouvaient créer des contenus tout en les adaptant à leurs contextes socioculturels. Plusieurs applications techniques ont été testées pour la prise en charge des malades (drones pour détecter la propagation du virus, respirateurs et réanimateurs, masques de protection en 3D, robot Dr. CaRo, stations mobiles de lavage des mains…) et le traçage des populations (contacts, voyageurs). Les femmes se sont aussi affirmées dans l'offre de solutions numériques, pour aider à l'élimination des masques utilisés (Rwanda) ou au suivi régulier et personnalisé à distance des femmes enceintes (Sénégal).

Si la crise a touché les emplois dans un contexte déjà précaire, le numérique a promu d'autres manières de chercher du travail et de travailler. Le télétravail a désengorgé les centres urbains, flexibilisé les modes de travail tout en diversifiant l'offre d'emploi. Dans une situation de faible bancarisation, les transactions numériques se sont développées *via* les téléphones portables. Les opérateurs, suivis par les banques, ont intensifié leurs offres de banque digitale. Au-delà de la facilitation des paiements de factures ou des transferts d'argent sans contact avec les espèces, la *mobile money* est devenue un élément clé de la distribution d'aides des pouvoirs publics face à la crise sanitaire. En sus des emplois créés (agents aux points de dépôts et de retraits d'argent), la *mobile money* a favorisé l'inclusion financière de l'économie informelle, et permis aux commerçants d'améliorer leur accès au marché, et donc d'augmenter leurs revenus. Des efforts sont cependant nécessaires pour assurer une meilleure sécurité des transactions. En matière d'éducation, les plateformes numériques ont été des supports majeurs pour assurer la continuité des apprentissages. L'école à distance reste pourtant difficile, du fait de la faible connectivité et de la très relative disponibilité des outils digitaux dans les établissements d'enseignement ou pour aider les parents transformés en « enseignants à la maison ».

L'utilisation des solutions numériques dans les sociétés africaines pose aussi des questions juridiques et éthiques. La gestion du Covid-19 exige des gouvernants des interventions efficaces, mais préservant les libertés individuelles, la dignité des personnes, leur autonomie et leur vie privée dans un contexte d'« infodémie ».

Si le nombre d'Africains connectés à internet est faible, les connexions aux médias sociaux *via* les téléphones mobiles sont en forte croissance. Les informations sur la maladie et ses origines, les vaccins, les thérapies – de sources professionnelles ou non – circulent largement, y compris les théories complotistes. Beaucoup de rumeurs naissent sur des fonds religieux, les menaces de poursuite judiciaire ne tempérant pas leur diffusion dans les médias sociaux, en particulier dans le cadre du débat sur la vaccination. La vitalité des réseaux sociaux comporte un danger de désinformation ; mais elle a aussi permis un débat entre citoyens et experts profanes ayant soif d'informations sanitaires et ayant perdu confiance en leurs autorités politiques. Elle a permis le dialogue dans la société civile, et un certain contrôle de la réponse gouvernementale à la crise.

Les sociétés ouest-africaines ont résisté à l'implosion du tissu social

Dans les banlieues africaines, les populations, en dépit des mesures de confinement, se sont senties peu protégées : obligées de travailler, elles ne pouvaient respecter la distance physique recommandée dans des habitats très denses. La fragilité économique a suscité des mouvements de révolte, avec parfois des scènes de pillage. La tension sociale dénonçait l'inadaptation des mesures restrictives aux conditions socio-économiques des ménages, comme le déficit de protection sociale. Elle posait aussi un défi important en matière de sécurité : la violence occasionnait une pénurie de carburant, de denrées alimentaires, et attisait les conflits déjà existants. Le contexte d'état d'urgence s'est accompagné de violences policières dénoncées par les organisations de défense des droits de l'homme.

Autre conséquence sociale de la pandémie : l'affirmation des dynamiques religieuses, viviers d'interprétations de la maladie et de contestation des décisions de fermeture des lieux de culte. Si l'Église catholique s'est montrée conciliante, certaines autorités musulmanes et pentecôtistes se sont mobilisées aux côtés de jeunes fidèles pour pousser les États à lever les restrictions, en dépit de l'approbation des Conseils islamiques. Au Mali, le gouvernement a ainsi estimé qu'il appartenait aux autorités religieuses de fermer ou non les lieux de culte – approche dupliquée au Sénégal suite à des manifestations de fidèles. L'impuissance des États face à la pression du front religieux et la politisation des décisions destinées à apaiser le front social, au détriment des évidences scientifiques, se manifestent ici clairement. La pandémie a illustré la nécessité de l'État-providence, mais aussi la réaffirmation du pouvoir religieux dans son rôle séculier et politique (mobilisation collective, assistance sociale, accompagnement moral). Les confréries religieuses ont aidé à la solidarité communautaire et à la générosité des fidèles. Hors du pouvoir religieux, on a pu relever le rôle d'entrepreneurs influents, de groupes de la diaspora, appuyant ou contrôlant les actions d'assistance des États. Des groupes WhatsApp de villageois, canaux de diffusion et de discussion des informations, ont pu devenir des acteurs de l'action publique et de réels prescripteurs de comportements.

Le dynamisme des actions de solidarité a limité les effets néfastes des mesures restrictives et montré que les normes et valeurs socioculturelles promouvant le lien social résistaient au choc. Les réseaux de solidarité n'ont pas cessé de fonctionner et se sont renouvelés, brisant l'isolement social. La crise du Covid a cependant eu des effets traumatiques et individualisants, qui ont pu conduire à des réflexes d'évitement, de stigmatisation de lieux de soins, de quartiers, de familles, d'individus, avec sans nul doute des effets sur la nature même des rapports sociaux.

Accès aux vaccins et débat nationaliste

La gestion du Covid-19 a illustré une fragmentation des politiques publiques de santé et le recul du multilatéralisme. L'accès aux vaccins a confronté les pays africains aux nationalismes et à la politisation des logiques vaccinales par les États-Unis et les pays européens au détriment de la solidarité internationale. Pour les chercheurs Fred Eboko et Sina Schlimmer : « Si l'aide internationale est nécessaire, l'expérience de la gestion de cette crise pourrait aider à redéfinir les relations entre États africains et acteurs extérieurs. »

L'Afrique n'a pas été la cible privilégiée des essais cliniques, et les populations se sont largement référées aux théories conspirationnistes pour rejeter les vaccins existants et réclamer leur fabrication locale. En parallèle du programme COVAX, l'Union africaine a mis en place l'*African Vaccine Acquisition Task Team* pour obtenir des doses supplémentaires de vaccins, et pris le pari de développer les capacités de recherche et de production locale de vaccins. Cette réaction panafricaine tente de limiter la dépendance vis-à-vis de l'extérieur, mais elle demande un écosystème scientifique et technologique robuste pour se préparer aux épidémies émergentes. Les gouvernants doivent écouter les scientifiques pour que les exigences de la recherche ne se perdent pas dans les réflexes politiciens de la gestion de la pandémie.

S. F.

Pour en savoir plus

- B. Samb, « Les réponses des religieux à la pandémie de Covid-19 au Sahel », *Policy Brief*, Timbuktu Institute/Fondation Konrad Adenauer, 3 juin 2020.
- F. Eboko et S. Schlimmer, « Covid-19 : l'Afrique face à une crise mondiale », *Politique étrangère*, vol. 85, n° 4, Ifri, décembre 2020.
- P. Stoller, « Ties That Bind: The Social Contract in Pandemic Times », *Psycholog Today*, 29 mars 2020.

La course aux technologies numériques

Accélération après-Covid

La course aux technologies numériques est désormais au cœur de l'affirmation de puissance. La pandémie de Covid-19 a accéléré nombre de mutations sociales, qui valorisent les technologies numériques, y compris les technologies émergentes : les semi-conducteurs, le *edge computing*, la *blockchain*, ou le calcul quantique. Au cœur de la course figurent les États-Unis et la Chine, alors que l'Europe commence à se mobiliser. Mais les États ne sont pas seuls dans la compétition.

L'année 2020 a confirmé l'avènement d'une compétition tous azimuts entre les États-Unis et la Chine, au cœur de laquelle campent les technologies. La crise du Covid-19 a contribué à cet état de fait, en ce qu'elle a eu des conséquences technologiques profondes : numérisation accélérée des sociétés, remise en cause des (inter)dépendances technologiques, interventions fortes des États dans les secteurs technologiques en vue d'une relance économique... En Europe, on a assisté à l'avènement d'une ambition de « souveraineté technologique », présentée comme un moyen de palier les risques d'une dépendance extérieure dans certains secteurs, tout en tirant le plein bénéfice de la révolution numérique.

On peut ainsi identifier une double tendance actuelle dans la géopolitique des technologies numériques, avec d'une part une volonté de décentralisation de la puissance numérique et d'autonomisation des acteurs ; et d'autre part la poursuite d'une compétition plus classique pour la suprématie technologique, caractérisée par la concentration persistante de la puissance numérique dans un nombre réduit d'acteurs – États et grandes entreprises.

Les semi-conducteurs, le *cloud* et le *edge computing*, la *blockchain*, l'informatique quantique se trouvent au cœur de la révolution numérique en cours. L'action des États et des acteurs privés dans ces domaines illustrent cette double dynamique de redistribution de la puissance numérique.

Une compétition technologique mondiale accélérée par la pandémie

La course aux technologies est un élément structurant du système international contemporain. Cette dynamique est alimentée par trois tendances géopolitiques : la rivalité sino-américaine, la puissance croissante des grandes entreprises du numérique, et les risques liés aux chaînes de production mondialisées dans les secteurs technologiques. La crise du Covid-19 est venue exacerber ces tendances.

La compétition pour la suprématie technologique entre la Chine et les États-Unis est désormais au cœur des rapports de force internationaux. Le risque de nivellement technologique dans le domaine militaire est une problématique identifiée depuis plusieurs années. Mais la compétition se déploie de plus en plus dans des domaines civils ou à double usage, et principalement dans le numérique. Depuis 2015, Pékin investit dans le développement de technologies *made in China*, et les États-Unis ne peuvent que constater que, grâce à sa stratégie bien orchestrée, la Chine se trouve à présent à l'avant-garde dans nombre de domaines, notamment l'Intelligence artificielle.

Les dynamiques géopolitiques actuelles ne sont pourtant pas seulement le fait des États. La pandémie a eu pour effet d'accélérer la numérisation de la société, avec la généralisation du recours au télétravail, à la vente à distance et au paiement sans contact. En a résulté une demande accrue de connectivité et d'accès à des services de traitement et de stockage des données. Logiquement, les gagnants de cette rapide évolution ont été les grandes entreprises numériques, ainsi qu'en témoignent leurs gains financiers : Amazon a réalisé un chiffre d'affaires de 386,1 milliards de dollars en 2020, soit une progression de l'ordre de + 40 % par rapport à 2019[1]. Dans le même laps de temps, le produit intérieur brut (PIB) de la France a chuté de 8,3 %…

Enfin, la crise du Covid-19 a mis en lumière les limites de la dépendance vis-à-vis de fournisseurs uniques et lointains – pour les services numériques comme pour les composants électroniques. Or la crise sanitaire ayant eu des effets délétères sur la plupart des secteurs de l'économie, elle a entraîné, de la part de nombreux gouvernements, des mesures de soutien et des plans de relance dans lesquels les technologies occupent une place centrale. La « souveraineté numérique » fait donc partie, par exemple, des domaines prioritaires pour les investissements d'avenir et les stratégies « d'accélération industrielle » français. À l'échelle européenne, la Commission entend combler le retard européen en investissant 20 % du plan de relance de 750 milliards d'euros dans la transition numérique. Aux États-Unis également, les technologies critiques sont au centre du plan pour l'emploi de Joe Biden, lancé en mars 2021.

1. T. Gaudiaut, « Les géants de la tech ne connaissent pas la crise », Statista, 4 février 2021.

Composants, connectivité, cybersécurité, calcul : les jeux sont ouverts

La pandémie de Covid-19 a décuplé les besoins en connectivité et alimenté la compétition pour la suprématie technologique. Dès lors, plusieurs technologies méritent une attention particulière : les semi-conducteurs, le *edge computing*, la *blockchain*, et l'informatique quantique. Ces technologies, aux usages potentiels vastes et aux niveaux de maturité variés, illustrent la réorganisation en cours de la puissance numérique, dont les États et les entreprises cherchent à tirer le meilleur parti.

Les semi-conducteurs

Les matériaux semi-conducteurs sont au cœur des microprocesseurs, ou puces, qui équipent les appareils électroniques. Leur importance est stratégique, et pourtant le marché des semi-conducteurs repose sur un équilibre fragile qui a été mis à mal depuis 2020 par la pandémie, la compétition sino-américaine, et même des phénomènes climatiques.

La production des semi-conducteurs est très concentrée : si des entreprises américaines, coréennes et japonaises dominent le marché en termes de *design*, une large part de la fabrication mondiale est sous-traitée à TSMC (Taiwan Semiconductor Manufacturing Company), entreprise basée à Taïwan qui détient environ 50 % de parts du marché mondial de la fonderie. Du fait de ce goulet d'étranglement, la hausse de la demande de téléphones et ordinateurs qui a résulté de la pandémie a entraîné une pénurie de semi-conducteurs, ressentie notamment dans l'industrie automobile dont les chaînes de production ont été fortement ralenties début 2021.

En outre, l'île de Taïwan connaît depuis le début de l'année une sécheresse record, avec des conséquences pour une industrie des semi-conducteurs très consommatrice en eau. En avril, les autorités taïwanaises ont ainsi dû restreindre la consommation d'eau des ménages et de l'industrie, obligeant les autorités locales à activer des plans d'urgence d'accès à l'eau pour maintenir la production dans ce secteur stratégique.

En sus de la hausse de la demande et des mises à l'arrêt accidentelles des chaînes de production, certains États cherchent à utiliser de façon coercitive les interdépendances globales dans le secteur des semi-conducteurs, pour garder l'ascendant dans les technologies les plus avancées. Ainsi, en septembre 2020, Washington a élargi la liste des entités étrangères interdites d'importation des technologies américaines : plus de 100 entreprises chinoises ont ainsi été placées sur une liste noire commerciale. Parmi celles-ci, le plus grand fabricant de puces chinois, SMIC (Semiconductor Manufacturing International Corporation). En retour, le gouvernement chinois a réalisé en 2020 des investissements sans précédent pour développer ses capacités de production de puces microélectroniques en Chine même.

En Europe et aux États-Unis également, on cherche à renforcer les filières technologiques locales. En mars 2021, la Commission européenne a déclaré son ambition d'atteindre une capacité de fabrication de microprocesseurs dans l'Union européenne représentant au moins 20 % de la production mondiale en valeur d'ici à

2030 – contre moins de 10 % actuellement. Même phénomène aux États-Unis où, à la même période, Intel, Samsung et TSMC ont annoncé des investissements de plusieurs dizaines de milliards de dollars pour accroître leurs capacités de production de semi-conducteurs sur le sol américain, avec le soutien de l'administration de Washington.

Le edge computing

Comme en atteste la course aux semi-conducteurs, la numérisation de pans toujours plus larges des sociétés entraîne une vraie ruée vers l'or : la réussite de la transition numérique représente en effet un enjeu d'innovation incontournable et présume de marchés potentiels énormes. Qu'il s'agisse de l'industrie (on parle d'industrie « 4.0 »), des réseaux électriques (*smart grid*), des villes (*smart cities*), ou des transports, nous nous dirigeons vers des systèmes interconnectés utilisant l'Intelligence artificielle. La collecte et l'analyse des données seront donc au cœur de ces systèmes.

Actuellement, la plupart des données générées par les objets connectés sont traitées à distance, dans de grands centres de données, par le biais de l'informatique « en nuage » (*cloud computing*). Or certains objets connectés, notamment dans les transports, la santé ou la finance, requièrent des échanges de données quasi instantanés – ce que ne permet pas toujours le *cloud*. En outre, « l'internet des objets » (*internet of things* – IoT), facilité par le déploiement de la 5G, va faire exploser le volume et la complexité des données en circulation, risquant de saturer les bandes passantes et de ralentir le traitement des données.

Pour pallier ces difficultés, l'informatique de périphérie (*edge computing*) offre un modèle distribué de serveurs, qui rapproche le traitement des données au plus près du lieu où elles sont générées. La proximité réduit le temps de latence et permet le traitement en temps réel des données nécessaires, comme l'analyse vidéo dans le cas d'un véhicule autonome. Mais les usages du *edge* seront bien plus larges, et les degrés de proximité multiples.

Dans le cas d'une ville « intelligente », les serveurs locaux en réseaux permettront, par exemple, d'interconnecter les véhicules et les feux de signalisation, de manière à réguler le trafic de façon optimale. Pour les zones les moins urbanisées, et donc les plus éloignées des grands *data centers*, le *edge* pourra consister en l'installation de petits *data centers* locaux, pour fournir localement une meilleure qualité de service. Le *edge computing*, en ce qu'il permettra le traitement local d'une partie des données, pourra en outre limiter les risques d'espionnage ou d'exploitation non consentie des données – par exemple par les grandes entreprises numériques soumises à un droit extraterritorial.

On peut s'attendre à ce que, d'ici cinq ans, la majorité des données soit traitée en périphérie plutôt que dans des *clouds* centralisés. L'IoT et l'informatique de périphérie sont donc d'une importance stratégique pour l'industrie et l'économie des données. Dès lors, le déploiement du *edge computing* est vu en Europe comme une opportunité unique de déconcentrer un marché des services numériques dominé par les entreprises américaines et, de plus en plus, chinoises, et d'améliorer la compétitivité des fournisseurs de services européens.

La blockchain

Dans une autre logique de décentralisation et de déconcentration de la puissance vis-à-vis des États et des grandes plateformes numériques, on notera le recours croissant à une autre technologie informatique : la *blockchain*. Littéralement « chaîne de blocs », cette technologie permet l'échange entre pairs de données ou de transactions de façon sécurisée, sans passer par une instance centralisée, telle une banque ou un autre tiers de confiance. Cette technologie est notamment utilisée dans le cadre des crypto-monnaies, tels le bitcoin ou l'ethereum.

La *blockchain* est gérée de façon distribuée par des « mineurs de données », localisés à chaque « nœud » du réseau et qui ont chacun accès à l'ensemble de la base de données, sorte de livre comptable. Chaque échange – par exemple chaque transaction financière – est validé par les mineurs selon le protocole défini, enregistré, et vient figurer dans la base de données. Les transactions sont enregistrées avec des informations d'identification uniques, encryptées et regroupées par bloc. Les transactions suivantes subissent le même processus et sont encryptées dans des blocs qui viennent s'accrocher les uns à la suite des autres, dans un ordre chronologique. La *blockchain* garantit ainsi la sécurité, la traçabilité et la transparence des transactions, sans nécessiter d'intermédiaire.

Les usages potentiels de la *blockchain* sont multiples. En permettant de réaliser des transactions financières à moindre coût et sans intermédiaire, elle supprime les risques de détournement et peut avoir une utilité particulière dans les pays où sévit la corruption. Parce qu'elle garantit un partage simplifié, sûr et inaltérable d'informations sensibles, elle peut également être utile pour la mise en place de services de type *e-government* (protection des données utilisateurs et de documents officiels) ou encore pour la sécurisation de contrats.

Le déploiement de la *blockchain* reflète, en définitive, l'état du rapport de force entre les individus, les grandes entreprises du numérique et les États. Ainsi, alors que la *blockchain* est, à l'origine, promue par ceux qui défendent un internet libre et décentralisé, elle ne laisse indifférents ni les États ni les grandes entreprises. Certains géants du numérique cherchent à s'en emparer. De ce fait, Facebook prévoit de lancer sa propre monnaie numérique en utilisant la *blockchain* (le Diem) vers la fin 2021. Et les grandes entreprises ne sont pas toutes adeptes du bitcoin. Pour sa part, le directeur général de Tesla, Elon Musk, a annoncé en mai 2021 que le fabricant de voitures électriques n'accepterait plus les paiements en bitcoin du fait de leur consommation énergétique. En effet, la consommation énergétique que génère l'activité de « minage de données » pose un réel problème, qui pourrait limiter l'expansion du recours à la *blockchain* pour les autres usages ci-dessus évoqués. Les États cherchent, pour leur part, à réguler la *blockchain* dans ses usages financiers. Certains pays, parmi les moins développés, interdisent complètement le recours aux crypto-monnaies, afin de lutter contre les activités illégales et de maintenir la stabilité des marchés financiers. En mai 2021, le gouvernement chinois a signalé qu'il envisageait également de réprimer leur usage.

Le calcul quantique

Là où le *edge computing* et la *blockchain* utilisent des principes informatiques classiques, les ordinateurs quantiques vont, eux, constituer une réelle révolution technologique. À terme, la performance des ordinateurs quantiques pourra être telle qu'elle pourrait amener à un raccourcissement des temps de calcul d'un facteur de 1 milliard d'ici cinq ou dix ans. Ainsi, l'ordinateur quantique constitue un tout nouveau paradigme dans l'informatique – que ce soit en termes de machine ou de logiciel.

Le calcul quantique aura des applications dans la santé, le climat, l'énergie, la défense, la navigation par satellite, la cryptographie… Il permettra la simulation à l'échelle moléculaire, potentiellement utile pour développer des procédés de captation du CO_2 présent dans l'atmosphère. Les capteurs quantiques pourront anticiper des catastrophes naturelles ou être utilisés par les armées pour l'interception de signaux. Grâce à leur vitesse de calcul, les ordinateurs quantiques pourront casser les clés de chiffrement utilisées actuellement, par exemple pour les paiements en ligne. On peut donc estimer qu'existera demain une réelle asymétrie entre acteurs dotés de capacités quantiques, et acteurs non dotés.

Étant donné la portée de ces technologies, la bataille pour la « suprématie quantique » fait rage. Celle-ci consiste à résoudre, à l'aide d'une machine quantique, un problème que nul ordinateur classique ne peut résoudre, du fait de limites physiques. Cette course fait intervenir des laboratoires de recherche, des grandes entreprises, des investisseurs publics et privés, et des *start-ups*. La France a lancé sa « stratégie quantique » en janvier 2021, à la suite de plusieurs autres pays cette dernière décennie, dont les États-Unis, la Chine, l'Allemagne et le Royaume-Uni.

Les grandes firmes américaines que sont Google, Intel et IBM, sont elles aussi bien engagées dans la course. En septembre 2019, Google a affirmé avoir réussi à réaliser en un peu plus de 3 minutes un calcul qu'un supercalculateur classique aurait pris 10 000 ans à résoudre – ce qui a été démenti par IBM, pour qui ledit calcul prendrait seulement 2,5 jours au plus puissant des supercalculateurs… Mais les jeux ne sont pas faits. En décembre 2020, un groupe de chercheurs de l'Université de sciences et technologies de Chine (USTC) a, à son tour, affirmé avoir atteint la suprématie quantique…

A. P.

Pour en savoir plus :

- « 2030 Digital Compass: The European Way for the Digital Decade », Bruxelles, Commission européenne, mars 2021.
- M. Duchâtel, « Semi-conducteurs : la quête de la Chine », Institut Montaigne, janvier 2021.
- E. Vassor, « Blockchain for Governance: Four Use Cases for Encouraging Timely Development and Adoption », *SAIS Review of International Affairs*, Université Johns Hopkins, 16 janvier 2019.

L'espace dans la course à la puissance

Nouveaux acteurs, nouveaux enjeux

Élément de la course à la puissance depuis des décennies, l'espace revêt une importance nouvelle, avec la multiplication des acteurs publics – États – et privés – entreprises –, l'élargissement des enjeux économiques, les nouveaux besoins en communication et connectivité, et donc la cristallisation de nouvelles rivalités stratégiques. Alors que la course à l'espace change de dimension, chaque acteur doit se situer dans la course, et la communauté internationale s'interroger sur une gouvernance collective.

Dans le domaine spatial, l'année 2020 a été marquée par deux caractéristiques majeures : avec plus de 1 000 satellites mis en orbite, les lancements ont plus que doublé par rapport à 2019 ; et on a assisté en parallèle à la relance de grands programmes d'exploration de l'espace, avec le lancement de trois missions vers Mars, opérées par la Chine, les États-Unis et les Émirats arabes unis (EAU). Ces évolutions attestent d'un regain d'intérêt pour le domaine spatial au niveau mondial, marqué par trois tendances lourdes : une augmentation du nombre des acteurs, une hybridation croissante entre États et acteurs privés, enfin une diversification des finalités poursuivies par ces divers acteurs.

Ces dynamiques contribuent à renouveler les enjeux stratégiques liés à l'espace, en les déplaçant vers des problématiques de connectivité et de souveraineté des données, de régulation et d'arsenalisation rampante.

Vers une « démocratisation » de l'espace ?

L'accès à l'espace impose un coût d'entrée important, et ce dernier a contribué à restreindre le nombre des États spatiaux, lesquels ont longtemps formé un club très réduit. L'espace a ainsi été dès le départ un lieu privilégié de confrontation stratégique entre les deux grandes puissances de la guerre froide, États-Unis et URSS, ce qui a contribué à établir un lien étroit avec la dissuasion nucléaire. L'investissement dans les techniques spatiales répondait donc d'abord à des considérations d'indépendance nationale et de stabilité stratégique. C'est pourquoi ce secteur a bénéficié de crédits importants, assurant la compétition entre superpuissances, et le développement de leurs stratégies spatiales militaires. C'est aussi ce modèle qu'ont suivi les autres acteurs du spatial : France, Royaume-Uni, Chine ou Inde. Dans la phase initiale de la conquête spatiale, la base industrielle était la même que celle utilisée pour l'industrie militaire ou aéronautique. Elle tirait une partie de ses capacités techniques et humaines de son adossement au système de défense.

La course à l'espace devint ensuite un objet de prestige national dans le cadre de la rivalité bipolaire. L'administration Kennedy fut la première à définir une véritable politique spatiale américaine, autour du concept de *New Frontier*, considéré comme un enjeu de la compétition Est-Ouest. Le programme Apollo constituera le vecteur de cette mobilisation, avec un succès symbolisant la suprématie technologique américaine.

Cette dimension historique explique assez largement le fait que l'espace a longtemps été perçu comme un secteur « autonome », jouissant d'une forte légitimité et d'un prestige important. Cela était vrai pour les États-Unis, mais aussi pour l'Europe, où les institutions spatiales (agences nationales, Agence spatiale européenne, Commission européenne) et les entreprises du secteur agissaient séparément des autres programmes et domaines technologiques.

Cette situation se transforme progressivement à partir des années 1990, sous l'effet de trois facteurs.

Une réduction des coûts d'entrée

En premier lieu, les coûts d'entrée se sont progressivement réduits, sous l'effet cumulé de la diffusion de la connaissance scientifique, d'innovations technologiques, et de perspectives importantes de retour sur investissement pour des applications commerciales basées dans l'espace – le domaine des télécommunications a ainsi tiré l'économie spatiale à partir du début des années 1990. D'autres applications spatiales à fort potentiel commercial se sont par la suite développées, comme l'observation de la Terre ou la géolocalisation. La baisse considérable des coûts d'entrée donne ainsi naissance à de nouveaux modèles économiques, contribuant à démocratiser l'accès à l'espace, au moins pour certaines activités jugées plus accessibles ou plus rentables comme la mise en orbite basse de petits satellites.

Des acteurs désormais nombreux

En deuxième lieu, de nouveaux acteurs se sont manifestés. Fin 2020, 84 pays opéraient des satellites en orbite, et plus de 30 pays menaient des activités spatiales plus ou moins élaborées. Des États disposant d'une base industrielle et scientifique développée, comme le Brésil, l'Afrique du Sud, ou encore la Turquie, mais aussi des nouveaux venus, pouvant mobiliser des capitaux importants dans ce secteur et mettre sur pied des programmes ambitieux en quelques années, reposant en partie sur la coopération internationale. Le cas des EAU, à travers le programme de la sonde *Hope*, est ainsi révélateur. En juillet 2014, le gouvernement émirati a annoncé son intention de placer une sonde en orbite martienne, répondant à trois motivations principales : catalyser le développement des connaissances et des compétences scientifiques ; ancrer une industrie spatiale nationale aux EAU ; contribuer à leur rayonnement international à travers une réussite prestigieuse.

Des acteurs privés s'affirment également, incarnés par des personnalités aux parcours hors norme : Elon Musk, Jeff Bezos, Richard Branson… Ayant réussi dans d'autres activités, ils s'imposent rapidement dans le spatial à travers des sociétés nouvelles aux objectifs ambitieux : SpaceX, Blue Origin ou encore Virgin Galactic. Ces personnalités ont en commun d'être passionnées par la conquête spatiale et sont animées par une vision au service de laquelle ils peuvent consacrer une partie de leur fortune personnelle et de leur créativité.

De nouveaux enjeux commerciaux

En troisième lieu, la course globale à l'espace est dynamisée par les enjeux commerciaux de la connectivité et de l'innovation, et son modèle économique est remis en cause par le *New Space* aux États-Unis. La révolution numérique implique un recours croissant à des solutions placées dans l'espace ; et la connectivité constitue un enjeu majeur de compétitivité pour l'industrie et les services, au même titre que le développement de capacités de traitement et de stockage des données.

Le trait le plus remarquable de cette évolution est l'emploi de satellites dans de larges secteurs d'activité, pour des applications désormais permises par le développement du numérique et les nouvelles formes de connectivité. La multiplication de l'offre de services en ligne renforce l'intérêt des opérateurs pour un accès à l'internet haut débit, qui leur assure la couverture intégrale du territoire d'un pays, et potentiellement de l'ensemble de la planète, ouvrant ainsi de nouvelles perspectives en matière de télécommunications, de logistique ou encore d'imagerie. La réalisation de constellations de satellites constitue la condition nécessaire pour tirer parti de ces potentialités.

Le *New Space*, qui s'est développé aux États-Unis depuis une dizaine d'années, accélère cette transition en introduisant une double rupture. Une rupture technologique d'abord, avec de nouvelles solutions qui révolutionnent la fabrication et l'architecture des satellites et des lanceurs, tout en réduisant substantiellement les coûts. L'introduction de composants réutilisables constitue par exemple une percée majeure pour réduire les coûts de lancement. Nombre d'entreprises arrivent sur le marché spatial en proposant des solutions innovantes et entrent en compétition avec les acteurs établis du secteur.

Le succès du *New Space* repose, en second lieu, sur une intégration public-privé, sur la base de contrats passés entre la National Aeronautics and Space Administration (NASA) et des opérateurs commerciaux. C'est ainsi que la société SpaceX a imposé le *Falcon 9* comme un lanceur de référence, ce qui a permis aux États-Unis de reprendre en 2020 les vols habités autonomes – une capacité perdue depuis 2011 avec l'arrêt du programme de navette spatiale. Cette interruption avait eu pour conséquence d'obliger les astronautes américains à louer des places dans le lanceur russe *Soyouz* pour rejoindre la station spatiale internationale (ISS, selon l'acronyme anglais).

Une nouvelle économie spatiale globale

L'année 2020 marque potentiellement l'ouverture d'une « décennie prodigieuse » pour le secteur spatial, dynamisée par la création de constellations constituées de plusieurs centaines, voire plusieurs milliers de satellites. Ces projets représentent un changement d'échelle, tant pour ce qui concerne le nombre de satellites nécessaires, que la disponibilité et le coût des lanceurs. À titre d'exemple, plusieurs constellations sont en cours de réalisation, comme Starlink, par SpaceX : un projet de plus de 12 000 satellites ; Amazon prévoit sa constellation, baptisée Kuiper, avec une cible basse de 3 200 satellites. La constellation OneWeb est quant à elle sur une cible totale de près de 5 200 satellites…

Exploiter l'espace ?

Cette évolution devrait avoir pour conséquence une accélération sans précédent de la demande de satellites, dont le nombre en orbite pourrait être multiplié par dix en une décennie pour répondre aux besoins. Entre 2020 et 2029, ce sont ainsi plus de 1 000 petits satellites qui devraient être placés en orbite chaque année à partir d'orbites basses. Selon certaines estimations, le besoin de lancement dans l'espace généré par cette révolution numérique concernerait 16 000 petits satellites. Un chiffre à comparer avec les quelque 5 500 satellites mis en orbite depuis le début de l'aventure spatiale, dont une partie n'est plus opérationnelle. Enfin, sous l'effet de la multiplication des lancements, le nombre de satellites entrant dans la constitution de constellations finira par représenter la majorité des satellites en orbite. Au 1er février 2021, les 964 satellites de Starlink représentaient déjà 27,3 % de tous les satellites actifs dans l'espace[1].

La multiplication des acteurs du spatial contribue à relancer le débat sur la contribution de l'espace aux besoins généraux de l'humanité. Alors que l'exploration de la Terre est quasi achevée et que l'humanité se préoccupe d'assurer les conditions d'un développement durable, l'espace peut-il constituer un nouvel horizon, permettant de répondre, en particulier, à ses besoins en ressources ? Cette question ne relève pas de la simple hypothèse de travail, comme l'illustre l'évolution du débat relatif à l'exploitation des ressources minières spatiales. Plusieurs entreprises, publiques et privées, ont été formées dans le but explicite d'exploiter les ressources présentes sur les comètes, les astéroïdes ou encore la Lune. En Europe, le Luxembourg a lancé une initiative visant à attirer des entreprises du monde entier en se positionnant comme le pays européen mettant en place un environnement favorable aux investisseurs désireux d'explorer et d'utiliser les ressources spatiales.

Quelle gouvernance pour l'espace ?

La question de la gouvernance de l'espace extra-atmosphérique s'en trouve relancée. Pour que l'espace demeure un environnement pacifique, sûr, stable, préservé et durable pour le bienfait de tous (selon les termes de la résolution 75/36 de l'Assemblée générale des Nations unies), la communauté internationale doit répondre à un double défi : celui de l'encombrement et de la gestion du trafic, lié à la multiplication des engins en orbite et aux risques d'accidents qui en découlent ; et celui de la lutte contre l'accumulation des débris orbitaux. Plus de 34 000 débris mesurant plus de dix centimètres de diamètre ont déjà été recensés comme présentant des risques de collision avec des engins en mouvement. Ils font l'objet d'un suivi par plusieurs centres de situation. Enfin se pose la question de l'encadrement des activités privées, compte tenu de la part croissante des acteurs privés par rapport aux États.

1. A. Cuthbertson, « Elon Musk Now Controls Over A Quarter of All Active Satellites as SpaceX Prepares to Launch 1,000 th Starlink », *The Independent*, 2 février 2021.

Quelles pourraient être les conséquences d'une extension continue du rôle du secteur privé, notamment à travers l'évolution d'une NASA sous-traitant une part toujours plus importante de ses opérations à des acteurs privés ? Le sujet fait débat. Le président Trump avait salué la reprise des vols habités en mars 2020, en déclarant que l'avenir appartenait à l'industrie spatiale commerciale. Certains experts américains sont beaucoup plus nuancés et font valoir que si le fait de confier la gestion d'opérations de routine à des opérateurs privés ne pose pas de problème en soi, ces derniers ne sont pas légitimes pour supporter les risques attachés à l'extension de leurs activités et à leurs conséquences, et d'ailleurs n'en ont pas les moyens. Ces évolutions pourraient remettre en cause le principe posé par le droit international, selon lequel l'exploration et l'utilisation de l'espace doivent s'effectuer pour le bienfait et dans l'intérêt de tous, et être guidés par le principe de coopération et d'assistance mutuelle.

La capacité de la communauté internationale à créer des normes permettant d'encadrer ces acteurs non étatiques et leurs activités sera déterminante pour orienter le développement des activités commerciales dans l'espace. Le facteur décisif de cette évolution sera sans nul doute la capacité des États bénéficiant des positions les plus fortes à résister à la tentation de préserver leur prééminence stratégique, et par conséquent à limiter l'accès à de nouveaux acteurs. Rappelons que la directive sur la politique spatiale signée par le président Trump en 2018 se fixait pour objectif le soutien à la croissance du secteur privé et le renforcement de la domination américaine dans l'espace.

L'espace, vecteur de nouvelles rivalités stratégiques

Dans le contexte de la transition numérique et de la révolution de la connectivité, la maîtrise des flux d'information constitue un enjeu fondamental de souveraineté. Le *New Space* entraîne un déplacement du centre de gravité de l'activité spatiale vers le marché des applications, et en particulier vers les techniques de collecte et de traitement des données. Pour les acteurs du numérique, cette intégration des données spatiales au sein de la « chaîne numérique » représente une opportunité, dans la mesure où elle permet de valoriser des infrastructures et des capacités spatiales déjà développées, en leur fournissant un nouveau marché. Cela représente un risque lorsque les intégrateurs de données, qui occupent une position dominante sur le marché, peuvent pratiquer une intégration verticale des différentes fonctions et en fermer l'accès à leurs concurrents. C'est dans ce contexte que se pose la question pour l'Union européenne de se doter d'une constellation propre, afin de renforcer ses chances de maîtriser l'ensemble de la chaîne fonctionnelle. Cela serait aussi un moyen de renforcer la résilience des acteurs européens face aux risques de compromission ou de déni de service.

Vers une arsenalisation de l'espace ?

L'autre tendance est le risque d'arsenalisation de l'espace, un espace porteur de nouveaux enjeux capacitaires et doctrinaux. Depuis le départ, la maîtrise de l'espace par certains États introduit une redistribution de la hiérarchie des puissances. Le spatial conditionne la maîtrise de trois fonctions essentielles du commandement : le renseignement, les télécommunications et la navigation.

Durant la guerre froide, l'installation de satellites d'observation a permis de conduire des activités de reconnaissance photographique, de ciblage, de prévision météo, d'alerte avancée, ainsi que d'autres activités de renseignement. Aujourd'hui, le spatial confère aux États qui se sont dotés de moyens techniques nationaux, des capacités d'observation, d'écoute et de télécommunications, qui contribuent à assurer la souveraineté de certaines décisions et à se prémunir contre l'effet de surprise.

Le recours au spatial a cependant pour contrepartie d'accroître la dépendance des armées vis-à-vis des données d'origine spatiale pour la conduite des opérations. Cette vulnérabilité nouvelle tend à favoriser une militarisation de l'espace, à travers deux axes : le développement d'activités dans l'espace qui pourrait s'apparenter à des manœuvres d'intimidation, à travers des opérations visant à l'interception ou au brouillage ; le développement de capacités cinétiques antisatellites, mises en œuvre depuis la surface ou les airs, auxquelles peuvent s'ajouter des moyens plus traditionnels de brouillage électromagnétique.

À l'instar des États-Unis, la France a intégré dans sa doctrine stratégique cette tendance récente à considérer l'espace comme un champ d'activités opérationnelles à part entière. Cette décision s'est traduite par la création d'un grand commandement de l'Espace, dépendant de l'armée de l'Air, qui a reçu pour mission de mettre en œuvre les moyens spatiaux dont dispose la France et de développer une doctrine des opérations militaires dans l'espace.

***

Par-delà ses permanences et ses mutations, l'espace confirme son rôle de multiplicateur de puissance. Dans un environnement spatial devenu plus encombré, complexe et conflictuel, les enjeux de gouvernance deviennent centraux pour la communauté internationale, en particulier à travers sa capacité à en assurer la régulation par la définition de règles acceptées par tous.

É.-A. M.

Pour en savoir plus

- J.-P. Darnis, « Space as a Key Element of Europe's Digital Sovereignty », *Notes de l'Ifri*, Ifri, décembre 2020.
- G. Penent, « L'espace au XXIe siècle : à la recherche d'un nouvel équilibre », *Politique étrangère*, vol. 85, n° 1, Ifri, mars 2020.
- T. Schütz, « The Changing Security Environment in Space Demands New Diplomatic and Military Answers », *DGAP Kompakt*, 25 juillet 2019.

Voir également la carte « Les grands acteurs de la course à l'espace », p. 323 de cet ouvrage.

Information, désinformation : les leçons du Covid

De Wuhan aux présidentielles américaines

La pandémie a éclairé le caractère central des manœuvres touchant à l'information dans les stratégies de puissance. La Chine, délaissant son image bienveillante, a usé de tous les moyens pour éluder les interrogations sur l'origine du virus, tandis que la Russie s'efforçait de miner la crédibilité occidentale par sa diplomatie d'aide et ses critiques des vaccins. Quant aux présidentielles américaines, elles ont surtout prouvé que la désinformation était une menace interne aux sociétés démocratiques.

« Diffuser la désinformation, c'est jouer avec la vie humaine. La désinformation tue. » Par ces mots, au printemps 2020, le Haut Représentant de l'Union européenne pour les Affaires étrangères et la politique de sécurité Josep Borrell, mettait en garde contre les conséquences d'une désinformation ciblée en lien avec le coronavirus. Depuis lors, la plateforme européenne EUvsDisinfo a enregistré des centaines de cas de fausses informations – vérifiables – sur la pandémie.

L'actualité internationale des 18 derniers mois, phagocytée par la pandémie de Covid-19, a rappelé – si besoin en était – l'acuité des enjeux et menaces informationnels. Chaque crise, nationale, régionale ou internationale, est désormais assortie de son lot de suspicions de manipulations informationnelles. Les sept dernières années l'ont montré à l'envi, parfois par l'absurde, avec une forte visibilité donnée aux opérations d'influence, surtout numériques, de la Russie et de ses *proxies*. De la Crimée aux élections présidentielles américaines de 2016, en passant par le conflit syrien (depuis 2011) et l'affaire Skripal (2018), les autorités russes ont ainsi anticipé le fait que l'âge du tout-numérique s'est mué en ère de la désinformation, retournant à leur profit le discours forgé par la diplomatie américaine sur le potentiel émancipateur du Web.

Sans surprise, la crise du Covid-19 met en présence de puissantes logiques d'images et une désinformation massive, dans une bataille pour le récit considérée par certains États comme aussi stratégique que la gestion sanitaire de la pandémie.

En la matière, la Chine, et dans une moindre mesure la Russie, se distinguent, et pour des raisons sensiblement différentes. La première parce que le virus y trouve son origine, et que les autorités de Pékin ont déployé une contre-réponse informationnelle offensive destinée avant tout à l'Occident. La seconde par un opportunisme caractéristique de sa politique étrangère.

Chine : viser le leadership et réécrire les origines de la pandémie

La Chine a cherché à inscrire sa démarche informationnelle dans un affichage décomplexé de sa puissance nationale. Ses objectifs principaux sont de deux ordres. Premièrement, le gouvernement a voulu souligner la vigueur et la résolution de sa réponse à la crise, tout en laissant entendre que la réaction des Occidentaux avait été et restait à la fois faible et inefficace. Il s'agit là de la partie immergée d'une stratégie plus globale, qui consiste à positionner le modèle de gouvernance de Pékin comme alternative attractive à la démocratie libérale des Occidentaux. Cette approche, défendue par Xi Jinping depuis 2013, se veut une stratégie de politique étrangère de long terme. Le *Global Times*, voix officielle de Pékin vers l'étranger, martèle sans fard à la fois l'« épuisement de l'Occident » et l'avènement de la « globalisation aux caractéristiques chinoises ».

En deuxième lieu, la Chine ambitionne de se poser en partenaire crédible et fiable des alliés traditionnels des États-Unis en Europe, à un moment où la perplexité à l'égard de l'effacement du leadership américain monte en flèche, comme le ressentiment envers le mépris de l'administration Trump.

Cette stratégie chinoise est visible tant en Europe centrale et dans les Balkans qu'avec l'Italie, les Pays-Bas ou la France, *via* notamment une « diplomatie des masques » qui a suscité d'âpres rivalités. Le secteur privé chinois a été associé à l'entreprise : le fleuron technologique Huawei s'est lancé dans la distribution de millions de masques aux quatre coins de la planète (Canada, Pays-Bas, Maroc...), adjuvant d'une diplomatie sanitaire destinée à convaincre les partenaires de la Chine « de son exemplarité et à faire oublier ses erreurs et responsabilités dans la gestion initiale de la crise[1] ». Opération de communication menée tous azimuts, cette stratégie informationnelle de Pékin se caractérise par un ton désinhibé, en rupture avec le *soft power* de ces dernières années projetant sur le monde l'image d'une Chine « bienveillante ».

Une désinformation au ton désinhibé

À cette fin, Pékin semble s'appuyer sur les tactiques éprouvées développées par la Russie, qu'elle oriente vers le même objectif : semer le doute dans les opinions publiques et parmi les décideurs occidentaux. Comme la Russie, la Chine intègre dans sa stratégie différentes « briques » qui se complètent : diplomatie publique classique, dissémination de multiples récits sur le Covid-19 pour répandre la confusion à l'étranger et éviter d'éclairer les éventuelles responsabilités initiales du régime, alternance de rhétorique consensuelle et de propos véhéments, et attaques

1. A. Bondaz, « Route de la soie de la santé : comment la Chine entend profiter de la pandémie pour promouvoir sa diplomatie sanitaire », *Note*, n° 11, Fondation pour la recherche stratégique, 26 mars 2020.

informatiques. Ces manœuvres comprennent l'utilisation de chaînes officielles pour disséminer des théories conspirationnistes variées, et parfois contradictoires, y compris en amplifiant les propos complotistes de médias marginaux en recourant à un appareil médiatique d'État tentaculaire pour leur faire gagner en visibilité, voire en viralité.

Il s'agit bien là d'une évolution dans la stratégie informationnelle chinoise, qui se démarque d'une politique traditionnellement restreinte à son environnement national et régional immédiat (province du Xinjiang, Hong Kong, Taïwan), et plus subtile – centrée sur la censure en amont des voix critiques plutôt que sur la saturation de l'espace informationnel par des contenus confus et/ou falsifiés. On constate bien une attitude décomplexée de la Chine sur ce terrain, qui est sans doute en partie le fruit d'une fine observation des stratégies asymétriques déployées par Moscou ces six dernières années.

Depuis le début de la pandémie, les communiqués au ton outrancier de l'ambassade de Chine en France illustrent ce changement de rhétorique et rappellent la grossièreté des techniques médiatiques russes au plus fort de la crise ukrainienne (2014-2016). Le fait que les autorités chinoises assument ce type de dialectique offensive, tout en niant la moindre responsabilité dans l'origine de la crise – imputant d'ailleurs celle-ci aux États-Unis –, rappelle le « déni plausible » de la Russie lors de son intervention militaire en Crimée, puis dans le Donbass ukrainien.

Enfin, les campagnes informationnelles chinoises ont tenté d'amplifier la rumeur selon laquelle le Covid-19 trouverait son origine dans un laboratoire militaire américain et aurait été exporté en Chine dans un but de déstabilisation. Par leurs aspects composites et leurs modes opératoires, ces opérations de manipulation conçues pour renverser la stigmatisation, s'inscrivent dans la lointaine lignée des méthodes soviétiques des années 1970 et 1980, qui avaient été appliquées en particulier au virus du sida.

Russie : une exploitation informationnelle ambivalente

Dans les premiers mois de la crise, les autorités russes sont restées relativement distanciées par rapport à une hypothétique campagne coordonnée de diffusion de nouvelles fausses ou sciemment déformées, avec l'intention politique de nuire. La pandémie du Covid-19 n'a pas de lien originel avec le pays, ce qui a expliqué, au moins en partie, le peu d'intérêt initial d'un média comme RT à lancer des manipulations informationnelles délibérées et clandestines.

Pour autant, ce média d'État, comme d'autres (Rossia, Pervy Kanal, Spoutnik) garde une ligne éditoriale dite « alternative », qui consiste à relativiser les fondements des démocraties libérales pour mieux souligner l'efficience d'un modèle de gouvernance plus centralisé et autoritaire. Lors de la crise du Covid-19, leurs reportages mettaient très régulièrement en exergue un Occident velléitaire, divisé et mal équipé pour répondre à la pandémie, dans l'idée de théâtraliser les fractures sociales et les faiblesses occidentales. Ce discours n'est pas nouveau : il est mobilisé à chacun des moments de tension que traversent les pays européens (vote sur le Brexit, crise des Gilets jaunes, etc.).

La stratégie russe a cependant recouru au *soft power* de l'aide humanitaire, illustré par une assistance médicale à l'Italie et la livraison de matériel médical aux États-Unis et à la Serbie. L'objectif est ici double : afficher la mansuétude russe autant qu'entretenir l'idée d'une incapacité des dirigeants européens à enrayer la crise sanitaire.

Cette initiative peut être interprétée de plusieurs manières. Tout d'abord, la Russie agit par mimétisme envers son partenaire chinois, tout en lui signalant qu'elle entend également peser dans ce type de gestion de crise internationale. Cette dialectique n'empêche pas le relais médiatique des politiques chinoises, en particulier *via* RT. L'aide apportée aux États-Unis, avec force reportages et tweets, était destinée à la fois aux audiences occidentales (« la Russie assiste la première puissance mondiale ») et, à nouveau, à la Chine, avec l'idée que la Russie, et elle seule, pouvait servir d'intermédiaire entre Washington et Pékin dans un contexte de conflit larvé entre les deux premières puissances. On est ici dans une pratique classique de la diplomatie publique russe (avec des arrière-pensées d'ordre stratégique), plus que dans une manipulation délibérée de l'information.

Le cas de l'aide apportée à l'Italie témoigne d'une même manœuvre, tout en en différant par les moyens utilisés. En effet, les moyens sanitaires déployés par Moscou y ont été de nature militaire : un détachement de 66 médecins militaires et sous-officiers des Forces de défense chimique a été envoyé en Italie. Les médias et réseaux sociaux russes ont amplement diffusé deux séquences comportant une forte charge symbolique : d'une part une consultation entre officiers italiens et russes dans l'un des quartiers généraux de l'armée de Terre italienne près de Rome; d'autre part, une colonne de véhicules militaires russes effectuant les 600 kilomètres du trajet Rome-Bergame, épicentre du Covid-19 en Lombardie.

Dénigrer les vaccins occidentaux

Une évolution notable s'est produite à partir de la commercialisation des vaccins développés contre le Covid-19, à compter de l'été 2020. Le contexte de compétition scientifique pour la mise au point d'un vaccin efficace s'est rapidement mué en rivalité stratégique entre les principales puissances mondiales. Pour la Russie, dont le président avait ostensiblement affiché la mise au point du Spoutnik V dès août 2020, la prouesse scientifique nationale se lit également au prisme d'une démarche commerciale tous azimuts, dans l'objectif – en Europe – d'accroître les divisions intra-européennes sur le positionnement à adopter vis-à-vis de Moscou.

Plusieurs campagnes informationnelles se sont ainsi révélées début 2021. En mai, une agence de communication supposément basée à Londres avait sollicité plusieurs influenceurs français afin qu'ils dénigrent les vaccins commercialisés par Pfizer et AstraZeneca, en échange d'argent. D'autres YouTubeurs auraient été approchés en Europe – cibles commodes du fait de leur empreinte numérique et, en règle générale, de leur connaissance modeste des enjeux géopolitiques.

En mars, un rapport du bureau du département d'État américain a identifié plusieurs sites soupçonnés d'être pilotés directement par les renseignements russes et propageant de fausses informations autour des vaccins occidentaux. Un autre rapport de l'Unité de lutte contre la désinformation de la diplomatie européenne, publié en avril, révélait que plus de 100 cas de désinformation imputables au Kremlin avaient été identifiés depuis le début de l'année. Ce même rapport soulignait également que la Russie utilisait ses organes de presse, des médias alliés, et surtout les réseaux sociaux, dont certains comptes diplomatiques russes.

Dans cet élan de désinformation vaccinale, la Russie se taille la part du lion. Au terme d'une étude qui avait examiné 35 000 tweets des gouvernements et médias russes, chinois et iraniens évoquant les vaccins entre novembre 2020 et février 2021, le *think tank* German Marshall Fund concluait que la Russie avait fourni la couverture la plus négative concernant les vaccins occidentaux.

Présidentielle américaine : l'« étrange intermède »

En pleine pandémie, la campagne électorale aux États-Unis, puis le scrutin de novembre 2020, n'ont pas donné lieu à une répétition du scénario de 2016. Les tentatives de manipulations informationnelles sont moins venues de l'étranger que de l'intérieur du pays. « Nationalisation » des *fake news* ou pas, l'apparente indigénisation des opérations informationnelles contribue à brouiller les repères en la matière et à polariser davantage la société américaine. En d'autres termes, il n'est plus nécessaire, pour les officiers du renseignement russe, de créer de faux sites chargés de présenter la société américaine sous un jour avantageant la candidature de Donald Trump. En témoignent, par exemple, les révélations de la presse américaine sur l'existence d'un vaste réseau de faux sites d'actualités locales pilotés en réalité par des proches du Parti républicain.

L'élection américaine a surtout été l'occasion d'une mise en avant sans précédent des réseaux et médias sociaux les plus populaires (Facebook, YouTube, Twitter). La neutralité revendiquée par les grandes plateformes a été mise à l'épreuve par Donald Trump et le camp républicain, qui se sont affranchis de toutes les règles habituelles du débat politique. Le consensus sur la vérité s'est effrité – et, avec lui, la position constante des grands réseaux sociaux, qui répètent à l'envi depuis leur création qu'ils ne sont aucunement des médias, mais de simples intermédiaires techniques.

Les démocraties fragilisées

Par leur combinaison, l'insatisfaction grandissante des sociétés occidentales, la multiplication des risques systémiques, et la célérité de la transition numérique placent les démocraties sous pression.

Les repères séparant traditionnellement politique intérieure et politique internationale des États volent en éclat. La polarisation du champ médiatique dans de nombreux pays intervient dans un contexte où la technologie elle-même est sujette à certains fantasmes. Ainsi le narratif selon lequel les ondes 5G seraient responsables de la pandémie de Covid-19 a-t-il trouvé un écho non négligeable sur les réseaux sociaux et des sites d'information « alternatifs », tout particulièrement aux États-Unis et en Grande-Bretagne.

Plus largement, les tentatives d'ingérences informationnelles – parfois couplées avec des cyberattaques – accentuent une « brutalisation numérique » de la vie politique internationale. L'information est devenue une arme dans une véritable guerre d'influence et de déstabilisation. De la mésinformation à la désinformation, du truquage de vidéos au partage de données, en passant par la création de faux comptes orchestrant des raids numériques, de multiples stratégies sont mises en œuvre pour fragiliser la démocratie, en ciblant deux de ses piliers : le vote et la confiance. L'avantage va nettement aux pourvoyeurs de désinformation, puisque les fausses informations se propageraient six fois plus vite sur Twitter que les vraies informations.

Une autre difficulté majeure tient à l'alignement *de facto* des intérêts des principaux acteurs de l'économie de l'attention (les GAFAM – Google, Apple, Facebook, Amazon et Microsoft) et de ceux qui produisent de la désinformation politique. Des algorithmes d'apprentissage automatique sont déjà intégrés dans les plateformes de publicité ciblée et l'analyse des données complexes. Le scandale Cambridge Analytica, révélé en mars 2018, avait exposé le caractère particulièrement ténu de la frontière séparant la publicité politique de la propagande. Au-delà de la campagne présidentielle américaine en 2016, durant laquelle les données personnelles de près de 90 millions d'utilisateurs américains de Facebook ont été siphonnées par la société de conseil britannique, la campagne pour le Brexit a éclairé l'urgence de démêler la convergence d'intérêts entre les grandes plateformes du numérique – dont les ressorts demeurent commerciaux – et les entrepreneurs du marketing politique qui recourent à la désinformation numérique.

Pour les États, l'un des défis consiste à agir sur le terrain politique en ne laissant pas aux grandes plateformes le monopole de l'initiative technologique. Il ne faut certes pas éluder la responsabilité des acteurs privés – qui préfèrent souvent se défausser derrière les promesses de l'Intelligence artificielle pour éradiquer désinformation et propagande, au détriment de la prise en compte d'autres facteurs (conditions de travail et formation des modérateurs des plateformes, interrogation sur le profil des consommateurs de la propagande computationnelle, etc.).

Enfin, le rythme de l'innovation technologique dépasse souvent le temps de l'action politique et de la compréhension du corps social vis-à-vis des bouleversements en cours. Les vidéos *deepfake*, qui manipulent la réalité, deviennent de plus en plus crédibles grâce aux outils de l'Intelligence artificielle, créant un espace d'expression pour de nouveaux types de désinformation, peu coûteux et présentant un risque d'escalade élevé, notamment dans des contextes électoraux. Il est ainsi désormais possible de diffuser des vidéos falsifiées en temps réel, par exemple lors de conférences en ligne. Les frontières entre vérité et mensonge deviennent de plus en plus floues : la société peut être plus influencée, ou réagir dans une pure indifférence.

J. N.

Pour en savoir plus

- R. Badouard, *Les Nouvelles lois du web. Modération et censure*, Paris, Seuil, 2020.
- P. Howard et S. Woolley, *Computational Propaganda: Political Parties, Politicians, and Political Manipulation on Social Media*, Oxford, Oxford University Press, 2018.
- S. Woolley, *The Reality Game: How the Next Wave of Technology Will Break the Truth*, New York, PublicAffairs, 2020.

La course à la puissance militaire est-elle obsolète ?

La capacité à détruire et à protéger signe toujours la puissance

La force de contraindre ou de menacer définit toujours la puissance, en dépit de la régulation partielle du droit et de l'espoir d'une neutralisation de la guerre introduite par la dissuasion nucléaire. Au-delà des formes classiques d'affrontement international, ou des conflits internes, la force armée occupe encore bien une place essentielle dans la compétition des grandes puissances : avec une nouvelle « émergence militaire », dans l'accumulation des capacités ou le contournement des moyens classiques de la conflictualité.

Le 9 novembre 2020, le président arménien Nikol Pachinian signait un accord de cessez-le-feu qualifié de « capitulation » par son adversaire azerbaïdjanais après six semaines d'opérations dans la province sécessionniste du Haut-Karabagh. Si elle ne clôt sans doute pas le long conflit qui l'oppose à Erevan, la victoire de Bakou n'en démontre pas moins que la puissance militaire peut encore produire des résultats politiques réels : gains territoriaux, renforcement d'un régime, prise d'ascendant stratégique dans une région… Ce conflit a aussi montré la réalité têtue des rapports de force, quantitatifs ou qualitatifs : avec une armée deux fois plus nombreuse et un budget militaire annuel trois fois supérieur à celui de son opposant, l'Azerbaïdjan partait avec un avantage indéniable dans la configuration d'un conflit conventionnel.

À l'autre bout du spectre de la conflictualité, la signature en février 2020 d'un accord de paix entre les États-Unis et les Talibans et l'annonce par le président Joe Biden d'un retrait sans gloire des troupes américaines d'Afghanistan le 4 juillet 2021 semblaient véhiculer un message bien différent sur l'utilité de la puissance militaire. Après deux décennies de combats, des trillions de dollars dépensés et des milliers de soldats tués, la première puissance militaire au monde devait renoncer à imposer ses objectifs politiques à une insurrection aux moyens très inférieurs.

Ces deux cas extrêmes montrent comme il est difficile de définir la place de la puissance militaire dans la géopolitique des années à venir. Ni panacée, ni désuète, la force armée jouera encore et toujours un rôle clé, de levier aussi bien que d'arbitre, dans la compétition stratégique.

Ultima ratio regum : à quoi sert aujourd'hui la force ?

La force armée était pour Richelieu « le dernier argument des rois » (*ultima ratio regum*) : lorsque les méthodes de conviction politiques et diplomatiques, les offres économiques et le *soft power* culturel ne suffisent pas à obtenir d'un acteur qu'il adopte le comportement souhaité, alors demeure la voie de la coercition. Ceci étant, l'usage de la violence dans les relations internationales n'a cessé d'être décrié au XXe siècle, par les mouvements pacifistes, par les États eux-mêmes – depuis le pacte Briand-Kellogg jusqu'à la Charte des Nations unies dont l'article 2 stipule que les États s'abstiennent « de recourir à la menace ou à l'emploi de la force, soit contre l'intégrité territoriale ou l'indépendance politique de tout État, soit de toute autre manière incompatible avec les buts des Nations unies ». Les ravages des deux guerres mondiales et, avec la guerre froide, la perspective d'un conflit entre grandes puissances débouchant sur une apocalypse nucléaire ont joué comme des facteurs répulsifs à l'égard de l'usage de la force, conduisant à la diffusion d'une forme de « pacifisme minimal », certes encore inégalement réparti selon les régions du monde, mais qui globalement était loin d'être aussi répandu un siècle auparavant.

Bien sûr la force armée a continué d'être employée par les États dans des contextes internes (guerres civiles) ou transnationaux (terrorisme, ingérence). Quelques cas patents d'agression armée entre États ont suscité l'opprobre international, avec une forte pression diplomatique pour un arrêt rapide des hostilités. S'il arrive que les divergences d'intérêts des grandes puissances, ou l'absence d'intérêt majeur laissent libre cours à certains conflits internes, sans que quiconque parvienne à en endiguer la violence – ces dernières années en Syrie, ou encore aujourd'hui, et pour des raisons diverses, au Yémen, en Afghanistan ou en République démocratique du Congo –, l'emploi de la force est aussi très souvent contraint par le jeu international. Le conflit israélo-palestinien, par exemple, provoque régulièrement des éruptions – la crise du printemps 2021 en étant un des derniers échos – faisant aussitôt l'objet d'actions concertées en vue d'un cessez-le-feu. Il en va de même dans d'autres régions, où la communauté internationale peut craindre une escalade dangereuse pour tous. En 2019, la confrontation indo-pakistanaise au Cachemire a été rapidement endiguée par la crainte d'une conflagration plus générale entre deux puissances nucléaires, dont le coût humain et matériel excéderait de beaucoup les gains d'un éventuel vainqueur.

Même lorsque l'agression est menée jusqu'au bout sans escalade militaire, son prix peut vite s'avérer exorbitant. Ainsi l'annexion forcée de la Crimée par la Russie en 2014 a déclenché un train de sanctions économiques des États-Unis et de l'Union européenne dont le coût pour la Russie a été évalué, deux ans plus tard, à plus de 170 milliards de dollars – un chiffre bien supérieur au produit régional de la Crimée, ou au budget de défense russe…

Ce coût élevé de l'agression armée explique qu'un nombre croissant d'acteurs cherche à contourner les sanctions en diluant leur responsabilité dans des stratégies indirectes d'ordre économique, informationnel ou encore juridique, ainsi que dans d'éventuelles « mesures actives » non revendiquées (cyber, paramilitaires). Rassemblés sous le vocable de « zones grises » ou encore de « stratégies hybrides », ces modes d'action principalement non militaires – mais susceptibles d'avoir des conséquences importantes sur un conflit armé – sont l'expression même d'une certaine extension du domaine de la lutte, d'une volonté de contourner la réalité et les limites de la puissance militaire.

La force armée garde son rôle central

Dans ces conditions, pourquoi les États continuent-ils à se doter d'armées toujours plus puissantes, technologiques et aguerries ? Pourquoi investissent-ils tant de ressources dans leurs appareils de défense ? Comme l'affirmait Joseph Nye, pourtant connu comme le théoricien du *soft power*, « même s'il existe de plus en plus de situations qui se prêtent mal à son emploi, la force armée demeure un facteur fondamental de puissance au XXIe siècle ». Et de distinguer divers types d'usage de moyens militaires, correspondant pour l'essentiel aux fonctions stratégiques identifiées en France depuis le *Livre blanc sur la défense et la sécurité nationale* de 2008 : l'emploi de la force – le combat –, la menace de la force – la dissuasion et l'intimidation –, et enfin la réassurance – à travers la protection des partenaires et l'assistance militaire.

La première fonction – le combat – est la plus évidente : on a dit que l'agression armée pouvait avoir un coût élevé, mais l'intervention militaire peut être légitimée par le Conseil de sécurité des Nations unies au titre de la légitime défense individuelle ou collective des États membres, ou plus récemment de la responsabilité de protéger des populations civiles mises en danger par l'action ou l'inaction de leur propre gouvernement. En janvier 2013, lorsque le président par intérim de la République du Mali demande l'aide militaire de la France pour stopper l'offensive de groupes djihadistes qui se sont déjà emparés de la moitié nord du pays, l'intervention porte rapidement ses fruits, réalisant ce que nul outil de *soft power* n'aurait pu obtenir : le reflux rapide et la dispersion des groupes terroristes.

Certes, le succès militaire d'une intervention ne garantit pas son succès politique : on ne sait que trop bien que la chute des Talibans en 2001 et celle de Saddam Hussein en 2003 n'ont pas signifié l'avènement de gouvernements légitimes et efficaces, capables d'assurer seuls leur propre pérennité. Il en va malheureusement de même au Mali, dont l'évolution politique depuis 2013 n'a pas permis de tirer les bénéfices de l'intervention initiale. Si l'outil militaire ne suffit pas pour résoudre un conflit – c'est-à-dire pour produire un nouveau consensus politique – il n'en joue pas moins un rôle fondateur pour créer un rapport de force favorable à qui sait le manier.

La menace d'usage de la force est bien souvent aussi importante que l'usage lui-même. Le principe même de la dissuasion consiste à décourager un adversaire de tenter une action hostile, en lui démontrant que ses chances de succès sont faibles, ou que les représailles encourues dépasseront de très loin les gains espérés par l'agresseur. Si les sanctions économiques et politiques peuvent faire partie des représailles brandies pour dissuader – ou plus souvent pour faire cesser – une agression, les forces armées jouent bien entendu un rôle central dans la dissuasion. La dimension nucléaire de la dissuasion permet notamment aux États dotés de l'arme atomique de se prémunir assez largement contre toute atteinte à leurs intérêts vitaux. Depuis son accession au statut de puissance nucléaire, la Corée du Nord a par exemple considérablement réduit le risque de voir son régime renversé par une action militaire extérieure – les avantages qu'une telle action pourrait réaliser peinant à compenser les risques d'une frappe de représailles de Pyongyang.

Dans le champ conventionnel, le mécanisme de la dissuasion, mais aussi de l'intimidation, joue également un rôle central. En développant ses forces armées, notamment amphibies, et en démontrant sa capacité à envahir l'île de Taïwan, la République populaire de Chine exerce par exemple une forme d'intimidation permanente sur Taipei, décourageant toute velléité de déclaration d'indépendance au nom de la lutte contre le séparatisme. Une invasion réussie de l'île avant que ne puissent arriver d'éventuels renforts américains constitue désormais une hypothèse suffisamment crédible – même si porteuse d'un risque politique et militaire important pour la Chine – pour contraindre fortement les marges de manœuvre des indépendantistes, quelle que soit leur force électorale.

Enfin, la puissance militaire peut également servir à renforcer la protection d'un allié ou d'un partenaire, notamment à travers la coopération de défense qui constitue un des aspects centraux du *soft power* militaire. Cette fonction peut s'avérer coûteuse ou bon marché, selon les cas et les perspectives. Par exemple, l'envoi par la France d'une compagnie de 12 chars *Leclerc* dans les pays baltes pour participer à l'opération Lynx dans le cadre de l'Enhanced Forward Presence (eFP) de l'Organisation du traité de l'Atlantique nord (OTAN), pour réassurer ses alliés orientaux face à la Russie, s'est traduit par un net rapprochement des relations franco-baltes, qui s'est illustré sur d'autres théâtres. Confortée dans la solidarité française à l'égard de ses préoccupations de sécurité, l'Estonie a par exemple décidé d'envoyer un contingent au Mali pour participer à la *task force* Takuba, groupement de forces spéciales européennes lancé à l'initiative de Paris pour consolider l'engagement au Sahel.

Des chiffres et des lettres : évaluer la puissance militaire aujourd'hui

La puissance militaire est, on le sait, inégalement répartie entre les États. Les historiens ont depuis longtemps débattu la notion de « révolution militaire », qui serait survenue à l'époque moderne (entre le XVIe et le XVIIIe siècles) et aurait permis aux pays d'Europe occidentale de se doter de forces armées bien supérieures à celles de toutes les autres entités politiques de la planète. Cette supériorité aurait été le prélude d'une domination politique – sous une forme impériale ou non. Quelque nuance que l'on souhaite apporter à cette thèse, ou aux rapports de causalité entre innovation technologique, croissance économique et supériorité militaire, il est incontestable que ces différents facteurs se nourrirent mutuellement pour produire la puissance géopolitique dominante que fut le monde occidental entre la Renaissance et la fin du XXe siècle.

Or l'accélération du phénomène de mondialisation des échanges, amorcée avec le tournant de l'après-guerre froide, a provoqué un effet de rattrapage sur ces trois tableaux : d'abord économique, puis technologique et désormais militaire, conduisant à une remise en cause relative de l'avance occidentale sur le reste du monde. Sur le plan économique, il est frappant de considérer qu'en 2050 le produit intérieur brut (PIB) des sept premiers pays émergents (Brésil, Chine, Inde, Indonésie, Mexique, Russie, Turquie) dépassera celui des pays du G7 (Allemagne, Canada, États-Unis, France, Grande-Bretagne, Italie, Japon)[1]. Dans le champ technologique, l'effet est également sensible. Indicateur parmi d'autres : le nombre de brevets déposés chaque année par les divers pays. Alors qu'en 1990 moins de 6 000 brevets étaient déposés en Chine, soit moitié moins qu'en France et vingt fois moins qu'aux États-Unis à la même époque, la situation s'est renversée en 2020. La Chine est désormais le pays déposant le plus grand nombre de brevets au monde (1,4 million), loin devant les États-Unis (620 000). Parmi les dix premiers sont apparus d'autres pays non occidentaux : l'Inde dépose désormais plus de brevets que la France, et l'Iran plus que l'Italie.

Cet effet de rattrapage économique et technologique a un impact sur la puissance militaire : l'enrichissement des nations leur permet d'accroître les ressources financières consacrées à la défense sans pour autant augmenter leur « effort » en la matière (la part du PIB qui leur est dédiée), tandis que l'innovation technologique permet de conforter la base industrielle nationale en matière d'armement et d'accéder à de nouvelles capacités.

Une nouvelle hiérarchie ?

Un coup d'œil trop rapide à la répartition de la puissance militaire dans le monde pourrait cependant conduire à juger que l'effet de rattrapage est dans ce domaine moins flagrant que dans les autres. Depuis trente ans, les États-Unis occupent toujours la première place des classements, qu'il s'agisse du budget de défense ou des capacités militaires – à la seule exception du critère des ressources humaines, pour lequel l'armée américaine a toujours été surpassée par la Chine et l'Inde. Le reste du classement a en revanche beaucoup évolué. Sur le plan budgétaire par exemple, la France qui occupait la 4e place en 1991 (derrière les États-Unis, le Royaume-Uni et l'Allemagne) est passée en 2020 au 7e rang, désormais aussi derrière la Chine, l'Inde, la Russie et l'Arabie Saoudite. Il en va de même de l'Italie, passée de la 6e place au sortir de la guerre froide à la 12e aujourd'hui, derrière la Corée du Sud et le Brésil, et talonnée par l'Australie et les Émirats arabes unis.

La Chine est évidemment un cas d'école de cette « émergence militaire », puisqu'elle est passée de la 9e à la 2e place en l'espace de trente ans. Le chiffre officiel de 178 milliards de dollars de dépenses militaires chinoises – contre près de 700 milliards pour les États-Unis – doit d'ailleurs être corrigé et réévalué aux alentours de 240 milliards, du fait de dépenses arbitrairement exclues de la comptabilité publique de Pékin. Enfin, comme toujours en économie, la comparaison mérite d'être réalisée à parité de pouvoir d'achat : le budget chinois de la défense « étendu » s'approcherait ainsi plus des 400 milliards de dollars – soit un différentiel avec les États-Unis bien moins spectaculaire.

Par-delà le « trompe-l'œil budgétaire », il faut donc comparer les capacités terme à terme. L'exemple des marines de guerre est particulièrement intéressant, et il a

1. « The Long View: How Will the Global Economic Order Change by 2050 ? », Londres, PriceWaterhouse Cooper, février 2017.

beaucoup retenu l'attention ces dernières années. En 2020, le Département de la Défense américain a en effet fait sensation en publiant un rapport selon lequel la Marine chinoise aurait désormais « dépassé » l'US Navy en nombre de bâtiments, avec environ 350 navires de guerre, contre seulement 293 pour les États-Unis. L'affirmation mérite évidemment d'être nuancée, ne serait-ce qu'au regard du tonnage respectif des flottes : la Marine chinoise totalise seulement un million de tonnes, contre 2,6 millions pour l'US Navy.

Là encore toutefois, il faut se méfier des chiffres : le nombre de plateformes et leurs caractéristiques techniques doivent toujours être mis en balance avec la qualité et le degré de préparation opérationnelle d'une force. Peu importe la masse militaire brute, sans la capacité à être présent au bon endroit, au bon moment, pour produire l'effet désiré. De même, un navire ne vaut rien sans son équipage ni un avion de chasse sans son pilote. Si les progrès de l'Intelligence artificielle et l'autonomisation des plateformes pourraient un jour remettre en cause tout ou partie de la place primordiale des ressources humaines dans la qualité d'une armée, cet horizon technologique demeure lointain.

Enfin – et surtout –, la puissance militaire ne vaut que par la volonté politique qui l'anime. Selon les objectifs qui lui sont fixés, une armée apparaît comme à la mesure des ambitions ou comme insuffisamment dimensionnée. L'armée israélienne est par exemple l'une des forces les plus performantes au monde pour les missions définies par son gouvernement – la protection du territoire et de ses approches, la capacité à faire respecter ses intérêts vitaux dans son environnement régional – mais elle n'a nullement vocation à intervenir dans des crises lointaines ou à réassurer un allié à l'autre bout du monde.

Les armées françaises continuent quant à elles à incarner l'ambition d'une « puissance moyenne d'influence mondiale » : un objectif qui passe par le maintien d'un modèle d'armée « complet et équilibré », aujourd'hui mis à rude épreuve par la nouvelle compétition stratégique, notamment dans des scénarios particulièrement contraignants (dits de « haute intensité »). Le maintien du rang de la France comme puissance internationale ne passe évidemment pas seulement par l'outil militaire : la compétition est désormais aussi bien politique qu'économique, technologique ou culturelle. Mais dans un environnement marqué par une crise du multilatéralisme et par un essor des comportements non coopératifs, voire agressifs, il serait naïf de croire que la capacité à détruire et à protéger a cessé de peser dans l'équation de la puissance.

É. T.

Pour en savoir plus

- J. S. Nye, Jr., *The Future of Power*, New York, Public Affairs, 2011.
- *Actualisation stratégique 2021*, Direction générale des relations internationales et de la stratégie, Ministère des Armées, Paris, 2021.
- *Global Trends 2040: A More Contested World*, Office of the Director of the National Intelligence Council, mars 2021.

Voir également la carte « La puissance militaire dans le monde », p. 326-327 de cet ouvrage.

Les banques centrales face au Covid

Leur rôle a-t-il été durablement affecté ?

En injectant massivement des liquidités dans l'économie et en rachetant les titres de dettes publiques, les banques centrales ont financé les besoins des États frappés par la crise. La question est désormais de savoir quand et comment ces banques centrales vont progressivement sortir des politiques d'assouplissement quantitatif : leur mandat de base – stabilité des prix et maîtrise d'une inflation modérée – n'ayant pas été fondamentalement affecté par la crise.

Dans un monde frappé par la crise du Covid, les banques centrales ont joué un rôle décisif.

La crise sanitaire a eu pour première conséquence un effondrement de la production, qui a ensuite provoqué à la fois une baisse drastique des recettes fiscales et une brutale hausse des dépenses budgétaires. Les États ont entrepris de soutenir le tissu productif par diverses mesures, en particulier de chômage partiel en Europe (l'État se substituant aux entreprises pour payer les salaires et éviter ainsi un chômage de masse), d'allègement des charges ou de subvention aux entreprises, et parfois d'aide directe aux ménages, notamment aux États-Unis. Il s'est ensuivi une hausse brutale des déficits budgétaires et, en corollaire, des émissions de dette publique.

Or ces émissions ont trouvé preneur sans difficulté et se sont faites à des taux d'intérêt extrêmement bas, proches de zéro pour les principaux pays développés : deux points qui résultent d'une double action des banques centrales. Elles ont d'abord injecté massivement des liquidités dans l'économie, avec un double effet sur les taux et sur la recherche d'investissements par les agents économiques en état de surliquidité ; ensuite, elles ont acquis massivement des titres de dette publique sur le marché, ce qui a abouti à mettre dans leurs bilans la plus grande partie des émissions nettes des États. De façon assez analogue à ce qui a pu être observé dans le passé pendant les périodes de guerre, elles ont donc en pratique massivement financé les États.

L'intervention des États était indispensable pour contrer les effets économiques très négatifs de la pandémie. Elle ne visait pas seulement à soutenir la demande, mais à maintenir en l'état le tissu productif et les compétences, de sorte que lorsque les conditions sanitaires permettraient le redémarrage de l'activité, les entreprises soient en général prêtes à repartir. Grâce à ces décisions, pour spectaculaire et brutale qu'elle ait été, la récession aura été particulièrement brève, même si la date du retour au niveau de production antérieur à la crise et, *a fortiori*, au niveau qu'il aurait atteint sans la crise, est encore incertaine.

Faut-il en conclure que les banques centrales ont modifié leur rôle à la faveur de la crise et qu'elles se sont muées en prêteurs en dernier ressort des États, en laissant à ces derniers le rôle de régulation des fluctuations économiques ? Ont-elles accepté une situation dite de « dominance budgétaire », où leur politique monétaire est contrainte par les besoins de financement des États ?

Une telle conclusion serait fondée sur l'ignorance des raisons qui ont poussé les banques centrales à adopter cette politique et de leur très ferme attachement au mandat qui leur a été donné. Pour autant, l'héritage de cette gestion de crise, avec des bilans gonflés par une masse de titres publics, les contraindra à une gestion délicate pendant de nombreuses années.

Comment les banques centrales en sont-elles venues à la politique d'achats d'actifs ?

Les banques centrales modernes n'agissent pas dans un vide juridique. Elles ont reçu un mandat, en général de leur parlement, ou dans un traité international (dans le cas de la Banque centrale européenne [BCE] ou de la zone Franc [CFA]), qui leur assigne un objectif précis. Cet objectif est très généralement la stabilité des prix, autrement appelée objectif d'inflation, tout simplement parce que c'est un objectif qui peut toujours être atteint par la politique monétaire, moins bien armée pour en atteindre d'autres. À titre d'exemple, le niveau de plein-emploi dans une économie donnée est difficile à quantifier et dépend largement de facteurs structurels : en simplifiant, plus une économie présente des facteurs de rigidité, plus le niveau de chômage naturel sera élevé, et plus le niveau de plein-emploi sera faible, et inversement.

Par ailleurs, la doctrine économique retient deux arguments en faveur de l'unicité d'objectif. On ne peut atteindre deux objectifs simultanément avec un seul instrument[1] ; et la stabilité des prix est un objectif de moyen terme, pour lequel la politique monétaire est bien adaptée puisqu'elle agit avec des délais, à travers différentes variables de l'économie réelle et financière, alors que la dynamisation de l'activité économique est soit un objectif de court terme (pour lequel la politique budgétaire est efficace), soit de très long terme (les politiques structurelles permettant de relever le potentiel de croissance et le niveau de plein-emploi).

Il y a certes une exception notable, celle de la Réserve fédérale américaine (FED), qui a reçu du Congrès un double mandat : stabilité des prix et plein-emploi – à charge pour elle de définir précisément ces deux objectifs, le niveau de plein-emploi estimé par la FED pouvant varier dans le temps avec les conditions de fonctionnement de

1. Règle dite de Tinbergen. Voir J. Tinbergen, *On the Theory of Economic Policy*, Amsterdam, North-Holland Publishing, 1952.

l'économie. Mais dans la plupart des autres cas, il n'y a qu'un seul objectif, celui de la stabilité des prix (en particulier : zone euro, Royaume-Uni, Canada, Australie, Suisse, Suède et nombre de pays émergents qui se sont progressivement convertis à ce mandat). On notera également que les banques centrales, y compris la FED et la Banque du Japon, ont progressivement adopté une définition quantitative de la stabilité des prix, ou de leur objectif d'inflation, qui, dans les pays avancés, a partout été centrée autour du chiffre de 2 % d'inflation annuelle.

Il ne faut d'ailleurs pas exagérer la portée pratique de cette différence. En effet, dans un cycle économique normal, la hausse des prix tend à s'affaiblir en même temps que l'activité économique, et inversement. Par ailleurs, en assurant la stabilité des prix, les banques centrales contribuent à la réalisation d'un environnement économique favorable à la croissance et à l'emploi.

Pendant très longtemps, le seul maniement de leur principal outil de politique monétaire – le taux d'intérêt à court terme – permettait aux banques centrales de ramener l'inflation vers leur cible de 2 %, dès lors qu'elles avaient acquis la crédibilité nécessaire auprès des marchés et des agents économiques. Cette situation a radicalement changé à la suite de la crise financière, au cours de la décennie 2010.

Dans la plupart des pays avancés, les banques centrales ont assisté à un effondrement du niveau de l'inflation, puis des anticipations d'inflation. Et en dépit d'un maniement très volontariste de leurs taux d'intérêt, elles se sont heurtées à ce qu'on appelle la barrière du taux zéro (le *zero lower bound*) : si mettre leur taux de refinancement à zéro ne suffit pas à ramener l'inflation à la cible, comment faire ?

S'appuyant sur des travaux académiques antérieurs, les banques centrales ont alors imaginé, à défaut de pouvoir agir davantage sur le taux à court terme, influencer les taux à long terme. Pour ce faire, elles ont acquis sur le marché des titres de dette[2]. Et ce faisant, elles ont obtenu un double résultat : d'une part la courbe des taux s'est aplatie, et d'autre part un considérable excédent de liquidité a été injecté dans l'économie, ce qui a contribué à ramener à un niveau proche de zéro l'ensemble des taux de dépôt et de crédit, et donc à soutenir l'activité économique, et la remontée de l'inflation.

Or sur le marché de la dette à long terme, les titres publics étaient incontournables. Ils constituent normalement la meilleure signature, celle qui sert de référence pour le prix des dettes des autres agents économiques (le *benchmark*). Et, sur l'ensemble des marchés, le compartiment le plus profond et le plus liquide, souvent le seul sur lequel des interventions de grande ampleur sont possibles. Les banques centrales ont certes étendu leurs achats à des titres de dette privée – notamment la FED et, dans une plus forte proportion, la BCE, qui avait à cœur de montrer que son objectif n'était pas de financer les États, mais d'injecter une masse de liquidité et de peser sur la courbe des taux. Mais par la force des choses, les achats de titres publics ont été dominants.

Pour les achats d'actifs de son programme « normal » (*Asset Purchase Program*), la BCE s'est imposé de respecter la clé de répartition de son capital entre les différents pays de la zone euro, marquant ainsi sa volonté de ne pas induire de

2. Politique aussi appelée « assouplissement quantitatif » (*quantitative easing*).

distorsions entre les prix relatifs des dettes des différents États sur le marché. Elle s'est toutefois donné plus de souplesse pour son programme spécifique lié à la crise pandémique (*Pandemic Emergency Purchase Program*), au motif qu'elle avait frappé diversement les économies de la zone, non du fait de comportements budgétaires plus ou moins laxistes, mais des circonstances épidémiques et de la spécialisation des différentes économies.

La question s'est posée de savoir si une position alternative aurait pu consister à fixer des taux négatifs à court terme. Certaines banques s'y sont essayées, dans des proportions qui sont restées modestes. Il y a en effet des objections très fortes à l'usage des taux négatifs. Tout d'abord, il est impossible en pratique d'en assurer la répercussion sur une grande partie des dépôts (ceux des particuliers, et même des petites et moyennes entreprises), sauf à créer un mouvement de révolte. La transmission de cette action de politique monétaire est donc assez mauvaise.

Au surplus, l'utilisation des taux négatifs est largement contre-productive. En effet, la création d'excédents de liquidité par les banques centrales se traduit nécessairement par une hausse identique des dépôts des banques commerciales auprès d'elles, quel que soit le niveau des crédits, puisque ceux-ci génèrent de nouveaux dépôts de montant équivalent. Comme ces dépôts auprès des banques centrales sont affectés d'un taux négatif, et donc d'une sorte « d'impôt » sur les banques, celles-ci doivent dès lors soit compenser le coût en augmentant le taux de leurs crédits (si les conditions de la concurrence le permettent), soit l'absorber sur leurs résultats, donc sur leurs fonds propres – ce qui les conduit normalement à être plus restrictives sur la quantité de crédit distribuée, et le niveau de risque accepté. Toutes ces conséquences sont radicalement contraires aux objectifs poursuivis par les banques centrales lorsqu'elles assouplissent leur politique monétaire. On comprend donc que la majorité des banques centrales (dont la FED) aient rejeté cet instrument, et que celles qui l'ont adopté en soient restées à un niveau de taux négatif assez faible.

Les banques centrales ont adopté d'autres dispositifs de crise, tel le refinancement à moyen terme du système bancaire, voire d'autres intermédiaires financiers. Dans le cas de la BCE, les opérations de refinancement à moyen et long termes ont connu un réel succès, et permis à la fois d'encourager les banques à prêter à plus long terme, de se substituer à un marché interbancaire défaillant au paroxysme de la crise financière, et enfin dans la période la plus récente, d'injecter une dose de refinancement à taux négatif. Ces opérations ont notablement contribué à l'injection de liquidité et à la baisse des taux sur l'ensemble de la courbe.

Quand et comment les banques centrales peuvent-elles sortir de l'assouplissement quantitatif ?

On observera tout d'abord qu'il n'y a eu aucune remise en cause des mandats des banques centrales ni d'intention exprimée de modifier leurs objectifs. Certes, la BCE conduit cette année une revue stratégique, mais celle-ci reste clairement dans les limites de son mandat. Comme elle l'avait fait en 2004-2005, il s'agit en particulier de savoir si la définition qu'elle donne de la stabilité des prix (une évolution des prix à moyen terme inférieure à, mais proche de 2 %) est toujours adaptée, ou si elle devrait être légèrement ajustée. La FED, dont la traduction en chiffre de l'objectif de stabilité des prix est relativement récente, a communiqué au début de cette année son intention de laisser l'inflation s'établir légèrement au-dessus de 2 % pendant quelque temps, de façon à renforcer la crédibilité de son objectif dans les anticipations. Mais rien de tout cela n'est susceptible de remettre en cause le mandat des banques centrales.

Concernant les instruments utilisés, aucune des banques centrales n'a jusqu'à présent estimé que les achats d'actifs étaient un instrument destiné à durer dans le temps. La FED avait d'ailleurs commencé à réduire le montant de ses achats mensuels, avant d'interrompre et de renverser ce mouvement lors de l'éclatement de la crise pandémique et de la chute brutale de l'économie qui s'ensuivit. Le débat aujourd'hui porte moins sur le principe du mouvement de réduction que sur le moment auquel l'annoncer, et sur son rythme.

Derrière ce débat, il y a en réalité la question de savoir si la période de très faible inflation que nous avons connue depuis la crise financière était une parenthèse ou un phénomène durable. Une pluralité de facteurs peut expliquer la faiblesse structurelle de l'inflation, et la difficulté à la faire converger vers l'objectif de 2 %. Au nombre de ceux-ci, la montée en puissance des pays émergents, et en particulier de la Chine, a certainement joué un rôle majeur, à la fois directement (substitution de produits importés à prix réduit à des fabrications plus onéreuses dans les pays avancés), et indirectement, par la pression exercée sur les salaires du fait de cette concurrence dans l'industrie et dans certains services (venant de l'Inde en particulier). Or, il est possible que l'expérience de la pandémie, et de l'interruption temporaire des chaînes de valeur lorsque les transports sont fortement perturbés, aboutisse à de substantielles relocalisations. En outre, la perception par le politique, et peut-être au niveau des entreprises, de la dangerosité stratégique d'une dépendance excessive à l'importation de produits essentiels, pourrait conduire au même mouvement, avec un effet durable sur l'évolution des prix.

Une autre question est de savoir si l'importance des programmes de dépense publique, alliés à la masse de liquidités injectée dans l'économie par les banques centrales, ne va pas modifier la tendance de l'évolution des prix et des salaires que nous avons connue dans la dernière décennie. Il est intéressant de noter que le concepteur de la théorie de la stagnation séculaire, Lawrence H. Summers, qui jugeait jusqu'à présent que le monde était confronté à un excédent structurel d'épargne sur l'investissement, et que donc les banques centrales seraient contraintes pour longtemps à une politique monétaire ultra-accommodante pour atteindre leur objectif d'inflation, considère aujourd'hui que les programmes mis en place pour contrer la crise du Covid sont globalement trop puissants, notamment aux États-Unis, et que l'inflation va inéluctablement remonter. Deux ou trois années de très larges déficits publics vont réduire significativement l'excès mondial d'épargne, sans que le potentiel de croissance en soit pour autant nécessairement relevé. Et, comme toujours en matière de politique monétaire, attendre trop longtemps est plus coûteux que d'agir rapidement : si les anticipations d'une inflation excessive commencent à s'ancrer dans les esprits, il faudra un coup de frein prononcé pour les ramener vers l'objectif, et le prix conjoncturel à payer sera plus élevé.

Autre considération à prendre en compte : la stabilité financière. Il fait peu de doute que le maintien prolongé de taux d'intérêt extrêmement bas, d'un énorme excédent de liquidité dans les économies, et d'achats massifs de titres de dettes par les banques centrales, crée des distorsions significatives sur les marchés financiers, et génère des bulles d'actifs. Bien que les politiques dites macro-prudentielles permettent de réduire ces risques, leur efficacité tend à s'éroder avec le temps. De ce point de vue aussi, le retour à une politique plus orthodoxe serait bienvenu.

Il faut donc s'attendre à une normalisation progressive des politiques monétaires. On ne peut prédire aujourd'hui quel sera le taux d'intérêt d'équilibre dans les années à venir, et il semble exister aujourd'hui un assez large consensus pour penser qu'il sera sensiblement inférieur à celui qui prévalait avant la succession des chocs économiques intervenus entre 2008 et 2020. Il est aussi probable que les banques centrales agiront avec prudence, en commençant par une réduction très progressive de leurs achats de titres (le *tapering*), avant de remonter leurs taux d'intérêt courts. Mais les marchés anticiperont ce mouvement, et la courbe des taux se redressera plus rapidement que ce que justifierait le seul impact mécanique des décisions des banques centrales. En sens inverse, il est probable que celles-ci conserveront longtemps les volumes de titres acquis pendant ces années de crise, et que la réduction de leurs bilans n'interviendra que sur le très long terme.

***

Il est important que les États interprètent correctement l'action et les intentions des banques centrales. Le fait que leur ratio de dette rapporté au produit intérieur brut ait gonflé n'est pas trop inquiétant, puisque ces titres seront vraisemblablement conservés longtemps par les banques centrales, et largement renouvelés lors des retombées : les intérêts payés par les États aux banques centrales leur reviendront ensuite sous forme de dividendes, neutralisant le coût pour les finances publiques. En revanche, dès lors qu'il n'y aura plus d'achats nets de titres par les banques centrales, tout accroissement du niveau de dette devra être financé sur le marché, et subira des taux d'intérêt sensiblement plus élevés qu'aujourd'hui. C'est donc le retour à l'équilibre des finances publiques qui est l'enjeu, et il est incontournable.

C. N.

Pour en savoir plus

- B. S. Bernanke, *The Courage to Act: A Memoir of a Crisis and Its Aftermath*, New York, W.W. Norton & Co., 2015.
- O. Issing, *The Birth of the Euro*, Cambridge, Cambridge University Press, 2008.
- P. Turner, *The New Monetary Policy Revolution*, Londres, National Institute of Economic Social Research, 2021.

Les interdépendances, ressource et risque

Vers une mondialisation nouvelle ?

Les interdépendances, image par excellence de la modernité, ont toujours présenté une double face : d'abord au profit d'un capitalisme ou d'un colonialisme conquérants, et plus récemment au profit des nouveaux pays industrialisés. Il faut revenir sur la longue histoire des interdépendances et sur les allers-retours de l'histoire du xxe siècle pour juger du débat actuel, entre tentations de fermeture et prise en compte de multilatéralismes dont la nécessité a été démontrée, entre autres, par la crise du coronavirus.

Les commentaires sur la crise du Covid-19 ont jonglé avec les temporalités, dénonçant le passé, anticipant (ou rêvant de) l'avenir, ou mettant en relief l'accélération de tendances lourdes. Les interdépendances sont au cœur de ces réflexions, qui se sont enchâssées dans des débats et des polémiques plus anciens, à la fois dans le domaine sécuritaire et économique.

La double face de l'interdépendance

L'interdépendance apparaît comme la condition même du monde moderne. Dès le XIXe siècle, les États coopèrent pour uniformiser des normes, notamment techniques et juridiques (le droit de propriété par exemple), et faciliter les circulations des hommes, des informations et des marchandises. Des réseaux d'experts transnationaux se constituent pour faire face à des défis communs, comme les épidémies.

Déjà apparaissent les dimensions « roses » et « noires » de cette interdépendance. Des collaborations policières naissent pour faire face au terrorisme anarchiste. Aux États-Unis, certaines immigrations sont associées à des risques de sécurité sanitaire, morale et identitaire. L'Occident impérialiste cherche à « ouvrir » des sociétés pour les « féconder ». En même temps, des élites à la périphérie s'appuient sur des « standards de civilisation » et de progrès qui semblent universels, d'autant qu'eux seuls semblent permettre la modernisation et donc la puissance et l'indépendance, afin de justifier les réformes intérieures.

Cette double face des interdépendances hante le XXe siècle. Les organisations internationales, dans le sillage d'une Société des Nations (SDN) désormais réhabilitée pour les avancées accomplies dans de nombreux domaines de la gouvernance globale, relaient l'optimisme mélioriste qui caractérise non seulement des pays occidentaux, en continuité avec leurs légitimations impériales, mais aussi une grande partie des élites mondiales, de l'Ouest et de l'Est, du Nord et du Sud, pour soigner, éduquer, nourrir ou développer.

En même temps, la plupart des pays s'inquiètent des réseaux révolutionnaires et de la pénétration des idées communistes, dont l'impact est souvent exagéré pour justifier la surveillance et la répression des contestations sociales et politiques, ainsi que les politiques de cordon sanitaire censées faire face au « virus rouge ». Des années 1920 aux années 1970, ces réseaux révolutionnaires sont également accusés de soulever les « masses de couleur » contre l'Occident. Les États communistes, pour leur part, ont toujours misé sur des frontières épaisses, craignant les connexions entre puissances étrangères hostiles et forces contre-révolutionnaires à l'intérieur, comme l'Union soviétique durant les années 1930 ou la Chine communiste durant la guerre de Corée. La violence stalinienne des années 1930 ciblait des nations et « nettoyait » les frontières. Dans les démocraties, la « peste brune » inquiétait les années 1930, et les dimensions transnationales du fascisme et de l'antifascisme sont aujourd'hui très étudiées.

En 1937, dans son célèbre discours de la quarantaine, le président Roosevelt dénonce l'« épidémie » d'actions illégales sur la scène internationale. Depuis lors, les États-Unis pensent moins en termes de défense que de sécurité nationale, et d'effet domino : ce qui se passe à l'autre bout du monde peut avoir ou aura un impact sur le pays. Les nazis, pour leur part, prétendent libérer l'Allemagne du joug de l'hégémonie anglo-américaine, interprétée comme le masque de la « juiverie mondiale ». Comme d'autres régimes autoritaires marqués par le champ magnétique du fascisme (et des groupes fascistes), le pouvoir hitlérien combat les symboles du cosmopolitisme pour créer une modernité au service de la nation pensée comme communauté et race.

L'après-guerre froide

Après la fin de la guerre froide, la perception double des interdépendances se prolonge. D'un côté, la végétation de la gouvernance globale se fait de plus en plus foisonnante, pour promouvoir le progrès par les interdépendances et la généralisation de la démocratie de marché, et lutter contre les « externalités » de la mondialisation. Politiques internationales et nationales ne semblent plus séparées : on parle de politiques publiques mondiales, de biens publics mondiaux, de constitutionnalisme global, ou de réseaux transgouvernementaux, et il est de nouveau question de conditionnalité de la souveraineté. Nombre d'acteurs revendiquent leurs capacités transformationnelles dans le monde : États-Unis, Union européenne, petits États « vertueux » (notamment scandinaves), organisations non gouvernementales, fondations philanthropiques, villes en réseau…

Mais dans le même temps, et dès le début des années 1990, certaines Cassandre annoncent et décrivent un nouveau Moyen Âge d'États affaiblis ou effondrés, de fanatisme global, d'épidémies mondiales, de migrations incontrôlées, de conflits tribaux internationalisés, de pirates et autres criminels venant peupler la face noire de la mondialisation. La thématique de la menace du Sud apparaît dès ce moment, avec des appels à s'en protéger, notamment en durcissant les frontières. Le 11 septembre 2001 installe pour longtemps le spectre d'un terrorisme à la fois « hyper » et « réticulaire ». Le Conseil de sécurité des Nations unies élargit la définition des menaces pesant sur la sécurité internationale. Au même moment, nombre d'États autoritaires s'inquiètent de la vague des « révolutions de couleur », des ingérences et projections militaires, et enfin de l'imposition de standards et de conditionnalités par les pays euro-nord-américains et les élites formées dans leurs universités. La résistance par l'affirmation souveraine se mue bientôt en offensive : la science politique a glissé en vingt ans de l'étude de la transition démocratique à celle de la diffusion (voire de la promotion) de l'autoritarisme et du populisme.

Les démocraties du Nord semblent de plus en plus inquiètes de la « mauvaise » interdépendance, de choc en choc (crises terroristes, financières, migratoires, épidémiques), et de prévision en prévision (radicalisations islamistes, explosion démographique en Afrique subsaharienne, montée en puissance économique et technologique de l'Asie, retour des empires chinois, russe, turc ou iranien, contestations de l'Occident et de la « suprématie blanche », réchauffement climatique et crises écologiques...), chocs ou prévisions à chaque fois présentés comme des *wake-up calls*, incitant à trouver des moyens nouveaux pour y faire face à l'échelle multilatérale, ou à se replier dans les citadelles assiégées, en limitant les interactions.

Il s'agirait donc non seulement de vivre avec des risques globaux liés à la haute modernité, comme il est affirmé depuis les années 1990, mais aussi de faire face à de nouvelles menaces, venant d'États trop faibles, d'États trop forts, ou de l'intérieur même des sociétés du Nord, la face clinquante de la mondialisation masquant des guerres « invisibles[1] ».

De la bonne interdépendance économique à l'interdépendance comme arme

Le XIXe siècle a vu nombre de penseurs, libéraux mais aussi socialistes, affirmer les vertus pacificatrices des échanges commerciaux. Depuis les années 1990, la tonalité est même à vanter une première mondialisation qui aurait commencé à cette époque, et n'aurait été renversée qu'avec la crise des années 1930. La Grande Guerre aurait été déclenchée par des élites d'Ancien Régime, imperméables aux forces de paix de l'interdépendance, aveuglées par le nationalisme et le militarisme, notamment dans une Europe centrale et orientale retardataire. Elles auraient ainsi ouvert une parenthèse catastrophique, qui ne se serait refermée que dans les années 1990.

Derrière l'apparent retour à la normale en 1918, les leçons de la Grande Guerre ont été durables, en particulier celle de l'utilisation du blocus, qui a montré l'importance du commerce comme facteur de puissance, ou de vulnérabilité. La diplomatie du dollar des États-Unis, déjà expérimentée en Amérique latine, se déploie en Europe pour stabiliser le continent. Cette double histoire et la perspective d'une nouvelle guerre mondiale justifient les visions de bloc autarcique promues par l'Allemagne nazie. Les conséquences de la crise de 1929 se mêlent à une vision du monde impérial de « tard-venus » (l'Allemagne, l'Italie, le Japon) pour renforcer ces « leçons ». Les États-Unis connaissent quant à eux un pic protectionniste, tandis que les Britanniques et les Français instaurent leurs préférences impériales.

1. Th. Gomart, *Guerres invisibles. Nos prochains défis géopolitiques*, Paris, Tallandier, 2021.

Durant la Seconde Guerre mondiale, et notamment aux États-Unis, les leçons tirées des années 1930 sont que le chômage, produit d'une crise elle-même due à l'*hubris* de la finance, a créé Hitler, et que le protectionnisme des années 1930 a été une cause majeure de la guerre. En conséquence, il faut viser le plein-emploi, renforcer le rôle de l'État, contrôler les flux de capitaux et en revenir au libre-échange : c'est la philosophie des accords de Bretton Woods.

Dans les années 1970, la priorité donnée à la lutte contre l'inflation prend la place de la lutte contre le chômage, la libéralisation des marchés de capitaux commence à s'imposer, tandis que la question des protections non tarifaires remplace dans l'agenda la baisse des droits de douane. L'interdépendance promue par les États-Unis a servi à relever et dynamiser les alliés d'Europe et d'Asie, et même à favoriser en Europe la croissance et la paix par les échanges et l'intégration, ce que les Européens eux-mêmes réalisent dans et hors du cadre de la Communauté économique européenne. Allemagne et Japon deviennent des « nations commerçantes ». La Trilatérale des années 1970 prend, à la fin des années 1980, la forme d'une triade Amérique du Nord/Europe de l'Ouest/Asie développée, constituant un espace démocratique, pacifique et prospère, qui peut enfin s'étendre après la fin de la guerre froide.

Les historiens ont montré que le monde communiste n'était pas enfermé dans ses frontières et qu'il y eut bien des échanges et une mondialisation socialistes, perturbés toutefois par des affirmations nationalistes à compter des années 1960, ainsi que par les limites de leurs modèles économiques. Le monde communiste fait face à des formes multiples d'embargo économique multilatéral ; la Chine y a appris l'utilisation défensive et offensive de l'arme économique. Les tensions sont alors nombreuses entre alliés occidentaux, les uns préconisant la carotte pour noyer les États communistes dans le marché, les autres préférant le bâton pour les mettre à genoux.

Durant les années 1970, les échanges sont brièvement promus à l'Ouest comme arme de paix. Au même moment, une jeune génération de chercheurs en science politique affirme que la parité nucléaire avec l'Union soviétique n'empêche pas les États-Unis d'être la puissance d'avenir, car ces derniers maîtrisent les interdépendances, notamment économiques, et s'appuient sur des firmes transnationales puissantes[2]. Les débats continuent aujourd'hui pour savoir si l'utilisation coercitive de l'arme économique a asphyxié l'Union soviétique alors que les échanges prolongeaient la vie d'États communistes non viables, ou si les échanges avec l'Est et sa mise sous endettement ont miné des régimes communistes qui ne pouvaient que se réamarrer au monde occidental prospère. Ces deux interprétations ont produit des « leçons de l'histoire », et donc des prescriptions opposées quant à la politique à mener à l'égard de l'Iran, de la Corée du Nord ou de la Russie.

Ces États communistes avaient prétendu sortir de leur position périphérique dans le système-monde capitaliste grâce à un développement impulsé par l'État et réduisant les dépendances. Le développement autocentré est le mot d'ordre des années 1950 (voire auparavant) aux années 1970, au Sud comme à l'Est, avec

2. R. O. Keohane et J. S. Nye Jr., *Power and Interdependence: World Politics in Transition*, New York, Little, Brown and Company, 1977.

notamment l'industrialisation par substitution aux importations, qui permet une vague unique de croissance industrielle à la périphérie. Les temps sont alors à la critique de la dépendance structurelle à l'égard du centre capitaliste et des formes de néocolonialisme, et donc à la promotion de la « déconnexion ». Les années 1970 font, elles, penser que les règles du jeu peuvent être changées (avec un nouvel ordre économique mondial), en s'appuyant sur la prise de conscience par le Nord, lors des chocs pétroliers, de ses vulnérabilités et dépendances – lesquels deviennent un enjeu de sécurité et érigent le Moyen-Orient en enjeu disproportionné. Mais la consolidation des États du Sud repose avant tout sur des rentes : exportation de matières premières, endettement, aide au développement et rentes stratégiques des clientélismes de guerre froide.

Nouveaux centres, nouvelles périphéries ?

La fin de la guerre froide s'apparente, un temps, à une déconnexion, mais du centre. Les rentes du Sud (et de l'Est) se tarissent avec la chute des cours des matières premières, un endettement massif suite à la hausse des taux d'intérêt, et la fin de la guerre froide. Les États passent sous les fourches caudines des institutions financières internationales, qui vantent les succès, grâce à leur ouverture, des nouveaux pays industrialisés. La conjonction entre élites réformistes de la périphérie et experts en thérapies de choc du centre lance une course à la « reconnexion » (création de zones économiques spéciales et d'espaces touristiques, ouverture des marchés de capitaux et privatisations, candidatures à l'Organisation mondiale du commerce…). Pendant ce temps, les échanges et les investissements se font principalement dans un Nord capitaliste autocentré.

À la fin des années 1980 pourtant, les États-Unis s'aperçoivent des risques de l'interdépendance. Ils ont l'impression que l'Allemagne et le Japon sont les vainqueurs de la guerre froide sur le plan économique et constituent des blocs commerciaux (l'UE et l'Asie orientale), alors qu'eux-mêmes deviennent dépendants des microprocesseurs japonais, et de l'épargne japonaise pour leur endettement. Joseph Nye répond en inventant le terme *soft power*, à savoir le pouvoir d'attraction et de rayonnement culturels des États-Unis (comme dans les années 1970, c'est la puissance par l'interdépendance qui est là vantée). Mais l'échiquier économique semble primordial : les discours sur l'impératif de compétitivité et la géoéconomie fleurissent.

Dès la première moitié des années 1990 toutefois, les marchés émergents sont annoncés comme nouveaux horizons d'une mondialisation inévitable et bénéfique, encadrée non plus par les États, mais par les règles. La nouvelle division du travail doit favoriser un Nord donneur d'ordres et créatif. À la fin des années 1990, une première vague de mobilisations transnationales critique cette mondialisation « ultra-impérialiste » (à la Kautsky), l'hégémonie du capital transnational mobile (à la Gramsci), et bientôt la guerre contre le terrorisme comme moyen de discipliner les contestations.

La dernière décennie a été marquée par l'explosion des inégalités au profit des « super-riches », les désindustrialisations, et la stagnation des revenus et de la mobilité sociale au Nord, mais aussi par la domination de méga-firmes et les risques d'une économie de plateforme, l'émergence des modèles de capitalisme autoritaire, l'utilisation des asymétries des interdépendances comme arme – à la fois par une puissance hégémonique disposant du dollar tout en prétendant être perdante dans un monde qu'elle a créé –, et par la Chine aux horizons désormais mondiaux, et qui se présente en défenseur de la mondialisation libérale et de la coopération.

Les interdépendances s'étant révélées facteurs de dépendances, les temps sont à prôner, sinon le protectionnisme et le contrôle (voire la fortification) des frontières, du moins une maîtrise accrue des flux et des normes par une souveraineté réinventée. Les appels à la relocalisation et aux désimbrications ne sont pas une spécificité des pays du Nord, puisque la Chine prône, elle, l'innovation endogène et des formes de développement autosuffisant, à travers la « double circulation » – sans toutefois cesser de vanter la connectivité.

***

Les appels à une décolonisation effective du monde pointent du doigt une mauvaise mondialisation occidentale, source de crises (notamment environnementales) et de guerres sans fin, d'exploitations et d'extractions des ressources, d'inégalités et de racisme, tout en vantant les interdépendances cosmopolites préoccidentales, comme le fait la Chine à travers l'idéalisation du système tributaire. Les pays occidentaux s'inquiètent, au minimum du rétrécissement possible de l'horizon des interdépendances qu'ils orchestrent, et au maximum d'une inversion de l'histoire qui les rendrait dépendants de la Chine. Dans l'entre-deux : la possibilité d'une bipolarisation du monde entre deux systèmes techniques, normatifs et financiers rivaux.

La crise du Covid-19 a cependant donné un nouvel élan aux interdépendances, en dépit de l'effondrement de certains flux (tourisme, transport aérien…) : elles sont essentielles pour élaborer et distribuer les vaccins, et pour préserver la planète. Pour les plus optimistes, la présidence Biden se présente comme l'aube d'une renaissance d'un capitalisme réformé, qui aurait le même effet que le *New Deal*. La mondialisation pourrait alors connaître un nouvel élan, comme après les crises des années 1840 et 1970[3].

P. G.

Pour en savoir plus

- B. Baycurt et V. de Grazia, *Soft-Power Internationalism: Competing for Cultural Influence in the 21st Century Global Order*, New York, Columbia University Press, 2021.
- D. W. Drezner, H. Farrell et A. L. Newman, *The Uses and Abuses of Weaponized Interdependence*, Washington, D. C., Brookings Institution, 2021.
- E. Helleiner, « The Return of Self-Sufficiency? Excavating Autarkic Thought in a De-Globalizing Era », *International Studies Review*, 5 janvier 2021.

3. H. James, « Globalization's Coming Golden Age: Why Crisis Ends in Connection », *Foreign Affairs*, mai-juin 2021.

L'UE projetée vers la puissance ?

vidéo
http://dunod.link/ramses04

Leçons mêlées d'une crise

C'est sa nature même, juridique et politique, qui a fait de l'Union européenne une puissance d'improvisation face au Covid. Il reste qu'elle a pu prendre d'importantes initiatives, celles-ci pouvant la mener vers une affirmation de puissance plus nette. Mais sa politique étrangère demeure dans les limbes, éclatée entre logiques nationales, interétatiques et communautaires. En matière de défense, les progrès ont été réels, mais ne peuvent se concrétiser sans forte volonté politique. L'Europe sort-elle de la crise sanitaire plus puissante ou plus impuissante ?

La crise créée par la pandémie, si l'on veut en mesurer les conséquences, ne peut être isolée d'autres événements. Elle a coïncidé, pour l'Union européenne (UE), avec la sortie du Royaume-Uni, qui induit automatiquement et statistiquement une réduction significative de la population, du budget communautaire, et du poids militaire, industriel, scientifique et culturel de l'Union. En revanche, cette sortie pourrait aider à lever certains interdits sur les politiques de sécurité et de défense. Et elle a déjà probablement permis d'exister au plan de relance européen, contre lequel les « frugaux » ont dû batailler sans les Britanniques.

La pandémie a aussi sévi dans un contexte stratégique global de recul du multilatéralisme et de retour aux rivalités de puissances, qu'il s'agisse des deux grandes puissances, américaine et chinoise, ou de la résurgence des stratégies régionales – notamment à nos frontières, russe et turque.

On a pu comparer la crise sanitaire à une guerre. Une vraie guerre, la « Grande guerre », a mis fin, voici un siècle, à la suprématie européenne. La Seconde Guerre mondiale a aggravé le déclin, y compris moral, du Vieux Continent et mis fin à ses empires coloniaux. On ne saurait suivre la comparaison avec le Covid, qui a certes frappé durement l'Europe après la Chine et fait cruellement apparaître ses faiblesses sanitaires, industrielles et d'organisation, mais qui l'a également contrainte à apporter des réponses qui détermineront ses chances dans le monde de demain.

Une « puissance dépendante »

L'UE a « improvisé », comme elle l'a fait, pour reprendre les termes de Luuk van Middelaar, dans les crises passées : la crise monétaire de 2008, puis la crise migratoire de 2015. Ne pouvant s'appuyer sur ses acquis, elle a tâtonné, et ses réponses ont pris du temps face à la crise – trop de temps, par définition. Mais en dépit du dommage économique produit par les confinements et le poids de la dette qui s'ensuit, l'UE a sans doute posé les bases de politiques essentielles en matière de santé et d'économie, tout en prenant conscience de la nécessité d'affirmer une forme de souveraineté, quel que soit le nom que l'on choisisse de lui donner.

Depuis sa création, la Communauté européenne s'est gardée de se vouloir souveraine ou « puissance ». Ni les Européens ni les Américains qui ont largement influencé sa fondation ne le voulaient. L'adjonction, avec le traité de Maastricht, de l'Union politique, puis de la Politique de sécurité et de défense commune (PSDC), n'a changé ni l'état d'esprit ni la réalité. L'Union monétaire a certainement, elle, réduit notre dépendance et accru nos moyens d'action, mais sans que cela imprègne les esprits.

Pourtant, l'UE et ses États membres constituent, statistiquement et de fait, une puissance économique, technologique, scientifique, spatiale, et même militaire. Fragilisée par la montée en puissance d'une Chine désormais en position de contrôler des pans entiers de notre économie et de celle de nos partenaires, en même temps que par la confrontation qui s'ensuit avec les États-Unis, l'UE s'attache à réduire ses dépendances technologiques et d'approvisionnement, à protéger ses investissements stratégiques et, avec beaucoup de difficultés, à se prémunir des effets extraterritoriaux des décisions américaines.

Le principal choc a été celui du constat de la dépendance en matière de santé – qu'il s'agisse des masques ou des composants de nos principaux médicaments – qui a violemment illustré les effets de la délocalisation et de la désindustrialisation. Les déboires de la mise à disposition des vaccins sont venus confirmer le diagnostic de l'affaiblissement de notre capacité industrielle, et en particulier des champions technologiques traditionnels. L'UE n'a, dans les traités, qu'une compétence secondaire en matière de santé, d'où les hésitations et les retards. Elle a, surtout, une culture de la réassurance comptable et juridique, héritée des problèmes des années 1990, qui l'empêtre dans des procédures où la précaution l'emporte sur la réactivité.

La gestion de l'approvisionnement en vaccins n'a donc pas été optimale, mais elle doit être jugée à la lumière de ce qu'auraient été nos faiblesses et handicaps sans l'action demandée à la Commission : certains auraient dû parier sur leurs champions nationaux, s'exposant aux aléas de la recherche là où l'urgence primait, et les États européens seraient partis divisés, avec des chances inégales, dans une sauvage compétition internationale. Les financements européens ont largement bénéficié à la réussite des vaccins – y compris d'AstraZeneca, dont le comportement a mis la Commission en difficulté et compromis la campagne de vaccination. Pour l'avenir, la question est bien de savoir si ce qui a été improvisé pourra être transformé à moyen terme en politique, avec des bases solides et la réactivité requise.

Ces remarques valent plus encore dans le domaine économique : les premiers fonds sont venus au secours des pays les plus touchés, et le fonds de relance annonce des sommes significatives, mais surtout la mise en œuvre, enfin agréée, d'une capacité d'emprunt de la Commission. Les montants ne peuvent être comparés à ceux mis en œuvre aux États-Unis qu'en intégrant les programmes des États membres, et en gardant à l'esprit que le budget de l'UE ne représente que 1 % de l'ensemble des budgets nationaux.

La question que devra demain résoudre l'UE sera celle du financement de la dette et des ressources propres qu'elle décidera d'y consacrer. Et le résultat des programmes financés sera largement déterminé par le respect des priorités fixées tant au niveau européen qu'au niveau national : à la transition « verte » et aux fondements technologiques et industriels de l'autonomie stratégique. Les premiers résultats préexistent aux décisions prises sous l'effet de la crise, par exemple dans le domaine des batteries ou des semi-conducteurs ; ils seront complétés par les mesures adoptées cette année dans le domaine numérique (*cloud*, données, Intelligence artificielle), le domaine spatial et celui de la cyberprotection.

Une politique étrangère, quelle politique étrangère ?

La crise, dans un contexte de tensions mondiales et régionales, a donc indubitablement légitimé et renforcé la volonté de bâtir une capacité d'agir indépendante. Peut-on dire pour autant que l'Europe se veut enfin puissance ? Ce n'est pas ici le lieu d'un débat sur les termes, ni sur ce qui fonde des approches si différentes entre États membres – et notamment entre la France et l'Allemagne. Mais il est clairement paradoxal que l'UE – forte de son poids de fait, qui s'est érigée en union politique, s'est dotée dans les traités d'une politique étrangère commune, a créé des structures censées la mener, a confié la direction de cette politique à un Haut Représentant membre de la Commission et qui préside le Conseil des ministres des Affaires étrangères – affiche, face à ses partenaires, une impuissance que les derniers mois ont largement illustrée.

Durant les mois de crise, l'image projetée par l'UE vers l'extérieur n'a pas été celle du plan de relance ou de la politique de santé, mais celle de l'impuissance diplomatique, voire de l'humiliation. Les deux épisodes qui se sont produits au printemps en Russie – lors de la visite de Josep Borrell – et en Turquie – lors de celle des présidents du Conseil et de la Commission –, donc chez nos « moyennes puissances » voisines, ne sont pas seulement anecdotiques. Ils incitent à réfléchir à deux questions cruciales : une politique étrangère peut-elle être presque uniquement constituée de sanctions ? Qui représente l'UE pour l'extérieur ?

La détérioration de la relation avec Moscou, mais surtout le mépris que trahit son outrecuidance à l'égard de l'UE, appelle certes à porter un regard lucide sur la Russie, mais aussi à une réflexion de fond sur la Politique étrangère et de sécurité commune. Celle-ci aurait pu nourrir de réels espoirs, si elle s'était appuyée sur l'ensemble des moyens de l'Union qui font sa force : une politique commerciale, une politique monétaire, une aide au développement, une aide humanitaire, des partenariats, tous moyens dotés soit de fonds substantiels soit d'instruments de rétorsion. Elle en a été, dans les faits, déconnectée. Restent à disposition du Conseil des Affaires étrangères, du Haut Représentant qui le préside et au Service européen d'action extérieure qui le sert, outre les « stratégies globales », les déclarations et les sanctions.

Ces sanctions se sont récemment multipliées, ainsi que le montre une étude de la Fondation Schuman[1]. Provoquées par des manquements aux droits de l'homme ou des atteintes à la souveraineté, elles touchent parfois des petits États comme la Birmanie, mais surtout la Chine et la Russie. Initiatives réunissant souvent Américains et Européens, elles n'ont pas la force d'une résolution du Conseil de sécurité et n'y sont pas légitimées, puisqu'elles visent deux de ses cinq membres permanents. Le débat sur l'inefficacité des sanctions est récurrent. Aucun de ces trains de mesures, parfois contraires aux intérêts économiques européens, n'a pu entamer la résolution des Chinois ou des Russes ni affaiblir leurs gouvernants. L'UE, et dans une moindre mesure ses États membres, subit rancune et perte de crédibilité sans pour autant faire progresser les causes défendues.

Quant aux actions positives de l'UE, en matière d'aide au développement, d'aide humanitaire, de partenariat souvent assorti de fonds, elles continuent de n'être ni visibles ni conditionnelles. Elles suivent au demeurant une logique propre et se discutent dans des enceintes distinctes. La conditionnalité des aides au développement reste un sujet tabou, d'autant que la Commission a fait de l'*ownership* – « appropriation » – des programmes par les bénéficiaires un fondement du Fonds européen de développement. L'UE, tout en respectant les critères interdisant l'aide « liée », pourrait, à la lumière des politiques d'influence chinoise et moyen-orientale dans certains pays, revoir son approche. Quant à la visibilité, essentielle puisqu'elle matérialise le soutien européen aux populations concernées, elle n'est pas même recherchée, conformément à une longue tradition purement humanitaire – ce qui ne la préserve pas pour autant des soupçons et critiques…

Le *sofagate* – pour reprendre l'expression née de l'affront protocolaire fait à Ursula von der Leyen lors de la rencontre, au printemps, entre le président turc, elle-même et Charles Michel – a également entaché l'image de l'UE. On ne peut guère douter qu'Erdoğan se soit réjoui de voir l'UE en difficulté, et spécifiquement une femme dans une position de pouvoir. Un minimum de savoir-faire, voire de savoir-vivre, aurait sans doute pu retourner la situation. La question de savoir comment les services du protocole qui gèrent en permanence et à la perfection les sommets, ont été placés hors-jeu importe peu. En revanche, l'affichage de rivalités au plus haut niveau de l'UE l'affaiblit.

Certes, la structure institutionnelle de l'UE est complexe et le demeurera longtemps, mais l'explication est simple : n'étant pas fédérale, l'UE est, *a fortiori* pour le traitement de politiques qui se trouvent au cœur de la souveraineté des États membres, un mélange d'intergouvernemental et de communautaire. Le président du Conseil européen représente une logique, la présidente de la Commission l'autre. La solution ne consiste pas à attendre une révision des traités, mais à s'accommoder de la nécessaire complexité du fonctionnement européen, en en tirant le meilleur parti : le poids futur de l'UE en dépend.

1. R. Bloj, « Les sanctions, instrument privilégié de la politique étrangère européenne », *Question d'Europe*, n° 598, Fondation Robert Schuman, 31 mai 2021.

Les synergies de défense

On ne saurait parler puissance sans parler défense. Les années 2020 et 2021 ont été marquées par des avancées significatives, avec notamment la mise en place dans le budget communautaire d'un Fonds de défense – avancée plus radicale dans son principe que dans ses chiffres. Il apporte cependant plus d'oxygène aux industriels de défense et doit contribuer, combiné aux dispositifs existants de Coopération structurée permanente et à l'action de l'Agence européenne de défense (AED), à faire converger les efforts des États membres vers plus d'investissements dans les technologies d'avenir, plus de coopération, plus de synergie. Il est également prévu qu'il soutienne la base industrielle et technologique de défense européenne, ce qui a suscité des réactions négatives des États-Unis et conduit à une négociation laborieuse des conditions – limitatives – de participation des pays tiers, les Américains, en dépit du *Buy American Act* et de leur réglementation sur le trafic d'armes au niveau international (ITAR), ayant crié à la « forteresse Europe »…

On ne peut attendre une révolution de ces 8 milliards d'euros sur sept ans que gérera la Commission. Les conditions du succès seront la pertinence et l'ampleur des programmes que soutiendra le Fonds, l'équilibre entre l'inclusivité – à laquelle veilleront les États plus petits, ou dont l'industrie de défense a des racines dans l'ancien pacte de Varsovie –, l'efficacité, qui ne peut s'accommoder des règles de « juste retour » ou de stricte répartition géographique, et la mise en œuvre de l'exceptionnel potentiel synergique de l'UE. L'Union apportera une contribution significative aux capacités de défense européenne si elle peut faire converger les politiques de l'ensemble des secteurs concernés : défense, recherche, industrie, concurrence, commerce, marché intérieur, protection des investissements…

Et cette politique sera doublement une réussite si elle permet de prendre en compte les besoins de l'ensemble des acteurs, militaires mais aussi civils : police, surveillance des frontières, des mers, des infrastructures critiques. Elle créerait ainsi un noyau de marché intérieur, ainsi que les conditions optimales pour que ces services puissent opérer en commun. C'est en cela qu'elle peut mettre en œuvre une vraie complémentarité avec l'Organisation du traité de l'Atlantique nord (OTAN). L'UE est militairement mineure par rapport à l'OTAN, parce qu'elle ne compte ni les États-Unis, ni désormais le Royaume-Uni, sans oublier le Canada ou la Turquie…, et parce qu'elle n'a pas l'organisation ni les commandements de l'OTAN (et notamment le Supreme Headquarters Allied Powers Europe – SHAPE). Mais elle pèse plus que l'OTAN par la panoplie de ses moyens d'action, et notamment ses moyens financiers et réglementaires.

Cette synergie ne pourra être mise en œuvre qu'à condition que cessent les combats interinstitutionnels entre Commission, Parlement, Conseil et les agences qui lui sont rattachées, notamment l'AED, ainsi que l'éternelle querelle entre approches intergouvernementale et communautaire. La puissance de l'UE vient de ses États membres *et* des politiques communes : et c'est particulièrement vrai de la défense. Le Fonds européen de défense ne représente qu'une faible part du budget de défense des États membres. Il en va d'ailleurs de même pour l'espace, même si l'on ajoute aux crédits communautaires ceux de l'Agence spatiale européenne.

La dernière condition du succès est de rester éveillé sur les risques, sans se tromper sur les priorités, ainsi que sur la nécessité d'une capacité d'action autonome. La relation avec Washington, ces derniers mois l'ont montré, restera complexe, quelle que soit l'administration : tendue du fait de la crainte d'une indépendance, notamment industrielle, contraire aux intérêts américains; constructive dans la perspective d'une Europe « pourvoyeuse de sécurité » ; et pouvant même apporter des redondances précieuses, entre alliés, face aux vulnérabilités technologiques, notamment cyber ou d'approvisionnement.

Le poids de l'UE évoluera, en termes relatifs, en fonction des politiques des autres acteurs mondiaux. Vis-à-vis des deux superpuissances que sont la Chine et les États-Unis, l'année 2021 montre que le défi, pour l'Europe, est de n'être pas un simple pion sur l'échiquier des deux joueurs : la non-dépendance sera la clé de la liberté d'action.

***

Pour l'Union, l'impératif sera aussi de veiller à d'autres menaces, de faire fructifier des partenariats dans son voisinage, qu'il s'agisse du bassin méditerranéen, du Proche-Orient ou de l'Afrique; ainsi que d'avoir sa propre politique face à la Russie.

Il est trop tôt pour dresser en profondeur le bilan de la pandémie, notamment en Afrique. La santé, la transition climatique et numérique, la démocratisation du *New Space* pourraient être les axes de partenariats repensés; tout comme l'information, la culture, l'enseignement. L'un des éléments qui affectent le plus l'image de l'UE est son vieillissement démographique. Le traumatisme du Covid à l'intérieur de l'UE conduira probablement à des politiques donnant une priorité à la jeunesse et à la formation. Ce pourrait être là une occasion de repenser les ponts possibles avec les États de notre voisinage.

La crise a mis l'UE à l'épreuve, comme d'autres continents, avec des décalages dans le temps. Elle lui a fait prendre conscience de ses failles, auxquelles elle a apporté des éléments de réponse concrets, au prix de décisions courageuses. Les mois qui viennent montreront si elle parachève les travaux engagés, les complète d'autres *aggiornamento* nécessaires, et avec quelle volonté.

C.-F. A.

Pour en savoir plus

- J. Borrell, « Pourquoi l'Europe doit-elle être stratégiquement autonome ? », *Éditoriaux de l'Ifri*, 11 décembre 2020.
- L. van Middelaar, *Quand l'Europe improvise. Dix ans de crises politiques*, Paris, Gallimard, 2018.
- T. de Montbrial, « L'Europe dans le monde : pour une refondation, modeste et efficace », *Éditoriaux de l'Ifri*, 16 décembre 2020.

La réaffirmation des frontières

Vers une nouvelle régionalisation du monde ?

La pandémie a réévalué l'idée de frontière comme fermeture, interrompant des communications qui formaient le fond, et le symbole, de la mondialisation. Le double héritage de la pandémie et de la modification des rapports de puissance pourrait préluder à une régionalisation fondée sur de nouveaux critères, sur une nouvelle appréhension des frontières.

Le 16 mars 2020, à 8 h 15, le pont de l'Europe entre Strasbourg et Kehl était fermé par la police allemande, sans concertation, pour enrayer la diffusion du coronavirus depuis le Grand-Est français. Il ne rouvrit que le 15 juin suivant. Il fallut établir à la hâte une concertation entre les trois *Länder* frontaliers et le ministère français de l'Intérieur pour l'assouplissement du contrôle des travailleurs frontaliers. Le retour des barrières dans un espace transformé par la libre circulation fut vécu comme une régression par les habitués des deux rives, d'autant que le Conseil régional et les instances de coopération – l'Eurodistrict de Strasbourg-Ortenau, doté d'un conseil composé à parts égales d'élus allemands et français – furent mis à l'écart de la négociation.

La mutation de l'ancienne ligne de front en frontière ouverte, invisible, avait une forte portée symbolique pour la réconciliation européenne. Les régimes de frontières sont bien des marqueurs symboliques de l'état des relations entre peuples et États, selon un curseur dont les deux extrémités sont Strasbourg-Kehl, d'une part, et Panmunjon de l'autre, avec une grande variété de situations intermédiaires, notamment en matière de surveillance et de visas. La gestion des frontières relève du domaine régalien, dès lors qu'il s'agit de sécurité du territoire national, de fiscalité ou de prophylaxie.

Un nouveau cloisonnement du monde

L'intense circulation propre à la période contemporaine, dont les vecteurs sont le conteneur et les 464 câbles sous-marins véhiculant l'internet, s'est trouvée stoppée. Les pistes des aéroports sont devenues parkings. La plupart des frontières ont été fermées, complètement ou partiellement, au second trimestre 2020. 90 % de la population mondiale vivait alors dans des pays ayant décidé de restreindre les voyages, et plus de la moitié de la population mondiale était confinée. La mobilité familiale, migratoire, professionnelle, touristique et religieuse a été partout réduite.

Restrictions ou interdictions de franchissement des frontières ont été parmi les premières mesures adoptées par les États contre la diffusion de la pandémie, avant même les confinements intérieurs : en Europe dès le 17 mars 2020. Et « confinement » connote moins confins que *confini*, soit « frontières » en italien… Les degrés de restriction ont varié selon les pays, de la clôture totale (Pologne, Belgique, Espagne) au filtrage intensif (Allemagne) et au contrôle renforcé (France).

La Chine s'est fermée aux étrangers, l'Inde a suspendu la délivrance des visas et imposé une quatorzaine aux arrivants, les États-Unis ont clos les frontières aux non-citoyens américains ou aux non-résidents, le Japon a interdit l'accès à ceux qui venaient de pays très affectés, d'autres – en Amérique latine et en Asie centrale – ont bloqué l'entrée de leurs propres ressortissants. En Afrique, les unions régionales comme la Commission économique des États de l'Afrique de l'Ouest (CEDEAO) ont fermé leurs frontières internes à la circulation des personnes. Sur le continent, 32 pays ont imposé la fermeture totale de leurs frontières : seules les marchandises et l'aide humanitaire pouvaient encore circuler. Les services d'asile ont été suspendus au Canada, aux États-Unis, au Danemark, en Grèce, en Espagne, en Bulgarie, en Roumanie, en Italie, aux Pays-Bas, en Hongrie. Et les migrations illégales vers l'Europe ont diminué fortement en 2020, avant de reprendre en juin 2021. Mais les frontières sont restées ouvertes aux marchandises en Amérique du Nord, en Europe et en Asie orientale.

272 millions de travailleurs migrants ont cherché à rentrer dans leurs pays d'origine. Air India a organisé un véritable pont aérien, Vande Bharat Mission, aux frais des usagers, en onze périodes successives à partir de mai 2020, pour rapatrier plus de quatre millions de travailleurs de la péninsule arabique et de la diaspora d'Amérique du Nord, d'Europe et d'Asie. L'impact sur les États et les régions d'origine est, et sera donc, considérable. La fermeture des enclaves espagnoles du Maroc septentrional a appauvri les populations vivant du commerce à la valise. En Europe, les 17 millions de citoyens européens vivant dans un autre pays ont également subi les effets de la limitation de la libre circulation entre leur pays d'origine et leur pays d'accueil.

Un cloisonnement généralisé du monde s'est donc installé, aux dépens de la circulation humaine et matérielle caractérisant la mondialisation. Le géographe Jean Gottmann, inventeur du concept d'organisation de l'espace structuré par les flux de la circulation et les réseaux, proposait une lecture de l'espace géographique – qui pour lui coïncide avec l'espace politique – selon une dialectique entre le mouvement de cloisonnement du monde et celui de la circulation. La théorie du cloisonnement est le point central de sa démonstration : les compartiments délimités par des « cloisons », le plus souvent des frontières, sont reliés par les faits de circulation. La circulation est un moteur de changement s'opposant à ce que Gottmann nomme « l'iconographie », système des symboles et des mythes de la communauté nationale. Les communautés humaines territorialisées sont donc structurées par un double impératif contradictoire : la recherche de la sécurité d'une part, qui dicte les modes d'organisation de l'espace et pousse à la fermeture, et l'exploitation des opportunités d'autre part, qui induit l'expansion, l'exploitation des potentiels, et incite à l'ouverture.

La réaffirmation des frontières, nécessaire pour enrayer la diffusion d'une pandémie, ne sera pas durable, mais elle laissera des traces, dans le réel et comme marqueur symbolique. Dans le champ du réel, la mise en place de passeports sanitaires et une meilleure coordination régionale et internationale sous l'égide d'une Organisation mondiale de la santé (OMS), qui se verrait dotée par les États de moyens et de compétences renforcées, pourraient favoriser la reprise de la circulation. Après tout, une vingtaine de pays continue d'exiger la présentation de la carte de vaccination de l'OMS (contre la fièvre jaune) à l'entrée de leur territoire. De même, en Europe, la Commission européenne s'est attachée à réformer l'espace Schengen, pour rétablir une liberté de mouvement considérée comme le premier acquis communautaire et plébiscitée par les Européens. D'où des contrôles plus stricts aux frontières externes de l'Europe, pour dissuader les pays membres de rétablir des contrôles aux frontières internes, rétablissements notifiés 205 fois de 2015 à 2020. L'enjeu est que contrôles et circulation demeurent complémentaires.

Les longues négociations du Brexit ont rappelé la valeur apaisante d'une frontière ouverte en Irlande. « Cette frontière est le nœud gordien du Brexit tel qu'il affecte l'Irlande. Ce qui véritablement distingue la mauvaise fortune de l'Irlande dans le chambardement du Brexit tient à ce que tout durcissement de la frontière entre le nord et le sud de l'île aurait aussi d'inévitables et périlleuses retombées politiques et sociales », car elle forme la « texture du quotidien[1] ».

Réaffirmations régionales

Profitant de l'attention générale portée à la pandémie, des régimes révisionnistes en matière territoriale ont multiplié les incursions frontalières depuis 2020. La frontière sino-indienne est la seule qui n'ait pas été réglée sur la totalité de l'enveloppe chinoise. Les revendications chinoises portent d'abord sur l'Arunachal Pradesh, partiellement inclus en Chine dans de nouvelles cartes d'avril 2020, qui s'appuient sur l'aire d'influence des monastères tibétains au sud des cols himalayens, que Pékin a reprise à son compte. Elles concernent également le Ladakh, lieu d'affrontements violents depuis juin 2020, malgré des mesures de désescalade sur la ligne de contrôle actuel.

La prise de possession des îles et récifs de mer de Chine méridionale (« mer de l'Est », pour les Vietnamiens) se poursuit, avec la création de deux districts administratifs et la nomination de 25 îles et de 55 récifs, que le Vietnam a dénoncées en avril 2020. Cette prise de contrôle n'est pas conforme au droit international de la mer, comme l'a rappelé la note verbale aux Nations unies de la France, de l'Allemagne et du Royaume-Uni (septembre 2020), qui rejette la notion chinoise de « droits historiques ». Ces trois pays, les États-Unis et leurs alliés de l'ensemble indo-pacifique entendent maintenir la libre navigation dans ces eaux internationales. Les tensions affectent également l'Indonésie ; son président Joko Widodo a déjà effectué quatre visites dans les îles Natuna (province des îles de Riau) sujettes aux incursions chinoises.

La moitié des frontières maritimes potentielles dans le monde ne sont pas délimitées. Le président turc a estimé qu'il fallait déchirer les cartes du traité de Lausanne (1923), pour rétablir un contrôle sur les eaux de la Méditerranée orientale relevant des zones

1. A. Gouez, « Le Brexit et l'imbroglio frontalier irlandais », *Policy Paper*, n° 210, Institut Jacques Delors, 14 décembre 2017.

économiques exclusives de la Grèce et de Chypre. L'accord de délimitation maritime qu'a signé Ankara avec le régime de Tripoli, qui ignore la Crète, n'a aucune valeur juridique; la Grèce s'est rapprochée de l'Égypte pour garantir ses droits.

La reconquête de l'enclave du Haut-Karabagh à la mi-2020 par l'Azerbaïdjan, équipé par la Turquie, a rétabli les frontières de 1988 et garantit une liaison terrestre avec la Turquie, sous contrôle de l'armée russe, Moscou ayant choisi de laisser faire pour affaiblir une direction arménienne rétive.

En Europe orientale, la stratégie des conflits non résolus – qui ne sont en rien gelés – mise en œuvre par Moscou continue de démontrer son efficacité au Donbass ukrainien, en Moldavie (enclave de Transnistrie), en Géorgie (enclaves d'Ossétie du Sud et d'Abkhazie). Inspirée de la vieille politique des nationalités, cette stratégie vise d'abord à freiner l'émancipation des pays indépendants et à contrer leurs tentations stratégiques (attraction de l'Organisation du traité de l'Atlantique nord – OTAN). Le soutien apporté par le président turc Erdoğan au désir ukrainien d'adhésion à l'OTAN lors de la visite à Istanbul (avril 2021) de son homologue Zelensky, réveille à Moscou le spectre d'une ingérence néo-ottomane dans l'aire d'influence russe. On ajoutera à la liste des irritants la coopération industrielle de défense entre Kiev et Ankara, et la livraison de drones à Bakou, à l'efficience démontrée dans la reconquête du Haut-Karabagh. Il est donc probable que l'ancienne rivalité turco-russe va réapparaître, avec l'avantage pour la Turquie que la métropole d'Istanbul est devenue depuis trois décennies le véritable *emporium* d'une Europe orientale et balkanique désormais englobée dans son aire de chalandise.

***

L'expérience critique du rôle prophylactique, et donc protecteur, de l'enveloppe frontalière pendant la pandémie persistera dans sa dimension iconographique, tant elle va de pair avec la découverte des vertus de l'autonomie stratégique ouverte et de la souveraineté collective. L'objectif est bien de réduire les dépendances critiques dans un monde toujours interdépendant, mais nettement plus régionalisé en ensembles se distinguant selon des critères plus politiques (démocratie ou autocratie), culturels (valeurs modernes ou conservatrices) et civilisationnels (remise en question des universaux), délimités par des méta-frontières.

Il n'y aura sans doute plus d'ordre mondial, ni d'alliances fixes, mais des centres de puissance singuliers, entourés d'aires d'influence et de projection.

M. F.

Pour en savoir plus

- M. Foucher, *Le Retour des frontières*, Paris, CNRS Éditions, 2e édition, 2020.
- B. Wassemberg et B. Reitel (dir.), *Critical Dictionary on Borders, Cross-Border Cooperation and European Integration*, Bruxelles, Peter Lang, 2020.

Culture : un nouveau front

Les nouvelles batailles

La pandémie a remis en lumière l'importance de la culture pour l'affirmation de puissance. La Chine l'a compris et accompagne ses stratégies économiques de multiples interventions dans ce domaine. Le modèle culturel américain souffre des désengagements privés. Les pays du Golfe ont saisi depuis des années l'importance du champ culturel pour leur présence internationale. Un peu partout, la culture est un enjeu d'émancipation face aux régimes autoritaires. L'Europe peut-elle avoir un rôle dans le nouveau jeu culturel ?

Dès mars 2020, alors même que la pandémie ne faisait que démarrer en Europe, la Chine commençait à rouvrir quelques salles de spectacle. Pourquoi un tel empressement ? Pour retrouver les loisirs culturels, pour relancer l'économie du secteur ? Certainement. Mais aussi pour affirmer sa puissance culturelle. Pointée du doigt pour être à l'origine d'une crise sanitaire planétaire, Pékin doit reconquérir l'opinion.

Dans un monde où, en l'espace de vingt ans, les conflits armés majeurs ont diminué de plus de moitié, les affrontements entre nations prennent d'autres tournures. Les guerres sont aujourd'hui commerciales, mais aussi culturelles. Le *soft power* a laissé place à un *hard power* ou à un *sharp power*, qualificatif utilisé par Christopher Walker et Jessica Ludwig, deux chercheurs du National Endowment for Democracy, pour décrire la diplomatie culturelle chinoise.

Xi Jinping confère à la culture une dimension plus agressive que ses prédécesseurs. Son projet colossal des Nouvelles routes de la soie, lancé en 2013, se double ainsi d'un imposant volet culturel. Par ailleurs, une alliance universitaire réunit près d'une centaine d'établissements supérieurs issus de 22 pays, dont la France qui est partie prenante du dispositif, avec notamment l'université Paris-Saclay.

D'autres alliances regroupent aussi les théâtres, les bibliothèques, les festivals de cinéma. À chaque fois, cette politique de partenariat tend à faire taire toute critique envers le régime. Comment un théâtre partenaire des Routes de la soie oserait-il dénoncer dans un spectacle le sort réservé à la population ouïghoure ? La Chine a bien compris cette dimension stratégique des arts : le même conglomérat public, Poly, est leader dans la vente d'armes et dans la construction d'infrastructures culturelles. « Les entreprises culturelles ne se définissent pas par l'ampleur de leur actif, mais par leur influence », déclare Jiang Yingchun, directeur général de Poly Culture.

Pour affirmer sa mainmise sur Hong Kong, Pékin passe également par les arts : nombre d'artistes chinois, comme l'actrice Zhang Ziyi ou le pianiste Lang Lang, obtiennent ainsi le statut de résident hongkongais. En parallèle, des infrastructures sont créées pour promouvoir l'art de Pékin, comme la salle de spectacle Xiqu, inaugurée en 2019, dédiée à l'opéra traditionnel chinois.

Pour mettre en place ce *sharp power,* la Chine peut compter sur un allié de poids : l'UNESCO, agence onusienne chargée de l'éducation, de la culture et des sciences. Pékin est le pays qui obtient actuellement le plus grand nombre de labellisations au patrimoine immatériel. Le but est clair : classer sous l'égide chinoise les cultures des ethnies minoritaires, notamment ouïghoures et tibétaines. Si la Chine a une telle influence à l'UNESCO, c'est parce qu'elle en est le premier financeur depuis le retrait des États-Unis en 2019. L'administration Trump avait pris cette décision suite au classement de la ville d'Hébron en zone protégée, jugeant dès lors l'institution anti-israélienne. L'État hébreu avait également quitté l'agence onusienne.

L'arrivée de Joe Biden va-t-elle changer la donne ? Le nouveau président démocrate, qui joue la carte du multilatéralisme, aurait tout intérêt à réintégrer l'UNESCO, ce qui affaiblirait *de facto* le poids de la Chine. Mais une sérieuse épine demeure : les États-Unis ont depuis 2011 une dette envers l'agence de 616 millions de dollars…

La culture américaine fragilisée

Sur le plan culturel, Donald Trump n'a eu de cesse durant son mandat de vouloir supprimer le National Endowment for the Arts – l'agence culturelle fédérale –, alors même que son budget est réduit : 134 millions d'euros, loin des 10 milliards du ministère de la Culture et de la Communication en France. Le Congrès a tenu bon et s'est opposé à sa suppression.

Le vaste plan de relance keynésien de Joe Biden vient soutenir le secteur culturel, un des plus lourdement impactés par la crise (avec une perte estimée à 16,3 milliards de dollars). Les aides sociales, et notamment la hausse des allocations-chômage, apportent un soutien indispensable aux artistes, dont 2,7 millions se sont retrouvés sans emploi pendant la pandémie. L'administration a aussi instauré une aide spécifique au secteur culturel de 470 millions de dollars. Pour autant, et contrairement à ce qu'on pouvait attendre, le nouveau président n'a pas plus que ses prédécesseurs nommé de ministre de la Culture. S'il affirme donc son soutien économique au secteur, Joe Biden ne semble pas pour autant vouloir changer le paradigme de la politique culturelle américaine.

La crise sanitaire met pourtant aujourd'hui à mal le système libéral de la culture anglo-saxonne. Le modèle économique des institutions culturelles américaines repose sur les ressources propres : ventes de billets et dons privés. La fermeture imposée des lieux culturels, parfois pendant plus d'un an, a entraîné des pertes colossales. Quant à la philanthropie, qui représente en moyenne 40 % des ressources d'une structure, elle est étroitement liée à la santé économique du pays. À cela s'ajoute le fait que le système des déductions fiscales pour les donateurs privés fait de plus en plus débat.

Fragilisé par la pandémie, le modèle de cette culture *mainstream* est aujourd'hui talonné par des concurrents de plus en plus nombreux. Pendant la crise sanitaire, nombre de films ont ainsi été tournés en Australie, qui s'est distinguée par son contrôle de la pandémie. Effet de court terme ? Pas si sûr : les studios Marvel ont déjà annoncé qu'ils s'installaient à Sydney pour cinq ans.

Colonialisme culturel

Géopolitique et géoéconomie de la culture opèrent une mutation accélérée, qui a débuté avant la pandémie. Les puissances émergentes sont devenues le nouveau terrain de jeu du secteur. En matière de nombre de films produits dans le monde, les deux premiers pays sont l'Inde, avec Bollywood, et le Nigeria, avec Nollywood. Hollywood n'est que troisième… Les productions indiennes ou nigérianes sont, année après année, de plus en plus professionnelles, et récompensées[1]. Au Nigeria, le cinéma est devenu le deuxième employeur du pays après l'agriculture.

En Afrique, la culture aiguise les appétits et se retrouve au cœur des enjeux les plus stratégiques. Depuis une dizaine d'années, la Chine finance la construction d'équipements culturels à travers tout le continent : Opéra d'Alger, Musée des civilisations noires de Dakar, Centre culturel de Kinshasa… Ces « dons » ne sont pas sans contrepartie. Pékin utilise la culture pour nouer des relations privilégiées avec les États, et ainsi consolider son accès aux matières premières et aux ressources énergétiques – minerais en République démocratique du Congo ou pétrole en Algérie. Et cela fonctionne : l'année où a débuté la construction de l'Opéra d'Alger (2013), la Chine est devenue le premier partenaire commercial de l'Algérie à la place de la France. Le calendrier est aussi politique, par exemple au Sénégal, où l'ouverture du musée a eu lieu en décembre 2018, à deux mois des élections présidentielles. Ces dernières ont été remportées par le président sortant Macky Sall, fidèle allié de Pékin – le forum Chine-Afrique se tient d'ailleurs cette année à Dakar.

Pékin n'est pas seul à s'intéresser à la culture en Afrique. L'homme d'affaires français Vincent Bolloré y construit un réseau d'une centaine de salles de spectacle et de cinéma : les « Canal Olympia », contraction de deux marques de son groupe. Ces équipements sont implantés à chaque fois dans les pays où le groupe a des intérêts en matière de transport et de logistique (portuaire, ferroviaire…). Le paysage culturel africain révèle donc encore la dépendance des États vis-à-vis des puissances et groupes étrangers, mais la situation évolue et certains pays commencent à prendre de plus en plus d'autonomie dans ce domaine, comme le Nigeria, l'Afrique du Sud ou encore le Maroc, qui vient d'ouvrir deux salles de spectacles, construites par des architectes stars, Zaha Hadid et Christian de Portzamparc.

Reste en arrière-plan le sujet, toujours hautement polémique, de la restitution des œuvres d'art africaines. Depuis la déclaration d'Emmanuel Macron à Ouagadougou en 2017, un rapport a été rédigé par les universitaires Felwine Sarr et Bénédicte Savoy. Sa mise en œuvre se fait attendre, freinée par des institutions culturelles occidentales, frileuses à l'idée de voir partir des pièces maîtresses de leur collection. L'argument selon lequel les infrastructures du continent n'offrent

1. L'actrice nigériane Omotola Jalade Ekeinde est désormais membre de l'Académie des Oscars.

pas les meilleures conditions d'exposition se heurte désormais à la construction d'équipements de plus en plus modernes. Le règlement de ce dossier est crucial pour que puisse s'apaiser aussi par les arts le douloureux rapport des pays africains à leurs anciennes tutelles coloniales, au risque, sinon, de laisser la Chine en position d'acteur privilégié.

La culture est ainsi une arme à double tranchant. Si elle permet d'apaiser, elle peut aussi exacerber les tensions. En Inde, Narendra Modi, qui l'a bien compris, met en avant la culture du yoga. Un ministère lui est désormais dédié, sa pratique a été reconnue par l'UNESCO et certains États, comme l'Uttar Pradesh, rendent même son apprentissage obligatoire. L'objectif n'est pas ici pacifique : il s'agit d'affirmer la mainmise culturelle hindouiste face à la minorité musulmane. Les soldats positionnés face au Pakistan pratiquent ostensiblement le yoga : la salutation au soleil deviendra-t-elle un signe de ralliement militaire ? On assiste ici à la récupération à la fois rapide et violente d'une pratique culturelle.

Les partenariats des pétromonarchies

Les pétromonarchies du Golfe développent de leur côté leurs stratégies culturelles à différentes échelles géopolitiques, régionales comme mondiales. La rivalité entre les États du Conseil de coopération du Golfe (CCG) se retrouve sur le plan des équipements culturels. Si le Qatar a été, avec Oman, l'un des pionniers dans ce domaine, il a été ensuite rattrapé par Abou Dhabi et désormais par l'Arabie Saoudite. Au fil des années, les montants investis sont toujours plus spectaculaires : si le Louvre Abou Dhabi a coûté 600 millions d'euros, sans compter le milliard d'euros pour l'exploitation (avec la redevance à régler au Louvre), le projet d'Al-Ula en Arabie Saoudite est, lui, estimé à près de 100 milliards de dollars. Ces réalisations sont pensées à chaque fois en partenariat avec les puissances occidentales, les pétromonarchies préférant ne pas confier leur réalisation à leurs propres citoyens, de crainte que ces derniers ne profitent de cette dynamique culturelle pour lancer une transformation démocratique, post-révolutions arabes. Quant aux structures culturelles occidentales, confrontées à de régulières baisses de subventions, elles voient d'un bon œil cette arrivée d'argent frais.

Les États du Golfe s'achètent ici une légitimité internationale. Ces projets permettent d'obtenir l'appui de pays qui, comme la France, disposent d'un siège au Conseil de sécurité des Nations unies. Le Louvre Abou Dhabi est d'ailleurs installé face à la base militaire française… La culture est un cheval de Troie. En se donnant une image progressiste avec, aussi, la réouverture des cinémas, le prince héritier saoudien Mohammed Ben Salman espère faire oublier le meurtre du journaliste Jamal Khashoggi, ou la guerre au Yémen… Et la stratégie fonctionne des deux côtés : après l'affaire Khashoggi le premier membre du gouvernement français à s'être rendu à Riad fut le ministre de la Culture. Manière de préserver le lien bilatéral de façon plus discrète qu'avec le déplacement d'un ministre de l'Économie ou des Affaires étrangères. Ces États peuvent emprisonner leurs opposants, mais ils n'hésitent pas à se saisir du leadership culturel. Ainsi, c'est Abou Dhabi qui a annoncé en mars 2021 lancer une étude mondiale pour mesurer l'impact du Covid sur la culture, en collaboration avec l'UNESCO.

Culture de résistance

La culture n'est pas seulement l'apanage des régimes autoritaires, elle est aussi utilisée par ceux qui les combattent. En Biélorussie, la révolution contre Alexandre Loukachenko a été menée en grande partie par les artistes. L'une des figures du mouvement est la musicienne Maria Kolesnikova, placée en détention en septembre 2020 après avoir refusé d'être envoyée de force en Ukraine. Le prix Nobel de littérature Svetlana Alexievitch est aussi une figure majeure de l'opposition. Victimes de la censure du régime, les personnalités du monde culturel sont en première ligne pour défendre un renouveau de l'identité biélorusse réduite au silence par le régime autoritaire de Loukachenko.

On retrouve la même situation en Ouganda, où lors de l'élection présidentielle de 2021, le principal opposant à l'autocrate Yoweri Museveni n'était autre qu'un chanteur, Bobi Wine. À travers ses chansons, ce dernier dénonce le mauvais état des services publics du pays, de la santé comme de l'éducation. L'art peut être un vecteur de rassemblement, particulièrement dans des pays à la population très jeune. Face à des artistes militants et souvent novices en politique, les puissances occidentales ne savent quelle ligne adopter et hésitent à apporter leur soutien. Leur plus grande crainte est la déstabilisation d'une région entière, par exemple celle des Grands Lacs d'Afrique centrale, qui cristalliserait les tensions.

La géographie culturelle s'exprime aussi à des échelles plus restreintes. Au Venezuela, de part et d'autre du pont de Tienditas qui marque la frontière avec la Colombie, se sont tenus en 2019, à quelques jours d'intervalle, deux concerts : l'un organisé par le milliardaire Richard Branson, pour soutenir l'opposant Juan Guaido, l'autre pour défendre le régime de Nicolas Maduro. À Hong Kong, ce sont des duels de chant qui, dans la rue, opposent partisans pro-démocratie et défenseurs de la Chine.

Le rôle de l'Europe

Dans un monde culturel aussi éclaté, quel rôle peut jouer l'Union européenne (UE) ? La culture est une compétence récente de l'UE, instaurée par le traité de Maastricht, et ce n'est qu'une compétence d'appui, la politique culturelle restant l'apanage de chaque État. On observe d'ailleurs d'importants écarts entre les moyens mis en œuvre par les divers pays. C'est la Hongrie qui consacre proportionnellement la plus grande part de son budget à la culture, suivie des autres pays du groupe de Visegrád. Mais la culture est aussi un outil de propagande : en Hongrie ou en Pologne, les gouvernements réduisent au silence les expressions minoritaires au profit des récits nationalistes.

Suite à la crise sanitaire, l'UE a annoncé que dans le cadre de son plan de relance, le budget d'Europe Créative – son département dédié à la culture – augmentait de 67 % pour la période 2021-2027, atteignant 2,4 milliards d'euros. Hausse historique, même si elle doit être relativisée au regard du budget global de l'Union (1 074,3 milliards). Cependant ce n'est pas là le seul levier pour la culture, qui bénéficie aussi d'une part non négligeable des fonds structurels destinés aux pays économiquement moins avancés. Nombre d'équipements culturels des États d'Europe centrale, aujourd'hui les plus eurosceptiques, ont été financés sur les fonds de Bruxelles. On estime à environ 10 milliards l'aide globale de l'Europe pour la culture.

L'UE pourrait-elle avoir un rôle culturel plus affirmé ? La directive sur le droit d'auteur, adoptée en 2019 par le Parlement européen, a montré que les pays membres pouvaient trouver – non sans mal – un terrain d'entente pour défendre une forme d'exception culturelle. Face à à la puissance combinée des GAFAM (Google, Apple, Facebook, Amazon et Microsoft) américains et à celle des BATX (Baidu, Alibaba, Tencent et Xiaomi) chinois, l'Europe a tout intérêt à se fédérer davantage sur ce terrain. Le retrait du Royaume-Uni, dont le paysage culturel est plus basé sur le modèle américain, pourrait-il faciliter certaines décisions politiques ? Le Brexit risque de se révéler néfaste pour la culture : il compliquera les déplacements des artistes, restreindra les échanges. En ce qui concerne le marché de l'art, il pourrait néanmoins se révéler incitatif d'un point de vue économique si le Royaume-Uni devient une sorte de paradis fiscal.

***

La culture a été l'un des secteurs les plus touchés par la crise sanitaire, à l'instar de l'aéronautique ou du tourisme. Entre 2019 et 2020, le chiffre d'affaires du secteur a baissé en Europe de 31 %[2]. Le défi est désormais de reconstruire ce champ. Entre un modèle anglo-saxon affaibli, une Chine conquérante et de nouveaux acteurs émergents de plus en plus solides, l'Europe doit faire entendre sa voix. Les pays autoritaires ont bien compris le potentiel de la culture : « Pour les nations, certains succès qui ne peuvent être remportés par les voies diplomatique, militaire ou économique, le sont par la musique, le cinéma et la littérature », confirme Recep Tayyip Erdoğan[3]. Aux démocraties de reprendre le leadership culturel.

A. P.

Pour en savoir plus

- E. Lincot, *Chine, une nouvelle puissance culturelle* – Soft power *et* sharp power, Paris, MkF Éditions, 2019.
- A. Pecqueur, *Atlas de la culture*, Paris, Autrement, 2020.
- J.-N. Tronc, *Et si on recommençait par la culture ? Plaidoyer pour la souveraineté européenne*, Paris, Seuil, 2019.

2. *Rebuilding Europe*, étude Ernst&Young/Gesac, 2021.
3. Discours à la remise de prix artistiques au palais présidentiel, Ankara, janvier 2019.

La Russie après la réforme constitutionnelle

vidéo
http://dunod.link/ramses05

La « dérive autoritaire » se poursuit

La pandémie a relativement épargné l'économie russe, mais le taux de surmortalité bat les records et le faible degré de vaccination de la population apparaît comme une faiblesse. La diplomatie vaccinale russe n'a pas donné tous les effets escomptés. La pandémie n'a pas empêché la poursuite du durcissement du régime, avec l'affaire Navalny pour symbole. En matière diplomatique, Moscou joue ses cartes selon ses intérêts, différenciés, tout en choisissant les thèmes de son éventuel dialogue avec l'Occident.

Le 21 avril 2020, le discours de Vladimir Poutine devant l'Assemblée fédérale a été essentiellement consacré aux questions économiques et sociales, loin des accents guerriers de ces dernières années. Il a fait l'impasse sur le sort d'Alexeï Navalny et sur l'Ukraine, alors que l'opposant, emprisonné, échouait à recevoir l'aide médicale qu'il demandait, et que les troupes russes déployaient de grandes manœuvres à la frontière ukrainienne.

Les tendances de fond demeurent pourtant. Sur le plan intérieur, la « dérive autoritaire » – pour reprendre l'expression du ministre français des Affaires étrangères – se poursuit, éliminant les derniers espaces de liberté en prévision des élections parlementaires de septembre 2021. Sur le plan international, la Russie ne veut céder aucun acquis et entend montrer qu'elle reste maître des horloges pour attiser ou calmer les tensions, et en recueillir les dividendes diplomatiques.

Covid-19 : des dégâts économiques limités

Première préoccupation de la population selon les sondages, la situation économique et sociale est pourtant plus stable qu'on ne l'imaginait au printemps 2020, alors que la chute du prix mondial du pétrole s'ajoutait à la crise du Covid-19 et aux mesures restrictives qui s'ensuivaient. Près d'un an plus tard, on constate que les dégâts ont été contenus.

La baisse du produit intérieur brut (PIB) a été limitée à - 3 % et la Banque mondiale anticipe le retour de la croissance pour 2022. Les mesures restrictives ont été variables selon les régions, mais globalement limitées (à l'exception du premier confinement, au printemps 2020), ce qui a permis à l'économie de continuer à fonctionner. Une politique budgétaire et une politique monétaire souples, tout comme les réserves accumulées, ont aussi amorti l'impact de la crise sur les revenus et les emplois. Paradoxalement, durant la crise, le pays a même réussi à augmenter ses réserves de change (562 milliards de dollars fin janvier 2020 et 590 début mai 2021, selon la Banque centrale russe), ainsi que le Fonds de Bien-être national (124 milliards de dollars début février 2020, soit 7,3 % du PIB ; 186 milliards de dollars début mai 2021, soit 12 % du PIB).

Les indicateurs macroéconomiques sont donc restés au vert. La dette du pays est faible, comparée à la moyenne des pays émergents : la dette extérieure représente 33 % du PIB (contre 60 % en moyenne pour les émergents) et la dette publique 18 % en 2020 (contre 62 %). Le chômage a certes augmenté, passant de 4,6 % en octobre 2019 à 6,3 % un an plus tard – le chiffre le plus élevé depuis une dizaine d'années. Mais la situation se normalise progressivement. Une grande partie des Russes travaillent dans le secteur public : un facteur contribuant à amortir en temps de crise les chocs de chômage et de chute des revenus. L'État joue d'ailleurs un rôle de plus en plus important dans la structure des revenus de la population. La part des aides sociales dans les revenus des ménages a progressé de 13,8 % en 2000 à 19 % en 2019, alors que celle des activités auto-entrepreneuriales décroissait de 15,4 % à 6 % sur la même période. Le commerce de détail, les industries manufacturières, le bâtiment, le transport et l'hôtellerie ont été les secteurs les plus touchés. Mais le secteur des services représente une part moindre dans l'économie russe que dans celle des pays européens (54 % en 2019 contre 74 % dans la zone euro), ce qui a aussi contribué à amortir le choc.

Deux points inquiètent pourtant le gouvernement à la veille des élections de septembre. Premièrement, l'inflation (5,76 % en mai 2021) touche les produits alimentaires de base, d'où une grogne sociale qui requiert l'attention au plus haut niveau. Vladimir Poutine lui-même a dû se prononcer sur la flambée des prix des pâtes et du sucre, alors que le gouvernement tentait de réguler les prix et d'interdire l'exportation de certains produits populaires (comme le sarrasin). Deuxièmement, la pauvreté : le nombre de personnes vivant en dessous du seuil de pauvreté en Russie est de 20 millions, soit 13,5 % de la population. Les Russes ont perdu environ 10 % de leur pouvoir d'achat depuis 2014, et les revenus stagnent au niveau de 2010-2011, même si 2020 affichera une légère augmentation statistique grâce aux aides distribuées (relativement modestes) aux plus pauvres.

Si le modèle semble stable à court et moyen termes, il ne permet pas la croissance nécessaire au développement et à la modernisation. Des économistes libéraux[1] évoquent une nouvelle stagnation et dénoncent le mélange de protectionnisme, de dirigisme, de gouvernance défaillante et de sempiternelle dépendance à l'exportation des matières premières (63 % des exportations russes). L'évolution des principaux marchés internationaux (y compris la Chine) vers la neutralité climatique, la mise en œuvre du *Green Deal* européen, la perspective d'un mécanisme d'ajustement carbone aux frontières contribuent cependant à une lente prise de conscience des entreprises exportatrices du coût d'une éventuelle mise à l'écart.

1. Voir le rapport « Stagnation 2 », préparé par la Fondation « Mission libérale » sous la rédaction de K. Rogov en 2021.

Le plan d'action économique du Premier ministre Michoustine traduit cette prise de conscience, en mettant l'accent sur l'importance des technologies bas carbone. D'une manière générale, ce plan semble destiné à améliorer la gouvernance *via* les nouvelles technologies, à éviter le gaspillage des ressources, et à limiter les obstacles bureaucratiques et la corruption, dans les conditions politiques peu favorables de l'après-réforme constitutionnelle et des sanctions internationales (notamment américaines, sur la dette souveraine).

Spoutnik V : V comme victoire ?

Si l'économie a continué à tourner, si les mesures sanitaires n'ont pas dissuadé les autorités d'organiser le scrutin sur la réforme constitutionnelle à l'été 2020, le pays, déjà frappé par une crise démographique de long terme, a enregistré une surmortalité inhabituelle (plus de 300 000 personnes en 2020). Après une courte période de stabilisation démographique due aux mesures natalistes et à l'annexion de la Crimée et de ses deux millions d'habitants, la population russe baisse à nouveau, avec plus d'un demi-million de personnes en moins en un an. Une baisse qui n'est plus compensée par les migrants dans les conditions de la pandémie.

La Russie est la première puissance à avoir dès août 2020 mis au point un vaccin : Spoutnik V (V comme vaccin…), du laboratoire Gamaleya. Moscou a alors déployé une diplomatie vaccinale impressionnante, en dépit du scepticisme de l'Occident qui jugeait ses déclarations prématurées avant les tests de phase III. Depuis, une cinquantaine de pays ont pourtant homologué le vaccin russe, de l'Amérique du Sud (Venezuela) à l'Asie (Corée du Sud) en passant par l'Europe (Hongrie, Slovaquie).

Outre la méfiance répandue bien au-delà de l'Occident[2] – comme en témoigne le Brésil qui a finalement renoncé à l'utilisation du vaccin russe –, les critiques liées au manque de données et de transparence des essais cliniques[3], deux difficultés doivent être soulignées. D'une part, le manque de capacités de production industrielles et humaines du pays pousse la Russie à rechercher des accords de production avec les pays étrangers, y compris en Europe. D'autre part, la population russe ne fait guère confiance au vaccin : selon le centre Levada (12 mai 2021), 62 % des Russes interrogés n'étaient pas prêts à se faire vacciner avec Spoutnik V (75 % des jeunes entre 18-24 ans), ce qui a provoqué la colère du maire de Moscou Sergueï Sobianine. Au 15 mai 2021, seuls 9,5 millions de Russes (soit 6,5 % de la population) ont ainsi reçu les deux doses du vaccin. Dans ce contexte, une troisième vague semble difficile à éviter.

Politique intérieure : la fin de l'opposition libérale

Si jusqu'à présent on parlait en Russie des oppositions « parlementaire/systémique » et « libérale/hors système », cette dernière est en passe d'être effacée de la scène politique. Après le sort réservé à Alexeï Navalny (tentative d'empoisonnement,

2. En mai 2021, Spoutnik V n'est homologué ni par l'Organisation mondiale de la santé ni par l'Agence européenne du médicament.
3. Voir par exemple : E. M. Bucci *et al.*, « Data Discrepancies and Substandard Reporting of Interim Data of Sputnik V Phase 3 Trial », *The Lancet*, 12 mai 2021.

puis emprisonnement) et la fermeture des bureaux de sa Fondation de lutte anti-corruption à Moscou et dans les régions, les répressions dépassent désormais le seuil des actions ciblées et individuelles. Dans une loi adoptée par la Douma en mai, il est question de priver pour une durée de trois à cinq ans de l'éligibilité à la Douma et à tout autre organe représentatif, toute personne ayant soutenu d'une manière ou d'une autre (transfert d'argent, partage sur les réseaux sociaux…) les structures de Navalny, dont les activités sont désormais qualifiées d'extrémistes. Fait sans précédent, la loi est rétroactive, ce qui contredit la Constitution russe.

La scène politique russe est gérée par les *siloviki* (le projet de loi a, par exemple, été proposé par le député Vassili Piskariov, ancien numéro 2 du Comité d'enquête). Les systèmes de reconnaissance faciale et d'Intelligence artificielle, les fuites des données personnelles du site *free.navalny* sont utilisés pour identifier les fauteurs de troubles potentiels et les menacer, voire les licencier (une quarantaine de cas de licenciements sont rapportés pour le Département des transports de Moscou). Le dialogue avec cette partie de l'opposition est terminé, leurs activités « extrémistes » relèvent désormais de la compétence de la police et du Service fédéral de sécurité (FSB), et non plus de l'administration présidentielle.

Ces évolutions se déploient sur fond de passivité apparente de la grande majorité des Russes. La popularité de Poutine reste élevée dans les sondages (environ 60 % de réponses positives à une question directe ; moins de 30 % à une question ouverte sur la confiance faite aux hommes politiques). Néanmoins, elle s'érode lentement depuis le recul de l'âge de départ à la retraite, plus fatal à la popularité du président que les répressions politiques. Même si le taux d'intentions de vote pour le parti Russie unie reste relativement bas (15 % à Moscou, moins de 30 % dans le pays), les élections parlementaires de septembre 2021 ne devraient pas constituer une dure épreuve pour le Kremlin, qui a mis en place plusieurs mécanismes garantissant les résultats souhaités. Sur certains aspects, l'épidémie de Covid a été une aubaine politique : le vote est étalé sur plusieurs jours, ce qui complique le travail des observateurs ; des poursuites judiciaires pour violation des règles sanitaires lors de la pandémie ont été lancées à l'encontre des organisateurs des protestations sociales ; plus de 600 000 habitants du Donbass ont reçu des passeports russes et apporteront des voix supplémentaires… Le champ est ainsi préparé pour une nouvelle victoire de Russie unie, même si les proches de Navalny (qui ont pour la plupart fui le pays) continuent de miser sur le « vote intelligent » (vote pour tout candidat autre que celui du parti Russie unie) dans les circonscriptions majoritaires.

Le contrôle d'internet (y compris des plateformes étrangères, qui n'ont qu'une faible part du marché en Russie par rapport aux plateformes nationales), les poursuites politiques, les pressions sur la société civile se maintiendront dans la double perspective des législatives de septembre 2021 et des présidentielles de 2024. Si la stabilité politique et la survie du régime semblent assurées à court et moyen termes, des pans entiers de la société russe (classe moyenne, entrepreneurs, jeunes) ne sont représentés par aucune force politique, et l'écart générationnel se creuse.

Les jeunes (pourtant démographiquement bien moins nombreux), qui puisent l'information sur les réseaux sociaux, ont plus soutenu Navalny que les personnes âgées, et sont bien moins enthousiastes à l'idée de voir Poutine se maintenir au pouvoir au-delà de 2024. Les mobilisations pour des causes locales, les activités de volontariat et de bienfaisance, le *crowd funding* y compris pour des causes politiques comme le soutien à un média d'opposition ou à des personnes arrêtées, se répandent. Mise sous chape, la société civile continue à vivre et réserve probablement quelques surprises, comme la Biélorussie de l'été 2020. Quant aux élites, on ne perçoit dans l'espace public aucun signe de division : leur statut est certainement sûr et économiquement avantageux (depuis 2018, un régime fiscal spécial protège les personnes sous sanctions occidentales). L'un des principaux buts de la réforme constitutionnelle est ainsi atteint : prévenir la division des élites et la recherche d'un successeur à Poutine.

Politique étrangère : isolationnisme ou expansionnisme ?

D'éminents analystes russes parlent de plus en plus souvent d'un nouvel isolationnisme. Un isolationnisme pourtant très relatif et sélectif, qui concerne avant tout la réduction des dépendances vis-à-vis des systèmes occidentaux (mise en place du système de paiement russe Mir, réduction de l'utilisation du dollar dans les transactions et les réserves de change, internet souverain, etc.). La Russie garde une position soigneusement calibrée sur les dossiers où elle considère que l'Occident ne menace pas directement ses intérêts (Haut-Karabagh, Israël/Palestine) et se montre plus offensive – ou subversive – là où les intérêts occidentaux sont en jeu (Libye, Afrique). Dans son étranger proche, elle doit de plus en plus composer non seulement avec la Chine, mais aussi la Turquie, membre de l'Organisation du traité de l'Atlantique nord (OTAN), qui s'est imposée au Caucase du Sud en soutenant l'Azerbaïdjan dans la guerre du Haut-Karabagh et approvisionne l'Ukraine en drones de combat. Quant à la Chine, elle avance ses pions en Asie centrale (base militaire au Tadjikistan, lien avec les élites kirghizes…), en tenant de moins en moins compte de la Russie.

Dossier central dans les relations avec l'Occident, le processus de Minsk pour le règlement du conflit dans le Donbass est dans l'impasse ; le dernier cessez-le-feu, pourtant le plus long, n'a pas tenu ses promesses. Le président ukrainien Zelensky a évolué vers des positions plus dures que celles de son prédécesseur Porochenko (fermetures de trois médias pro-russes, sanctions contre Victor Medvedtchouk – parrain de l'une des filles de Poutine –, remise sur la table de la question de la Crimée avec la création de la Plateforme internationale criméenne…), ce qui semble éloigner toute perspective de règlement qui serait conforme aux souhaits russes. Cette impasse a sans doute incité Poutine à une escalade des tensions à la frontière ukrainienne au printemps 2021, qui lui a rapporté quelques dividendes politiques avec la proposition du président américain Joe Biden d'un sommet bilatéral le 16 juin 2021 à Genève.

Au nombre des sujets d'intérêt commun sur lesquels les deux pays ont pu afficher des approches convergentes figurent la stabilité stratégique et le contrôle des armements, un travail sur la cybersécurité devant être engagé par la suite. Ainsi, sur le fond, une percée dans les relations russo-américaines est difficile à prévoir. La question russe fait l'objet d'un consensus bipartisan négatif à Washington, et le renoncement (provisoire ?) de Joe Biden aux sanctions sur le gazoduc Nord Stream 2 a, par exemple, été mal accueilli au Congrès.

Quant à l'Union européenne (UE) en tant qu'institution, la Russie la néglige désormais ouvertement, comme l'a montré l'échec de la visite du Haut Représentant de l'UE, Josep Borrell, à Moscou en février. L'UE reste pourtant le principal partenaire commercial de la Russie, même si sa part dans les échanges commerciaux russes a baissé de 49,4 % en 2013 à 38,5 % en 2020. De plus, avec l'approche des élections en Allemagne et en France, on peut anticiper quelques ingérences cyber et informationnelles russes…

La Biélorussie s'est hissée en haut de l'agenda Russie-Occident depuis l'atterrissage forcé à Minsk d'un avion de Ryanair avec à son bord l'opposant Roman Protassevitch, immédiatement arrêté ainsi que sa compagne de nationalité russe. Face à Loukachenko, la situation de Poutine est peu confortable : même si les agissements du président biélorusse contrarient ses propres projets (intégration poussée entre deux États, installation d'une base aérienne sur le sol biélorusse…) et nuisent à sa propre réputation, il n'a d'autre choix que de le soutenir, tant il redoute une nouvelle « révolution de couleur » et le basculement de la Biélorussie dans l'orbite occidentale. Dilemme dont joue habilement Loukachenko, qui se présente comme un rempart contre l'agression occidentale.

Une chose est certaine : le président Poutine ne souhaite parler avec l'Occident ni du sort d'Alexeï Navalny, ni des oppositions libérales, ni des droits de l'homme et de la démocratie. Le dialogue avec Moscou sur ces sujets semble aujourd'hui plus difficile que celui qui avait fini par s'engager avec les leaders soviétiques en prélude à l'Acte d'Helsinki.

T. K.-J.

Pour en savoir plus

- M. Désert, « La société russe en évolution », *Études*, juin 2021.
- A. Kolesnikov, A. Levinson et D. Volkov, *How Proponents and Opponents of Political Change See Russia's Future*, Carnegie Moscow Center, janvier 2021.
- D. Trenin, *Novyj balans sil, Rossiâ v poiskah vnešnepolitičeskogo ravnovesiâ* [Nouvel équilibre des forces. La Russie à la recherche de l'équilibre en politique étrangère], Moscou, Alpina Publisher, 2021.

Voir également la carte « Les organisations et forums régionaux de l'espace post-soviétique », p. 330 de cet ouvrage.

La dimension militaire de la puissance russe

Redevenir une puissance globale ?

L'appareil militaire russe a regagné de la superbe, et des savoir-faire, après le trou noir des années 1990. Moscou fait surtout porter l'effort sur l'espace post-soviétique, en dépit de la méfiance de certains de ses partenaires. Hors Europe, les déploiements et les actions concrètes demeurent modestes, mais témoignent sans conteste, au Moyen-Orient, en Afrique, en Asie, d'une volonté de peser comme acteur global, avec tous les moyens – diplomatiques, de ventes d'armes, de propagande – mobilisables.

Au printemps 2021, dans le cadre d'un test de préparation au combat des districts militaires ouest et sud, l'armée russe a temporairement, et considérablement, renforcé sa présence militaire à sa frontière avec l'Ukraine et en Crimée. Les chancelleries européennes se sont mobilisées, affichant leur soutien à Kiev tout en dosant soigneusement leur réaction pour ne pas alimenter l'escalade des tensions. Le président Biden a marqué ce même souci, téléphonant à son homologue russe et maintenant sa proposition d'un prochain sommet, en dépit de la récente adoption de nouvelles sanctions. Le Kremlin a ainsi montré que ses déploiements militaires avaient un effet sur le positionnement des pays amis de l'Ukraine, et signifié à cette dernière que chercher à modifier unilatéralement le *statu quo* dans ses rapports avec le Donbass, la Russie et l'Occident serait risqué.

Voici plusieurs années que l'armée russe appuie les objectifs de politique étrangère du Kremlin, sans toujours employer des formes coercitives. La diplomatie de défense de Moscou, devenue plus active, signe sa présence dans différents points du monde et vise à étayer sa revendication d'un statut de puissance de premier ordre, tout en dessinant une hiérarchie précise de ses priorités stratégiques.

Les interventions militaires : effets géopolitiques et de réputation

L'idée du « retour » de la Russie sur la scène internationale s'est largement imposée au travers de ses interventions militaires. La guerre en Géorgie a inauguré la tendance en 2008, même si, témoignant des nombreux problèmes de l'armée russe d'alors, elle a surtout marqué les esprits comme le facteur déclenchant d'une restructuration radicale des forces. Les opérations en Ukraine (Crimée, Donbass) en 2014-2015 ont confirmé la propension de la Russie à recourir à la force pour promouvoir ses objectifs stratégiques dans l'espace de l'ex-URSS, zone jugée cruciale à la fois pour sa sécurité et sa stature internationale.

Experts russes et occidentaux considèrent ainsi que la nouvelle donne géopolitique suscitée par ces conflits, compromettant durablement l'adhésion de Tbilissi et Kiev à l'Organisation du traité de l'Atlantique nord (OTAN), illustre « l'impossibilité de résoudre les problèmes de sécurité dans l'espace post-soviétique sans participation et sans voix décisive de la Russie[1] ». Avec l'intervention en Syrie engagée en septembre 2015, Moscou a montré qu'il pouvait de nouveau infléchir le cours d'événements plus loin de ses frontières : cinq ans plus tard, le régime de Bachar al-Assad n'est plus menacé, les pays occidentaux sont marginalisés, la présence militaire russe en Syrie, clé du rayonnement de Moscou en Méditerranée et au Moyen-Orient, s'est étoffée, et son autorité régionale en sort indéniablement grandie. La Russie est également présente militairement en Libye (instructeurs, forces spéciales, renseignement militaire, déploiement d'équipements militaires en soutien de l'Armée nationale libyenne[2]...). Un engagement qui exprime la volonté d'affirmer un poids sur le flanc sud de l'OTAN, en Méditerranée, en Afrique, et de relancer des projets économiques mis en cause par les printemps arabes.

Paradoxalement, la résolution avec laquelle la Russie a usé de ses moyens militaires dans ces différents contextes contribue à alimenter, par contraste, des analyses sur les limites de sa puissance quand elle n'y a pas recours dans les crises survenues dans son voisinage en 2020-2021 – Biélorussie, Haut-Karabagh, frontière tadjiko-kirghize. De fait, Moscou y a toujours revendiqué le rôle de principal « gendarme », considérant que son poids militaire supérieur lui assurait la prééminence face aux influences plurielles qui s'y sont développées au cours du dernier quart de siècle.

Une empreinte militaire internationale concentrée sur l'ex-URSS

Cette prépondérance s'incarne dans les bases dont dispose la Russie dans cet espace, et qui sont intégrées organiquement à son dispositif militaire *via* leur rattachement à ses districts militaires. En Géorgie et en Moldavie, cette présence, qui pèse sur les options internationales de ces pays, n'est pas souhaitée (4ᵉ base en Ossétie du Sud avec 3 500 hommes, 7ᵉ base en Abkhazie avec 3 500 hommes, force russe de 1 500 hommes en Transnistrie). En Arménie (202ᵉ base, 3 300 hommes), au Tadjikistan (201ᵉ base, 5 000 hommes), au Kirghizstan (500 hommes), la présence militaire russe est acceptée par les États d'accueil. Soumis à une forte pression sécuritaire, ils considèrent, à tort ou à raison, que seule la Russie les aiderait en cas de crise internationale, ou interne.

1. N. Silaev et A. Souchentsov, « Soûzniki Rossii i geopolitičeskij frontir v Evrazii », *Rossiia v global'noï politike*, 18 mai 2017.
2. « Exploiting Chaos: Russia in Libya », Center for Strategic and International Studies, 23 septembre 2020.

Quel rôle pour l'OTSC ?

Au sein de l'Organisation du traité de sécurité collective (OTSC), qui, fondée en 2002, regroupe la Russie, la Biélorussie, l'Arménie, le Kazakhstan, le Kirghizstan et le Tadjikistan, Moscou est le poids lourd, avec 80 % du personnel militaire et 50 % du budget (environ 420 millions de roubles en 2020) contre 10 % pour chacun des autres membres[3]. Les trois directions stratégiques que couvre l'OTSC – Europe orientale, Caucase, Asie centrale – se concrétisent largement dans des accords de défense bilatéraux entre Moscou et les autres États membres, avec lesquels elle partage des éléments d'infrastructure militaire communs (défense aérienne notamment). L'installation de bases de pays tiers dans l'un des États membres requiert l'accord des autres, ce qui va dans le sens des ambitions hégémoniques régionales de Moscou. Celle-ci appuie son désir de cultiver des relations privilégiées avec les républiques post-soviétiques sur des ventes d'armements à tarifs préférentiels et sur la formation de leurs officiers dans ses écoles militaires.

Si les moyens de l'OTSC se sont consolidés au fil du temps (forces de maintien de paix, forces de réaction rapide, forces de déploiement rapide pour l'Asie centrale, forces aériennes collectives) et si l'Organisation obtient certains résultats dans la lutte contre les trafics de drogue, ses fondements politiques restent fragiles. Elle a d'ailleurs été critiquée pour son inaction à l'occasion des crises ci-dessus mentionnées, ou d'autres plus anciennes. Pour certains, c'est cette inefficacité perçue (et celle de l'Organisation de coopération de Shanghaï – OCS) qui a conduit la Chine à développer des coopérations militaires avec les républiques centrasiatiques afin de protéger ses investissements dans le cadre de la *Belt and Road Initiative*.

Des observateurs relèvent le caractère moindre de l'engagement d'assistance mutuelle (article 2 du Traité de sécurité collective) au regard de l'article 5 du Traité de l'Atlantique nord. Il reflète la prudence à l'égard de Moscou des autres États membres, jaloux de leur souveraineté, ainsi que la conscience de la diversité des priorités de sécurité des différents membres, qui alimente leur réserve devant l'éventualité de s'investir dans les problèmes des autres. Cela pointe aussi le positionnement ambigu de la Russie qui, si elle souhaite garder la main sur la gestion de l'espace de sécurité ex-soviétique, ne compte pas pour autant s'impliquer systématiquement dans les nombreuses tensions et crises qui le traversent, ce qui serait coûteux, risqué et contraignant pour ses armées, encore convalescentes et qui, dernièrement, ont dû se concentrer sur le flanc ouest et la frontière avec l'Ukraine.

Choisir ses crises et ses interventions

La passivité apparente de la Russie face aux crises dans l'ex-URSS mérite une analyse nuancée. En Biélorussie, elle s'explique par une évaluation pragmatique de la situation, avec l'idée qu'un soutien discret au président Loukachenko, sans composante militaire, constitue l'approche la plus payante compte tenu de

3. N. Karimov, « Effektivnost' ODKB v kontekste meniaiouchtcheïsia sistemy reguional'noï bezopasnosti », Central Asian Bureau for Analytical Reporting, 11 janvier 2021.

l'absence de sentiment anti-russe fort dans ce pays. De plus, il est probable que le Kremlin espère profiter de la situation pour obtenir l'établissement d'une base militaire dans ce pays, avec lequel il est lié par des coopérations militaires déjà étroites (système anti-aérien conjoint, groupe régional de forces, accès de l'armée russe au radar de défense antimissile de Gantsevitchi et au centre de communications de Vileïka…).

En revanche, le récent conflit du Haut-Karabagh a suscité de nombreuses questions sur la fiabilité, pour l'Arménie, de l'allié russe – questions réactivées au printemps 2021 par les tensions à la frontière arméno-azerbaïdjanaise. Dans ce conflit, la Russie, en dépit de l'engagement actif de la Turquie aux côtés de l'Azerbaïdjan, s'est cantonnée à un rôle diplomatique prudent, qui a cependant débouché sur le déploiement d'une force russe de maintien de la paix dans le Haut-Karabagh, lequel offre à Moscou un surcroît de présence militaire dans l'ex-URSS (1 960 hommes). La Russie et l'OTSC n'ont pas davantage « bougé » face aux affrontements à la frontière tadjiko-kirghize au printemps 2021. Dans ce contexte, l'OTSC et les bases russes finissent par apparaître surtout comme un marqueur de l'influence de la Russie, et un levier pour son emprise sur les États voisins.

Ailleurs, la présence militaire permanente de la Russie demeure limitée. Elle a été confortée en Méditerranée par la restauration, en 2013, d'une modeste présence navale en continu, par le développement de la base de Tartous et la pérennisation de celle de Hmeimim. Les rumeurs récurrentes sur la possible ouverture de bases russes dans plusieurs pays ne se sont que rarement vérifiées. Les doutes qui pèsent sur la matérialisation de l'accord passé en novembre 2020 avec Khartoum sur l'établissement d'un point d'appui naval à Port-Soudan montrent combien il peut être compliqué de stabiliser des emprises militaires dans des pays aux situations politiques fragiles et situés dans des zones « difficiles » – un risque que les autorités russes pourraient ne pas vouloir prendre trop souvent. Moscou n'en a de toute façon pas les moyens et pourrait se contenter d'accords plus nombreux sur l'accès de ses forces à des installations portuaires, comme avec Chypre, le Vietnam, l'Égypte…

Une diplomatie de défense plus active

Si la Russie a peu d'alliés au sens formel du terme, et peu de bases à l'étranger au-delà de son voisinage immédiat, elle a dernièrement conclu des accords de coopération en matière de défense avec de nombreux pays. Si ces accords sont souvent d'ambition limitée, ils étayent le large effort de repositionnement international du pays, accompagnant ses projets politiques et économiques, dont les ventes d'armes, mais pas seulement.

Exercices, formation, ventes d'armes

La défense russe s'engage ainsi dans des exercices militaires avec des partenaires plus nombreux : ceux de l'OTSC bien sûr, mais aussi la Chine – dont les troupes ont participé à deux reprises à des exercices stratégiques en territoire russe, symbolisant la relation de bon voisinage entre les deux pays, et avec laquelle la marine russe s'entraîne tous les ans depuis 2012 (souvent dans des zones stratégiques sensibles, de la Méditerranée à la mer de Chine du Sud en passant par la

Baltique et la mer du Japon, jusqu'en Afrique du Sud, pour un exercice tripartite en novembre 2019 –, l'Inde, le Pakistan, la Mongolie… Moscou avait même proposé, fin 2009, un exercice naval avec l'Association des Nations de l'Asie du Sud-Est (ASEAN), comme celle-ci en mène avec les États-Unis et la Chine, mais la pandémie a suspendu le projet. Certaines initiatives veulent exprimer la convergence entre la Russie et d'autres États soucieux de résister aux pressions occidentales, comme, fin 2019, un premier exercice naval russo-sino-iranien.

L'expérience opérationnelle dernièrement acquise par les forces russes, notamment en Syrie, rehausse l'intérêt des partenaires de la Russie pour ses formations militaires, qui sont toutes (hormis celles relevant des Forces de missiles stratégiques) ouvertes aux officiers étrangers, souvent issus de pays clients de l'industrie d'armement russe. Dans le quota global annuel d'un maximum de 15 000 officiers étrangers, les membres de l'OTSC sont prioritaires. Dans certains cas, la formation peut être gratuite.

Une présence nouvelle en Asie du Sud-Est et en Afrique

La coopération de défense figure en bonne place dans l'effort de Moscou pour prendre ou reprendre pied dans certaines régions. C'est le cas en Asie du Sud-Est depuis le début de la décennie 2010, où Moscou veut renforcer ses positions et préserver ou développer, selon les pays, ses ventes d'armes (elle est le premier exportateur vers la région). Cependant, ses initiatives en la matière (davantage d'exercices, d'escales, etc.) restent limitées au regard de ce que proposent d'autres puissances (États-Unis, Chine, pays européens), reflétant le caractère tardif et poussif du « pivot » russe vers l'Asie. Le Vietnam a ouvert la possibilité, pour les navires et aéronefs militaires russes, d'utiliser la base de Cam Ranh. Un accord de coopération militaire est en discussion depuis plusieurs années avec les Philippines, qui prévoirait des exercices sur une base régulière. Ces deux exemples suggèrent que la Russie peut être aussi appréhendée comme un facteur d'équilibre régional dans un contexte de montée en puissance de la Chine et de tension stratégique entre Pékin et Washington. Mais ce rôle possible reste à concrétiser.

Les coopérations militaires se multiplient en Afrique, de façon accélérée depuis le milieu de la décennie 2010, mais elles ne sont pas toutes de la même importance. Elles sont particulièrement développées avec la République centrafricaine (RCA), où l'armée russe a ouvert un bureau, et participe à la formation des forces nationales ainsi qu'à la Mission multidimensionnelle intégrée des Nations unies pour la stabilisation en Centrafrique (MINUSCA). Ces coopérations accompagnent souvent un effort d'implantation économique (armement – la Russie est aujourd'hui le premier fournisseur d'armes en Afrique –, énergie, nucléaire, minerais), la recherche de soutiens politiques à l'Organisation des Nations unies (ONU), ou d'accès à des infrastructures militaires – le tout devant servir son image de puissance de poids global. Plusieurs pays africains, dont la RCA, envisageraient d'accueillir une base russe sur leur territoire. En Afrique comme en Asie et en Eurasie, le contre-terrorisme constitue une thématique importante des partenariats de défense de la Russie.

***

Ces dernières années, ses interventions et démonstrations de force militaire ont permis à la Russie d'affirmer des lignes rouges géopolitiques, de conforter sa posture de dissuasion vis-à-vis des puissances occidentales en mettant en scène la « menace militaire russe » et de se donner du poids dans la compétition stratégique dans différentes régions du monde en y imposant une présence, souvent avec peu de moyens. L'approfondissement de l'expérience opérationnelle de l'armée russe a porté la réactivation de sa diplomatie de défense, et indirectement rehaussé la valeur théorique du soutien sécuritaire qu'elle propose à ses partenaires, y compris face à des risques politiques.

Le fait qu'elle ait peu d'alliés et de bases permanentes à l'étranger n'est pas seulement lié à une (réelle) contrainte financière et logistique : il relève aussi de la volonté de Moscou de rester libre de ses choix, et de ne pas se trouver entraînée dans des conflits n'affectant pas directement sa sécurité – au risque, d'ailleurs, d'une perte de crédibilité de sa garantie de sécurité dans « l'étranger proche ».

De manière générale, et même si elle s'est essayée au *soft power* dans le contexte de la pandémie de Covid-19, en véhiculant et prodiguant une aide médicale qui a parfois suscité la controverse (Italie, Bosnie-Herzégovine), l'armée russe ne contribue à la sécurité internationale que de manière assez modeste, avec seulement 61 personnels (d'ailleurs pas tous militaires) déployés dans le cadre des opérations de paix de l'ONU, alors que la Russie est membre permanent du Conseil de sécurité.

En 2021, le facteur militaire russe sur la scène internationale s'inscrit toujours d'abord dans une logique de contrôle et/ou de nuisance, notamment vis-à-vis des intérêts occidentaux – non sans appui apporté par d'autres acteurs, tels les groupes paramilitaires type Wagner, qui élargissent les options –, et d'une action forte dans le domaine de l'information, qui contribue à magnifier l'image de la puissance militaire du pays.

I. F.

Pour en savoir plus

- I. Facon, *La Nouvelle armée russe*, Paris/Moscou, L'Inventaire, coll. « Les Carnets de l'Observatoire », 2021.
- J. Hawn, « Russia's Extraterritorial Military Deployments », Newslines Institute for Strategy and Policy, 31 mars 2021.
- M. Klein, « Russia's Military Policy in the Post-Soviet Space: Aims, Instruments and Perspectives », *SWP Research Paper*, Stiftung Wissenschaft und Politik, janvier 2019.

Voir également la carte « La présence militaire russe dans le monde », p. 328-329 de cet ouvrage.

Économie russe : résistance et limites

L'impossible découplage du monde occidental

L'économie russe a bien résisté à la pandémie de Covid-19 et à la baisse mondiale des prix des matières premières. Le poids de l'État, la dépendance relativement faible du pays à l'économie de services et les politiques monétaire et budgétaire ont permis d'amortir le choc de la crise. Mais ce choc a été réel et il imposera sans doute des mesures restrictives, par exemple au niveau fiscal. Les facteurs de croissance et la gestion du lien aux économies occidentales demeurent les deux problèmes majeurs de l'économie russe.

L'économie russe a été touchée par la pandémie de Covid-19 à travers trois canaux de transmission : les restrictions d'activités, la chute des prix du pétrole et les sorties de capitaux. Ensemble, ces facteurs ont contribué au décrochage du cours du rouble. La sortie du premier confinement à partir de l'été 2020 et la reprise des prix du pétrole ont permis à l'activité de se redresser, et l'économie russe a finalement plutôt mieux résisté que beaucoup d'autres, ses perspectives restant cependant marquées par une forte incertitude. Surtout, la situation sanitaire, qui n'est contrôlée ni à l'échelle mondiale ni à l'échelle nationale, demeure le *primum movens* de la conjoncture économique du pays. À plus long terme, se pose la question du potentiel de croissance de l'économie russe, dans un contexte où la tentation protectionniste se développe, alimentée par le durcissement des relations avec les pays occidentaux.

Le problème posé par la pandémie en Russie est d'abord celui de sa mesure. Démentant les déclarations officielles, les données de mortalité montrent que la Russie est l'un des pays les plus meurtris par le virus. Le décalage entre la surmortalité enregistrée par Rosstat et les décomptes des autorités sanitaires s'est creusé relativement tôt, laissant penser que le lien entre la maladie et les décès était sous-estimé.

Fin décembre 2020, quand Rosstat a publié les données nationales de mortalité, ces doutes ont été confirmés. Avec quelque 320 000 décès, la mortalité avait augmenté de 18 % par rapport à 2019. Les régions les plus touchées étaient la Tchétchénie (+ 45 %), les districts autonomes de Iamalo-Nénétsie et Khantys-Mansis (+ 30 %), et les villes de Moscou et Saint-Pétersbourg (+ 23 %). Les données mensuelles ont également montré que la surmortalité au quatrième trimestre a été supérieure à celle du printemps 2020, mettant en cause la politique sanitaire russe, plus laxiste en fin d'année. Le ministère de la Santé a reconnu avoir sous-estimé la mortalité liée au Covid-19 d'un facteur de près de 3,5, mais cela n'a pas entraîné de changement dans la politique sanitaire. Vladimir Poutine a laissé la responsabilité des décisions de confinement aux gouverneurs de région, qui ont adopté les mesures les moins susceptibles de nuire à leur activité économique, qui sert de base à leur évaluation par l'autorité fédérale.

Dans ce contexte, la progression de la vaccination reste une source d'espoir, la Russie ayant été l'un des premiers pays du monde à annoncer la mise au point d'un vaccin (Spoutnik V) et à lancer sa campagne de vaccination. L'objectif de vacciner 60 % de la population en 2021 pourrait cependant se heurter à la réticence des citoyens si l'on en croit les premières études d'opinion publiées par le Centre Levada. Début mai 2021, le nombre de personnes vaccinées atteignait 8,4 millions, soit 5,79 % de la population, contre 7,18 % au Brésil.

Face aux secousses internationales

Les marchés mondiaux des matières premières, essentiels pour les exportations de la Russie, ont connu de fortes secousses en 2020. Les prix ont d'abord fortement chuté dans le sillage de ceux du pétrole, puis une différenciation s'est opérée entre les matières premières énergétiques dont les cours sont restés inférieurs de 30 % en 2020 à ceux de l'année précédente, et les autres qui ont retrouvé ou dépassé ces seuils.

L'incertitude a également touché les marchés financiers, avec d'importantes sorties de capitaux. Les manifestations de masse et leur répression en Biélorussie, la tentative d'empoisonnement puis l'emprisonnement d'Alexeï Navalny et les protestations qui ont suivi en Russie et dans le monde ont aggravé les tensions avec les pays occidentaux. Le département d'État américain a décidé de nouvelles sanctions, visant d'abord la construction du gazoduc Nord Stream 2 (mi-juillet 2020), puis les obligations d'État libellées en dollars (mi-avril 2021). Les investisseurs étrangers avaient néanmoins anticipé ce durcissement, et le désendettement extérieur des entités russes s'est poursuivi, limitant les effets déstabilisants de ces mesures : en avril 2021, la dette extérieure n'est plus que de 459 milliards de dollars, soit 37 % de moins que fin 2013.

Ces évolutions expliquent partiellement la décorrélation entre les variations des prix de l'énergie et celles du taux de change du rouble. Depuis novembre 2020, les premiers ont fortement augmenté sans que le rouble suive le mouvement (cf. graphique). Une autre raison de ce décrochage est l'application par le ministère des Finances de la règle fiscale qui prévoit que lorsque le baril dépasse la barre des 42,40 dollars, toute recette supplémentaire du budget fédéral liée aux exportations énergétiques soit stérilisée par l'acquisition de titres de dette publique libellés en devises étrangères. Cette règle, qui vise à éviter un emballement des dépenses publiques en cas de hausse des prix du pétrole, maintient le cours de la monnaie russe à un faible niveau. En septembre, pour limiter les effets de transmission d'une dépréciation vers l'inflation, la Banque centrale de Russie est intervenue sur le marché des changes, avec de grandes entreprises publiques (Alrosa et Rosneft notamment), ce qui a temporairement calmé la pression contre le rouble.

Simultanément, le ministère des Finances obtenait du parlement un assouplissement de la règle budgétaire afin de dégager une capacité de financement supplémentaire, et de limiter l'endettement public.

La dissociation entre taux de change du rouble et prix du pétrole brut, 2020-2021

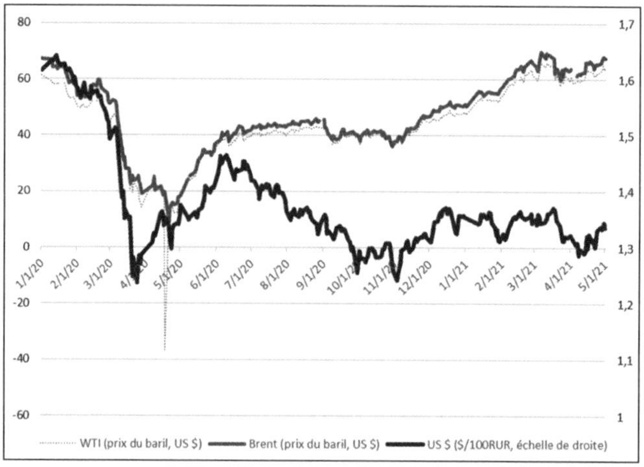

Sources : élaboration de l'auteur à partir des données de l'US Energy Intelligence Agency et de la Banque centrale de Russie.

Si, en dépit de sa proverbiale dépendance pétrolière, la Russie a plutôt bien résisté à la dégradation de l'environnement international en 2020, c'est notamment parce que ses exportations couvrent la presque totalité du spectre des matières premières. Les exportations de gaz ont certes chuté de 8 % (celles de pétrole de 13 %), mais la priorité donnée au développement des produits raffinés, qui bénéficient de subventions, a permis d'accroître légèrement leurs exportations (+ 1 %), tandis que celles de métaux précieux doublaient, stimulées par la hausse des cours de l'or.

Les exportations agricoles continuent à se développer (+ 20 %) sous l'effet des ventes de céréales et d'huiles végétales, mais cette expansion se fait au détriment du marché intérieur, d'où la hausse des prix agricoles internes à la fin de 2020. Pour tenter de limiter les risques de pénurie sur les marchés intérieurs, les autorités ont instauré des quotas et des taxes sur les exportations. Dans l'ensemble, ces dernières n'ont chuté que de 4,3 %, tandis que les importations se contractaient de 12 %, ce qui a fait du commerce extérieur un amortisseur de crise en 2020.

En raison de l'accord de limitation conclu dans le cadre de l'OPEP+ au printemps 2020, la production de pétrole a chuté de 10 %. Mais les baisses combinées de la production et des exportations de brut n'ont pas suffi à plomber l'ensemble de l'économie russe. Bien que régulièrement révisés, les pronostics des instituts de conjoncture se sont toujours avérés trop pessimistes. En 2020, le produit intérieur brut (PIB) n'a finalement chuté que de 3 %, soit deux à trois fois moins que la plupart des autres économies du G20.

- Première raison de cette résistance : le rôle stabilisateur de l'État, qui pèse désormais près de la moitié du PIB. Associée au maintien d'un niveau d'activité relativement élevé des grandes entreprises publiques, la politique budgétaire contracyclique a permis de limiter les effets dépressifs du confinement.
- Deuxième raison : la faible sensibilité de l'économie russe au tourisme, au secteur de l'hôtellerie-restauration et des loisirs non numériques, particulièrement touchés par les effets des confinements.
- Troisième raison : la bonne résistance de l'industrie manufacturière, élément du tissu productif qui a le mieux absorbé l'incertitude ambiante. Portée par la pétrochimie et la chimie, l'industrie de transformation a rebondi dès le mois de juin 2020. Le dynamisme de la construction a soutenu la production de biens d'équipement, et les importations de biens capitaux ont timidement repris en fin d'année.

Les fortes variations conjoncturelles ont touché la demande intérieure. L'emploi et la dynamique des salaires sont en cause : dans les premiers mois de la pandémie, 500 000 emplois ont été perdus dans la production manufacturière, la construction et l'hôtellerie-restauration, tandis que les salaires moyens chutaient. Sans surprise, le secteur informel a été le plus touché par les mesures de confinement et la baisse de la demande : entre juin 2019 et juin 2020, le nombre d'emplois informels détruits est estimé à 1,9 million. En conséquence, la consommation privée a chuté de 8,6 % sur l'ensemble de l'année, compensée partiellement par la consommation publique (+ 4 %) ; mais l'investissement productif, en retrait de 4,3 %, se situe désormais en dessous de son niveau de 2013.

Les politiques macroéconomiques : en transition vers l'austérité ?

L'effort budgétaire consenti pour lutter contre les conséquences de la pandémie a été significatif. Les revenus fiscaux issus du pétrole ont chuté d'un tiers et n'ont compté que pour 30 % environ des recettes totales de l'année. Une partie du financement manquant a été fournie par les revenus de la vente par la Banque centrale à l'État de sa participation majoritaire dans la Sberbank, mais le déficit budgétaire a tout de même atteint 4,5 % du PIB.

La politique monétaire est également restée accommodante, jusqu'à fin 2020. Le taux directeur a été maintenu au niveau historiquement bas de 4,25 %. Le Fonds monétaire international (FMI) a salué ce choix de la Banque centrale, estimant qu'il ne serait pas opportun de resserrer la politique monétaire dans un contexte de fragilité de la reprise. Pourtant, la volatilité des marchés financiers, les risques géopolitiques, l'incertitude sur l'évolution des prix des hydrocarbures, ont conduit la Banque centrale à s'éloigner de cet avis. Face à la fragilisation du rouble et aux conséquences d'une hausse des prix alimentaires qui entretient des anticipations inflationnistes élevées, elle a par deux fois relevé son taux directeur en mars et avril 2021, pour le porter à 5 %.

La politique budgétaire pourrait bien emboîter le pas de la politique monétaire dans les mois à venir et adopter un cours restrictif, au détriment d'une reprise économique déjà hésitante au premier semestre 2021. Selon le cadre budgétaire

2021-2023 adopté par le gouvernement, après un déficit de 4,5 % du PIB en 2020, celui de 2021 devrait redescendre à moins de 3 % en 2021 puis à 1,5 % en 2022. Les salaires des fonctionnaires seront gelés en 2021, contrairement aux retraites qui devraient continuer à croître de 6 % par an. Les dépenses de santé et d'allocations sociales seront aussi ralenties, ainsi que les dépenses militaires. Les déficits budgétaires devront être financés par l'endettement domestique, la règle fiscale, temporairement suspendue en 2020 pour relancer l'économie, devant être remise en vigueur pour alimenter le Fonds de Bien-être national.

L'endettement public vient seulement de dépasser 20 % du PIB, un ordre de grandeur bien inférieur à la moyenne de l'Europe occidentale. Il est de surcroît assorti d'une épargne publique de plus de 10 % du PIB, placée *via* le Fonds de Bien-être national. Mais une hausse des taux sur la dette publique reste possible, et les nouvelles sanctions américaines privent le gouvernement de certains financements occidentaux. Dans ce contexte plus contraignant, le FMI préconise de réduire déficits et exemptions fiscales, et d'accélérer la transformation de la fiscalité sur le secteur énergétique, pour orienter les prélèvements vers la production et cesser de subventionner les raffineries. Le gouvernement a également introduit en 2021 une deuxième tranche d'imposition sur le revenu, instaurant un début de progressivité dans un volet de la fiscalité qui en était jusqu'alors totalement dépourvu.

Croissance potentielle et découplage international : deux questions structurelles

En 2020, la troisième crise économique subie en douze ans par la Russie a annulé les gains de croissance engrangés depuis 2018. Les objectifs socio-économiques annoncés par Vladimir Poutine au début de son actuel mandat – réduire de moitié la pauvreté, retrouver une dynamique de rattrapage du niveau de vie occidental, redresser la natalité, hausser le niveau technologique des exportations – devront être repoussés. Surtout, la faiblesse des reprises économiques après les épisodes de crise pose la question des limites structurelles de la croissance.

La croissance potentielle est le rythme de croissance qu'une économie peut atteindre sans créer de distorsions internes ou extérieures majeures sur le plan macroéconomique – inflation, tensions sur l'emploi et l'investissement, déséquilibre du compte des transactions courantes. Elle dépend des ressources productives du pays et de l'efficacité de leur combinaison – la productivité. En Russie, cette croissance potentielle est plafonnée par la décrue naturelle de la population active. Le report de l'âge de départ à la retraite décidé en 2018 devrait permettre de repousser ce repli, bien qu'un tiers des retraités actuels continuent à exercer une activité rémunérée. L'investissement productif est le deuxième facteur de la croissance potentielle : son effort dans ce domaine situe la Russie au niveau des pays avancés, bien loin de l'Inde ou de la Chine qui lui consacrent 8 à 20 points de PIB de plus chaque année. Sans décollage durable de cet investissement productif, l'économie russe ne peut accélérer sa modernisation technologique et stimuler la croissance de la productivité. En l'état, la croissance potentielle estimée par le FMI pour les prochaines années ne dépasse pas 1,6-1,8 %, ce qui est insuffisant pour atteindre les objectifs présidentiels.

L'autre grande question posée par le redressement économique de la Russie est celle de son insertion internationale. Les sanctions occidentales, combinées aux effets déstabilisants de la volatilité des cours des matières premières et des flux de capitaux, ont renforcé dans certains cercles du pouvoir l'idée que le pays gagnerait à s'isoler davantage des flux d'échanges internationaux. Le fait que les pays occidentaux demeurent les principaux partenaires commerciaux de la Russie est désormais associé par le ministre des Affaires étrangères, Sergueï Lavrov, à une forme de vulnérabilité géopolitique, qui pourrait justifier selon lui de déconnecter la Russie du système international de règlements et d'échanges d'informations interbancaires Swift. Cette opinion n'est pas majoritaire au sein du gouvernement, mais elle représente un nouvel argument dans la quête de souveraineté économique que Vladimir Poutine a toujours placée en tête de ses objectifs.

***

En ces temps de contestation interne, la désignation d'explications exogènes aux difficultés de développement du pays est commode pour le pouvoir en ce qu'elle évacue les facteurs institutionnels et politiques qui bloquent le développement du pays. La réforme de la fiscalité et de la protection sociale, l'investissement public dans la santé, l'éducation et la modernisation des infrastructures, la lutte contre les conflits d'intérêts et la corruption, l'indépendance de la justice, l'amélioration des conditions d'investissement et d'innovation pour les petites et moyennes entreprises et, plus récemment, la mise en œuvre d'une politique globale de protection de l'environnement et de transition énergétique, sont au cœur des doléances des acteurs économiques et des préoccupations des analystes indépendants. Tant que ces sujets seront relégués au second plan, derrière les priorités géopolitiques du moment, la modernisation structurelle de l'économie russe ne pourra être que partielle.

J. V.

Pour en savoir plus

- « Talking Trends: Economy and Market », *Research and Forecasting Department Bulletin*, vol. 47, n° 3, Banque centrale de Russie, avril 2021.
- « Russia's Economic Loses Momentum Amidst Covid-19 Resurgence; Await Relief from Vaccine », *Russia Economic Report*, n° 44, Banque mondiale, décembre 2020.
- Y. Okawa et A. Sanghi, « Potential Growth: Outlook and Options for the Russian Federation », *Policy Research Working Paper*, n° 8663, Banque mondiale, décembre 2018.

Où en est l'Union économique eurasiatique ?

Entre instabilité sociopolitique et ambitions géoéconomiques

Avec l'Union économique eurasiatique (UEE), se dessine peut-être la Grande Eurasie souhaitée par Moscou. Les progrès de l'intégration économique et commerciale qui réunit d'anciens membres de l'Union soviétique sont rapides, tout comme l'avancée des liens avec Pékin dans le cadre du développement des Nouvelles routes de la soie dans une logique de circulation Chine-Russie-Europe de l'Ouest. Demeure le problème des relations avec l'Union européenne, qui maintient son refus de considérer l'UEE comme son homologue.

En 2020, l'Union économique eurasiatique (UEE) a fêté ses cinq ans d'existence, dans un contexte difficile lié aux conséquences économiques de la crise sanitaire et aux crises (géo)politiques de trois États membres : répressions en Biélorussie, changement de pouvoir au Kirghizstan, lourde défaite militaire de l'Arménie au Haut-Karabagh. Si ces crises ne sont pas directement liées à l'UEE en tant que structure, elles illustrent les problèmes de gouvernance de ses États membres, et plus largement l'instabilité sociopolitique de l'Eurasie post-soviétique.

Les changements à la tête de l'Arménie, du Kazakhstan et du Kirghizstan n'ont cependant pas eu d'impact sur leur participation à l'UEE, qui semble largement assumée par les élites des États membres. De fait, l'approfondissement de l'intégration réelle au sein de l'UEE se poursuit, grâce notamment à la Commission économique eurasiatique, l'organe supranational qui est parvenu à trouver sa place tant en interne qu'à l'international. La signature d'accords de libre-échange, le partenariat avec la Chine et l'intérêt exprimé par plusieurs pays voisins témoignent d'une dynamique propre à l'UEE.

L'intégration eurasiatique et la question ukrainienne

La création de l'UEE est le fruit d'une lente maturation qui s'étend sur deux décennies. Dès le milieu des années 1990, les dirigeants post-soviétiques constatent les limites de la Communauté des États indépendants (CEI), dont les mécanismes institutionnels et les divisions internes ne permettent pas une intégration approfondie. Certains États, à l'instar de l'Ukraine, s'en satisfont dans une logique de divorce à l'amiable, mais d'autres souhaitent relancer l'intégration avec la Russie. Dès 1994, le président kazakh Noursoultan Nazarbaïev propose de « former une structure d'intégration supplémentaire – l'Union eurasiatique, en coordination avec l'action de la CEI ». Dans le même temps, la Biélorussie propose la création d'une union douanière avec la Russie. Ces initiatives conduisent à la création de deux structures : l'Union Russie-Biélorussie en 1997 et la Communauté économique eurasiatique en 2001.

À son arrivée au pouvoir, Vladimir Poutine ne montre guère d'enthousiasme pour ces projets qui restent en partie déclaratoires. Le président russe souhaite promouvoir un autre format, avec d'autres modalités d'intégration et d'autres participants. En 2003, il propose la création d'un Espace économique unique avec la Biélorussie, le Kazakhstan et l'Ukraine, rassemblant les quatre principales économies post-soviétiques. Avec environ 215 millions d'habitants, très largement russophones, et des niveaux de développement comparables, l'ensemble aurait pu former un pôle économique cohérent au cœur de l'Eurasie. Mais la révolution Orange met cependant fin à la participation de l'Ukraine à ce projet, ce qui en limite fortement l'intérêt.

Le Kremlin décide néanmoins de le poursuivre en lançant l'Union douanière Russie-Biélorussie-Kazakhstan en 2010. Avec l'élection de Viktor Ianoukovitch à la présidence ukrainienne la même année, Moscou espère convaincre Kiev de revenir dans un projet qui entre désormais en concurrence avec la proposition de l'Union européenne (UE) d'un accord d'association avec l'Ukraine. Écartelé entre les deux principaux partenaires de l'Ukraine, Viktor Ianoukovitch tergiverse avant de refuser de signer cet Accord d'association fin 2013, ce qui provoque une grave crise politique menant à son renversement par l'opposition nationaliste et pro-occidentale soutenue par Bruxelles et Washington. Moscou réagit en annexant la Crimée et en soutenant les séparatistes russophones dans l'est de l'Ukraine, entérinant ainsi l'échec de ses tentatives de rapprochement institutionnel avec l'Ukraine.

L'UEE : entre tensions et convergences

Début 2015, Moscou, Minsk et Astana annoncent l'approfondissement de l'intégration en lançant officiellement l'UEE. La nouvelle Union forme un marché commun de 185 millions d'habitants avec l'adhésion du Kirghizstan et de l'Arménie qui permet de compenser partiellement l'absence de l'Ukraine. Les premières années d'existence de l'UEE sont marquées par des tensions en bonne part liées aux multiples répercussions du conflit ukrainien : Minsk et Astana n'ont pas apprécié la politique ukrainienne du Kremlin et ne souhaitent pas être entraînés dans sa confrontation avec l'Occident. En outre, la crise économique qui touche la Russie et ses voisins suscite des réflexes protectionnistes, auxquels s'ajoute le problème des réexportations par la Biélorussie de produits agricoles européens placés sous embargo russe. Mais force est de constater que Moscou et ses partenaires sont parvenus à surmonter ces différends selon la logique transactionnelle qui leur est propre.

Il semble bien que les élites des pays membres aient pris conscience des avantages d'une intégration régionale institutionnalisée qui leur permet de mieux affronter la concurrence internationale, dans une logique qui n'est pas sans rappeler celle de la construction européenne. Les raisons qui ont poussé les États membres à rejoindre le nouvel ensemble sont pourtant diverses. Pour la Biélorussie, la Russie est de loin le premier partenaire économique. Pour le Kazakhstan et le Kirghizstan, l'UEE participe d'une forme de désenclavement en direction de l'Europe, et d'un contrepoids à la puissance économique chinoise en Asie centrale. Pour l'Arménie, très dépendante de la Russie économiquement et stratégiquement, il s'agit de continuer à bénéficier de la protection de l'allié russe face à la Turquie et l'Azerbaïdjan. Enfin, pour tous mais surtout pour le Kirghizstan et l'Arménie, très dépendants des transferts financiers de l'émigration en Russie, l'adhésion à l'UEE permet de bénéficier de la libre circulation des travailleurs et d'échapper ainsi au durcissement de la politique migratoire russe.

Pour Moscou, l'intérêt principal est la diversification de ses exportations, la part des produits manufacturés et des technologies étant beaucoup plus importante dans les exportations vers l'étranger proche que vers l'étranger lointain. L'UEE permet ainsi à Moscou de maintenir une zone d'influence économique et contribue à la diversification de son économie. L'ensemble de ces facteurs, auxquels s'ajoutent les héritages soviétiques, économiques, socioculturels et linguistiques, donnent au projet eurasiatique une cohésion souvent sous-estimée.

De réelles avancées

La principale réussite de l'UEE est de s'appuyer sur des mécanismes institutionnels à dimension supranationale – largement inspirés de leurs homologues européens –, qui ont permis d'atteindre assez rapidement une intégration relativement élevée : Conseil des chefs d'État et de gouvernement, Commission économique eurasiatique basée à Moscou, Cour de l'Union eurasiatique siégeant à Minsk.

La Commission eurasiatique, au cœur du dispositif, est l'organe supranational permanent veillant à l'application des traités et de la réglementation. Elle assure le fonctionnement de l'UEE, élabore des propositions dans le domaine de l'intégration économique et négocie les accords commerciaux avec les États tiers. Ses principaux domaines de compétence sont la gestion de la politique douanière et la définition des normes commerciales. Signe de son importance, elle est présidée par l'ancien Premier ministre biélorusse Miasnikovitch (qui succède à l'ancien Premier ministre arménien Sarkissian) et composée d'anciens ministres et de hauts fonctionnaires. Pour la première fois depuis la fin de l'URSS, l'Union eurasiatique implique des transferts budgétaires entre États membres, qui se répartissent les recettes douanières des échanges avec les États tiers selon un savant équilibre tenant compte du poids économique et commercial de chacun.

En janvier 2018, l'entrée en vigueur du nouveau Code douanier de l'UEE a constitué une étape importante. En quelques années, la Commission a effectué un important travail technique d'harmonisation des textes et de rapprochement des réglementations, qui s'inspirent largement des normes internationales et européennes. En mars 2017, la Commission eurasiatique a publié un *Livre blanc* sur les barrières non tarifaires qui continuent d'être appliquées par les États membres pour protéger leurs marchés. Début 2021, elle a annoncé l'élimination par les États membres de 58 barrières non tarifaires de 2016 à 2020, soit 80 % du total.

La Commission eurasiatique tente également de structurer une politique industrielle et d'investissement communautaire grâce notamment à un partenariat signé en 2018 avec la Banque eurasiatique de développement (contrôlée par la Russie et le Kazakhstan). Sur le plan social, l'entrée en vigueur en janvier 2021 d'un accord sur le régime des retraites dans l'UEE renforce les droits des travailleurs migrants des États membres en prenant en compte les cotisations sur l'ensemble du territoire de l'Union pour le calcul de leur retraite. Les États membres ont par ailleurs prévu d'approfondir l'intégration avec la formation à l'horizon 2025 de marchés unifiés dans les secteurs financier et énergétique. Mais l'intégration dans ces deux secteurs exigera une forte volonté politique, tant les enjeux sont importants : Moscou devra faire des concessions sur l'harmonisation des tarifs de l'énergie et sur les règles de transit des exportations pétro-gazières par son territoire : deux leviers jusqu'ici importants dans les relations transactionnelles avec ses voisins.

Les chiffres du commerce extérieur des États membres illustrent l'intégration institutionnelle. Alors que le poids de la Russie dans le commerce extérieur kazakh ne cessait de s'effriter au profit de la Chine depuis vingt ans – Pékin s'étant imposé comme premier partenaire commercial du pays en 2010 avec plus de 17 % des échanges –, la Russie a consolidé en 2019 sa place de premier partenaire commercial du Kazakhstan (plus de 20 % des échanges extérieurs du pays), la Chine voyant sa part ramenée à 15 %. Les chiffres sont particulièrement probants pour les importations kazakhes venant de Russie : 37 % du total (contre 17 % pour la Chine), illustrant l'amélioration de la compétitivité des biens de consommation produits en Russie (automobile, agroalimentaire…). Les relations russo-biélorusses sont encore plus étroites : la Russie compte à elle seule pour la moitié du commerce extérieur biélorusse (51 % en 2019), loin devant l'UE (21 % du total) tandis que la Biélorussie est le quatrième partenaire commercial de son grand voisin – une place disproportionnée vu la taille de son économie.

La structuration de la Grande Eurasie : succès et limites

La montée en puissance de l'UEE semblait menacer la CEI de désuétude : en fait, elle conduit plutôt à sa revitalisation, la CEI faisant désormais figure d'enveloppe extérieure de l'Union eurasiatique dans une logique d'intégration à plusieurs vitesses. C'est ainsi que la zone de libre-échange (ZLE) de la CEI, en vigueur depuis septembre 2012, permet à ses signataires (en sus des États membres de l'UEE : Moldavie, Ukraine, Ouzbékistan, Tadjikistan) de bénéficier d'un accès privilégié au marché unique de l'UEE. L'Ukraine continue de faire partie de la ZLE de la CEI, ce qui facilite les échanges avec la Biélorussie, qui sert d'intermédiaire à ses voisins russe et ukrainien pour contourner discrètement une partie des sanctions mutuelles introduites depuis 2014.

La CEI fait également figure d'antichambre pour d'éventuelles adhésions à l'UEE. Moldavie et Ouzbékistan ont obtenu le statut de pays observateur de l'UEE. Tachkent, qui étudie la possibilité d'une adhésion, a signé un mémorandum de coopération avec la Commission eurasiatique qui prévoit une harmonisation progressive de sa législation avec le droit de l'UEE. Suite à sa victoire au Haut-Karabagh, l'Azerbaïdjan a également exprimé son intérêt pour une éventuelle adhésion, laquelle dépend cependant de la normalisation des relations avec l'Arménie. Quant au Tadjikistan, il hésite à rejoindre l'Union, notamment par crainte de l'impact sur ses relations économiques avec la Chine.

L'UEE mène en outre une politique d'élargissement de ses alliances au-delà de l'espace post-soviétique : des ZLE ont été mises en place avec le Vietnam (octobre 2016) et l'Iran (octobre 2019), et un accord du même type a été signé avec Singapour en octobre 2019. Elle négocie également des accords de ZLE avec Israël, l'Égypte, la Mongolie et l'Indonésie, l'Inde et la Corée du Sud ayant fait part de leur intérêt. La conclusion de tels accords est favorisée par la volonté des voisins de la Chine de diversifier leurs partenariats pour limiter leur dépendance vis-à-vis de Pékin.

Ces avancées en Asie tranchent avec la situation en Europe. L'UEE a certes signé un accord de libre-échange avec la Serbie en octobre 2019, mais l'enjeu principal est bien celui des relations avec l'UE, premier partenaire commercial de l'UEE. Or, depuis 2015, la volonté de la Commission eurasiatique d'établir des contacts directs avec la Commission européenne s'est heurtée à une fin de non-recevoir de Bruxelles, qui refuse de dialoguer d'égale à égale avec l'UEE.

L'Union eurasiatique et les Routes de la soie

Si les relations avec l'UE sont au point mort, il en va différemment avec la Chine, deuxième grand partenaire commercial de l'UEE. Les Nouvelles routes de la soie promues par Pékin, initialement perçues comme venant concurrencer les projets russes en Asie centrale, ont en réalité conduit à un renforcement de la coopération avec Moscou, le territoire russe s'étant révélé incontournable dans la mise en place des corridors de transports terrestres entre la Chine et l'Europe. Au-delà des infrastructures ferroviaires déjà existantes et développées, le succès des liaisons Kazakhstan-Russie-Biélorussie s'explique par l'existence de l'espace douanier unique de l'UEE, qui facilite le transit des marchandises entre l'UE et la Chine. En outre, la Compagnie russe des chemins de fer (RZD) a créé avec ses homologues biélorusse et kazakh une co-entreprise dénommée « Alliance ferroviaire eurasiatique », avec l'objectif d'élargir les capacités de transit ferroviaire entre la Chine et l'UE. Le transport de marchandises de l'Alliance ferroviaire eurasiatique a connu une croissance quasi exponentielle, passant de 100 000 EVP (Équivalents Vingt Pieds) en 2016 à 550 000 EVP en 2020. De fait, l'Alliance capte l'essentiel du trafic de conteneurs par voie terrestre entre la Chine et l'UE.

Constatant les progrès de l'intégration eurasiatique et ses avantages pour la mise en place de ses Routes de la soie vers l'Europe, Pékin a fait le choix pragmatique de reconnaître officiellement la nouvelle réalité créée par l'UEE : d'où la signature entre l'UEE et la Chine, en mai 2018, d'un traité de coopération économique et commerciale. La montée en puissance du corridor de transport Chine-UEE-UE a poussé les deux parties à signer un nouvel accord en juin 2019, consacré à l'échange d'informations dans le domaine du transit de marchandises, confirmant le rôle central de l'UEE dans la concrétisation des Routes de la soie terrestres entre la Chine et l'Europe. Mais si les accords avec Pékin traduisent pragmatiquement des intérêts mutuels, Moscou et ses partenaires restent beaucoup plus prudents sur une éventuelle zone de libre-échange, bien conscients que leurs industries ne seraient pas en mesure de faire face à la puissance industrielle chinoise.

***

La Russie, qui ne dispose ni de la puissance industrielle ni des moyens financiers de la Chine, répond donc à la logique d'intégration transnationale portée par Pékin par une logique d'intégration institutionnelle supranationale avec son étranger proche. Pour atteindre cet objectif, priorité de la doctrine de politique étrangère russe, Moscou s'appuie désormais sur l'UEE. Il s'agit pour la Russie, affaiblie par les conséquences multiformes de l'éclatement de l'URSS, d'atteindre avec ses voisins de l'espace post-soviétique une masse critique qui lui permette de peser face aux géants économiques et démographiques américain, européen et chinois.

Toutes choses étant égales par ailleurs, la Russie promeut la construction eurasiatique en tant que « multiplicateur de puissance », à l'instar de la façon dont la France envisage l'UE. Ce n'est d'ailleurs pas le moindre des paradoxes que la Commission eurasiatique s'inspire directement des législations et règlements européens, et participe ainsi à une forme d'unification normative avec une UE qui ne veut pas entendre parler de relations officielles avec son homologue eurasiatique. L'UEE n'en poursuit pas moins une politique pragmatique de partenariats, qui est accueillie favorablement en Asie et permet à Moscou de dessiner en pointillé les contours de la « Grande Eurasie » qu'elle appelle de ses vœux.

D. T.

Pour en savoir plus

- M. Emerson et J. Kofner, « Technical Product Standards and Regulations in the EU and EAEU: Comparisons and Scope for Convergence », *IIASA Report*, International Institute for Applied Systems Analysis, 2018.
- D. Teurtrie, « Les corridors ferroviaires eurasiatiques : quelle stratégie russe ? », *Bulletin de l'association des géographes français*, vol. 96, n° 3, 2019.
- J. Vercueil, « L'Union économique eurasiatique : au-delà de l'intégration formelle », *Revue d'études comparatives Est-Ouest*, vol. 48, n° 3-4, 2017.

Ukraine : à la recherche d'un nouveau souffle

Un président sur tous les fronts

À mi-parcours de son mandat présidentiel et trente ans après l'indépendance du pays, Volodymyr Zelensky cherche à donner de nouvelles perspectives à une stratégie volontariste qui est confrontée à des obstacles systémiques persistants, en politique intérieure comme en politique étrangère.

Toujours aussi déterminé sur les deux fronts principaux de son mandat, à savoir la paix dans le Donbass et la lutte contre la corruption, le président ukrainien est confronté aux pressions de la Russie et de ses oligarques, qu'il s'applique à réduire, ou à dompter. Les bailleurs de fonds étrangers font, quant à eux, pression pour que le pays se réforme, alors que Zelensky cherche à rassembler le maximum d'alliés autour de la défense de la souveraineté de l'Ukraine, trente ans après son indépendance.

La dés-oligarchisation : slogan ou vrai cap ?

Ancien acteur, Volodymyr Zelensky aime à s'adresser au peuple ukrainien par vidéos interposées. Dans l'une d'elles, diffusée en mars 2021, il annonce que les oligarques – riches hommes d'affaires – ne respectant pas la loi seront inquiétés par la justice. Le slogan de la dés-oligarchisation est lancé dans la foulée d'une série de mesures visant l'oligarque et député pro-russe Viktor Medvedtchouk, leader de la Plateforme d'opposition-Pour la vie (premier parti d'opposition au Parlement), un des hommes les plus riches d'Ukraine, et proche de Vladimir Poutine. Après l'interdiction de trois chaînes de télévision sous son contrôle, jugées comme portant atteinte à la sécurité nationale, des sanctions financières lui sont imposées ainsi qu'à sa femme et à ses associés pour « financement d'organisations terroristes » – une référence aux républiques séparatistes du Donbass. Quelques semaines plus tard, Medvedtchouk est assigné à résidence alors que le Parquet lance une enquête pour « haute trahison ». Accueillies favorablement dans le pays, ces mesures redonnent des points de popularité à Zelensky.

La dés-oligarchisation fait suite aux blocages opposés au président dans sa politique de lutte contre la corruption, notamment par l'appareil judiciaire. Depuis fin 2020, Zelensky peine à modifier la composition de la Cour constitutionnelle qui a invalidé plusieurs décisions anti-corruption. On évoque également une influence des oligarques s'étendant aux groupes parlementaires, aux médias, aux fonctionnaires. Formés au milieu des années 1990, les clans oligarchiques se recomposent au gré des changements de président. Comme ses prédécesseurs, Zelensky en fait les frais. Il cherche à rebattre les cartes d'un maillage systémique ancré dans le paysage économique et politique depuis longtemps, alors que la tenue d'élections libres et la liberté d'expression sont désormais acquises.

L'enjeu ne réside pas uniquement dans les décisions prises, y compris dans une législation qui progresse, mais dans leur mise en application. Les enquêtes sont lancées mais n'aboutissent que rarement. Celle concernant Medvedtchouk constitue donc un enjeu de taille pour le président ukrainien qui se targue d'avoir écarté un autre oligarque, Igor Kolomoïski, considéré pourtant comme proche de lui en début de mandat. Parce qu'elle touche au conflit dans le Donbass, l'affaire Medvedtchouk lui permet de faire d'une pierre deux coups : dés-oligarchiser le pays et limiter l'influence russe, tout en donnant des gages de son patriotisme.

Alors qu'elle est adossée à plusieurs projets de loi en discussion, la dés-oligarchisation est, pour le moment, fortement personnalisée. Restera-t-elle un slogan masquant l'impuissance présidentielle sur les composantes structurelles de la corruption, ou constituera-t-elle un vrai cap vers des transformations en profondeur ? L'enjeu est non seulement politique, mais aussi sociétal et économique.

Aides et pressions internationales

Dans sa volonté de limiter l'influence des oligarques, Zelensky est soutenu par la population, mais aussi par le Fonds monétaire international (FMI) et l'Union européenne (UE), qui observent de près les évolutions législatives. Les experts ukrainiens s'accordent à dire que, sans pression internationale, la lutte contre la corruption stagnerait en Ukraine (à la 117e place selon l'Index de perception de la corruption de Transparency International). En avril 2021, le changement de direction à la tête du groupe énergétique Naftogaz est interprété comme un mauvais signe pour la gouvernance des entreprises publiques. Peu de temps auparavant, le FMI avait suspendu, une nouvelle fois, le versement de la tranche d'un prêt accordé en 2020 en raison de la lenteur et de l'insuffisance des réformes : les inquiétudes portent sur l'indépendance de la Banque centrale, la timidité des réformes du système judiciaire et la libéralisation fragile des marchés énergétique ou foncier. Cette libéralisation peut faire lever des protestations, notamment lorsqu'elle implique une augmentation des tarifs de l'électricité et du gaz à la consommation.

L'aide financière internationale permet à l'Ukraine d'éviter une récession économique brutale, dans le contexte de la pandémie, voire une situation de faillite, déjà évoquée à deux reprises en 2014 et en 2020. Le PIB ne s'est contracté que de 4 % en 2020, contre les 7 % prévus, et le FMI prévoit une contraction similaire pour 2021. Cette baisse contenue de la croissance est notamment liée à une consommation des ménages qui reste solide grâce à l'augmentation des salaires et aux fonds envoyés par les travailleurs ukrainiens de l'étranger, en dépit des restrictions de déplacement. Elle est également due aux cours élevés de produits exportés par l'Ukraine comme les céréales ou le métal, qui permettent une diminution de moitié du déficit de sa balance commerciale. Mais l'économie ukrainienne reste très endettée, et marquée par un manque crucial d'investissements.

La pandémie de Covid-19 qui avait relativement épargné l'Ukraine au printemps 2020 s'est faite plus meurtrière en fin d'année puis au printemps 2021. Le pays enregistre plus de 52 000 décès au 21 juin 2021 pour une population totale de plus de 44,4 millions d'habitants. Les mesures de restriction varient d'une région à l'autre, avec fermeture possible des commerces et des écoles, mais le pays n'est pas soumis à confinement ni à couvre-feu. Certaines municipalités rechignent à adopter ces mesures en raison de leur impact économique et social. La vaccination est nettement moins rapide que dans les autres pays européens, du fait d'un manque d'approvisionnement en vaccins et de la défiance de la population à leur égard. En février 2021, le gouvernement a interdit le vaccin russe Spoutnik V, qui fait polémique dans la société et est administré dans les territoires séparatistes. L'Ukraine bénéficie de livraisons de vaccins étrangers *via* notamment le programme onusien COVAX.

La pandémie a drastiquement limité la circulation des personnes dans la région du Donbass entre la zone contrôlée par Kiev et la zone séparatiste, en raison des contrôles aux points de passage, dont seuls deux sont ouverts sur les 450 kilomètres de la ligne de séparation appelée « ligne de contact ». L'accès aux soins pour ceux qui vivent près de cette ligne est d'autant plus difficile que le début de l'année 2021 a été marqué par la recrudescence des bombardements.

Tenir tête à la Russie en mobilisant les alliés

Le cessez-le-feu signé le 27 juillet 2020, qui fut l'un des mieux respectés depuis le début du conflit, a enregistré de nombreuses violations à partir de janvier 2021. Le nombre de soldats ukrainiens tués augmente et fait craindre une escalade, alors que la Russie opère un déploiement d'hommes et d'armes sans précédent à la frontière orientale de l'Ukraine. Prétextant des exercices militaires, Moscou cherche ainsi à imposer son *tempo*, alors que les négociations menées dans le cadre des Accords de Minsk signés en février 2015 par les pays du « format Normandie » (Ukraine, Russie, France, Allemagne) patinent.

Les autorités russes pressent leurs homologues ukrainiens de négocier avec les séparatistes, laissant penser que ces derniers sont autonomes alors qu'ils sont soutenus par la Russie et que Kiev ne souhaite pas les légitimer. En réponse à la pression russe, Zelensky tente une réponse ferme dans une nouvelle vidéo où il déclare que son pays ne souhaite pas la guerre mais est prêt au combat; il invite Poutine à une rencontre que le Kremlin décline en invoquant le cadre multilatéral des Accords de Minsk. Une telle rencontre acterait l'implication de la Russie, qui cherche à présenter le conflit du Donbass comme une guerre civile.

Mais la pression de la Russie sur l'Ukraine n'est pas seulement militaire. Entamé dès 2019, l'octroi de passeports russes à la population des deux républiques auto-proclamées du Donbass se poursuit, avec plus 600 000 passeports distribués à la mi-2021 et 1 million prévus pour la fin de l'année. Parallèlement, Moscou a annoncé la suspension, d'avril à octobre 2021, de la navigation au large de la Crimée pour les navires non russes ainsi que de leur transit par le détroit de Kertch, entre la mer Noire et la mer d'Azov, ce qui représente un manque à gagner important pour les ports ukrainiens d'où partent les exportations de céréales et d'acier.

Dans ce contexte, le président ukrainien sollicite ses alliés, notamment les États-Unis qui défendent plus ouvertement l'Ukraine depuis l'arrivée de Joe Biden à la présidence. En visite à Kiev en mai 2021, le secrétaire d'État américain Antony Blinken a apporté son soutien « indéfectible » à l'Ukraine, tout en rappelant à ses dirigeants leurs engagements en matière de lutte anti-corruption. Peu de temps auparavant, il avait annoncé des sanctions contre l'oligarque Kolomoïski, accusé de « corruption aggravée », Medvedtchouk étant déjà sous sanctions américaines depuis 2014 pour violation de la souveraineté ukrainienne.

En 2021, Zelensky s'est également rendu en France, où il a rappelé auprès de son homologue français la volonté d'adhésion de son pays à l'Organisation du traité de l'Atlantique nord (OTAN), sans toutefois obtenir de réponse. Les dirigeants polonais et baltes ont été plus prompts à le soutenir dans cette entreprise, que la Russie souhaite empêcher à tout prix. Le président ukrainien évoque également l'adhésion de l'Ukraine à l'UE, hypothèse qui dépasse les 50 % d'opinions favorables dans les sondages, tout en appelant ses partenaires occidentaux à maintenir les sanctions politiques et économiques contre la Russie. Mais Kiev redoute également le possible achèvement du gazoduc russo-allemand Nord Stream 2, qui contournerait l'Ukraine dans le transit du gaz de la Russie vers l'Europe.

En 2021, les relations avec la Turquie se sont resserrées avec la confirmation d'une coproduction de drones à des fins militaires, alors que Recep Tayyip Erdoğan apportait son soutien à son homologue ukrainien, lors d'une visite officielle à Ankara, sur le dossier de la Crimée. Lors du 30e anniversaire de l'indépendance de l'Ukraine fêté en grande pompe, Zelensky a lancé la Plateforme internationale pour la désoccupation de la Crimée, à laquelle tous les partenaires de l'Ukraine peuvent contribuer, sachant que la Russie se refuse à toute négociation depuis l'annexion de la péninsule en 2014, qu'elle considère comme acquise.

***

Plus de trente ans après son indépendance (24 août 1991), l'Ukraine reste confrontée à des défis politiques, économiques et sécuritaires de grande envergure, auxquels le président Zelensky cherche à répondre, en dépit de contraintes structurelles sur lesquelles il peine à peser. Après plus de deux ans d'exercice du pouvoir, il mise sur un discours plus ferme, en interne comme à l'étranger, pour donner une nouvelle dynamique à la seconde moitié de son mandat. Reste à savoir si cette dynamique permettra de conforter la souveraineté de l'Ukraine, tout comme sa gouvernance.

A. G.

Pour en savoir plus

- M. Boulègue, « Five Lessons from Russia's Ukraine Military Escalation », Chatham House, 29 avril 2021.
- V. Dubovyk, « US-Ukraine Relations Under Joe Biden: Security and Domestic Reforms as Mutually Reinforcing Pillars », Zentrum Liberale Moderne, 27 mai 2021.
- S. Yekelchyk, *Ukraine: What Everyone Needs to Know*, Oxford, Oxford University Press, 2e édition, 2020.

La Biélorussie à l'épreuve de la crise politique

Faiblesses du régime fort

Inattendue, la crise politique biélorusse a marqué le réveil d'une société d'apparence dépolitisée, affaiblissant gravement le régime et son économie. La normalisation de ses relations avec l'Europe est remise en cause, alors que le soutien, pourtant limité, de Moscou ne peut que renforcer une relation de dépendance.

Le début de l'année 2020 ne semblait guère présager de bouleversements majeurs en Biélorussie. La stabilité du régime autoritaire d'Alexandre Loukachenko, en place depuis plus d'un quart de siècle, semblait assurée grâce à la loyauté des élites politiques et administratives du pays, ainsi qu'à l'incapacité d'une opposition largement marginalisée à mobiliser une population profondément dépolitisée.

Après plus d'une décennie d'isolement et de stigmatisation de la « dernière dictature d'Europe », les rapports avec les puissances occidentales étaient installés dans une logique de normalisation depuis la médiation du président biélorusse dans la crise ukrainienne de 2014. L'engagement croissant de la Chine dans le cadre du projet *Belt and Road Initiative* procurait à Loukachenko un atout supplémentaire pour jouer une politique multivectorielle, lui permettant de desserrer l'étau de la dépendance vis-à-vis de la Russie, et par là de réduire un risque inhérent à une perte de souveraineté biélorusse.

La stabilité économique permettait de maintenir à flot une économie largement étatisée dans les secteurs de l'industrie et de l'agriculture, tout en ménageant une possibilité de développement aux initiatives privées dans le secteur des services, notamment pour les nouvelles technologies. L'absence d'inégalités majeures, associée au maintien de politiques sociales, garantissait un niveau de vie relativement élevé à l'ensemble de la population pour l'espace post-soviétique. La consolidation des classes moyennes devenait possible grâce à un pacte tacite avec le régime, consistant à troquer la liberté politique contre la liberté de consommer et de voyager. Par ailleurs, nulle tension ethnique ni religieuse ne venait assombrir l'image de havre de paix véhiculée par la propagande officielle dans une région post-soviétique minée par des conflits sécessionnistes.

La crise politique, qui éclatait en août 2020 suite à l'importante contestation post-électorale, prenait de court un régime qui, lui-même, réagissait par une violence sans précédent. Quant aux grands acteurs régionaux et internationaux, ils se montraient fort perplexes, pris au dépourvu par cette « révolution de couleur » à contretemps, survenant de surcroît en pleine pandémie mondiale du Covid-19.

Si Loukachenko a fini par reprendre – péniblement – la situation en main vers la fin de l'année 2020, la crise politique a révélé au grand jour sa faible légitimité, ainsi que la fragilité d'un régime autoritaire qui paraissait naguère si solide. Saura-t-il le consolider, éviter une transition démocratique à moyen ou long terme tout en préservant la souveraineté du pays ? Quels seront les coûts économiques de cette crise politique ? Quel impact pourrait-elle avoir sur une situation régionale marquée par les forts soubresauts de la décomposition de l'espace post-soviétique ?

La solidité d'un régime autoritaire remise en question

Depuis son élection en 1994, Alexandre Loukachenko a réussi à prolonger son premier mandat de deux ans suite à la réforme constitutionnelle (contestée) de 1996, puis à se faire réélire dès le premier tour en 2001, 2006, 2010 et 2015, avec des scores oscillant entre 75 % et 83 %.

Les mécanismes assurant sa réélection en 2020 ont ainsi été bien rodés : empêchement de l'enregistrement de concurrents sérieux, temps de campagne très court, couverture médiatique vantant les succès du président sortant, pression administrative sur les électeurs, recours massif au vote anticipé, contrôle de la composition des commissions électorales locales, falsification des résultats du vote…

Les espoirs d'une réélection maîtrisée ont pourtant volé en éclat suite au succès inattendu de Svetlana Tikhanovskaïa, candidate de dernière minute, relayant *in extremis* son époux. Sa candidature cristallisait des évolutions profondes dans une société civile biélorusse de plus en plus en décalage avec le pouvoir autoritaire et archaïque en place. La mobilisation de ses sympathisants désireux de changements politiques était facilitée par le recours aux réseaux sociaux. Ces derniers permettaient également de mettre en place des plateformes de décompte parallèle des voix, donnant une idée précise de l'ampleur de la fraude électorale, et de légitimer la contestation des résultats officiels accordant 80 % des suffrages à Loukachenko. La violence de la répression à l'égard des manifestants venait grossir les rangs des mécontents indignés par la réaction du pouvoir.

Il faudra plusieurs mois de répressions ciblées, d'abord contre les leaders de l'opposition puis contre tous ceux qui osaient exprimer ouvertement leur contestation, pour venir à bout des manifestations. Bien que des arrestations massives et des procès dignes de Kafka aient permis au régime de reprendre le contrôle de l'espace public, les motivations profondes du mécontentement n'ont pas disparu. La panoplie des menaces imaginaires brandies par le régime – de l'invasion imminente des troupes de l'Organisation du traité de l'Atlantique nord (OTAN) massées à l'automne 2020 à la frontière polonaise jusqu'à la révélation surréaliste, au printemps 2021, d'un complot fomenté à l'aide des services secrets américains contre la famille de Loukachenko… – a peu de chances de réunir les Biélorusses autour de leur président. Ce ne sont pas non plus les acclamations de l'Assemblée pan-biélorusse réunie en février 2021, ni la promesse d'un référendum constitutionnel, qui aideront Loukachenko à regagner une légitimité très largement érodée.

Aucune consultation électorale ne semble plus possible sans risque de réveiller la contestation étouffée. L'avenir du régime paraît ainsi incertain, en dépit du soutien sans faille des forces de l'ordre et des élites politiques et administratives, alors que l'on sait que les voix fidèles à Loukachenko ne représentent pas plus d'un tiers de l'électorat, le reste se partageant entre un tiers de sympathisants de l'opposition convaincus et un tiers d'indécis, las de Loukachenko mais inquiets par les perspectives hypothétiques qu'entraînerait une chute du régime.

Une dégradation de la situation économique

La crise économique née de la récession mondiale liée à la pandémie du Covid-19 n'a fait qu'accentuer les importants déséquilibres internes et externes de l'économie biélorusse. Si la baisse du produit intérieur brut (PIB) a pu être limitée à - 0,9 % en 2020, c'est grâce à la demande interne, le gouvernement biélorusse n'ayant pris aucune mesure sanitaire restrictive face au Covid[1]. En revanche, le rouble biélorusse a perdu environ 33 % de sa valeur par rapport à l'euro, la dette extérieure du pays a atteint 62 % de son PIB, l'inflation est repartie à la hausse (6,6 %), et les réserves en devises ont connu une contraction significative[2].

La « manœuvre fiscale » russe consistant à modifier, d'ici à 2024, le système de taxation des exportations d'hydrocarbures, entraîne une importante diminution des bénéfices directs et indirects pour la Biélorussie. La réorientation des flux commerciaux d'exportation biélorusses vers la Russie, annoncée par Loukachenko pour punir les pays baltes – et en particulier la Lituanie – qui ont ouvertement soutenu l'opposition biélorusse, risque également d'avoir un impact négatif à terme : les coûts de transports pourront se révéler bien plus importants. Et ce n'est pas le prêt de 1,5 milliard de dollars accordé en septembre 2020 par la Russie qui sauvera le gouvernement biélorusse : ce prêt servira en grande partie à refinancer la dette du pays à l'égard… de la Russie.

Autre effet de la crise politique : la dégradation du climat général des affaires, entraînant une fuite des cerveaux et une baisse des investissements. Elle touche en particulier le secteur des technologies de l'information, qui a connu ces dernières années un développement très dynamique, contribuant à la modernisation et à la croissance de l'économie du pays, et dont les représentants ont activement soutenu le mouvement contestataire. Quant aux menaces de sanctions internationales et à la suspension de nouveaux programmes de prêt des organisations financières internationales, elles constituent des sources de fragilité supplémentaires pour l'économie biélorusse.

Les relations avec l'Union européenne et la Russie

La crise politique a également eu des effets importants sur les relations extérieures de la Biélorussie, annulant les succès des tentatives de repositionnement géopolitique entreprises par Loukachenko depuis 2014.

1. Fin 2020, les chiffres officiels faisaient état de 188 588 cas recensés et de 1 394 décès, pour une population de 9,3 millions d'habitants.
2. « Biélorussie : situation économique et financière en Biélorussie », Rapport de la Direction générale du Trésor, Ministère de l'Économie, des Finances et de la Relance.

La répression violente exercée par le régime biélorusse a mis à mal la nouvelle doctrine de résilience de l'Union européenne (UE), s'attachant plus à accompagner la gestion de crise dans les pays voisins qu'à promouvoir directement la démocratie. De manière assez paradoxale, c'est au moment où l'UE renonçait à la promotion volontariste de ses valeurs et se résignait à traiter de manière pragmatique avec Loukachenko que la société civile biélorusse s'éveillait en appelant au changement démocratique. Bien que réticente à intervenir activement au début de la crise en faveur de l'opposition, l'UE finissait cependant par condamner les répressions de Loukachenko, adopter quelques sanctions et soutenir l'opposition. L'enjeu majeur consistait en effet pour Bruxelles à éviter toute interprétation géopolitique de la crise biélorusse en termes de « révolution de couleur », par appréhension de la réaction russe.

Les dirigeants russes se sont montrés tout aussi circonspects au début de la crise, bien que pour d'autres raisons[3]. L'insolence de Loukachenko qui, durant sa campagne présidentielle, avait brandi une menace de déstabilisation en provenance de la Russie méritait bien quelque vengeance de la part du maître du Kremlin. De manière plus générale, Loukachenko n'a jamais été un partenaire totalement docile et prévisible pour la Russie. Sa chute n'aurait pas été une mauvaise nouvelle pour les dirigeants russes, s'ils avaient eu la perspective d'un successeur plus accommodant. La volonté de préserver la souveraineté biélorusse garantissait à Loukachenko de renforcer son pouvoir personnel. Tout en marchandant les avantages économiques russes, il flirtait ouvertement avec les pays occidentaux et la Chine pour pouvoir prendre ses distances vis-à-vis de Moscou. Il avait même réussi à saboter, fin 2019, le projet d'approfondissement de la coopération bilatérale dans le cadre de l'Union Russie-Biélorussie, auquel Poutine tenait particulièrement.

Si, sur le fond, le soutien russe a été surtout motivé par la peur d'une éventuelle propagation des contestations et la perte d'un allié fidèle, l'affaiblissement de Loukachenko pourrait être fort utile à Moscou pour poursuivre un projet de vassalisation de la Biélorussie dans le cadre de l'Union des deux pays.

O. G.-B.

Pour en savoir plus

- D. R. Marples, *Understanding Ukraine and Belarus: A Memoir*, Bristol, E-International Relations Publishing, 2020.
- O. Gille-Belova, « Enjeux et défis de la crise biélorusse », *Politique internationale*, n° 170, hiver 2020-2021.
- A. Marin, « Under Pressure: Can Belarus Resist Russian Coercion? », *EUISS Brief*, European Union Institute for Security Studies, juillet 2020.

3. O. Belova, « L'impact de la crise politique au Bélarus sur ses relations avec la Russie », *in* A. de Tinguy (dir.), « Regards sur l'Eurasie. L'année politique 2020 », *Les Études du CERI*, n° 254-255, Centre de recherches internationales de Sciences Po, février 2021.

Moldavie : le phénomène Sandu

Entre volonté de changement et résilience oligarchique

La nouvelle présidente veut clarifier la diplomatie du pays en direction de l'Union européenne, sans pour autant rompre avec Moscou. Le succès de son entreprise exige une lutte contre l'oligarchie et la corruption, qui bénéficiera du résultat des élections législatives de juillet 2021.

En Moldavie, dès août 2020, le président Dodon, à trois mois des élections, négocie avec la Russie l'obtention du vaccin Spoutnik V, montrant, de son point de vue, l'avantage d'une politique tournée vers Moscou. Début 2021, la nouvelle présidente Maia Sandu se tourne, elle, vers les dirigeants européens. Conséquence de la corruption et de la défiance vis-à-vis du système judiciaire, Pfizer et Moderna n'exportent pas vers la Moldavie. Mais la Moldavie reçoit des vaccins provenant de la Roumanie, *via* le programme COVAX, et plus tard de la Lituanie, l'axe européen montrant ici son efficacité.

Les Émirats arabes unis ont également fait parvenir le vaccin chinois Sinopharm en mars 2021, avant un envoi direct de la Chine. C'est finalement en avril 2021, sous la présidence Sandu, que la Russie livre deux cargaisons de Spoutnik V, dont une partie en Transnistrie. Entre contexte électoral, influences extérieures et fonctionnement des institutions, on retrouve dans la crise du Covid-19 l'essentiel des défis politiques de la Moldavie.

L'affrontement entre la capacité de transformation politique de la nouvelle présidente et la force de résistance de l'oligarchie va définir les chances de la Moldavie de devenir un des « pays modèles » du Partenariat oriental de l'Union européenne.

Sandu : une dynamique de transformation politique

Défaite en novembre 2016 au second tour de la présidentielle, Maia Sandu prend sa revanche quatre ans plus tard sur le même adversaire, Igor Dodon, avec plus de 57 % des voix.

Présidente depuis décembre 2020, elle incarne l'espoir des réformistes pour changer le système politique. Économiste de formation passée par la Banque mondiale, elle a su rassembler largement l'électorat au second tour autour de son image d'intégrité et de compétence. C'est en 2012 qu'elle s'est lancée dans une carrière politique, comme ministre de l'Éducation publique (jusqu'en 2015), avant de créer sa propre structure partisane, le Parti action et solidarité (PAS). Après son échec à l'élection présidentielle en 2016, elle continue à structurer son parti et constitue une alliance électorale (ACUM) avec le parti Plateforme vérité et dignité (DA) dans la perspective des élections législatives du 24 février 2019. S'ensuivent plusieurs mois d'incertitudes avant qu'elle n'entre dans une coalition avec son rival, le Parti des socialistes (PSRM). Elle devient alors brièvement Premier ministre (juin-novembre 2019) dans une alliance destinée à écarter Vladimir Plahotniuc, principal oligarque du pays, suite à une crise politique aiguë.

Personnalité originale, elle a su rallier à elle, lors du scrutin présidentiel de novembre 2020, l'essentiel de la droite moldave, qui se caractérise par une proximité avec la Roumanie et l'Union européenne (UE). Sur cette orientation, elle a su attirer à elle des déçus des gouvernements réformistes des années 2010, des jeunes et des partisans d'un rapprochement avec la Roumanie. Elle a également pu compter sur un fort soutien de l'émigration présente dans les États membres de l'UE et au-delà, où il a atteint 93 %, avec une forte mobilisation (260 000 votants). Enfin, elle a bénéficié du soutien de Renato Usatîi (17 % au premier tour), représentant de l'électorat de gauche (maire de Bălți, 3e ville du pays après Chișinău et Tiraspol).

La volonté de transformation qu'incarne la présidente s'est toutefois heurtée à une première difficulté : son soutien législatif était très limité, puisque son parti ne comptait que 15 membres sur les 101 du Parlement. Dès son succès, la question d'élections anticipées s'est donc posée, provoquant la résistance de diverses factions politiques, prêtes à s'entendre pour les éviter. Le dilemme était réel : comment concilier respect de l'état de droit et expression démocratique, alors que le pays affrontait sa troisième vague de Covid ? Pour mener à bien son projet de transformation, la présidente devait renforcer le poids de son parti et dégager une majorité aux élections de juillet 2021, auxquelles se préparait également son opposition (notamment autour de l'alliance électorale entre socialistes et communistes).

Résilience oligarchique et inerties du système politique

C'est en s'attaquant à la corruption dans le secteur éducatif que Maia Sandu a commencé à se forger une stature politique : avec la pauvreté, il s'agit là de la préoccupation majeure de l'opinion publique moldave.

L'organisation non gouvernementale Transparency International classe la Moldavie au 115e rang mondial en matière de perception de la corruption en 2020. La réputation internationale du pays en est entachée : la Moldavie a été caractérisée par le Parlement européen, dans une résolution du 14 novembre 2018, comme « État capturé », c'est-à-dire dont les institutions sont dominées par des acteurs privés dans une logique d'accumulation de richesses. La concentration des richesses et des pouvoirs dans un petit groupe d'acteurs qui exercent leur influence sur le Parlement, le gouvernement, les partis politiques, l'administration, la police, le pouvoir judiciaire et les médias constitue un défi essentiel pour la Moldavie. Les institutions dysfonctionnelles pervertissent la marche démocratique et détournent les acteurs économiques étrangers (comme Pfizer et Moderna).

Le scandale « du milliard volé » de novembre 2014, qui touchait trois banques défaillantes (Banca de Economii, Unibank et Banca sociala), avait illustré le degré de corruption et les complicités politiques nécessaires pour mener à bien une opération de détournement dont le montant représentait 12 % du PIB. Plusieurs personnalités politiques de haut niveau ont été impliquées dans cette affaire : l'ancien Premier ministre Vladimir Filat (pro-européen, 2009-2013), les oligarques Vladimir Plahotniuc (soutien du Parti démocrate) et Ilan Şor (fondateur du parti Shor et député-maire d'Ohrei). L'affaire n'est toujours pas conclue, et tant Plahotniuc que Şor ont quitté la Moldavie, laissant nombre de questions sans réponse. Le manque de détermination du bureau du procureur général dans cette affaire a fait naître quelques doutes sur l'impartialité et l'indépendance des institutions judiciaires.

Si Maia Sandu et Igor Dodon ont réussi à s'entendre pour écarter Vladimir Plahotniuc, ce scandale a eu lieu sous un gouvernement dit pro-européen, et l'ancien président a aussi été soupçonné de corruption, notamment en raison de flux financiers importants en provenance de Russie. Quant au conflit de la Transnistrie – territoire séparatiste à l'est de la Moldavie – non résolu depuis le cessez-le-feu de 1992, il entretient également des circuits de corruption, de contrebande et d'économie parallèle, qui n'ont pas pris fin avec l'alternance politique. Au-delà de l'adoption des lois, c'est dans leur mise en œuvre que se jouera la transformation du système politique, comme le rapprochement du pays avec l'UE.

Un « partenaire oriental » porteur d'espoir ou de déception ?

Les défis internationaux de la présidence Sandu sont multiples dans un environnement contraint ne laissant que de faibles marges de manœuvre. La crise du Covid a poussé la Moldavie à rechercher un peu partout ses vaccins et un soutien international à une politique de relance économique, mais cela n'épuise pas l'agenda politique moldave.

La nouvelle présidente a certes un mandat populaire pour se rapprocher de l'UE. Il faut tout d'abord convaincre les institutions européennes et les États membres que la Moldavie affichera à l'avenir davantage de cohérence dans sa politique de rapprochement. Les deux dernières décennies ont en effet laissé des résultats mitigés, au gré des déclarations et actions mises en œuvre, la Moldavie oscillant entre espoir européen et déception récurrente. Le changement passe bien sûr par une politique de réformes internes ambitieuse, par exemple dans la lutte contre la corruption et le blanchiment d'argent, pour poursuivre des transformations par ailleurs déjà observables.

Il n'est pas anodin que le commerce extérieur de la Moldavie se soit déjà largement réorienté : en 2019 près de 64 % des exportations allaient vers les marchés européens, contre 10 % vers la Russie et 7 % vers la Chine. À titre d'exemple, là où la Moldavie exportait la très grande majorité de son vin vers la Russie au milieu des années 2000, les exportations se font aujourd'hui davantage vers la Roumanie, et la Chine apparaît comme le deuxième marché. Le rapprochement passe également par les voisins : les relations se sont rapidement améliorées avec la Roumanie, et le premier déplacement de Maia Sandu a été pour Kiev, où la présidente a clairement indiqué, contrairement à son prédécesseur, que la Crimée demeurait ukrainienne.

Le rapprochement ne peut toutefois se faire au prix d'une dégradation importante des relations avec la Russie, qui conserve de nombreux partisans et plusieurs leviers d'influence. Au-delà de la gauche du spectre politique, de plusieurs secteurs économiques et de réseaux officiels ou non officiels, la Russie entretient des relations privilégiées avec les séparatistes de Transnistrie et la région autonome de Gagaouzie. Le conflit transnistrien ne peut d'ailleurs se résoudre sans elle. Pour l'heure, Maia Sandu entend marquer sa différence, tout en montrant qu'elle est capable de conserver des relations constructives avec Moscou. Elle souhaite ainsi le départ des troupes russes de Transnistrie, mais n'envisage pas l'adhésion du pays à l'Organisation du traité de l'Atlantique nord (OTAN) – le statut d'État neutre étant inscrit dans la Constitution moldave – et reconnaît que la solution ne peut être que politique et non militaire. Elle cherche à diversifier ses approvisionnements énergétiques sans prétendre régler les colossaux impayés des industries transnistriennes et sans revendiquer pour autant une position plus militante que nécessaire.

En somme, Maia Sandu espère prolonger l'équilibre qui avait prévalu en juin 2019, lorsque l'éviction de Vladimir Plahotniuc avait requis une coopération euro-russo-américaine : un rapprochement européen sans friction avec la Russie.

***

La Moldavie doit aujourd'hui tenir compte des aspirations populaires à se rapprocher de l'UE, mais aussi des forces qui souhaitent des relations plus étroites avec la Russie. L'actuelle présidente entend réformer la Moldavie pour avancer sur la voie d'un rapprochement européen, rapprochement qui a souffert ces dernières années du manque de cohérence entre la rhétorique et les décisions concrètes.

Le projet politique de Maia Sandu est fort d'un réel soutien populaire, et ses chances de succès dépendent en large partie de sa capacité à lutter contre la captation de l'État, en réformant sa fonction publique et ses logiques administratives, en poursuivant la modernisation socio-économique, et en mobilisant une diaspora qui lui est acquise. Mais l'inscription de la transformation structurelle dans la durée sera la clé décisive pour espérer atteindre l'objectif.

F. P.

Pour en savoir plus

- J. Durrieu et F. Parmentier, *La Moldavie à la croisée des mondes*, Paris, Éditions Non Lieu, 2019.
- D. Roşca, *Le grand tournant de la société moldave. « Intellectuels » et capital social dans la transformation post-socialiste*, Paris, Presses de l'Inalco, 2019.
- D. Roşca et L. Cotovanu (dir.), *Republica Moldova : 30 de ani în 30 de cuvinte*, Chişinău, Cartier, 2021 (à paraître).

Les Républiques d'Asie centrale à l'heure des défis

Autocraties, réislamisation et influences étrangères

L'indépendance des pays d'Asie centrale les confronte à de multiples défis. Chacun d'entre eux poursuit une stratégie d'affirmation nationale et internationale propre, dans des cadres politiques marqués par l'autoritarisme. Tous doivent composer avec un renouveau de l'islam, longtemps considéré comme un simple référent culturel mais qui entretient désormais des liens avec le djihadisme international. La Turquie, l'Iran, et surtout la Russie et la Chine mènent le carrousel des pressions extérieures.

En 1991, à la faveur du délitement de l'URSS, le Kirghizstan (le 31 août), l'Ouzbékistan (1er septembre), le Tadjikistan (9 septembre), le Turkménistan (27 octobre), puis le Kazakhstan (16 décembre) émergent en tant qu'États souverains pour la première fois de leur histoire. Comment évoluent les régimes politiques de ces pays ? Comment la renaissance de l'islam est-elle gérée dans ces sociétés ? Comment ces États s'affirment-ils sur la scène internationale et à quelles influences extérieures sont-ils soumis ?

Des affirmations nationales différentes, notamment face à la Russie

Seul pays frontalier de la Russie en Asie centrale, comptant de surcroît la plus forte diaspora russe de la région, le Kazakhstan entretient une coopération politique et économique poussée avec son puissant voisin du nord. En parallèle, le président Noursoultan Nazarbaïev met en œuvre, au lendemain de l'indépendance, une diplomatie dite multivectorielle pour diversifier les partenariats de son pays, lui permettant d'attirer des investissements massifs de la Chine pour l'exploitation de ses richesses pétrogazières et minières, ainsi que pour la réalisation d'infrastructures autoroutières et ferroviaires (depuis 2013 dans le cadre des Nouvelles routes de la soie). Astana, la nouvelle capitale du Kazakhstan depuis 1997, bénéficie également du savoir-faire de la Turquie, dont les grands groupes de BTP se voient confier d'importants chantiers.

Pierre angulaire de la région dont il revendique même le leadership, l'Ouzbékistan se détourne quant à lui ouvertement de la Russie, allant jusqu'à grossir, entre 1999 et 2005, les rangs d'un front anti-russe composé de la Géorgie, de l'Ukraine, de l'Azerbaïdjan et de la Moldavie (GUUAM), avant de se rapprocher des États-Unis, auxquels il loue à compter de 2001 une base militaire à Karchi-Khanabad, pour les besoins de l'intervention américaine en Afghanistan. La féroce répression des émeutes d'Andijan en 2005 signe le divorce entre Washington et le régime d'Islam Karimov, lequel s'aligne sur la Russie, notamment en réintégrant l'Organisation du traité de sécurité collective (OTSC), entre 2006 et 2012. L'avènement d'un nouveau président à Tachkent en 2016 marque le début d'une audacieuse politique d'ouverture économique, aux antipodes de l'autarcie karimovienne.

Au Turkménistan, le fantasque Saparmourat Niazov instaure un régime totalitaire de type stalinien, poussant à leur paroxysme culte de sa personnalité et restriction des libertés individuelles. Ce pays désertique se met sous cloche, vivant quasi exclusivement de sa rente gazière, et se faisant l'apôtre d'une politique étrangère frappée du sceau de la neutralité. Les fondamentaux du régime survivent à son instigateur qui disparaît en 2006. Néanmoins, la conclusion d'un traité de partenariat stratégique avec la Russie en 2017 et le soutien apporté par son ministre des Affaires étrangères Rachid Meredov à la Chine pour ses initiatives au Xinjiang et à Hong Kong en 2020 entament le strict isolationnisme jusqu'alors en vigueur à Achkhabad.

États montagneux faiblement peuplés et dotés en hydrocarbures, le Kirghizstan et le Tadjikistan sont le théâtre des plus graves crises ayant frappé l'Asie centrale post-soviétique. Seule démocratie parlementaire de la région, le premier subit trois coups d'État en 2005, 2010 et 2020. Une terrible guerre civile ravage le second entre 1992 et 1997, finalement résolue par la mise en place d'une coalition gouvernementale réunissant néo-communistes et islamo-démocrates, sous le patronage d'Emomali Rahmon. Tant Bichkek que Douchanbé restent alors dépendants de Moscou sur les plans économique – un tiers de leur PIB provient des transferts de fonds venant de leurs travailleurs expatriés en Russie – et militaire – ils hébergent les deux seules bases russes opérationnelles dans la région. Les influences de la Chine, qui pèse un tiers des importations du Kirghizstan, et de l'Iran, qui entretient une relation symbiotique avec le Tadjikistan, seul pays chiite et persanophone d'Asie centrale, se font également sentir.

L'autocratie, une fatalité ?

Au nombre des changements politiques à l'œuvre en Asie centrale, celui qui s'est récemment produit au Kirghizstan est sans conteste le plus spectaculaire. Le 4 octobre 2020, la victoire de Birimdik et Mekenim Kyrgyzstan, deux partis proches du pouvoir, lors d'élections législatives entachées de fraudes massives, plonge le pays dans le chaos. Des manifestants prennent d'assaut des bâtiments officiels et libèrent de prison l'opposant nationaliste Sadyr Japarov, nommé Premier ministre dans la foulée. L'état d'urgence est proclamé le 8 octobre par le président Sooronbaï Jeenbekov, contraint de démissionner une semaine plus tard. Sadyr Japarov lui succède à titre intérimaire, avant de remporter, le 10 janvier 2021, l'élection présidentielle anticipée assortie d'un référendum constitutionnel. L'abandon du régime parlementaire hérité de la révolution de 2010 au profit d'un régime présidentiel, tout autant que la verve populiste et les soutiens politico-financiers du nouvel homme fort de Bichkek, ne laissent pas présager la stabilité d'un pays écartelé entre un nord industriel et russifié et un sud agricole et islamisé.

À l'exception du Kirghizstan, les Républiques d'Asie centrale ont depuis longtemps opté pour un présidentialisme très autoritaire, où l'entre-soi prévaut dans l'exercice et la transmission du pouvoir. À l'instar de l'ancien président azerbaïdjanais Heydar Aliev, qui passe le flambeau à son fils Ilham en 2003, les autocrates centrasiatiques versent clairement dans le népotisme et le transfert dynastique du pouvoir.

On a ainsi prêté l'intention à Islam Karimov en Ouzbékistan et à Noursoultan Nazarbaïev au Kazakhstan de faire de leurs filles aînées, Goulnara Karimova et Dariga Nazarbaïeva, leurs héritières sur le trône. Mais à la mort du président Karimov, à Tachkent en 2016, le pouvoir échoit à son fidèle Premier ministre Chavkat Mirzioïev : le limogeage du chef des services secrets Roustam Inoïatov et l'emprisonnement de Goulnara Karimova pour détournement de fonds publics s'imposent comme marqueurs d'autorité. À Astana, le président Nazarbaïev (âgé de 78 ans) annonce en 2019 une démission en trompe-l'œil. Se maintenant à la tête du Conseil national de sécurité et du parti majoritaire Nour-Otan, le Père de la Nation (*Elbassy*) demeure une figure incontournable de la vie publique du pays : la capitale porte désormais son prénom, et il y intronise deux de ses anciens Premiers ministres, Kassym-Jomart Tokaïev et Karim Massimov, respectivement à la présidence de la République et à la direction des services secrets. Le jeu de chaises musicales propulse à la tête du Sénat Dariga Nazarbaïeva, son renvoi par décret présidentiel un an plus tard marquant un sérieux coup d'arrêt à son ascension politique. En l'état actuel des choses, il faut encore regarder du côté du neveu d'*Elbassy* : nommé premier adjoint de Massimov fin 2020, Samat Abich se détache, à l'évidence, comme la personnalité la plus à même de concrétiser le retour du clan Nazarbaïev aux affaires à la mort du patriarche.

La perspective d'une dynastie présidentielle se fait plus claire encore dans les deux régimes les plus autoritaires d'Asie centrale. Au Turkménistan, où il règne sans partage depuis 2006, Gourbangouly Berdymoukhamedov a attribué un siège au sein du Conseil national de sécurité à son fils Serdar, par suite nommé président de la Cour des comptes et vice-Premier ministre, et introduit sur la scène médiatique son petit-fils Kerimgouly. Au Tadjikistan, Emomali Rahmon, au pouvoir depuis 1997, a placé son fils Roustam Emomali à la tête du Sénat – un poste que ce dernier cumule avec ceux de maire de la capitale Douchanbé et de président des fédérations nationale et centrasiatique de football – et a déclaré hors-la-loi le principal mouvement d'opposition. La présence du Parti de la renaissance islamique du Tadjikistan (PRIT) au gouvernement jusqu'en 2015 constituait une garantie pour une paix nationale durable depuis la fin de la guerre civile, ainsi qu'une exception dans une région où, depuis les indépendances, l'islam a été limité à un rôle de référent identitaire dans les discours publics.

Une résurgence de l'islam : du référent identitaire au djihadisme

Après s'être maintenu clandestinement au plus fort des campagnes athéistes menées par l'URSS et avoir bénéficié d'une certaine tolérance durant la *Perestroïka*, l'islam centrasiatique – majoritairement sunnite de rite hanéfite – réinvestit la sphère publique à partir de 1991. L'atypisme des dirigeants en place au moment de l'indépendance des États centrasiatiques – d'anciens *apparatchiks* de confession musulmane – explique la lecture duale qu'ils font de ce renouveau. D'une part, ils perçoivent positivement la religion du Prophète comme socle identitaire de leurs pays fraîchement indépendants. D'autre part, ils se méfient grandement de son potentiel déstabilisateur pour les régimes qu'ils entendent mettre en place.

Une gestion séculière du fait religieux perdure donc partout dans les Républiques d'Asie centrale, dont chacune se dote, au côté d'institutions coraniques classiques (*muftiat*, *cadiat*), de structures bureaucratiques clairement inspirées de la Direction spirituelle des musulmans d'Asie centrale et du Kazakhstan, fondée à Tachkent en 1943. À l'image de l'audit diligenté en 2017 par la Direction spirituelle des musulmans du Kirghizstan, aux fins de sonder les connaissances religieuses et le contenu des prêches de ses imams, l'objectif est ici de veiller à ce que la résurgence de l'islam se limite strictement à sa dimension culturelle, sans véhiculer de discours politiques.

Qu'il soit le fait des disciples formés par les oulémas locaux durant la période soviétique ou de mouvements exogènes – tels l'Association pour la prédication (Tablighi Jamaat, née dans les Indes britanniques en 1926) ou le Parti de la Libération (Hizb ut-Tahrir, fondé à Amman en 1953) –, l'activisme islamique en Asie centrale est l'objet d'un traitement différencié suivant les États.

Le Turkménistan est le pays le plus hermétique à ces influences et se livre à une réislamisation par le haut *via* l'autorité quasi divine du président Niazov, autoproclamé Père des Turkmènes (*Turkmenbachi*) et auteur d'un *Livre de l'Esprit* (*Roukhnama*) dont chaque mosquée a l'obligation de conserver un exemplaire à côté du Coran… Le Kazakhstan affiche une tolérance moindre que le Kirghizstan vis-à-vis des organisations prosélytes en provenance des pays du Golfe et du sous-continent indien. Quant aux deux États centrasiatiques où l'islam connaît l'enracinement le plus profond, ils apportent des réponses pour le moins divergentes aux groupes contestant l'ordre établi. Le Tadjikistan légalise et associe le PRIT à l'exercice du pouvoir (entre 1997 et 2015). L'Ouzbékistan se montre, lui, d'une sévérité à toute épreuve envers le Mouvement islamique d'Ouzbékistan (MIO).

La trajectoire de ce groupe terroriste – délogé de sa base arrière de la vallée de Fergana, puis réfugié successivement en Afghanistan, dans les zones tribales pakistanaises et en Syrie, où il prête allégeance à Daech en 2015 – reflète l'évolution de l'islamisme combattant de l'Asie centrale, qui abandonne peu à peu un modèle autocentré pour rallier les principales organisations djihadistes internationales. Ces dernières prennent également dans leurs filets de jeunes Centrasiatiques en déshérence dans leur pays d'origine, ou émigrés en Russie, à travers des campagnes de recrutement lancées *via* internet et les réseaux sociaux.

Les djihadistes centrasiatiques, aguerris par des mois de combat dans les rangs de Daech en Syrie – ils y constituent le deuxième plus gros contingent en 2015, avec près de 4 000 hommes –, vont regagner l'Asie centrale, où ils commettent des attentats en 2016 au Kazakhstan et au Kirghizstan. En 2017, la menace se propage vers la Russie (attaque kamikaze dans le métro de Saint-Pétersbourg le 3 avril), et même au-delà de l'espace post-soviétique (fusillade dans une boîte de nuit à Istanbul le 1er janvier; attaque au camion-bélier à Stockholm le 7 avril; attentat à la camionnette à New York le 31 octobre).

Dans le monde de l'après-11 septembre 2001, les régimes centrasiatiques ont exploité la menace du fondamentalisme islamique pour réprimer toute tentative de diversifier l'offre politique en leur sein, amalgamant à l'envi dissidents et extrémistes. Ils ont, par ailleurs, fait preuve de suspicion envers les pays musulmans qui voyaient dans l'Asie centrale mondialisée une terre d'islam à reconquérir.

Les puissances régionales à la reconquête de l'Asie centrale

L'Asie centrale attise les convoitises de prestigieux voisins, se retrouvant emprise dans de multiples luttes d'influence.

La Turquie et l'Iran misent sur leur propre appartenance à l'*Oumma* (la Communauté des croyants) pour reprendre pied dans la région. La compétition tourne ici à l'avantage de la première, qui porte l'offre de réislamisation la plus large : sa Direction publique des affaires religieuses (*Diyanet*), ainsi que des mouvements privés – telles la confrérie *naqshbandie* dirigée par Osman Nuri Topbaş, ou la communauté de Fethullah Gülen (jusqu'en 2016) – financent la construction de mosquées et mettent en place des partenariats universitaires en Asie centrale. Ankara bénéficie, en outre, de liens ancestraux avec les Kazakhs, Karakalpaks, Kirghizes, Ouïghours, Ouzbeks et autres Turkmènes, tous musulmans sunnites et turcophones. Le contraste est saisissant avec l'Iran, dont les relais ethno-confessionnels locaux se concentrent au Tadjikistan et en Ouzbékistan (à Samarcande, Boukhara et Termez). Le bilan mitigé du prosélytisme iranien s'explique, en outre, par le fossé politique existant entre la République islamique de Téhéran et les Républiques laïques d'Asie centrale.

Quant à la Chine et la Russie, elles se livrent en Asie centrale une concurrence pluridimensionnelle. À compter de 1991, la Chine mène une politique de bon voisinage qui lui permet de normaliser ses contentieux frontaliers avec le Kazakhstan, le Kirghizstan et le Tadjikistan, privant le nationalisme ouïghour de bases arrière. En parallèle, Pékin s'impose en tête des partenaires commerciaux du Kirghizstan et de l'Ouzbékistan, et fait main basse sur le pétrole et les minerais du Kazakhstan, le gaz naturel du Turkménistan et les terres agricoles du Tadjikistan. Le lancement, en 2013, par le président Xi Jinping des Nouvelles routes de la soie – réseau de voies terrestres pour rallier l'Europe et le Moyen-Orient, au prix d'investissements de plusieurs milliers de milliards de dollars – constitue un nouveau signal fort des ambitions chinoises en Asie centrale.

Face à une telle dynamique, la Russie, partenaire privilégié du Tadjikistan et du Kazakhstan, joue la carte du protectionnisme, mettant en place des organisations régionales destinées à préserver ses intérêts. Sous l'égide de Moscou, l'Union économique eurasiatique (UEE) établit un marché commun avec Nour-Soultan et Bichkek – et peut-être prochainement Douchanbé (candidat) et Tachkent (observateur depuis 2020). Le Kazakhstan, le Kirghizstan et le Tadjikistan se placent sous la protection militaire russe dans l'OTSC. La gestion de la sécurité régionale se diversifie cependant au profit de la Chine : son statut de membre fondateur de l'Organisation de coopération de Shanghai lui permet de participer depuis 2001 à des exercices communs avec les États centrasiatiques en matière de lutte contre le terrorisme, le séparatisme et les trafics, et un rapport publié par le Pentagone en septembre 2020 a révélé l'installation d'une base militaire chinoise au Tadjikistan.

L'épidémie de coronavirus qui s'étend à l'Asie centrale en 2020 illustre le pragmatisme de la Chine, dont les avions d'aide médicale transportent également des ouvriers chargés de relancer la construction d'usines dans la région. Quant à sa « diplomatie vaccinale », elle se heurte à la rivalité avec la Russie, dont le vaccin Spoutnik V est déjà administré au Kirghizstan, au Turkménistan et au Kazakhstan – lequel met d'ailleurs au point son propre vaccin, QazVac –, et est en cours d'homologation en Ouzbékistan et au Tadjikistan.

La pandémie née à Wuhan ravive le sino-scepticisme des États centrasiatiques, conscients que Pékin n'hésite pas à imposer des conditions très dures à ses débiteurs. Tel avait été le cas avec le Turkménistan, contraint de vendre à Pékin son gaz naturel à bas prix pour rembourser les crédits octroyés en 2011 et 2013. On ne peut exclure que le Tadjikistan et le Kirghizstan, dont la Chine détient les dettes publiques respectives pour près d'un tiers et de la moitié, soient demain amenés à lui céder des terres agricoles…

Les jeunes Républiques souveraines de l'Asie centrale post-soviétique demeurent fortement tributaires de leurs puissants voisins sur les plans sécuritaire, économique et même sanitaire. La vague d'indépendances qui a déferlé sur la région en 1991 n'a donc pas suffi à désenclaver ces pays, pour lesquels s'affranchir des contraintes liées à leur situation géographique et de leurs voisins prédateurs relève de l'intérêt vital.

M. L.

Pour en savoir plus

- D. Chaudet, « En Asie centrale, le coronavirus pourrait signer la fin de l'ère "post-soviétique" », *Asialyst*, 1er mai 2020.
- M. Levystone, *Russie et Asie centrale à la croisée des chemins. Des survivances soviétiques à l'épreuve de la mondialisation*, Paris, L'Harmattan, 2021.
- V. Sridhar, « Sino-Russian Economic Cooperation in Central Asia Is Not What It Seems to Be », *The Diplomat*, 23 septembre 2020.

Caucase du Sud : l'introuvable stabilisation

Entre les empires

Trente ans après la chute de l'URSS, les États du Caucase du Sud (Arménie, Azerbaïdjan, Géorgie) sont toujours marqués par le soviétisme et tributaires des secousses géopolitiques liées à la Russie, à la Turquie et à l'Iran, comme l'atteste la dernière guerre du Haut-Karabagh de l'automne 2020. Remporté par l'Azerbaïdjan à l'issue de 44 jours de combats très meurtriers, ce conflit a redistribué les cartes stratégiques dans la région et démontré que le Caucase du Sud restait un espace instable, vulnérable et fragile.

La diaspora de l'Arménie, les hydrocarbures de l'Azerbaïdjan et le littoral de la Géorgie leur ont ouvert les portes de la mondialisation et les ont mis en contact avec les démocraties libérales et les marchés prospères de l'Occident. Mais ces trois États traversent une transition laborieuse, mouvementée et perméable aux vents stratégiques extérieurs, comme si le Caucase du Sud ne parvenait pas à s'affranchir d'un voisinage post-impérial, russe, turc et iranien.

L'Arménie, l'Azerbaïdjan et la Géorgie ont beau trouver leur place sur la scène internationale et moderniser leurs systèmes politiques, en raison de leur histoire et de leur géographie, de leur sociologie et de leur conception du pouvoir, ces trois États ne jouissent pas d'assises solides en termes de souveraineté. Leur nationalisme ombrageux les retient dans l'élaboration d'une diplomatie de normalisation et d'intégration, de sorte que le Caucase du Sud, propice aux conflictualités armées, n'en finit pas de courir derrière une introuvable stabilisation.

La guerre défigure les souverainetés

Dans le Caucase du Sud, plus qu'ailleurs dans l'ancien espace soviétique, la terre est marquée par la guerre, laquelle reste pourtant difficile à définir tant les configurations locales compliquent le débat stratégique. S'agit-il de guerres infra-étatiques entre l'Abkhazie et l'Ossétie du Sud, et la Géorgie d'une part ; entre le Haut-Karabagh et l'Azerbaïdjan d'autre part ? Ou plutôt de guerres inter-étatiques entre la Russie et la Géorgie d'une part ; entre l'Arménie et l'Azerbaïdjan d'autre part ? Ou encore de guerres hybrides ? De la difficulté de définir ces conflits armés dépendent leurs processus de résolution, l'avenir des trois États et leur intégration régionale.

Trois modèles d'État

En Géorgie, l'exemple suivi par les autorités centrales est le modèle polonais de la reconversion, ou celui de l'État occidental. Il s'agit d'un modèle qui privilégie l'ancrage euro-atlantique, inspiré par une volonté d'afficher une tradition de souveraineté, une demande d'adhésion à l'Organisation du traité de l'Atlantique nord (OTAN), une tension avec la Russie perçue comme une puissance prédatrice, une place importante accordée à la religion chrétienne et au respect des traditions, le tout enveloppé dans un épais et agressif nationalisme.

En Arménie, le modèle emprunté par les autorités nationales est le modèle russe de la reconversion, ou celui de l'État-garnison. Il s'agit d'un modèle promouvant l'intégration arméno-russe au nom d'une vieille tradition d'amitié bilatérale au service d'une sécurité partagée contre la menace du panturquisme (Turquie, Azerbaïdjan), et où la religion chrétienne exerce une influence non négligeable sur les institutions et la société, le tout rassemblé dans un nationalisme défensif mais non moins véhément.

En Azerbaïdjan, le modèle suivi est le modèle centrasiatique de la reconversion, ou celui de l'État autoritaire. Il s'agit d'un modèle qui frôle la dictature, garantit tous les pouvoirs à un clan à la tête d'une pétro-République – ici le clan Aliev –, le verrouillage de la vie politique et le contrôle de la société. Le pouvoir se transmet de père en fils et se fonde sur la rente pétrolière et gazière, la religion islamique étant instrumentalisée par le clan aux affaires, qui brandit un nationalisme agressif pour mieux surveiller la nation hétérogène d'un jeune État. Depuis 1991, ces trois modèles cohabitent plus ou moins bien dans le Caucase du Sud, rythmant la transition.

L'arbitrage russe

Face aux indépendances d'États en guerre, et depuis l'effondrement de l'URSS, la Russie, qui entend conserver son influence sur l'ancien pourtour soviétique, exerce une forte pression sur les capitales en mettant en place une diplomatie post-soviétique et post-impériale caractérisée par le recours à des mécanismes de régulation multilatéraux largement vides de contenu.

Qu'il s'agisse de l'Abkhazie-Ossétie du Sud ou du Haut-Karabagh, la stratégie de la Russie est double. D'une part, elle accepte la médiation internationale de groupes de contact tout en les privant de toute efficience – en se contentant de favoriser un agenda de rencontres, de missions, de sommets sans le moindre effet positif sur la résolution des conflits. D'autre part, en privilégiant sa sécurité au détriment de la paix, la Russie met en place des mécanismes de régulation exclusivement locaux, sans présence d'acteurs internationaux (Européens, Américains), en laissant croire qu'étant le seul arbitre, elle s'implique dans la paix internationale. La Russie croit d'autant plus à ces modes de régulation pervers qu'elle se méfie des « révolutions de couleur » (Géorgie en 2003, Arménie dans une moindre mesure en 2018), qu'elle considère comme un cheval de Troie des Occidentaux dont l'ambition serait de placer dans les capitales trans-caucasiennes des régimes hostiles à Moscou.

Démonétiser le Caucase du Sud

Cette stratégie a été mise en place dès 2008 lors de la « guerre des Cinq jours » entre la Russie et la Géorgie. Avec sa victoire militaire, Moscou a privé Tbilissi de son statut de pivot régional du Caucase du Sud et repoussé le projet d'adhésion de la Géorgie à l'OTAN. Douze ans plus tard, la guerre entre Arméniens et Azerbaïdjanais a permis à la Russie de démonétiser son allié, l'Arménie, en la privant de sa profondeur stratégique dans le Haut-Karabagh et en cherchant à la discréditer auprès des Occidentaux. Dans les deux cas, la Russie entend désoccidentaliser le Caucase du Sud et priver Européens et Américains de tout levier efficace dans la région.

L'autre volet de cette démonétisation consiste à créer les conditions d'un rapprochement avec la Turquie et l'Iran, anciennes puissances impériales et partenaires dans le processus d'Astana en charge du règlement de la question syrienne. Russes, Turcs et Iraniens coopèrent pour désactiver les politiques des Européens et des Américains dans cette région, véritable chasse-gardée des trois anciens empires d'Orient. Dans la guerre du Haut-Karabagh de l'automne 2020, les connivences russo-turques ont été évidentes. La rhétorique anti-occidentale coalise Turcs et Russes, mais conduit Moscou à favoriser les intérêts d'Ankara dans la co-gestion du conflit arméno-azerbaïdjanais, au détriment des deux autres co-présidents du Groupe de Minsk (France, États-Unis), en réduisant ainsi encore plus la présence occidentale – déjà faible – dans le Caucase du Sud.

Les limites de l'influence occidentale

Quoi qu'en pense la Russie, l'Occident n'est pas parvenu à s'inféoder le Caucase du Sud depuis la chute de l'URSS. De trente ans de collaboration avec les nations trans-caucasiennes, Européens et Américains ne peuvent présenter qu'un bilan mitigé dans cet espace secondaire, un bilan pour l'essentiel tourné vers l'exploitation des hydrocarbures de la mer Caspienne *via* l'Azerbaïdjan, la mise en place du Partenariat pour la paix de l'OTAN, celle du Partenariat oriental de l'Union européenne (UE) – comprenant les trois États du Caucase du Sud ainsi que l'Ukraine, la Biélorussie et la Moldavie –, avec des accords d'association aléatoires.

Si la Géorgie a, en effet, signé en 2013 le premier acte de son intégration aux marchés européens (*Deep and Comprehensive Free Trade Agreement*), l'Arménie n'a eu droit qu'à une version au rabais (*Comprehensive and Enhanced Partnership Agreement*) en raison de son adhésion surprise à l'Union économique eurasienne (UEE) défendue par la Russie. Quant à l'Azerbaïdjan, il négocie encore avec Bruxelles un possible partenariat devant tenir compte de ses capacités de production et d'exportation d'hydrocarbures. Si bien qu'aujourd'hui les chancelleries occidentales ne jouissent pas d'une grande capacité d'influence auprès des États trans-caucasiens, où les milieux les plus favorables aux valeurs euro-atlantiques n'hésitent plus à faire part de leur déception, comprenant au passage que les États-Unis et l'UE ne prendront jamais le risque de les soutenir directement contre toute forme d'agression de la part de la Russie, ce qui fragilise la démocratisation de ces États et remet en question leur indépendance.

L'indépendance : une assurance sans garantie

Confrontées à la lassitude et à la méfiance d'une Russie en pleine expansion, mais aussi à un voisinage turc et iranien galvanisé par ses succès au Proche-Orient, l'Arménie, l'Azerbaïdjan et la Géorgie ont opté pour des trajectoires d'adaptation devant leur permettre de conserver leurs acquis de souveraineté, même si la Géorgie et l'Arménie affichent désormais des visages défigurés par la guerre. Ces processus de réajustements s'appuient pour l'essentiel sur le redressement économique, au nom d'un axiome selon lequel le développement renforce la souveraineté et conforte les investisseurs – y compris la Russie – dans le principe du gagnant-gagnant.

Des économies déséquilibrées

En trente ans de transition, les trois États ont reconstruit leurs économies nationales dans des configurations stratégiques souvent défavorables, et avec une aide importante d'organisations financières internationales comme le Fonds monétaire international et la Banque mondiale, à l'exception de la pétro-République que constitue l'Azerbaïdjan. Espaces en conflit, les États trans-caucasiens tentent de s'affranchir du statut d'économies de guerre.

L'Azerbaïdjan s'en sort le mieux grâce à la rente énergétique – et notamment ses *pipelines* en place depuis les années 2000-2010. La Géorgie, tirant profit de son étroite coopération avec les marchés européens, a fortement développé une économie de services. L'Arménie apparaît comme la branche pauvre de cette transition économique. Frappé par un blocus turco-azerbaïdjanais en raison de l'abcès du Karabagh, le petit marché arménien, isolé, tente de se stabiliser à partir des routes géorgienne et iranienne, mais voit son taux de pauvreté stagner autour de 25 % de la population depuis la crise financière de 2008.

L'impact des conflits, maladroitement dits « gelés », sur les économies déséquilibre les politiques de conversion, si bien que plus l'observateur s'éloigne des capitales, plus les rides du communisme réapparaissent, avec cette caractéristique propre aux États du tiers-monde : une capitale au centre développé mais à la périphérie pauvre, une forte urbanisation, un exode rural en progression exponentielle, sans compter une corruption endémique, en dépit des nets progrès enregistrés en Géorgie, et surtout en Arménie depuis la révolution de Velours de 2018.

Une intégration inégale dans la mondialisation

La lente ou fragile diversification des économies nationales illustre le déficit d'intégration du Caucase du Sud dans la mondialisation. La Géorgie a vu en 2008 son littoral de la mer Noire en partie amputé par la sécession de l'Abkhazie. L'Arménie n'a guère qu'un usage humanitaire, du moins symbolique, de sa puissante diaspora, émotionnellement sensible aux douleurs du pays mais matériellement peu tournée vers les investissements.

Quant à l'Azerbaïdjan, la pénurie de pétrole et les prix aléatoires du baril de l'or noir ralentissent le développement d'autres secteurs économiques. Bakou a du mal à penser la transition écologique mondiale et a opté en faveur de la transformation du pays en territoire de transit entre Asie centrale et Europe. En 2019, l'Azerbaïdjan a officialisé le projet du Trans-Caspian Gas Pipeline (TCP) qui doit relier le

Turkménistan aux Balkans *via* un axe Bakou-Ankara. Ce projet de 300 kilomètres entre les deux rives du bassin caspien a pu se concrétiser grâce à la signature en 2018 de la Convention internationale sur le statut de la mer Caspienne par les cinq pays riverains (Azerbaïdjan, Iran, Russie, Kazakhstan, Turkménistan), mettant ainsi fin à vingt ans de désaccords juridiques.

Un nouveau désenclavement multilatéral

Près d'un an après la guerre du Karabagh (2020), le Caucase du Sud est au centre de plusieurs nouveaux processus de désenclavement, à la faveur d'un ordre régional sous parrainage russo-turc.

Le pharaonique projet chinois des Nouvelles routes de la soie s'appuie sur un pivot azerbaïdjanais, sans pour autant exclure l'Arménie et la Géorgie de ses plans géoéconomiques. La passivité de Pékin lors de la guerre du Karabagh s'inscrit dans cette configuration. Alors que la Chine, préoccupée par la question du Xinjiang, est sensible au risque du panturquisme qu'exprime l'axe Bakou-Ankara, Pékin a privilégié la défense de l'intégrité territoriale d'un État au détriment du soutien aux Arméniens, obstacles à l'expansion turco-azerbaïdjanaise.

L'Iran, dont les relations avec la communauté internationale sont suspendues aux négociations sur la réactivation du *Joint Comprehensive Plan of Action* (JCPoA) du 14 juillet 2015, a vu, quant à lui, ses projets de désenclavement interrompus. L'Inde, puissance rivale de la Chine et surtout du Pakistan, alliée de l'Azerbaïdjan lors de la guerre du Karabagh, a pourtant proposé son aide militaire à l'Arménie et fait état de propositions concrètes de coopérations économiques à destination de l'Iran, de l'Arménie et de la Géorgie en vue de gagner le marché européen.

Quant à la Russie, qui tient sans cesse à réaffirmer sa puissance dans la région, elle n'ignore pas que la normalisation de ses relations avec Tbilissi est un préalable à la fluidité des échanges inter-caucasiens. Mais le processus de Genève – sous l'égide de l'UE, de l'Organisation pour la sécurité et la coopération en Europe (OSCE) et de l'Organisation des Nations unies (ONU) – est au point mort depuis 2008, en dépit d'un léger réchauffement des relations entre les deux gouvernements. Plus au sud, depuis la défaite militaire de l'Arménie, les trois anciens empires tentent de miser sur l'ouverture de toutes les voies de communication entre les trois États du Caucase du Sud, le but étant d'afficher un visage de paix et de prospérité, mais aussi d'écarter l'Occident du jeu régional.

Une autonomisation des sociétés civiles à la peine

Dernier problème, au cœur de l'instabilité chronique du Caucase du Sud : l'impossible autonomisation des sociétés civiles, théoriquement liée à la démocratisation des nations. Marqués par sept décennies de soviétisme et trois autres de post-soviétisme, les peuples trans-caucasiens éprouvent quelques difficultés à s'émanciper des politiques gouvernementales et de prégnants récits officiels sur l'histoire et le nationalisme.

En Azerbaïdjan, plus qu'en Géorgie et en Arménie qui ont connu des révolutions populaires affirmant la volonté des peuples de protéger leur État contre les régimes en place, État et société civile se confondent. L'autoritarisme du clan Aliev impose un nationalisme frôlant le racisme anti-arménien. Les guerres régionales montrent en effet largement que ces conflits ne sont pas de nature exclusivement géopolitique : ils sont aussi identitaires, intersociaux tant les nationalismes républicains sont ancrés dans les mentalités et menacent de renverser les régimes en place en cas de compromis avec l'ennemi. Cette incapacité à affirmer son autonomie par rapport au message officiel invalide toute idée de contrat social entre gouvernants et gouvernés, et se traduit par un déficit de confiance et de fortes vagues d'émigration depuis trente ans : signe, encore, des pathologies sociales d'États impuissants à conserver leur population sur place avec des politiques publiques d'intégration.

***

En trente ans, le Caucase du Sud est passé d'un statut d'ancien espace soviétique à celui de zone périphérique instable des trois empires, des trois puissances émergentes qui, peu à peu, dessinent les contours d'un nouvel ordre régional où tous les problèmes devraient être résolus dans le cadre d'un format 3+3 (Russie, Iran, Turquie + Arménie, Azerbaïdjan, Géorgie).

À cette heure, le projet est au point mort, la Géorgie refusant ce format car les Occidentaux en sont exclus et parce qu'elle se méfie d'un jeu cynique de la Russie. La présence de troupes russes dans les trois États du Caucase du Sud montre que Moscou pense encore en zone d'influence. Initié en 2008 et confirmé en 2020, le nouvel ordre régional du Caucase du Sud renferme une contradiction qui peut cacher une nouvelle source d'instabilité : la Turquie, membre isolé de l'OTAN, désormais présente dans le Caucase du Sud, prétend co-gérer avec la Russie le problème du Haut-Karabagh. Cette présence turque est-elle pour la Russie un moindre mal contre l'Occident, ou le nouveau signe d'un voisinage encombrant, car rival ?

La stabilité du Caucase du Sud dépend de cette alternative, mais aussi du retour des États-Unis dans la région. Washington et Paris ont été humiliés par l'accord tripartite (russo-arméno-azerbaïdjanais) du 10 novembre 2020 qui a mis fin à la guerre du Karabagh et considèrent que le Groupe de Minsk est la seule autorité légitime pour régler le conflit. En reconnaissant le génocide des Arméniens, les États-Unis marquent aussi leur retour dans le Caucase du Sud, au moment où celui-ci est convoité par les puissances chinoise, indienne, turque et iranienne. De telle sorte que, dans le couloir du Caucase du Sud, si les acteurs changent, l'instabilité reste…

G. M.

Pour en savoir plus

- A. Areshev, « Turkey Activities in the Caucasus », *Russia in Global Affairs*, n° 4, octobre-décembre, 2020.
- E. Rumer, R. Sokolsky et P. Stronski, « U.S. Policy Toward the South Caucasus: Take Three », Carnegie Endowment for International Peace, 31 mai 2017.
- « The South Caucasus, 2018: Facts, Trends, Future Scenarios », Konrad Adenauer Stiftung, 2018.

Partie 3

Le monde en questions

La France, vers la présidence de l'UE

Faire avancer l'Europe, et l'idée d'Europe

La présidence française du Conseil de l'Union européenne sera dominée par la relance post-Covid, la volonté d'affirmer une autonomie européenne dont la pandémie a éclairé les manques, et de renforcer l'idée européenne, au premier chef en France – peut-être avec l'aide de la Conférence sur l'avenir de l'Europe.

Paris assurera la présidence du Conseil de l'Union européenne (UE) durant le premier semestre 2022. Il s'agit d'un moment rare, la dernière présidence française du Conseil de l'UE remontant à 2008, mais aussi d'un moment privilégié pour faire avancer l'agenda européen de la France, ainsi que l'idée d'Europe en France.

Pour autant, ce moment s'annonce d'emblée marqué par un agenda contraint : d'abord par la séquence politique européenne dans laquelle il s'inscrit, avec la mise en œuvre du plan de relance européen, et plus largement les enjeux liés à la reprise de l'activité économique au sortir de la pandémie de Covid-19 ; ensuite au regard de la situation politique intérieure, puisque cette présidence du Conseil de l'UE sera traversée par la campagne pour l'élection présidentielle française de mai 2022, et l'élection elle-même.

Un agenda volontariste : relance, puissance, appartenance

Ces trois mots clés ont été choisis comme une réponse aux défis que connaît l'Europe sur les plans sanitaire, environnemental, démocratique et sécuritaire. Ils ont pour corollaire les actions engagées par l'UE pour assurer sa transition numérique, atteindre les objectifs climatiques ambitieux qu'elle s'est fixés, conduire la réforme de la politique migratoire et des accords de Schengen qu'elle a promise, mais aussi renforcer l'Europe sociale.

La condition de la relance

La réussite de la relance s'impose comme un objectif essentiel, et au premier chef pour permettre aux économies européennes fortement affectées par la pandémie de renouer avec la croissance. Cette relance doit aussi être orientée vers de nouveaux besoins et vers les investissements correspondants, afin de réussir les transitions énergétique et numérique dans lesquelles l'UE s'est engagée, notamment au travers de la mise en œuvre des fonds prévus dans le cadre du plan

Next Generation EU. La relance, c'est le soutien à l'innovation et au développement des technologies d'avenir qui permettront à la France et à l'Europe de s'imposer dans la compétition technologique. En vue de sa présidence du Conseil, la France engage un chantier visant à faire émerger des champions européens du numérique. L'initiative, baptisée *Scale-up Europe*, regroupe 150 experts chargés de formuler des propositions dans quatre domaines : la formation, le financement, les technologies fondamentales et la collaboration entre *start-ups* et entreprises.

La relance est aussi un moyen de renforcer la confiance des citoyens envers l'Europe. Au sortir d'une crise sans précédent, la dimension sociale de l'UE est essentielle afin de démontrer qu'elle est au service de ses citoyens et qu'elle les protège et peut préserver leur avenir. L'UE doit montrer qu'elle accorde une place importante à la protection et à la solidarité, et qu'elle peut traduire ce choix dans un agenda substantiel[1]. C'est là un enjeu à la fois démocratique, économique et social.

Penser, enfin, sa puissance ?

Ce faisant, l'UE ne peut adopter une attitude de repli sur ses propres maux. Elle doit également réviser sa place dans le monde et acquérir une vision plus réaliste de ses intérêts. D'où la question, à nouveau posée, de la puissance. Il s'agit là à la fois d'un thème central de l'agenda politique du président Macron, qui a essayé de rallier à cette idée d'autres dirigeants européens, en particulier la chancelière Merkel, et d'un sujet marqué par la controverse, notamment autour de l'avenir de la relation avec les États-Unis et l'Organisation du traité de l'Atlantique nord (OTAN).

L'épidémie du Covid-19 a démontré l'étendue des interdépendances (masques, vaccins…) qui résultent d'une mondialisation sans limites, et fait prendre conscience à l'opinion publique européenne de l'émergence d'un monde où la compétition de puissance était de retour, comme la prééminence de la force sur la norme. Un monde marqué par le retour de projets néo-impériaux et par la valorisation de la souveraineté des États par rapport à celle des peuples. Dans cet environnement international plus incertain, l'Europe ne peut en rester à un projet essentiellement économique, à l'image de la Commission qui n'est compétente ni en matière de politique étrangère ni en matière de politique de sécurité et de défense. Les Européens doivent accroître leur autonomie stratégique, c'est-à-dire leur capacité à décider par et pour eux-mêmes. Ce thème de la puissance porte aussi sur la capacité de l'UE à se projeter en tant qu'acteur capable d'affirmer et de défendre ses valeurs et ses intérêts dans le monde, en particulier dans les espaces où s'exprime la compétition stratégique, tels que la région de l'Indo-Pacifique.

S'approprier des priorités partagées

Troisième élément du triptyque, l'appartenance se décline dans une double dimension. Compte tenu du contexte électoral français durant la future présidence, l'appropriation des thèmes portés par cette présidence ne pourra être atteinte qu'avec un soutien politique transpartisan. Dans cet objectif, a été constitué un comité de suivi de la présidence française de l'UE, chargé de déterminer des priorités partagées et d'éviter les suspicions de récupération politique. En tout état de cause,

1. É. Borne et C. Beaune, « L'heure est venue de renforcer l'Europe sociale », *Le Monde*, 9 mai 2021.

il sera sans doute difficile de dissocier le bilan de la présidence du Conseil européen de celle du candidat Macron, tant l'Europe s'impose comme l'un des thèmes centraux du quinquennat du président sortant.

L'appartenance est aussi une question de culture. Les domaines de la culture et de l'enseignement, souvent délaissés dans le cadre européen, demeurent essentiels pour contribuer à définir un sentiment commun. Un effort particulier devrait être fait en faveur de ces domaines durant la présidence française. À cet effet, un comité culturel sera institué, pour faire vivre l'Europe dans toute la France dès 2021, à travers une large gamme d'activités englobant spectacle vivant, création plastique et littéraire, audiovisuel ou encore débat d'idées.

Ces trois thèmes de l'agenda de la présidence française touchent à des sujets complexes et diversifiés, qui n'ont de surcroît pas toujours la même signification pour les autres États membres, à l'instar de la notion de puissance, qui demeure pour beaucoup un sujet difficile, notamment en Allemagne. Pour assurer une diffusion large de ces idées et réunir les conditions d'un consensus entre Européens, il sera essentiel d'assurer une bonne articulation avec d'autres initiatives européennes, qui arriveront à maturité sous présidence française.

Deux projets phares

La Conférence sur l'avenir de l'Europe, amorcée au printemps 2021, devrait se conclure sous présidence française au printemps 2022. Il s'agit d'un large exercice de consultation associant citoyens, sociétés civiles et parlements nationaux, que le Premier ministre portugais Antonio Costa – président en exercice du Conseil de l'UE – a qualifié en 2021 de « conférence des citoyens, avec les citoyens, pour les citoyens ». Une plateforme numérique a été lancée en avril 2021 par la Commission, afin de recueillir les contributions. Une synthèse sera effectuée au terme de l'exercice, qui se veut ouvert, hors de tout objectif de révision des institutions ou des traités. Au nombre des questions déjà évoquées par certains responsables européens, figurent notamment l'Europe de la santé, la question de l'unanimité au Conseil en matière de politique étrangère, le concept de *Spitzenkandidat*, ou encore le droit d'initiative du Parlement européen…

La « Boussole stratégique », projet lancé sous présidence allemande, devrait aussi se conclure sous présidence française. À travers cet exercice, il s'agit pour les États membres de conduire une analyse commune à la fois des menaces sur lesquelles il est essentiel d'avoir une appréciation partagée et des réponses possibles, et de définir un consensus sur les capacités nécessaires. L'exercice de la « Boussole stratégique » entend donc créer un cadre commun, alimentant la réflexion autour d'une forme d'autonomie stratégique européenne.

Nourrir notre identité européenne, son imaginaire, ses symboles

S'agissant de la France, deux sujets peuvent ici déjà être identifiés : le statut de Strasbourg et la place de la langue française.

Comme l'a rappelé le président de la République à l'occasion du lancement de la Conférence sur l'avenir de l'Europe, « Strasbourg, capitale de l'Europe, est un symbole et nous ne construisons pas d'imaginaire européen, de sentiment d'appartenance commune, sans symboles ». La ville de Strasbourg, capitale européenne, sera centrale dans les événements de la présidence française, mais aussi dans le cadre des travaux de la Conférence sur l'avenir de l'Europe.

La France entend également saisir l'opportunité de la présidence du Conseil pour défendre l'usage du français dans l'UE et promouvoir la francophonie dans une Union post-Brexit. Comme le rappelaient Clément Beaune et Jean-Baptiste Lemoyne[2], la présidence française « sera pour la France l'occasion de porter haut ce combat vital pour le plurilinguisme » et d'enrayer le déclin du français dans les instances européennes. C'est dans cet objectif qu'a été constitué un Groupe de travail pour la francophonie et le plurilinguisme au sein des institutions européennes. Composé de personnalités aux origines et aux parcours variés, ce groupe de travail formulera des propositions concrètes : définition d'exigences linguistiques supplémentaires pour les candidats aux concours de la Commission européenne; moyens de garantir le respect du multilinguisme dans la communication des institutions; fléchage des subventions européennes selon un critère de respect du plurilinguisme… Un rapport sera rendu à l'occasion de la Journée européenne des langues, le 26 septembre 2021.

Même si le programme détaillé de la présidence française ne doit être présenté qu'en fin d'année, quelques événements mériteront une attention particulière, au regard de l'influence qu'ils pourraient avoir sur cet agenda. En premier lieu, le rythme auquel les États membres parviendront à sortir de la pandémie de Covid-19 et à reprendre une vie normale sera déterminant par rapport aux objectifs fixés. La coalition qui formera le nouveau gouvernement allemand, à l'issue des élections de septembre 2021, constituera également une donnée importante. En particulier, le score réalisé par les Verts, voire la possibilité que le futur chancelier sorte de leurs rangs, influencera l'agenda européen des prochaines années, ainsi que la relation franco-allemande.

Enfin, certains dossiers pourraient prendre une importance particulière durant la présidence française, à l'instar de la ratification de l'accord entre l'UE et la Chine sur les investissements, dont la négociation s'est conclue en décembre 2020. Cet accord a été controversé dès le départ, et le durcissement qui a marqué ces derniers mois les relations entre l'UE et la Chine ne facilite pas l'émergence d'un consensus, ce qui pourrait nécessiter une intervention de la présidence en exercice.

É-A. M.

Pour en savoir plus

- Y. Bertoncini et T. Chopin, « Macron l'Européen : de l'*Hymne à la joie* à l'embarras des choix », *Le Débat*, vol. 208, n° 1, janvier-février 2020.
- C. Mölling et T. Schütz, « The EU's Strategic Compass and Its Four Baskets: Recommendations to Make the Most of It », *DGAP Report*, n° 13, DGAP, novembre 2020.
- « Plan de relance pour l'Europe », Commission européenne, 2020.

2. J.-B. Lemoyne et C. Beaune, « La présidence française de l'Union européenne est une opportunité historique pour la francophonie », *Le Figaro*, 8 avril 2021.

L'Union européenne et le Royaume-Uni post-Brexit

Vers une coopération constructive ?

Les accords entre le Royaume-Uni et l'UE laissent de côté de multiples dimensions des relations bilatérales. Et sur les sujets traités, nombre d'interrogations demeurent, en particulier sur le respect des règles de la concurrence équitable ou sur le dossier irlandais. En matière de politique étrangère et de défense, beaucoup dépendra de Londres : le Royaume-Uni privilégiera-t-il les intérêts communs avec les Européens ou l'alignement sur Washington ?

Dans tout divorce, le plus ardu vient le lendemain. Dans l'Accord de retrait, les deux parties se sont accordées sur trois dossiers : droits des citoyens ; règlement financier ; situation de l'Irlande. Dans l'Accord de commerce et de coopération, elles se sont entendues sur « des régimes préférentiels dans des domaines tels que le commerce de marchandises et de services [...] l'énergie, la pêche, la coordination de la sécurité sociale, la coopération policière et judiciaire en matière pénale. » L'accord traite des conditions de concurrence équitables, du respect des droits fondamentaux et du règlement des différends. Or, dès le départ, deux types de problèmes ont paru compromettre l'avenir de la relation bilatérale : d'une part les modalités d'application et d'ajustement des accords, de l'autre les dossiers clés laissés hors négociations.

Parce qu'ils mériteraient à eux seuls des développements approfondis, on ne traitera pas ici des services financiers, et donc du passeport européen pour les opérateurs de la City – point essentiel pour Londres, mais hors négociation –, ni de la pêche, qui a failli faire échouer l'accord sur la relation future : le compromis final prévoit une transition de cinq ans et demi, avec une réduction des contingents de pêche dans les eaux britanniques d'environ 25 %. Le premier sujet est d'une importance économique majeure pour Londres ; le second relève de la sensibilité sociale, politique et symbolique, et suscitera des tensions récurrentes, bien avant l'échéance des cinq ans.

La « concurrence équitable »

Dans un compromis de dernière heure, l'Union européenne (UE) et le Royaume-Uni s'engagent « à maintenir des normes élevées dans des domaines tels que la protection de l'environnement, la lutte contre le changement climatique, les droits sociaux, le droit du travail, la transparence fiscale ou les aides d'État ». Comme pour le reste de l'accord, le Conseil de partenariat, présidé par un membre du gouvernement britannique et un membre du collège de la Commission européenne, flanqué de 20 comités, surveille la mise en œuvre. En cas de désaccord sur un écart de réglementation ou de subventions faussant les conditions du libre-échange, on pourrait en venir aux rétorsions.

En faisant de ce point une condition de la préservation du marché intérieur et donc de tout arrangement, l'UE faisait valoir la portée sans précédent de l'accord en négociation, du fait de la proximité géographique du Royaume-Uni et de l'ampleur inégalée des échanges. Derrière un raisonnement objectif, c'était pourtant bien la défiance qui inspirait l'UE, née de l'atmosphère des discussions – notamment à l'arrivée de Boris Johnson – et des déclarations enthousiastes sur l'avenir radieux d'un « Singapour-on-Thames », fondant sa prospérité sur des avantages fiscaux et une réglementation plus souple.

Londres voudra-t-il suivre cette voie ? La concurrence fiscale a un coût budgétaire qui pourrait être inabordable dans la situation économique post-pandémie. Il en va de même des aides d'État : jusqu'où un *dumping* social serait-il supportable dans un royaume fragilisé ? Et on n'imagine guère les Britanniques sacrifier la protection de l'environnement ou de la santé. Néanmoins, sans être gratuite ou réaliste à grande échelle, la carte de l'attractivité par la divergence réglementaire demeure tentante et sera source de frictions, comme l'ensemble des dispositions de libre-échange, qu'il s'agisse des contrôles, des règles d'origine ou de la libre circulation des personnes.

La concrétisation du rêve de *Global Britain* dépend également des succès de politique extérieure de Londres. Le Royaume-Uni va devoir renégocier l'ensemble des accords passés entre l'UE et les pays tiers. Il est peu probable qu'un marché de 66 millions d'habitants obtienne de meilleures conditions qu'un ensemble de 450 millions. L'espoir d'un mirifique accord avec les États-Unis, au titre de la fameuse « relation spéciale » se concrétisera-t-il ? *Business will be business*, mais les États-Unis sont en position de force : quel intérêt auraient-ils à privilégier le Royaume-Uni vis-à-vis de l'UE, pas seulement en termes de poids, mais aussi au vu de la difficulté, pour Washington, à pénaliser des pays comme l'Irlande ou la Pologne – pour ne citer que les relations les plus affectives ?

Le Commonwealth constituerait-il une alternative ? Il s'agit là, comme pour la *special relationship*, de nostalgie plus que de réalité. L'Asie et l'Indo-Pacifique, y compris Australie et Nouvelle-Zélande, organisent leurs économies dans un espace qui fait peu de place aux Occidentaux, comme le montre l'accord de partenariat économique signé entre pays asiatiques, Chine incluse, en novembre 2020. Face aux influences chinoises et moyen-orientales, que pèse le Royaume-Uni seul, sans les instruments de l'UE ? Face à la Chine, ce dernier risque de se retrouver bien seul. L'accord sur les investissements négocié par l'UE aura une suite dont ne bénéficiera pas Londres, gêné de surcroît par sa relation particulière avec Hong Kong.

Irlande : la quadrature du cercle

Le Brexit implique et exige une frontière physique entre la République d'Irlande qui reste dans l'UE, et le Royaume-Uni, qui en sort. Or l'Accord du Vendredi Saint (1998) qui a clos trente ans de violences repose en grande partie sur l'absence de frontière. S'il n'y a pas de frontière entre l'Ulster et la République d'Irlande, il faut qu'il y en ait une entre l'Angleterre et l'Ulster, au beau milieu de la mer d'Irlande. Theresa May tentait de contourner le problème en décidant que l'Irlande du Nord resterait à la fois dans le marché unique européen et dans l'union douanière. Pour lui succéder à la tête du Parti conservateur, Boris Johnson affirmait, lui, que, pour imposer une frontière en mer d'Irlande, il faudrait lui « passer sur le corps ».

Devenu Premier ministre, Johnson signait un Protocole nullement plus logique que le choix de May. L'intégrité territoriale du Royaume-Uni exige que l'Irlande du Nord reste britannique. L'Ulster, tout en appartenant désormais au territoire douanier britannique, reste néanmoins dans le marché intérieur européen. D'où, inévitablement, des contrôles en mer d'Irlande sur le commerce entre Angleterre et Irlande du Nord, effectués au débarquement des produits.

Ces contrôles ont, comme prévu, généré des pénuries en Irlande du Nord, surtout pour les denrées alimentaires. D'où un retour de violence début 2021 de la part de jeunes protestants d'Ulster jugeant que l'intégrité du Royaume-Uni avait été sacrifiée à la légèreté politique de Johnson. Loin du « meilleur des deux mondes » qu'annonçait ce dernier, les citoyens d'Irlande du Nord estimaient que le Premier ministre avait choisi la pire des solutions. Sous la pression de la rue, Johnson suspendait alors certains contrôles, notamment sanitaires et phytosanitaires, d'où une plainte des 27 États membres devant la Cour européenne.

La situation reste intenable. Le Protocole irlandais est en passe de provoquer une déstabilisation généralisée de l'île. Les deux parties évoquent déjà un référendum sur l'unification, dans l'optique des élections de 2025, référendum envisagé selon des conditions précises dans l'Accord du Vendredi Saint. En réponse, les protestants du Democratic Unionist Party viennent de se doter d'un dirigeant extrémiste, Edwin Poots, qui menace de faire tomber la totalité du Protocole.

Ainsi le Brexit a-t-il aiguisé à la fois l'indépendantisme écossais et les velléités nationalistes d'Irlande. À la veille du référendum de 2016, John Major et Tony Blair, qui avaient tous deux contribué à la résolution des « troubles » dans les années 1990, sonnaient l'alarme : le Brexit allait mettre en danger la paix en Irlande. Une mise en garde prophétique.

Politique étrangère : entre alignement et coopération ?

Le Royaume-Uni, qui va miser plus que jamais sur le lien transatlantique, dans l'Organisation du traité de l'Atlantique nord (OTAN), dans le réseau de renseignement *Five Eyes* et bilatéralement, s'alignera-t-il sur les États-Unis dans leur affrontement avec la Chine ? Les Britanniques appuieront sans doute, si elle se confirme, la volonté américaine de réorienter l'Alliance atlantique contre Pékin, qui se heurtera à des résistances en Europe. Un tel alignement de Londres pourrait, plus encore que les divergences d'hier sur l'Irak, empêcher qu'émerge une coopération de politique étrangère avec l'UE.

Hors de cette hypothèse, qui dépend des choix américains, les intérêts communs entre le Royaume-Uni et l'UE appellent pourtant à la coopération : climat, espace,

Arctique, migrations, lutte contre le terrorisme, la piraterie et les trafics, Afrique, Moyen-Orient… Tant que le Royaume-Uni ne reconnaîtra pas cette convergence d'intérêts, une *special relationship* plus émotive que réelle entravera l'efficacité commune. Ce qui devrait rendre circonspect sur des formats de type P3 (les membres permanents du Conseil de sécurité moins la Chine et la Russie), où la France serait seule membre de l'UE, voire sur un Conseil de sécurité européen, qui mettrait de côté l'UE au profit d'un *triumvirat* avec l'Allemagne et le Royaume-Uni.

La relation militaire entre le Royaume-Uni et l'UE dépend de la convergence stratégique. S'il y a convergence, les textes actuels, à peine modifiés, permettent à Londres de participer à la Politique de sécurité et de défense commune (PSDC) comme tiers, au même titre que la Norvège pour l'Agence européenne de défense ou la Turquie en Bosnie. Mais les textes ne permettent pas une participation au processus de décision identique à celle des États membres.

Quelle que soit l'importance de la défense britannique, on ne peut exagérer la perte que représente son retrait de l'UE. Sa participation était très faible en effectifs, bien que Londres ait obtenu plusieurs commandements d'opérations : à Northwood pour la lutte contre la piraterie (opération Atalanta), au prix d'une modeste et éphémère contribution ; ou comme *deputy-SACEUR* pour l'opération en Bosnie dite Berlin-plus, c'est-à-dire utilisant les moyens de commandement de l'OTAN. À l'Agence européenne de défense, les Britanniques ont moins œuvré aux programmes qu'à la réduction du budget. Paradoxalement, le fait de ne pas s'engager sous la bannière de l'UE mais selon des modalités *ad hoc* pourrait faciliter une réelle participation britannique. Ce qui sera perdu, en revanche, c'est l'apport, souvent remarquable, du personnel britannique aux structures de l'UE.

Londres cherchera d'évidence à privilégier l'OTAN, mais il n'y aura pas toujours consensus pour agir dans ce cadre. Les interventions de l'UE garderont leur pertinence, *a fortiori* si la fin des interdits britanniques permet d'améliorer leur efficacité, et si l'on invente des modalités d'action commune préservant la souveraineté des deux parties. De même, le Royaume-Uni pourrait être associé à des programmes d'armement – l'Organisme conjoint de coopération en matière d'armement (OCCAR), dont il reste membre, le permet – ou à l'Agence spatiale européenne. Une coopération qui pourrait être réglée au cas par cas, ou prendre la forme plus formelle d'un traité.

C.-F. A. & J. H.

Pour en savoir plus

- Dossier « Brexit, le malheur de rompre », *Politique étrangère*, vol. 85, n° 4, Ifri, décembre 2020.
- M.-C. Considère Charon, « La négociation post-Brexit : un chemin semé d'embûches », *Politique étrangère*, vol. 85, n° 2, Ifri, juin 2020.
- A. Pannier, « Par-delà le Brexit : une nécessaire relance de la coopération », *Revue Défense nationale*, n° 834, novembre 2020.

L'Allemagne après Merkel

Un seul être vous manque...

Dirigeante atypique dans son propre parti, Angela Merkel aura dirigé l'Allemagne seize ans durant. Elle laisse un héritage centriste, de long gouvernement de « grande coalition », aux décisions souvent imposées à la CDU, un héritage qui pourrait être contesté dans un parti dont certains membres et acteurs pourraient être tentés par une droitisation.

Détentrice, en Allemagne, du record de longévité comme chef du gouvernement, Angela Merkel est un acteur politique atypique. Femme de l'Est née à l'Ouest, divorcée, protestante, parfaitement russophone et physicienne de formation, elle s'impose, sans disposer d'aucun réseau, comme leader d'une Union chrétienne-démocrate d'Allemagne (CDU) dominée par des hommes pour la plupart juristes, ancrée dans le catholicisme, pétrie de valeurs conservatrices et de l'anticommunisme des années Adenauer et Kohl. Elle sera la première chancelière de la République fédérale à ne pas quitter son poste sur une défaite électorale, un arrangement interne ou un vote de défiance constructive, mais sur une décision personnelle, alors qu'elle jouit en 2021 d'un taux de popularité qui aurait pu lui permettre de briguer un cinquième mandat.

Une femme de pouvoir venue de nulle part

Engagée dans la vie politique en décembre 1989, Angela Merkel devient porte-parole du dernier gouvernement de la République démocratique allemande (RDA) en avril 1990, puis ministre dans le premier gouvernement Kohl après l'unification, à 35 ans, avec le portefeuille de la famille, puis celui, plus stratégique, de l'environnement. Elle sera ministre huit ans, intégrant la garde rapprochée du « chancelier de l'unité », qui l'appelle affectueusement « la fille » (*das Mädchen*). Nommée Secrétaire générale de la CDU au lendemain de la défaite de Kohl en 1998, elle se dresse contre son mentor, affaibli par une affaire de financement du parti.

La chute de Kohl entraîne celle de son successeur à la tête du parti Wolfgang Schäuble, touché par la même affaire. La voie étant libre, Merkel prend la tête de la CDU en avril 2000, cumulant cette fonction avec celle du président du groupe parlementaire CDU-CSU (Union chrétienne-sociale en Bavière) fin 2002. Investie de deux postes clés, elle est tout naturellement nommée candidate à la chancellerie, puis élue chancelière après la défaite de Gerhard Schröder en 2005 – non sans avoir su écarter du pouvoir les concurrents potentiels, à Berlin et dans les *Länder*, profitant du fait d'avoir été, comme « femme » et de surcroît de l'Est, constamment sous-estimée par ses pairs.

Femme politique atypique, Merkel use d'un grand sens de la souplesse – un don indispensable, contrainte qu'elle sera de gouverner pendant douze ans (sur seize) avec les sociaux-démocrates. Alors que le modèle de la « grande coalition » est censé être l'exception en Allemagne, Merkel en fait un mode opératoire quasi permanent, qui l'oblige à gouverner au centre, en faisant fi des programmes et de l'idéologie conservatrice de la CDU hérités des années Adenauer et Kohl. Les programmes de son propre parti auront pour la chancelière un rôle beaucoup moins important que les sondages qu'elle étudie avec assiduité. L'orientation néolibérale de sa campagne de 2005, dans la pure tradition du capitalisme rhénan, a ainsi très vite fini aux oubliettes, Merkel ayant compris qu'après les lois sociales de Schröder, les Allemands n'étaient pas prêts au nouveau tour de vis social réclamé par les caciques de la CDU. Cette décision rendra possible la formation d'une coalition avec le Parti social-démocrate d'Allemagne (SPD), sorti meurtri des réformes Hartz et peu enclin à les approfondir.

Des réformes populaires en Allemagne mais impopulaires à droite

Par la suite, les grandes réformes votées sous Merkel auront le soutien d'une majorité de la population, même si elles sont peu en phase avec l'orientation idéologique de son propre parti (qui les accepte pourtant, Merkel lui faisant gagner les élections). À commencer par l'abandon de la conscription en 2010, censée renforcer la capacité de la Bundeswehr à participer à des opérations extérieures. Les responsables de la CDU insistaient, eux, sur les avantages, notamment sur le plan sociétal, du service militaire obligatoire et la priorité à donner à la défense territoriale.

De même, au lendemain de l'accident de Fukushima en mars 2011, la chancelière prend les devants en ordonnant l'arrêt des sept plus vieux réacteurs nucléaires, avant de réexaminer le dossier de la sortie du nucléaire ouvert par le précédent gouvernement rouge-vert mais stoppé par sa propre majorité six mois auparavant. Fin juin 2011, une très large majorité du Bundestag approuve un projet de loi imposant la fermeture avant fin 2022 des 17 centrales nucléaires allemandes (qui assuraient 22 % de la production d'électricité du pays). Alors que la CDU défend depuis toujours l'industrie nucléaire en Allemagne, Merkel impose une politique environnementale que son parti n'approuve alors que contraint et forcé.

Autre sacrifice sur l'autel des principes chrétiens-démocrates : l'Allemagne crée un salaire minimum en 2014, condition *sine qua non* du retour aux affaires du SPD après les élections de 2013. Nombre de chrétiens-démocrates adeptes de l'ordo-libéralisme rejettent l'idée du salaire minimum : pour eux, une intervention de l'État dans l'économie est contraire aux idéaux du capitalisme rhénan…

Enfin, le 30 juin 2017, Merkel ouvre la voie à l'adoption par le Bundestag de la loi sur le mariage pour tous, en autorisant sa propre majorité à voter sans contrainte, au fil des convictions de chacun. Triple coup de maître : le vote ayant lieu à la veille des vacances d'été, la chancelière évite les déchirements de la France sur ce même sujet en 2012 ; elle rassure l'électorat de droite en votant elle-même contre la loi ; enfin, elle prive les partis de gauche d'un des thèmes sur lesquels ils comptaient l'affronter pour les législatives de 2017…

La double césure de la crise grecque et de la crise migratoire

La crise grecque sera l'une des rares occasions où la chancelière prendra le contrepied de son propre parti et de l'opinion. En 2015, après cinq années de débats et de tergiversations entre Athènes, Bruxelles et Berlin, une majorité d'Allemands se prononce en faveur d'un « Grexit » qui semble également avoir les faveurs du ministre allemand des Finances Wolfgang Schäuble. Consciente des risques politiques et économiques d'un tel saut, Merkel opte au contraire pour le maintien d'Athènes dans la zone euro, moyennant un troisième plan d'aide, assorti toutefois de conditions de rigueur très dures.

Avec l'affaire grecque, Angela Merkel se trouve au cœur de multiples contradictions, même si, d'un point de vue financier, l'Allemagne sera l'un des principaux bénéficiaires des plans d'aides, engrangeant près de 3 milliards d'euros d'intérêts entre 2010 et 2017. Politiquement, le prix à payer est élevé. Si les Allemands accusent Merkel de « mollesse » vis-à-vis d'Athènes, elle est vivement critiquée en Europe pour son intransigeance. Dans l'Union européenne, on stigmatise la stratégie allemande de « punition » des Grecs, le risque de déséquilibrer un gouvernement Tsipras librement élu, l'imposition à l'Europe d'un ordo-libéralisme rigide, fait d'austérité et de pointillisme budgétaires jugés néfastes pour la croissance. En Allemagne, l'attitude de Merkel face à Athènes est vue comme beaucoup trop conciliante et provoque une rupture avec l'aile conservatrice de la CDU qui contribue à la naissance, en 2013, du parti d'extrême droite Alternative pour l'Allemagne (AfD).

Ce dernier va surtout profiter de la crise migratoire qui voit l'Allemagne accueillir près de 900 000 réfugiés et immigrants entre septembre 2015 et avril 2016. La décision de Merkel, non d'ouvrir les frontières de l'Allemagne mais de ne pas les fermer, marquera sans doute plus qu'aucune autre le bilan de la chancelière. Son commentaire à l'époque, aussi lapidaire que célèbre, « on va y arriver » (*Wir schaffen das*) fut pourtant juste. Six ans après avoir accueilli et réussi à intégrer plus d'un million de réfugiés, les Allemands font un bilan positif de cette expérience, qui ne constitue plus un sujet de préoccupation majeure.

Au plus fort de la crise, fin 2015, une majorité des citoyens d'outre-Rhin approuvait la politique migratoire de Merkel. Cela ne contredit pas le fait qu'une part importante des Allemands (même si minoritaire) la rejetait violemment, notamment dans les *Länder* de l'ex-RDA où l'extrême droite s'imposait alors quasiment comme première force politique. Angela Merkel devait aussi imposer son choix à son propre parti, et surtout à son partenaire bavarois, la CSU qui allait jusqu'à envisager de rompre l'alliance parlementaire avec la CDU à l'été 2016.

En Europe, nombreux furent ceux qui accusèrent l'Allemagne de provoquer un appel d'air pour d'autres réfugiés, qu'attirerait la culture de bienvenue allemande (*Willkommenskultur*), une culture affichée, malgré bien des réserves, en 2015, puis avec de moins en moins d'enthousiasme jusqu'en 2021. Il n'est d'ailleurs pas exclu que les « Brexiters » l'aient emporté en 2016 grâce à la politique migratoire de Merkel… Il reste que la décision contraire – une fermeture des frontières en septembre 2015 – aurait fortement déstabilisé les pays jouxtant la « route des Balkans », où erraient alors des centaines de milliers de personnes. L'Allemagne de Merkel, si dure et intraitable face aux Grecs durant la crise de la dette, faisait donc preuve à la fois d'humanisme, de tolérance, de maladresse (face à la gestion de l'afflux des immigrés) et, bien sûr, aussi d'égoïsme (voir les besoins du marché du travail allemand).

Quel héritage ?

En seize ans, les transformations de la République fédérale ont été importantes. En 2006, 15 millions de citoyens vivant en Allemagne avaient des origines « migratoires », soit 18,6 % de la population. En 2019, ce chiffre est monté à 21,2 millions, soit 26 % de la population. 95,2 % de ces personnes vivent dans la partie occidentale de l'Allemagne et à Berlin, où l'AfD n'obtient, en pourcentage, que la moitié de ses scores d'Allemagne de l'Est, pourtant très marginalement concernée par l'immigration.

Politiquement, la longue cohabitation entre chrétiens-démocrates et sociaux-démocrates aura laissé des traces. Leurs différences idéologiques s'avèrent suffisamment surmontables pour autoriser une grande variété de coalitions, en excluant l'AfD qui plafonne dans les sondages à 11 %. Quant aux Verts, en position de force, ils pourraient gouverner aussi bien dans le cadre d'une coalition de centre-gauche que dans un ensemble de centre-droit.

L'inconnue demeure l'avenir de la CDU après Merkel – régulièrement élue femme la plus puissante du monde par *Forbes* (de 2006 à 2020, sauf en 2010). Son nouveau président, Armin Laschet, pro-européen déclaré, originaire d'Aix-la-Chapelle et ancien député européen, nommé candidat à la chancellerie dans la douleur et avec des sondages peu favorables, s'inscrit dans la logique de l'héritage centriste d'Angela Merkel. Sous son leadership, la CDU poursuivra normalement son rapprochement avec les milieux urbains, écologistes et libéraux de gauche – si Laschet parvient à s'imposer à son parti, y compris après les élections de 2021.

En attendant, les adversaires traditionnels de Merkel ne rengainent pas. En prélude aux législatives, un courant « Tea Party à l'allemande » semble émerger autour de l'ultraconservateur Hans-Georg Maassen, qui multiplie les contacts avec les médias proches de la mouvance AfD et les « intellectuels identitaires ». D'anciens députés chrétiens-démocrates proches de Merkel se sont vus évincer en 2021 au profit de candidats se réclamant des idées de Maassen. À l'instar du Parti républicain américain, la CDU pourrait connaître de très fortes divisions internes, avec une issue plus qu'incertaine, surtout si la greffe Laschet ne prend pas et si les chrétiens-démocrates sont contraints de partager le pouvoir avec les Verts sur un pied de quasi-égalité.

H. S.

Pour en savoir plus

- É. Dubslaff, P. Maurice, H. Stark et J. Vaillant, Dossier « Les élections fédérales du 26 septembre 2021 », *Allemagne d'aujourd'hui*, n° 238, à paraître en décembre 2021.
- M. Qvortrup, *Angela Merkel: Europe's Most Influential Leader*, Richmond, Duckworth and Co., 2020 [nouvelle édition].
- C. Stelzenmüller, « The Singular Chancellor: The Merkel Model and Its Limits », *Foreign Affairs*, vol. 100, n° 3, mai-juin 2021.

L'Allemagne veut-elle, peut-elle « faire la guerre » ?

Un rapport complexe et ambivalent au militaire

Les Allemands ont hérité de leur histoire une vive réticence à l'utilisation du militaire. Leurs engagements extérieurs restent très limités. Ils posent à la fois des problèmes d'acceptation politique et d'efficacité. L'engagement extérieur allemand dépend d'une volonté politique et d'un redressement capacitaire.

Les raisons expliquant le malaise allemand face aux questions militaires sont nombreuses et historiques ; elles empêchent une discussion sereine sur l'avenir de l'utilisation des forces armées en Allemagne. Le scepticisme reste en effet très profond sur l'armée au sein de la population allemande, surtout quand il s'agit de missions de combat. La réticence à assumer le fait qu'une opération extérieure puisse conduire à un combat révèle plus largement une incapacité à assumer l'idée de « faire la guerre ».

Alors que la Bundeswehr a quitté l'Afghanistan, que les dirigeants allemands s'interrogent sur l'avenir de sa mission au Mali, et que les Verts paraissent se rapprocher du pouvoir – alors qu'ils ont été, voici plus de vingt ans, les premiers à envoyer la Bundeswehr en mission de combat au Kosovo –, l'Allemagne ne semble pas avoir trouvé de réponse à cette question cruciale : à quoi doivent réellement servir ses forces armées ?

Un encadrement constitutionnel et juridique fort

Le contrôle et le déploiement des forces armées en Allemagne sont régis constitutionnellement par la Loi fondamentale (*Grundgesetz*). En raison du traumatisme hérité de la Seconde Guerre mondiale, le texte constitutionnel interdit formellement toute forme de « guerre d'agression ». Par ailleurs, les forces allemandes sont placées sous commandement civil et non miliaire, ce qui se traduit par un contrôle parlementaire étroit des forces armées. La Bundeswehr est une « armée parlementaire » intégrée dans l'état de droit constitutionnel et démocratique, l'Allemagne se définissant avant tout comme une « puissance civile ». Cette disposition a longtemps limité la possibilité, pour la Bundeswehr, d'intervenir hors des frontières de l'Allemagne et de l'Organisation du traité de l'Atlantique nord (OTAN).

Avec la fin de la guerre froide, l'Allemagne a été confrontée à des demandes pour assumer un rôle international plus important. Dans son arrêt du 12 juillet 1994, la Cour constitutionnelle fédérale a statué que l'emploi de la Bundeswehr dans des opérations extérieures « hors zone » (*out-of-area*), c'est-à-dire hors du territoire couvert par l'OTAN, était constitutionnel si le Bundestag donnait son accord préalable (*Parlamentsvorbehalt*) et si ces opérations étaient couvertes par un mandat de l'Organisation des Nations unies (ONU), par une décision de l'OTAN ou de l'Union européenne (UE) dans le cadre de la Politique de défense et de sécurité commune (PDSC).

Mais les besoins de la politique de sécurité et de défense allemande ont significativement évolué ces dernières années. En 2015, la Commission Rühe a évoqué l'idée d'assouplir le « contrôle parlementaire », celui-ci nuisant à la fiabilité de l'Allemagne en tant qu'allié de l'OTAN. Elle a recommandé une « clarification législative du concept de déploiement », afin de préciser pour quelles missions une approbation du Bundestag n'était pas nécessaire (notamment les missions de formation et les missions humanitaires), et de permettre ainsi des missions à l'étranger à travers des normes constitutionnelles spécifiques. Les discussions tournent actuellement autour d'une interprétation élargie de la définition du terme « défense » dans l'article 87a de la Loi fondamentale. L'idée est de l'interpréter de manière à le faire mieux correspondre aux nouvelles formes de conflictualité, et notamment aux menaces terroristes globales. Même si l'autorisation du parlement devrait demeurer nécessaire, ces possibles évolutions ont déjà provoqué une levée de boucliers politiques, notamment du Parti social-démocrate d'Allemagne (SPD) et des Verts.

Une méfiance sociétale et politique

Les Allemands ont donc un rapport complexe à leur armée. Après la création de la Bundeswehr en 1955, l'idée est largement diffusée que tout soldat demeure à l'armée un « citoyen sous uniforme » et que les règles éthiques doivent se substituer à l'obéissance hiérarchique aveugle (*Innere Führung*).

La suspension du service militaire en 2011 a, en partie, rompu le lien entre la population et son armée. Et aujourd'hui une certaine méfiance se répand parmi les plus jeunes. Les sondages les montrent plus favorables à une réduction du budget de la défense que les autres groupes de la population. Cette défiance a été renforcée par différentes affaires qui ont révélé la présence de groupes d'extrême droite au sein de la Bundeswehr, réveillant les démons historiques de l'Allemagne et nuisant fortement à la réputation de l'armée. Le 1er juillet 2020, la deuxième des quatre compagnies des commandos d'élite (*Kommando Spezialkräfte* – KSK) a été dissoute, des saluts hitlériens y ayant été exécutés en 2017 et une grande quantité de munitions et d'explosifs y ayant disparu. La ministre de la Défense Annegret Kramp-Karrenbauer a tenté d'apporter une réponse ferme aux événements pour rassurer l'opinion en dénonçant des « comportements extrémistes ». Cette affaire s'ajoutait à celle de l'officier d'extrême droite Franco Albrecht, qui s'était fait passer pour un réfugié syrien en 2015 et aurait préparé un attentat en 2017. La Bundeswehr s'est ainsi trouvée ébranlée par la mise en lumière de dérives d'extrême droite.

Lors de la révélation de cette dernière affaire, la ministre de la Défense d'alors, Ursula von der Leyen, avait affirmé que les troupes connaissaient un problème d'attitude générale, ce qui avait quelque peu affecté le lien de confiance entre les armées et l'opinion. L'arrivée d'Annegret Kramp-Karrenbauer au ministère en juillet 2019 permettait cependant de renouer le lien entre la population et l'armée, et entre l'armée et les responsables politiques. Suite à ces affaires, le ministère de la Défense a mis en place un bureau de coordination central pour traiter des cas de suspicion d'extrémisme. Par ailleurs, le ministère a décidé que les soldats voyageraient en train gratuitement à partir du 1er janvier 2020 s'ils étaient en uniforme : l'objectif étant ici à la fois de donner une reconnaissance matérielle et une visibilité aux militaires dans l'espace public, et d'ainsi briser le tabou d'une certaine marginalité.

Une autre question de société sensible est celle de l'industrie militaire et des exportations d'armes. La majeure partie de l'opinion, et spécialement les Verts, y est généralement opposée (le programme de ces derniers indiquant : « Pas d'armes allemandes à destination des zones de guerre et des dictatures »). Subsiste en effet toujours la crainte que des armes allemandes puissent être utilisées pour faire la guerre, comme dans le conflit du Yémen.

Quel avenir pour les interventions militaires allemandes ?

Depuis la fin de la guerre froide, l'Allemagne a délaissé avec hésitation sa tradition de non-intervention. Lors de sa création, la Bundeswehr a été définie comme une armée de défense (avec un contingent blindé motorisé) du territoire national, dans le cadre de la solidarité atlantique. Depuis, l'Allemagne s'est trouvée de plus en plus sollicitée pour prendre sa part des responsabilités internationales, et la Bundeswehr est devenue une « armée en opérations ».

À proprement parler, l'armée allemande n'est toutefois actuellement engagée dans aucune mission de combat, la dernière ayant pris fin avec l'expiration du mandat de la Force internationale d'assistance à la sécurité (FIAS) en Afghanistan le 1er janvier 2015. Cette mission de combat avait d'ailleurs suscité un débat dans les partis et l'opinion, pour savoir si l'armée allemande était ou non « en guerre ». Débat qui a notamment contribué à réduire fortement son champ d'emploi sur place, en raison de l'existence de « restrictions nationales » (*national caveats*) qui se sont concrétisées par d'importantes contraintes en termes d'interopérabilité avec les alliés. L'Afghanistan a de plus révélé l'obsolescence stratégique et le besoin d'adaptation d'une armée qui n'avait pas mené de combat depuis longtemps.

Avant le retrait des troupes d'Afghanistan, on dénombrait 12 déploiements extérieurs de la Bundeswehr, avec environ 3 000 militaires. Parmi les plus importants, on relève deux missions au Mali : 600 soldats déployés dans le cadre de la mission de formation de l'Union européenne (EUTM Mali) et 1 100 soldats déployés dans le cadre de la mission des Casques bleus des Nations unies, la MINUSMA. Ces deux mandats ont été prolongés par le Bundestag en mai 2021 ; mais après les putschs militaires successifs à Bamako, l'incertitude grandit quant à l'avenir des déploiements de la Bundeswehr. La logique politique allemande veut en effet que cette dernière ne soutienne activement ni une dictature militaire ni un gouvernement à tendance islamiste. Le contexte régional a également exacerbé les craintes que la mission au Sahel ne se termine comme en

Afghanistan par une présence militaire se prolongeant des années sans succès identifiable.

Par ailleurs, l'Allemagne se doit d'intégrer l'idée d'un investissement plus massif dans la défense pour ne pas décrocher sur le plan technologique. Pour affirmer une autonomie stratégique, il faut en effet disposer d'un équipement militaire adéquat. Dans leurs « Réflexions sur la Bundeswehr de demain » de février 2021, la ministre de la Défense et le chef d'État-Major de la Bundeswehr Eberhard Zorn approuvent l'objectif d'un meilleur partage du fardeau au sein de l'OTAN, même si l'engagement de porter les dépenses de défense à 2 % du PIB semble encore poser problème. Annegret Kramp-Karrenbauer plaide également pour que la Bundeswehr soit davantage déployée ; il s'agit donc d'un double défi : reconstituer et remettre en état les capacités existantes, fortement affaiblies par les différentes politiques de réduction budgétaire ; et ne pas se contenter d'étoffer les forces existantes, mais préparer les capacités et les structures d'avenir, notamment sur le plan technologique. Afin d'améliorer la disponibilité opérationnelle, la ministre plaide pour un budget de défense en augmentation, fiable et prévisible. Une loi de programmation au bénéfice de la Bundeswehr constituerait un fondement financier pluriannuel stable.

Une Allemagne plus géopolitique ?

L'une des mutations les plus fondamentales de la Bundeswehr doit être sa réinscription progressive dans la géographie mondiale des opérations extérieures. En raison de la protection des États-Unis et de l'OTAN, l'Allemagne n'a guère eu jusqu'à aujourd'hui à penser ses perspectives militaires. Elle a du mal à intégrer le concept de puissance géopolitique et à accepter que la dimension militaire est un élément de cette puissance.

La Bundeswehr a certes toujours un poids, et un rôle en matière de politique étrangère, mais elle ne peut actuellement remplir ce qui devrait être sa mission principale : une mission de combat importante, parce qu'elle n'est simplement pas apte à agir. Avec les élections en perspective, la nécessité et la justification, des déploiements militaires, ainsi que leur cadre légal et financier, devraient être discutés et réexaminés à la lumière des valeurs et intérêts allemands et européens. Il appartiendra au futur gouvernement allemand de changer la donne.

P. M.

Pour en savoir plus

- P. Maurice, « Un pacifisme à géométrie variable. Les partis allemands et la participation de la Bundeswehr à des opérations extérieures », *Notes du Cerfa*, n° 160, Ifri, avril 2021.
- J. Puglierin, « The Engine Room: Germany, the Unwilling Coalition Partner », *Internationale Politik Quarterly*, n° 2, 3 mai 2021.
- H. Stark, « L'Allemagne, l'éternelle puissance civile », *Allemagne d'aujourd'hui*, n° 235, janvier-mars 2021.

Le groupe de Visegrád a trente ans

Communauté de destin ou unité de façade ?

En dépit de trente ans de coopération dans le groupe de Visegrád et de la multiplication des plateformes régionales, les pays d'Europe centrale semblent diverger à la fois sur leur conception de l'intégration européenne et sur les questions de sécurité : leur unité est de façade, et leur poids commun une illusion.

Le groupe de Visegrád (V4), groupe informel réunissant la Hongrie, la Pologne, la République tchèque et la Slovaquie, a fêté en février 2021 son 30e anniversaire. À l'origine de sa création : la volonté d'établir une solidarité entre ses membres pour l'intégration européenne et d'élargir leur visibilité internationale. Après leur adhésion à l'Organisation du traité de l'Atlantique nord (OTAN) en 1999 puis à l'Union européenne (UE) en 2004, de nouveaux axes de coopération ont été retenus, en particulier le renforcement de l'identité de la région et l'élaboration de positions communes dans l'UE. Mais depuis quelques années, le V4 peine à trouver des objectifs communs et à parler d'une seule voix.

Un bilan en demi-teinte

Le 17 février 2021, les Premiers ministres polonais, tchèque, hongrois et slovaque se sont rencontrés au Wawel de Cracovie, à l'occasion du 30e anniversaire du groupe de Visegrád. Centré sur la gestion de la lutte contre le Covid-19, le sommet a également fait le bilan de 30 ans de coopération et tenté de fixer des objectifs d'avenir. Le Premier ministre polonais a rappelé que la coopération avait apporté à ses membres « une position de négociation plus forte » au sein de l'Europe, en se faisant « l'avocat des intérêts de la région ». Son homologue tchèque a mis en avant l'engagement européen du V4, lequel se bat pour protéger ses intérêts, mais aussi et surtout pour ceux de l'Europe dans son ensemble – la reconnaissance de la contribution du V4 à l'intégration européenne étant illustrée par la présence du président du Conseil européen Charles Michel. Le Premier ministre hongrois n'a pas manqué de souligner que le V4 est aujourd'hui la région d'Europe au développement le plus dynamique. Quant au Premier ministre slovaque, il a souligné la maturité du projet du groupe de Visegrád, rappelant que sa mission reste de rechercher des approches, des solutions communes et de les présenter dans l'UE – en particulier quand il s'agit de défendre des intérêts budgétaires –, de plaider en faveur de l'élargissement dans les Balkans occidentaux ou de réaffirmer l'importance stratégique de l'alliance transatlantique – cela n'obligeant pas le groupe à adopter des vues identiques sur tous les sujets.

Le V4 s'est cependant éloigné de ses ambitions initiales et semble parfois fonctionner à front renversé, s'opposant à une plus grande intégration dans l'UE et à l'idéologie libérale qui forme son ciment. Avec une certaine radicalisation, sous l'influence de Viktor Orban et d'un gouvernement polonais ultraconservateur qui affiche une méfiance chronique à l'égard de l'intégration européenne, il rejette les ingérences de la Commission de Bruxelles, *a fortiori* lorsqu'elle menace de représailles financières face aux atteintes de Varsovie à l'état de droit.

Pour les responsables tchèques et slovaques, la situation politique en Hongrie et en Pologne, ainsi que le bras de fer dans lequel cette dernière s'est engagée sur l'état de droit, posent problème : ils ne souhaitent pas être associés à la rhétorique anti-européenne de Varsovie et de Budapest. Pour cette raison, Prague et Bratislava accordent une importance croissante au Triangle de Slavkov qui réunit Slovaquie, République tchèque et Autriche. Formé en 2014 dans le contexte des divergences sur les sanctions contre la Russie suite au conflit ukrainien, ce format de coopération censé compléter les activités de Visegrád pourrait, à terme, s'y substituer.

La multiplication des plateformes de coopération

L'unité du groupe retrouvée lors de la crise migratoire en 2015 a volé en éclats lors de sommet célébrant le 30e anniversaire de la création du V4. Dans une tribune publiée le jour même du sommet, Viktor Orban a appelé les membres du groupe à s'unir pour défendre « l'identité chrétienne européenne » contre ses « ennemis intérieurs et extérieurs » et à faire du V4 l'égal de la France et de l'Allemagne dans l'UE. Le ministre slovaque des Affaires étrangères Ivan Korcok et le Premier ministre tchèque Andrej Babis ont rejeté la proposition hongroise d'un modèle de gouvernance et d'intégration alternatif, considéré comme contraire aux intérêts de leurs pays et ont rappelé que le V4 n'est pas un « bloc politique, mais un bloc économique ».

Les divergences du groupe sont réapparues fin 2019, alors que la Pologne et la Hongrie mettaient leur véto à l'adoption du budget européen 2021-2027 et du plan de relance post-Covid-19, Varsovie et Budapest s'opposant à ce que les fonds européens soient conditionnés au respect de l'état de droit. La République tchèque et la Slovaquie se sont alors désolidarisées de cette démarche. Depuis avril dernier à Bratislava, le gouvernement d'Igor Matovic mène au contraire une politique de renforcement du système judiciaire et de lutte contre la corruption.

La Pologne et la Hongrie ont également tenté de bloquer, en décembre 2020, l'adoption du Plan de relance pour l'Europe, pourtant jugé vital pour leurs économies, s'opposant au mécanisme qui conditionne l'accès aux fonds européens au respect de l'état de droit. « La solidarité » polono-hongroise dans ce dossier a été sacrifiée par Viktor Orban qui a finalement accepté la mise en place dudit mécanisme d'ici deux ans, donc après les élections en Hongrie.

En Hongrie, la loi dite « antipédophile » du 15 juin 2021, qui assimile l'homosexualité à la pornographie et à la pédophilie a provoqué une vague d'indignation au sein des instances européennes. Elle complète celle, adoptée en mai 2020, qui définissait le sexe comme une donnée biologique indépassable, supprimant le droit de changer la mention du sexe dans l'état civil. Au sein du V4, seule la Pologne a soutenu Viktor Orban.

Des approches divergentes face aux ambitions chinoises

Depuis 2012, les pays d'Europe centrale développent leurs relations avec la Chine dans le format « 17 + 1 »[1] avec cinq domaines principaux de coopération : commerce et investissements, infrastructures de communication (liaisons ferroviaires et aériennes, création d'un centre logistique), secteurs industriel et énergétique, contacts interpersonnels et coopération financière.

Le projet de long terme est supposé être gagnant-gagnant. L'Europe centrale est vue par Pékin comme une zone pouvant favoriser l'expansion des investissements financiers chinois vers l'ouest de l'Europe – une partie des « 16 » étant située le long des Nouvelles routes de la soie – et les investissements chinois sont supposés stimuler la croissance et contribuer au développement des économies de la région. Mais neuf ans plus tard, aucun projet de dimension régionale n'a vu le jour.

Pour la Chine, ce format permet de s'affranchir des structures de l'UE existantes, qui sont plus contraignantes, et de répandre un modèle chinois qui privilégie les négociations *ad hoc*, politiques et bilatérales, et à huis clos. Mais la Commission européenne entend freiner la politique d'investissement de la Chine (*going out)* et voit l'initiative « 17 + 1 » comme une menace pour la politique commune de l'Union. Pour les pays de la région, notamment pour la Hongrie, la coopération avec la Chine est perçue comme une alternative à des subventions européennes de plus en plus réduites.

Le dernier sommet du Forum qui s'est tenu le 9 février 2021 s'est soldé par un échec, faute de propositions de coopération intéressantes de la part du partenaire chinois. Sur le dossier stratégique de la 5G, Prague et Bratislava ont fermé la porte à Huawei alors que la Hongrie décidait de coopérer pleinement avec la Chine. Quant à la Pologne qui avait, dans un premier temps, adopté une position ambivalente, elle a finalement cédé à la pression américaine et exclu Huawei des appels d'offres.

Des perceptions différentes de la menace

Bien que constatant ensemble l'érosion des liens transatlantiques et l'affaiblissement du rôle de l'OTAN, les membres du groupe de Visegrád n'en tirent pas les mêmes conclusions. Bratislava, Budapest et Prague considèrent que l'UE devrait disposer de capacités militaires autonomes et que cette autonomie stratégique devrait passer par une coopération militaire renforcée, autour du couple franco-allemand. Les autorités polonaises rejettent l'idée même d'une autonomie stratégique de l'Europe, considérée comme une menace pour la cohésion de l'OTAN bien qu'ils soutiennent un développement géographiquement équilibré de l'industrie de défense de l'UE.

Leur perception de sécurité reste différente. Alors que la Pologne regarde le flanc oriental de l'OTAN, la Hongrie est avant tout concernée par la stabilité des Balkans et la sécurisation des routes de migration tandis que la Slovaquie et la

1. La Chine et 16 pays d'Europe centrale et orientale : Estonie, Lettonie, Lituanie, Pologne, République tchèque, Slovaquie, Hongrie, Roumanie, Bulgarie, Slovénie, Croatie, Serbie, Bosnie-Herzégovine, Monténégro, Albanie et Macédoine, et Grèce.

République tchèque accordent une attention particulière aux problèmes de désinformation et de cybersécurité. Quant à la Russie, Budapest et Bratislava considèrent moins Moscou comme une menace que comme un partenaire, bien que la nouvelle Stratégie slovaque de sécurité, adoptée en janvier 2021, cite la Russie et la Chine comme des défis pour sa sécurité.

En revanche, les relations polono-russes connaissent un regain de tension depuis l'annexion de la Crimée en 2014 et le soutien accordé par Moscou au président biélorusse Loukachenko. Au mois de juin 2021, de hauts responsables polonais ont été visés par une cyberattaque de grande envergure lancée depuis la Russie.

Quant à la République tchèque, ses relations avec la Russie ont toujours été pragmatiques mais elles se sont dégradées mi-avril, quand Prague a accusé les services de sécurité russes d'être impliqués dans l'explosion de l'entrepôt militaire sur le territoire tchèque (Vrbetice) en 2014 et expulsé 18 employés de l'ambassade de Russie à Prague.

***

L'affaiblissement de l'Europe centrale comme acteur influent semble acté et son unité brisée à la fois par le poids de l'économie allemande dans la région et par le renforcement de l'intégration européenne, en matière climatique, énergétique ou de défense. Le V4 semble seulement s'unir sur des objectifs négatifs, comme ce fut le cas lors de la crise migratoire.

Alors que pour la République tchèque et la Slovaquie l'ordre mondial doit être basé sur les institutions et le droit international, la Hongrie et la Pologne considèrent que cet ordre est révolu en faveur d'un retour des rapports de force entre les grandes puissances. Or ces derniers sont plus dysfonctionnels que jamais et risquent de précipiter la région dans le vide stratégique dont elle voulait s'extraire il y a trente ans.

K. S.

Pour en savoir plus

- A. Figulová et K. Janková, « One Region, Different Strategies: Slovakia and the V4 in the Euro-Atlantic Security Environment », *Small States and the New Security Environment. The World of Small States*, vol. 7, Cham, Springer, 2021.
- R. Furst, « China and Central Europe: Cooperation in Difficult Times During the Covid-19 Outbreak », *Journal of Chinese Economic and Business Studies*, Londres, Taylor & Francis/Routledge, 2021.
- J. Hornat, *The Visegrad Group and Democracy Promotion Transition Experience and Beyond*, New York, Palgrave Macmillan, 2021.

L'Union européenne et les Balkans occidentaux

Convergences sur fond de rivalités de puissance

Le rapprochement économique entre l'UE et les pays des Balkans occidentaux est réel. Mais la distance demeure énorme, et les obstacles politiques affadissent constamment la perspective de l'élargissement. D'où la désillusion des opinions et un champ ouvert par les leaderships locaux aux manœuvres de la Russie et de la Chine.

Les mesures de soutien de l'Union européenne (UE) face à la pandémie (3,3 milliards d'euros) ou envisagées pour la reprise économique (9 milliards d'euros dans la programmation 2021-2027) témoignent de la volonté d'ancrer cette région à l'UE.

Plus d'intégration, mais le fossé demeure

Depuis le sommet de Zagreb de 2000, l'approche différenciée de l'élargissement est en principe fondée sur le mérite : la Serbie et le Monténégro sont en tête de peloton, suivis de la Macédoine du Nord et de l'Albanie, et enfin de la Bosnie-Herzégovine et du Kosovo.

Sur le plan économique, ces pays s'intègrent dans les chaînes de valeur européennes. Accords de stabilisation et d'association, aides de pré-adhésion (12,2 milliards d'euros entre 2007 et 2020) et intégration aux réseaux transeuropéens des transports et de l'énergie favorisent le rattachement de la région à l'UE. La France a signé, en partenariat avec la Chine, un accord pour la construction du métro à Belgrade, et Vinci a obtenu la concession du *hub* aéroportuaire de la capitale serbe. Le Monténégro, l'Albanie et la Macédoine du Nord ont rejoint l'Organisation du traité de l'Atlantique nord (OTAN) ; la Serbie participe au Partenariat pour la paix et à plusieurs opérations de l'UE, notamment au Mali. Et la plupart des pays de la région s'alignent sur les positions de l'UE en matière de politique étrangère.

Ces progrès peinent pourtant à concrétiser les perspectives d'adhésion : 11 ans se sont écoulés entre les dépôts de candidature de la Croatie, de la Roumanie, de la Bulgarie, et leur adhésion. Plus d'une décennie après les leurs, rien n'indique que la Macédoine du Nord, le Monténégro, l'Albanie et la Serbie satisferont bientôt aux critères de Copenhague. Ces pays doivent d'abord se conformer à l'acquis communautaire, critère de plus en plus exigeant[1]. Pour l'atteindre, les parlements de la région recourent à des procédures rapides, court-circuitant les processus délibératifs habituels : ce qui ne contribue guère à l'enracinement démocratique et sociétal des transformations promues par l'UE.

Les candidats sont ensuite tenus de converger politiquement, c'est-à-dire de consolider leur système démocratique et leur état de droit. Le fossé qui les sépare de l'UE dans ce domaine reste béant. À quelques exceptions près, ces dix dernières années ont vu un déclin des pluralismes, une consolidation des tendances autoritaires et des captations d'État – tendance aggravée par la pandémie. Les mouvements de protestation se multiplient (contre la corruption, pour la justice, la liberté d'expression), mais peinent à trouver des relais politiques et se heurtent à la résilience de « régimes hybrides ». D'où une défiance à l'encontre d'administrations considérées comme corrompues, une apathie politique chez les plus jeunes, et une désillusion grandissante à l'égard de l'UE.

Trois fois plus pauvres que la moyenne européenne, les économies de la région sont loin du rattrapage. Le PIB par habitant de la Croatie lors de son adhésion s'élevait à 59 % du PIB moyen par habitant de l'UE. Avec des niveaux allant de 47 % pour le Monténégro à 26 % pour le Kosovo et des taux de croissance timorés, les pays de la région sont très éloignés de ce seuil. Leur vulnérabilité aux chocs externes rend le progrès particulièrement fragile. L'ouverture rapide des marchés et les réformes économiques promues par l'UE, au lieu d'endiguer la désindustrialisation, ont alimenté la dette publique et privée, et grevé les déficits.

Les relations de bon voisinage, de coopération régionale, sont qualifiées par la Stratégie européenne d'élargissement de « conditions préalables à l'adhésion ». Or chaque élection marque le retour de rhétoriques vindicatives. Un accord entre la Serbie et le Kosovo reste improbable, comme une réforme constitutionnelle en Bosnie-Herzégovine. Et avec la pandémie, les fossés de demain pourraient s'avérer infranchissables.

Des États membres peu accueillants et divisés

Le caractère intergouvernemental de la politique d'élargissement s'est renforcé ces dernières années, et donc le rôle des États membres. Le blocage de la Macédoine du Nord illustre l'incongruence des logiques politiques et technocratiques d'un processus d'adhésion en principe fondé sur le mérite. Le pays a connu en 2017 un sursaut démocratique et un changement de régime, et en 2019 un accord concédant à la Grèce la re-dénomination du pays. Ces avancées spectaculaires n'ont nullement avancé le processus d'adhésion : bloqué près de dix ans par Athènes, puis deux ans par Paris et d'autres États membres, il l'est aujourd'hui par Sofia, qui exige de Skopje la reconnaissance des « origines bulgares » de la nation macédonienne.

Le leadership de la Commission s'érode. Ses recommandations (comme celles du Parlement) ne sont guère suivies par le Conseil ; ses rapports sont souvent (à juste titre) jugés insuffisamment critiques, et l'unanimité requise pour une longue série de décisions préalables à l'adhésion donne aux États membres le contrôle total du

1. L'acquis de l'UE croît en moyenne au rythme de 80 directives, 1 200 régulations et 700 décisions par an.

processus. Certains, comme l'Allemagne, la France, l'Autriche ou les Pays-Bas, ont introduit des verrous politiques et constitutionnels.

Pour la France, l'élargissement ne doit pas compromettre la logique d'approfondissement politique : la « capacité d'absorption » de l'UE est liée à sa capacité à se réformer ; le point focal n'est donc pas l'adhésion mais l'intensification des coopérations économiques, culturelles, politiques et sécuritaires. La Pologne, soucieuse de contrecarrer l'influence russe, privilégie une Europe à la carte préservant les intérêts nationaux. Comme les autres membres du groupe de Visegrád, elle est favorable à un élargissement rapide, s'oppose au durcissement des conditions d'adhésion, et est conciliante envers les leaders balkaniques, dont elle partage certains dévoiements. L'Allemagne, aux intérêts économiques considérables dans la région, approche l'élargissement avec sa vision légale et normative de l'ordre européen. Comme les Pays-Bas, elle est attachée à la conditionnalité, qu'elle entend renforcer mais, ce faisant, peine à donner un souffle politique au processus et ne mobilise guère les imaginaires collectifs.

À cette hétérogénéité s'ajoutent d'autres réticences. La France s'oppose, par exemple, à la libéralisation du régime des visas pour le Kosovo, alors même que d'autres pays de la région en bénéficient, comme l'Ukraine, la Géorgie ou la Moldavie. L'Espagne, Chypre, la Grèce, la Slovaquie et la Roumanie ne reconnaissent pas le Kosovo. La Croatie s'ingère dans les discussions de réforme en Bosnie-Herzégovine, pour défendre les seuls intérêts croates dans le pays, quitte à le déstabiliser.

Une région face aux rivalités de puissance

Les difficultés de l'UE sont une aubaine pour la Russie, qui multiplie les campagnes de désinformation, avec des relais très actifs en Serbie (bureau Spoutnik à Belgrade, télévision RT, supplément *Russia Beyond*, applications mobiles, etc.). Ils dépeignent la Russie comme l'allié naturel des Serbes, exacerbent rancœurs et tensions interethniques, critiquent la posture hégémonique de l'Occident et dénigrent la crédibilité de l'UE.

Un narratif récurrent présente l'UE comme un partenaire peu fiable, adepte du « deux poids deux mesures », incapable de tenir ses promesses. Un autre narratif met en doute l'impartialité de l'UE. La question du nom (de la Macédoine) aurait débouché sur une capitulation naïve ; le dialogue entre Belgrade et Pristina cacherait mal la marche à la reconnaissance du Kosovo… Pendant la pandémie, l'UE fut accusée de tourner le dos à la région…

L'UE peine à contrer la désinformation, volontiers reprise à des fins électorales par les élites gouvernementales, surtout serbes. Une majorité de Serbes pensent (à tort) que la Russie est un partenaire économique plus important que l'Allemagne. Jusqu'à ce que la Chine la détrône, elle passait (à tort) comme le premier donateur d'aide internationale (alors que l'UE devance de loin Moscou et Pékin). Des études récentes en Serbie créditent la Russie de 60 % d'opinions positives (+ 20 % par rapport à 2013), quand l'UE n'en récolte que 27 %. D'où l'idée, soutenue par les trois quarts des Serbes, que leur pays devrait naviguer entre les pôles européen et eurasiatique, plutôt que de se fier à la seule UE.

La présence de la Chine s'est nettement accrue ces dix dernières années : Pékin prend pied dans le « ventre mou de l'Europe ». Tous les pays des Balkans occidentaux sauf le Kosovo participent à l'initiative « 17 + 1 » lancée en 2012. Au-delà, la Chine privilégie l'approche bilatérale, en particulier avec la Serbie qui reçoit près du tiers de l'enveloppe allouée aux pays de l'initiative (estimée à 12 milliards d'euros pour ces dix dernières années).

L'octroi de prêts bonifiés constitue la cheville ouvrière de la diplomatie économique chinoise. Garantis par l'État receveur, ils sont en général consentis par une banque contrôlée par le gouvernement chinois, à des conditions favorisant le BTP chinois. Deux secteurs sont particulièrement visés : les infrastructures autoroutières et ferroviaires, dont le développement correspond en partie aux préconisations de l'Agenda connectivité de l'UE ; et les énergies (fossiles) et les industries lourdes (polluantes), avec la construction ou la modernisation de plusieurs aciéries et centrales à charbon.

Si les besoins de la région en infrastructures sont réels, la contribution de ces prêts à son développement est douteuse. Nombre de projets annoncés peinent à voir le jour, ou se traduisent par un accroissement toxique de la dette publique. Pour la construction d'une autoroute, le Monténégro a ainsi contracté un prêt estimé à 1,1 milliard d'euros (25 % de son PIB), faisant de la Chine son premier bailleur de fonds bilatéral. Ces prêts bonifiés s'affranchissent des principes de bonne gouvernance : les attributions de marchés publics sont opaques et sources de corruption, privilégient les intérêts politiques sur les impératifs de rentabilité (ligne à grande vitesse Belgrade-Budapest) et ignorent l'Agenda de verdissement de l'UE et les normes environnementales en vigueur.

L'engagement de la Chine passe également par les échanges commerciaux et les investissements directs. Pékin est aujourd'hui le deuxième partenaire commercial de la région. Dans la lignée de sa stratégie *Made in China 2025*, son engagement s'intensifie dans les infrastructures digitales stratégiques. Partout des coopérations se développent, avec Huawei en fer de lance, pour la modernisation des réseaux de téléphonie, le développement de la 5G, et en Serbie la construction de centres de données et la mise en place des concepts de *smart city*, avec la vitrine de Belgrade. Enfin, la Chine a récemment musclé sa diplomatie publique, finançant des « classes Confucius » dans les écoles primaires et secondaires ou organisant les festivités du Nouvel An.

L'UE, intègre, mais elle peine à produire de la convergence. D'où une érosion profonde de sa crédibilité, aggravée par la pandémie, et la prémonition grandissante que l'élargissement de l'UE n'aura pas lieu. L'essoufflement de son influence fait le jeu de la Chine et de la Russie. À terme, l'ambition d'une « Europe puissance » ne peut faire l'impasse sur un engagement plus stratégique dans la région.

F. M.

Pour en savoir plus

- F. Bieber, *The Rise of Authoritarianism in the Western Balkans*, New York, Palgrave Macmillan, 2020.
- F. Marciacq et T. Żornaczuk, « Towards More Cohesion in EU Enlargement Policy: Tapping the Potential of the Weimar Triangle », *Genshagner Papiere*, n° 27, mars 2021.
- W. Zweers *et al.*, « China and the EU in the Western Balkans: A Zero-Sum Game? », *Clingendael Report*, août 2020.

L'Union européenne et la Chine

Conditionner les échanges, éviter une nouvelle guerre froide

Les relations entre la Chine et l'Union européenne se sont modifiées, sous l'effet du durcissement de l'affirmation chinoise et des pressions américaines. Mais les membres de l'Union entendent garder des relations actives, bien qu'encadrées, avec Pékin, dans le cadre d'une stratégie propre.

Les relations entre l'Union européenne (UE) et la Chine traversent une période difficile depuis le début de la crise du Covid-19, qui s'est avérée l'accélérateur d'une tendance déjà bien entamée. D'une relation principalement économique, et dans l'ensemble complémentaire en dépit de divergences politiques claires, la Chine est devenue aujourd'hui un concurrent plus direct par sa structure industrielle. De plus, par l'affirmation de son modèle autoritaire, elle est depuis 2019 qualifiée de « rivale systémique ».

Dans ce contexte, l'UE cherche à conditionner ses interactions avec les acteurs chinois. Mais dans une situation de rivalité sino-américaine renforcée, poussés par un couple franco-allemand souhaitant une Europe plus autonome et par une Commission qui se veut plus géopolitique, les Européens ne souhaitent pas couper les ponts avec Pékin. L'accord d'investissement signé avec la Chine le 30 décembre 2020 (dont la ratification est en suspens) et le maintien d'une diplomatie de haut niveau active signalent que la Chine reste pour l'UE un partenaire important.

Changement d'image, détérioration des relations

Le contexte des relations sino-européennes s'est considérablement dégradé depuis un an et demi. La pandémie a focalisé une partie de l'attention du débat public sur la Chine, avec un effet néfaste sur son image. Liée à la controverse sur l'origine du virus, aux campagnes chinoises de désinformation, aux tentatives d'influence à l'Organisation mondiale de la santé (OMS), à la diplomatie du masque et du vaccin, ou à l'émergence d'un nouveau style diplomatique visiblement plus agressif – la diplomatie « du loup guerrier » –, l'image de la Chine en Europe s'est détériorée sondage après sondage. En France, selon Pew Research, fin 2020 l'image de la Chine est à son plus bas depuis 2008, avec 70 % d'avis défavorables (contre 62 % en 2019 et seulement 49 % en 2015). Ce niveau est de 71 % en Allemagne, de 73 % aux Pays-Bas et de 85 % en Suède, l'Espagne affichant son plus grand nombre d'avis défavorables depuis vingt ans, à 63 % (53 % en 2019).

Au-delà de la pandémie, la nouvelle attention médiatique et politique a mis en lumière certains développements internes à la Chine, faisant monter la pression sur les autorités et les entreprises européennes. Au nombre des dossiers problématiques : la reprise de contrôle de Pékin sur Hong Kong et les mesures prises contre ses institutions démocratiques, la poursuite de la répression des populations musulmanes, notamment des Ouïghours et Kazakhs dans la région du Xinjiang – traitement que certains observateurs, organisations non gouvernementales (ONG) et parlementaires européens (et d'autres en Occident), ainsi que le Département d'État américain, qualifient même de « génocide ».

C'est dans ce contexte que, fin mars 2021, la dégradation des relations avec Pékin a franchi un nouveau cap. Pour la première fois depuis la répression sur la place Tian'anmen de 1989, les pays de l'UE (avec le Royaume-Uni, le Canada et les États-Unis) ont imposé des sanctions (gels d'avoirs et interdictions de visas) sur quatre responsables des affaires politiques au Xinjiang, invoquant entre autres de « graves atteintes aux droits de l'homme ». La réponse chinoise fut rapide, virulente et asymétrique. Prétextant de « graves atteintes à la souveraineté et aux intérêts chinois », ainsi que « des mensonges et fausses informations malveillantes », les contre-sanctions chinoises ont visé quatre entités et dix responsables européens, au nombre desquels le Comité politique et de sécurité, une structure permanente du Conseil de l'UE, et la sous-commission des droits de l'homme du Parlement européen (et certains parlementaires), ainsi que des instituts de recherche et chercheurs indépendants.

Suite à cette conflagration diplomatique, les relations sino-européennes se trouvent dans l'impasse, l'existence même de sanctions croisées empêchant le progrès de dialogues et de coopérations substantiels. Le Parlement européen a ainsi annoncé en mai 2021 la suspension du débat sur la ratification de l'accord d'investissement signé avec la Chine cinq mois plus tôt.

Soumettre à la conditionnalité les échanges avec la Chine

L'état actuel des relations sino-européennes est sans doute l'écho d'une restructuration plus profonde des conceptions européennes vis-à-vis de Pékin. Sur les plans politique et diplomatique, la Chine s'affirme de plus en plus sur la scène internationale, plus certaine de son modèle autoritaire, et souvent en contradiction avec les valeurs qui forment le socle du projet européen et de sa vision du système international. Parallèlement, la Chine oriente, depuis une décennie déjà, sa stratégie industrielle vers les industries d'avenir, notamment la high-tech. Elle se donne ainsi les moyens de devenir plus nettement innovatrice, et ses entreprises sont désormais leaders dans un nombre croissant de secteurs : nouvelles technologies de l'énergie, mobilité « propre », télécommunications 5G, internet des objets, Intelligence artificielle… Dans ces domaines, les entreprises chinoises sont en concurrence directe avec l'Europe et les industriels européens.

Dans ce contexte de rivalité et de concurrence, l'UE développe progressivement ses outils pour mieux encadrer et soumettre à condition ses relations avec la Chine (ainsi d'ailleurs qu'avec d'autres acteurs), afin de préserver ses intérêts économiques et de protéger les bases de son système politique. Les sanctions adoptées en mars 2021 constituent, par exemple, la première manifestation d'un nouveau mécanisme adopté par l'Union en décembre 2020 – la « loi Magnitsky » européenne – qui permet aux autorités de réagir plus rapidement et de manière plus fine (au niveau de personnes, d'entités ou d'organismes publics), lorsque de graves violations des droits de l'homme sont constatées, où que ce soit dans le monde.

À ces décisions s'ajoutent d'autres mesures concernant la politique industrielle ou la sécurité économique. La « boîte à outils » 5G adoptée par la Commission début 2020 pour guider les pays membres vers le renforcement de la sécurité des réseaux de télécommunications – où la présence d'acteurs chinois comme Huawei inquiète – en est un exemple, comme le nouveau Mécanisme de contrôle des investissements étrangers entré en vigueur en octobre 2020. La Commission européenne cherche également, ces dernières années, à étoffer ses mesures de défense contre la concurrence déloyale et les pratiques commerciales agressives, par exemple à travers des mesures *antidumping*, les pratiques chinoises étant ici souvent en première ligne. La Commission a ainsi approuvé en février 2021 des mesures renforcées contre des subventions illicites et entend se doter d'instruments plus poussés pour lutter contre d'éventuelles actions de coercition.

Bruxelles a aussi adopté en mars 2021 un nouveau régime de contrôle des exportations, visant notamment des technologies liées à la cybersurveillance, les pratiques chinoises étant dans ce domaine un motif d'inquiétude particulier. Enfin, toujours dans l'optique d'encadrer le développement des nouvelles technologies et de préserver ses intérêts et ses valeurs politiques – comme ce fut le cas pour le Règlement général sur la protection des données (RGPD) et le traitement des données personnelles – l'Europe a rendu public en avril 2021 un cadre juridique nouveau, visant à délimiter le développement de l'Intelligence artificielle, dans l'optique de tirer parti du poids réglementaire européen face aux acteurs chinois mais aussi américains, ultra-compétitifs dans le domaine.

À ces mesures défensives ou d'encadrement vient s'ajouter une nouvelle tentative pour relancer la compétitivité européenne à travers l'élaboration d'une stratégie industrielle et commerciale. Si l'ensemble de ces mesures ne ciblent pas spécifiquement la Chine, elles ont pour effet de soumettre à des conditions nouvelles les relations avec les acteurs chinois, comme avec d'autres acteurs, y compris américains.

Du « retour » des États-Unis à la « troisième voie » européenne

Alors que l'Europe s'avère plus méfiante dans ses relations avec Pékin, Washington frappe de nouveau à la porte de Bruxelles et d'autres capitales européennes, une branche d'olivier à la main. Le pronostic américain sur la Chine n'a pas fondamentalement évolué avec l'arrivée de l'administration Biden, si ce n'est que le nouveau président présente la rivalité sino-américaine plus clairement comme une compétition entre systèmes politiques – démocratiques *vs.* autoritaires.

Mais l'approche américaine a formellement changé. En rupture avec un unilatéralisme brutal et un style directif, la nouvelle administration se présente davantage comme multilatéraliste, coopérative et à l'écoute de ses alliés. Outre ses dialogues avec ses partenaires asiatiques, Washington a déjà ouvert de multiples *rounds* d'échange de haut niveau avec les Européens depuis janvier, dans lesquels les relations avec la Chine figurent souvent en tête d'agenda, sinon exclusivement.

Le terrain d'entente avec Washington vis-à-vis de la Chine est certes large. Les sanctions adoptées contre des officiels chinois en mars dernier ont témoigné de la volonté de trouver une meilleure coordination transatlantique. L'UE, suivant les positions française, allemande et néerlandaise, élabore aussi sa vision stratégique de l'Indo-Pacifique, rentrant ainsi directement dans le lexique proposé par les États-Unis. Mais Washington a peut-être mal évalué le degré de méfiance existant en Europe à l'égard des Américains, après quatre ans de relations difficiles, et alors qu'émerge peut-être une réelle volonté d'autonomie de la politique étrangère européenne. Pour les Européens, se positionner dans l'Indo-Pacifique, c'est aussi un moyen de redéfinir leurs relations avec d'autres partenaires dans ce vaste territoire (l'Inde, le Japon, l'Indonésie, l'Australie…), de redessiner l'espace géopolitique de la région, et de recréer des terrains d'entente, voire d'éventuelle coopération, avec la Chine.

L'Europe continue de signaler à Pékin que, si les relations sont plus conditionnelles, les portes du dialogue demeurent ouvertes. Conclu moins d'un mois avant l'investiture du nouveau président américain, l'accord sur les investissements entre l'Europe et la Chine témoignait de la volonté des pays européens – et notamment du leadership allemand et français – de maintenir un niveau de coopération élevé avec la Chine. En dépit de l'échec désormais vraisemblable de l'accord et de la dégradation générale des relations avec Pékin, l'UE entend toujours maintenir ses échanges avec la Chine, indépendamment des États-Unis. Une semaine avant l'organisation par Washington d'un sommet sur le climat le 22 avril 2021 – Jour de la Terre – Angela Merkel et Emmanuel Macron ont de nouveau illustré leur approche en se réunissant virtuellement en tête-à-tête avec le président chinois Xi Jinping. Et d'ici l'automne, soit avant la fin du mandat de la chancelière allemande, les deux leaders européens espéraient se rendre en Chine, pour la première fois ensemble.

Les élections allemande et française de l'automne et du printemps prochains peuvent encore cependant redistribuer les cartes et influencer la stratégie européenne vis-à-vis Pékin, tant Paris et Berlin sont moteurs en la matière. Quelques événements catalyseurs de tensions peuvent également intervenir, comme les Jeux olympiques d'hiver de Pékin de février 2022 qui font l'objet d'appels au boycott, rappelant ainsi les frictions qui avaient précédé les Jeux de Pékin de l'été 2008. L'approche européenne de la porte ouverte reste fragile, tant les sources de mésententes avec la Chine sont profondes et complexes.

J. S.

Pour en savoir plus :

- T. Dams, X. Martin et V. Kranenburg (dir.), « China's Soft Power in Europe: Falling on Hard Times », *ETNC Report*, European Think-tank Network on China, avril 2021.
- M. Julienne et S. Hanck, « Diplomatie chinoise : de l'"esprit combattant" au "loup guerrier" », *Politique étrangère,* vol. 86, n° 1, Ifri, mars 2021.

Arctique : un espace toujours stratégique

Rivalités de puissances et réchauffement climatique

L'espace arctique connaît un réinvestissement des puissances riveraines et des grands acteurs internationaux. Il constitue un enjeu central pour le déploiement d'instruments militaires et dans le cadre de la lutte contre le réchauffement climatique : le dégel du pergélisol russe pourrait remettre en cause les objectifs retenus par l'accord de Paris.

En mai 2021, la Russie a pris pour deux ans la suite de l'Islande à la tête du Conseil de l'Arctique. Un événement qui ouvre une phase diplomatique nouvelle, dans une région qui connaît des mutations profondes : élargissement des ambitions géoéconomiques des grandes puissances, accélération du réchauffement climatique, intensification de sa militarisation…

Ce début de la présidence russe coïncide avec l'arrivée à la Maison-Blanche du démocrate Joe Biden, qui renoue avec une approche multilatérale sur la scène arctique, délaissant la politique du « cavalier seul » de son prédécesseur Donald Trump. Ce renouveau à la fois politique et stratégique pour l'Arctique s'inscrit dans une dynamique en œuvre depuis plusieurs années, marquée par la réaffirmation géostratégique russe, mais aussi par les ambitions économiques chinoises dans le cadre du projet de la « route polaire de la soie ».

2021 : un tournant géostratégique pour la région polaire

Les États-Unis sont conscients d'avoir perdu l'initiative au profit des puissances rivales russe et chinoise dans la région polaire au cours de ces dernières années. Pour rattraper leur retard, ils se concentrent sur le renouvellement de leurs infrastructures de défense. En février 2021, dans le cadre d'un partenariat renouvelé entre les États-Unis et le Canada, Washington s'est engagé à moderniser le Commandement de la défense aérospatiale de l'Amérique du Nord (NORAD), en particulier le système d'alerte du Nord (North Warning System), qui surveille l'espace aérien régional. Cette décision fait sens notamment en raison du développement des nouveaux missiles de croisière hypersoniques russes *Zircon*, indétectables par le dispositif actuel. À terme, la modernisation de ce système de commandement permettra de favoriser son intégration dans l'infrastructure spatiale nord-américaine.

L'Arctique constitue désormais un nœud critique pour le développement des activités spatiales – commerciales et militaires – des pays de la région. Ainsi, la Norvège et la Suède projettent-elles toutes deux d'y établir des infrastructures terrestres destinées à mener des projets spatiaux, incluant la commercialisation des lancements de satellites. Quant à la Russie, le cosmodrome de Plesetsk, situé dans l'oblast d'Arkhangelsk et géré par le ministère de la Défense, constitue un pilier au service de la réaffirmation géostratégique du pays. Pour renforcer la constellation de satellites, les satellites du système de navigation GLONASS (Global Navigation Satellite System) et du système de télécommunication Gonets sont en effet mis en orbite à partir de ce site de lancement.

Plus modestes, les ambitions chinoises en Arctique se manifestent par des tentatives d'implantation dans la région : accord pour la construction du réseau 5G par Huawei aux îles Féroé; offre (sans succès) de rachat de l'aéroport de Kemijärvi dans l'Arctique finlandais… Néanmoins, l'approche offensive chinoise semble connaître ces dernières années un reflux, en raison d'une méfiance croissante des autorités publiques des pays « cibles ». Les pays nordiques et le Canada ne cachent plus leur inquiétude concernant les intentions de Pékin et s'efforcent de contenir son influence en Arctique. En particulier, les tensions diplomatiques entre Ottawa et Pékin ouvertes depuis 2018 d'une part, et le durcissement général des conditions des investissements étrangers au Canada pour des raisons de sécurité nationale d'autre part, freinent significativement les ambitions économiques de la Chine dans l'Arctique canadien. Le gouvernement fédéral d'Ottawa s'est ainsi opposé à la vente de la mine d'or de Hope Bay au Nunavut à une entreprise d'État chinoise. Une décision qui illustre le changement d'approche des gouvernements des pays riverains à l'égard de Pékin.

Le durcissement des pays nordiques face aux réaffirmations militaires russes

Les évolutions concomitantes du paysage sécuritaire en Arctique et l'évolution du contexte géopolitique global ont incité les États nordiques à réévaluer leurs stratégies polaires. En 2020-2021, le Danemark, la Finlande, la Norvège et la Suède ont publié des *Livres blancs* définissant leurs politiques arctiques pour la décennie à venir. Le gouvernement suédois a ainsi été le premier à révéler, en octobre 2020, sa nouvelle stratégie arctique. Celle-ci est ouvertement dictée par la dégradation des relations russo-occidentales à la suite de l'annexion de la Crimée par Moscou en 2014.

En novembre 2020, la Norvège a à son tour rendu public un nouveau *Livre blanc* sur sa politique en Arctique. Ce document fait aussi le constat de tensions croissantes avec Moscou, désormais considéré comme une menace pour la sécurité nationale du pays. Les relations détériorées entre Oslo et Moscou ont eu pour effet de réduire leur coopération dans la région arctique aux aspects pratiques : gestion des stocks de poissons, surveillance et sécurité maritime, etc. Dans le même temps, les positions militaires se sont renforcées de part et d'autre dans la région de Barents, avec également une multiplication des exercices militaires. Les manœuvres *Cold Response*, qui doivent être organisées en 2022 sur le territoire norvégien entre les pays de l'Organisation du traité de l'Atlantique nord (OTAN) et les voisins nordiques, prévoient une mobilisation de 40 000 militaires, inédite à l'intérieur du cercle polaire depuis la guerre froide. Dans une démarche similaire, l'accord de coopération militaire entre la Norvège et les États-Unis, signé en avril 2021, prévoit le renforcement de la présence militaire américaine dans l'Arctique norvégien.

S'agissant de la Russie, la construction et la modernisation des infrastructures civilo-militaires se sont intensifiées sur son espace côtier, ainsi que sur ses archipels et ses îles arctiques sous souveraineté (Terre François-Joseph, île de Kotelny, Nouvelle-Zemble, archipel de Severnaya Zemlya et île Wrangel). Au printemps 2021, le ministre de la Défense Sergueï Choïgou a averti que Moscou comptait poursuivre ses efforts de renouvellement de ses capacités militaires régionales. Selon les officiels russes, le déploiement de divers équipements militaires – missiles à longue portée, nouvelles armes sous-marines, radars contre les missiles hypersoniques – se justifie d'une part par une concurrence grandissante pour l'accès aux ressources naturelles de l'océan Arctique, et d'autre part par le renforcement des infrastructures et activités militaires des autres États arctiques, membres de l'OTAN. Dans le même temps, la diplomatie russe s'active et maintient ses revendications sur le plateau continental dans l'océan Arctique auprès des Nations unies, en les élargissant à de nouveaux pans, aux dépens du Canada et du Danemark, pour y incorporer la dorsale de Gakkel, la dorsale de Lomonossov et le bassin canadien.

Une décennie décisive face à l'emballement climatique

Ces dernières années, la région est le cadre d'un emballement climatique inédit, qui fragilise l'écosystème naturel et met en péril les communautés humaines. La multiplication des incendies de la toundra et des forêts boréales au cours de la période estivale, le dégel du pergélisol sur le territoire russe, le changement de la population halieutique dans le système océanique arctique, sont autant de facteurs qui transforment durablement la région polaire. L'Arctique pourrait faire l'objet d'une attention particulière en novembre 2021 durant la COP26 de Glasgow. Le prochain rapport d'évaluation du Groupe d'experts intergouvernemental sur l'évolution du climat (GIEC) devrait en effet confirmer l'accélération du réchauffement climatique dans cette partie du monde. Ce dernier serait désormais trois fois supérieur à la moyenne globale, ce qui induit un bouleversement aux conséquences imprévisibles.

La communauté internationale est particulièrement préoccupée par le dégel du pergélisol en Russie. En effet, près de 60 % du territoire russe est recouvert par ce pergélisol, et son dégel pourrait entraîner un relâchement massif et incontrôlé de gaz à effet de serre dans l'atmosphère, dont du méthane. L'objectif d'une limitation du réchauffement climatique à 2 °C maximum d'ici la fin du XXIe siècle, pris dans le cadre de l'accord de Paris, serait alors compromis. Le retour des États-Unis dans cet accord de Paris en février 2021 et la mise en avant des questions environnementales dans l'agenda de la présidence russe du Conseil de l'Arctique, renouvellent la dynamique diplomatique pour ces enjeux. Ils engagent les pays de la région à la préservation d'un écosystème aux équilibres fragiles, mais aussi au maintien des communautés autochtones.

Longtemps minimisé par Moscou, le réchauffement climatique inquiète désormais les autorités russes en raison de ses effets négatifs sur les projets de développement dans la région polaire. L'affaiblissement du pergélisol fragilise l'ensemble des infrastructures : centres urbains, transport, sites industriels. Celles-ci sont essentielles pour réaliser les ambitieux projets du gouvernement russe dans la zone. L'intérêt soudain de Moscou pour les enjeux climatiques est étroitement lié à la situation géographique des opérations extractives des hydrocarbures dans le pays : 15 % du pétrole et 80 % du gaz sont exploités sur des espaces où domine le pergélisol. À terme, les autorités russes évaluent les coûts annuels de l'entretien des infrastructures entre 50 et 150 milliards de roubles (soit entre 544 millions et 1,6 milliard d'euros). À l'horizon 2050, un cinquième des infrastructures situées sur cette zone de pergélisol pourraient être atteintes, ce qui représenterait un coût de 70 milliards d'euros. De toute évidence, le coût financier des effets du changement climatique constituera un facteur déterminant pour les programmes de développement des pays de la région.

***

Les récentes évolutions politiques et militaires démontrent la vitalité stratégique de la région polaire. Celle-ci devrait se confirmer au cours des prochaines années, à mesure que les grandes puissances y poursuivront leur projection géostratégique et géoéconomique, et que les conséquences du réchauffement climatique redessineront cet espace en mutation.

La redéfinition en cours de l'architecture sécuritaire en Arctique constitue un prolongement des tensions géopolitiques globales qui opposent aujourd'hui l'Occident aux puissances rivales comme la Chine et la Russie. Dans le même temps, la région polaire apparaît comme un réceptacle des tensions croissantes qui se développent sur le continent européen. La région de Barents retrouve une importance stratégique comparable à celle qu'elle avait durant la guerre froide. Partie septentrionale du territoire européen, cette région se situe dans un continuum géographique qui la relie à deux autres points de contacts entre la Russie et l'OTAN : les régions de la mer Baltique et de la mer Noire. Ces trois espaces maritimes restent déterminants pour le maintien de l'équilibre stratégique continental.

F. V.

Pour en savoir plus

- T. Bouffard et P. Whitney Lackenbauer, « The Development of the Russian Arctic Council Chairmanship: A Strategic Plan of Preparation and Pursuit », *Strategic Perspectives*, North American and Arctic Defence and Security Network (NAADSN), 30 mars 2021.
- T. Garcin, *Géopolitique de l'Arctique*, Paris, Economica, 2e édition, 2021.
- F. Lasserre, A. Choquet et C. Escudé-Joffres, *Géopolitique des pôles. Vers une appropriation des espaces polaires ?*, Paris, Le Cavalier Bleu, 2021.
- Dossier « Arctique : une exploration stratégique », *Politique étrangère*, vol. 82, n° 3, Ifri, septembre 2017.

États-Unis : quel rôle dans le monde ?

Biden, entre Trump et Obama

La « doctrine Biden » n'est pas encore claire. Mais la volonté de se désengager des présences extérieures au profit des enjeux internes est affirmée. Paradoxalement, avec un certain retour au messianisme démocratique, et le renforcement de l'obsession chinoise, héritée de l'administration Trump.

Succédant à une présidence Trump hors-norme et confronté à une gauche démocrate dont les idées ont le vent en poupe, le président Biden surprend sur bien des points depuis son arrivée à la Maison-Blanche. Les premiers mois de son administration traduisent un virage keynésien sur les questions économiques et budgétaires (avec l'annonce de plans de relance ambitieux), mais aussi un positionnement complexe, pas forcément attendu, sur la politique étrangère – et ce, alors même que Joe Biden n'arrive pas en novice à la Maison-Blanche. Pendant ses 33 ans au Sénat, il a été membre et président à deux reprises de la Commission des relations extérieures. Il a déjà rencontré la majorité des chefs d'État et de gouvernement dans le monde, et comme vice-président de Barack Obama entre 2009 et 2017, il a eu à traiter les dossiers afghan et irakien. Son administration envoie cependant pour l'heure des signaux contradictoires sur le rôle international qu'elle envisage pour le pays, et il reste difficile de décrire une « doctrine Biden ».

Se désengager du monde pour refonder les classes moyennes

L'administration Biden affirme tout d'abord une volonté explicite de réduire les interventions américaines à l'étranger, pour recentrer ses efforts sur les maux du pays, avec notamment la remise en route de la mobilité sociale pour les plus modestes. Même l'aile centriste du Parti démocrate a désormais bien compris que l'élection de Trump en 2016 était due à un sentiment de trahison ressenti par les classes moyennes vis-à-vis des élites, et qu'à ce titre elle constituait un signal fort dont il fallait tenir compte.

Pendant la présidence Trump, le *think tank* Carnegie Endowment for International Peace a mis en place un groupe de travail pour réfléchir à la politique étrangère que devraient mener les États-Unis pour cesser de nuire aux classes moyennes américaines[1]. Ancien des équipes Obama/Clinton, Jake Sullivan a participé à cette

1. S. Ahmed *et al.*, « Making U.S. Foreign Policy Work Better for the Middle Class », Carnegie Endowment for International Peace, 23 septembre 2020.

réflexion, et il est aujourd'hui Conseiller pour la sécurité nationale du président Biden. Certaines des idées qu'il défend, comme la remise en cause d'un libre-échange totalement dérégulé comme panacée des relations commerciales internationales, ou la fin des « guerres sans fin », s'inscrivent de fait dans la continuité des politiques menées par Donald Trump.

C'est ainsi que le président Biden a confirmé le retrait d'Afghanistan que son prédécesseur avait annoncé en février 2020. Les troupes américaines auront définitivement quitté le pays au 11 septembre 2021, soit vingt ans après la destruction des tours du World Trade Center. Ce départ intervient alors même que nul à Washington ne conteste que la mission n'ait jamais eu les résultats escomptés, et que l'Afghanistan pourrait, d'ici quelques années, être la source de nouveaux problèmes de sécurité pour l'Occident.

De même, dans son premier discours de politique étrangère, prononcé le 4 février au Département d'État, Biden a annoncé la fin du soutien américain aux opérations offensives menées par l'Arabie Saoudite contre les rebelles houthis au Yémen, refusant de participer plus longtemps à une guerre qu'il qualifie de « catastrophe humanitaire et stratégique ».

Le repli est donc dans l'air du temps, comme le montre également la création du Quincy Institute for Responsible Statecraft, centre de recherche anti-interventionniste lancé en novembre 2019 grâce à un financement d'un million de dollars versé conjointement par la fondation Koch – très conservatrice – et par la fondation Open Society de George Soros – très progressiste. La réunion de deux grands mécènes venus d'horizons politiques opposés prouve à quel point le refus d'endosser plus longtemps le rôle de gendarme du monde bénéficie aujourd'hui d'un consensus bipartisan.

Si Biden s'inscrit dans la continuité de son prédécesseur sur la question du désengagement, il s'en différencie par son attachement à la notion d'exceptionnalisme américain. Renouant avec la posture de la plupart des présidents américains depuis 1945, il affirme en effet que les États-Unis doivent renouer avec le multilatéralisme mais aussi leur rôle de modèle moral dans le monde. Les deux grands courants du Parti démocrate s'attachent cependant à la défense de valeurs bien différentes.

Défendre des valeurs, mais lesquelles ?

Pour le courant centriste, autour de Biden, la responsabilité morale de l'Amérique reste liée en priorité à la défense des libertés politiques : les États-Unis sont voués à intervenir à l'étranger pour installer ou rétablir la démocratie et le respect des droits de l'homme. Les diplomates chevronnés de la nouvelle administration, comme le secrétaire d'État Antony Blinken, sont sur cette ligne, qui a été portée historiquement aussi bien par les Démocrates que par les Républicains. Au lendemain du 11 Septembre, le courant néo-conservateur de l'administration Bush avait justifié les interventions en Afghanistan et en Irak par la guerre contre le terrorisme, mais aussi par le projet de convertir les deux pays en démocraties libérales…

Lors de son séjour en Europe, en juin, le président Biden a rappelé combien il était indispensable de défendre ces principes démocratiques, aujourd'hui attaqués par la montée de régimes autoritaires décomplexés dans toutes les régions du monde. Les sommets du G7, de l'Organisation du traité de l'Atlantique nord (OTAN) et de l'Union européenne (UE) auxquels il a participé semblaient d'ailleurs des cadres particulièrement pertinents, rassemblant les États historiquement à l'origine des principes des Lumières.

Pour la gauche du Parti démocrate en revanche, les États-Unis devraient exercer un leadership moral bien différent, fondé sur une exigence d'égalité sociale et économique. La politique étrangère du pays devrait s'efforcer de lutter contre les inégalités sociales et de réduire la pauvreté dans le monde. Le programme de politique étrangère présenté par le candidat très à gauche Bernie Sanders durant la campagne des primaires démocrates de 2020 allait dans ce sens. Les Démocrates radicaux s'opposent, par exemple, aux politiques de sanctions économiques décrétées contre des pays (et non contre des personnes, comme les oligarques russes, par exemple), car elles nuisent principalement aux plus vulnérables.

La montée en puissance de ce courant venu de la gauche du Parti démocrate dans la politique étrangère des États-Unis est la plus grande innovation de cette nouvelle présidence. Un premier signe en est le traitement de la flambée de violences israélo-palestiniennes survenue en mai 2021. Si les diplomates traditionnels proches de Biden ont répété que les États-Unis soutenaient fermement Israël, « seule démocratie du Moyen-Orient », les partisans de Sanders ont pour leur part dénoncé l'oppression des Palestiniens par un « État d'apartheid ». Le *New York Times* a choisi de présenter en une de son édition du 28 mai les photos des enfants morts pendant le conflit : la différence d'ordre de grandeur – 67 enfants palestiniens et 2 Israéliens – apparaissait écrasante, et le choix éditorial témoignait de l'évolution de la rédaction sur cette question.

La gauche du parti applaudit par ailleurs le soutien de l'administration au processus de réforme fiscale actuellement négocié dans le cadre de l'Organisation de coopération et de développement économiques (OCDE). Deux mesures dont l'impact serait très important semblent sur le point d'être adoptées au niveau international. L'une vise à mettre en place un taux d'imposition minimal mondial pour toutes les entreprises actives sur le plan international, et ainsi à mettre fin à l'existence des paradis fiscaux. La seconde mesure permettrait d'imposer les très grandes multinationales là où elles réalisent leurs bénéfices, et non plus dans les pays de leur siège, ce qui mettrait fin à l'évasion fiscale pratiquée, entre autres, par les entreprises du numérique.

Repli, défense de la démocratie ou de l'égalité, les trois courants de la politique étrangère de l'administration Biden se déclinent différemment selon les dossiers. Concernant les relations avec la Russie par exemple, les partisans du repli préféreraient voir l'Europe s'occuper de son voisinage et prônent la généralisation du « format Normandie » (rassemblant Russie, Ukraine, Allemagne et France) adopté pour gérer la crise ukrainienne en 2014. Les autres courants sont, en revanche, favorables à une condamnation plus vive du régime de Vladimir Poutine, dénonçant à la fois le traitement des opposants politiques et la kleptocratie qui règne autour du Kremlin, dépossédant les plus modestes.

La Chine, principe unificateur

Les voix de l'administration Biden sont en revanche unanimes dans leur dénonciation de la Chine. Qui plus est, elles sont ici rejointes par l'opposition républicaine dans une continuité frappante avec l'ère Trump, et qui produit l'un des rares consensus actuels de la classe politique américaine.

Après 1949, les courants de méfiance envers la Chine communiste ont été puissants aux États-Unis. Il faut attendre la politique de triangulation de Kissinger (visant à renforcer l'écart entre l'URSS et la Chine en se rapprochant de Moscou et de Pékin) dans les années 1970, pour que des relations diplomatiques soient établies entre les deux pays. Plus tard, dans les années 1990, l'idée que l'inclusion de la Chine dans le commerce international en ferait un interlocuteur plus prévisible, voire amènerait sa population, devenue classe moyenne, à réclamer plus de démocratie, a commencé à se répandre. C'est ainsi que la Chine a fait son entrée dans l'Organisation mondiale du commerce (OMC) en 2001.

L'optimisme a fait long feu, et le narratif est aujourd'hui radicalement différent. La Chine est désormais perçue par Washington comme un adversaire sur tous les plans : économique, par la délocalisation des usines et le déficit commercial qu'elle inflige aux États-Unis ; technologique, puisqu'elle conjugue désormais la prédation des brevets occidentaux à des avancées autonomes importantes dans certains domaines de pointe) ; géopolitique, par ses prétentions en mer de Chine du Sud et ses visées sur Taïwan ; moral, par son traitement des opposants politiques et des minorités ouïghoures ; idéologique enfin, puisqu'il est clair, depuis l'arrivée au pouvoir de Xi Jinping, que le régime communiste chinois n'a aucune intention d'évoluer vers une démocratie libérale.

C'est autour de cette opposition que se structurera la politique étrangère des États-Unis pour les décennies qui viennent. Or, si le pays est aujourd'hui dans un état de division politique exacerbée, l'ennemi commun chinois pourrait produire une réconciliation nationale. Un exemple prometteur est le passage au Sénat, le 8 juin dernier, d'un projet de loi visant à renforcer les filières technologiques pour reprendre le pas sur la concurrence chinoise. Le *US Innovation & Competition Act* devrait permettre d'injecter plus de 200 milliards de dollars dans des projets de recherche fondamentale ou appliquée, dans les domaines de l'Intelligence artificielle, des semi-conducteurs, du quantique, des télécommunications, des biotechnologies, ainsi que dans les nouvelles générations de technologies liées aux télécommunications et à l'énergie. Acquis par 68 voix contre 32, le vote montre que les élus peuvent, dans certains cas, surmonter leurs divisions. Un bon signe pour la démocratie américaine, sinon pour la paix dans le monde.

L. N.

Pour en savoir plus

- S. Alsabbagh, « Les Républicains et la politique étrangère américaine après Trump : entre néo-isolationnisme et rivalité avec la Chine », *Potomac Papers*, n° 41, Ifri, janvier 2021.
- S. Gaillaud, « Washington-Téhéran : l'élection de Joe Biden change-t-elle la donne ? », *Chroniques américaines*, Ifri, 30 novembre 2020.
- L. Nardon et S. Rust, « De la taxe numérique à l'imposition des multinationales : la révolution fiscale de Joe Biden », *Briefings de l'Ifri*, Ifri, 15 avril 2021.

L'Amérique de Joe Biden : unité ou division ?

En marche vers les *midterms*…

En dépit des appels à l'unité du président Biden, le paysage politique américain est de plus en plus polarisé. Les élections de mi-mandat de 2022 risquent de réduire les marges d'action du président démocrate, dans un contexte où la violence est de plus en plus présente dans la société américaine.

Tout au long de sa campagne électorale, comme durant ses cent premiers jours à la Maison-Blanche, Joe Biden a mis en avant un message de réconciliation nationale et d'unité, après la séquence hors norme de la présidence Trump. Son premier discours aux deux chambres du Congrès, fin avril, affirmait même avec optimisme que l'Amérique était en pleine « renaissance » et que ses adversaires autocratiques avaient tort de considérer que « le soleil se couche sur la démocratie américaine ».

Cette rhétorique, qui s'accompagne d'importantes initiatives politiques, a su séduire une partie des citoyens lors de l'élection de novembre, mais aussi au cours des trois premiers mois de la nouvelle administration : environ 54 % des Américains interrogés se déclaraient alors satisfaits de l'action du nouveau président. Le désir d'unité et de réforme se heurte toutefois à la réalité d'un paysage politique polarisé à l'extrême, peinant à cicatriser une société aux divisions idéologiques et inégalités socio-économiques très marquées.

Polarisation et reconfiguration des partis : deux paris opposés

La polarisation politique de l'électorat américain, amplifiée depuis les années 2000, ne s'est pas résorbée, en dépit de l'élection d'un président qui se veut rassembleur. Au contraire, tous les voyants pointent vers une division idéologique toujours plus grande. L'écart entre le taux d'approbation de Joe Biden par chaque parti est le plus large jamais enregistré : 98 % des Démocrates et 11 % des Républicains interrogés lui étaient favorables en février selon Gallup. Plus inquiétant encore, fin 2020, 80 % des partisans de Joe Biden et de Donald Trump estimaient être totalement en désaccord non seulement sur leurs priorités politiques, mais sur les « valeurs américaines fondamentales ». La désinformation et l'effet « chambre d'écho » des médias et réseaux sociaux ont en effet accentué ces dernières années la radicalisation partisane opposant libéraux et conservateurs. Celle-ci a conduit les deux partis à faire évoluer leur centre de gravité politique, à l'issue des élections de 2020 et en vue du scrutin de mi-mandat de 2022.

Côté républicain, on fait le pari d'une loyauté, revendiquée, à l'ancien président. En dépit de sa défaite, de sa suspension de Twitter et Facebook, et des insultes qu'il a formulées à l'encontre de dirigeants du Parti républicain au Congrès (comme le chef de la minorité au Sénat Mitch McConnell, ou l'ex-numéro 3 républicaine à la Chambre des représentants Liz Cheney), Donald Trump conserve une grande influence au sein du Grand Old Party (GOP). Après quelques critiques émises contre lui dans les jours qui ont suivi l'attaque contre le Capitole, seuls 10 représentants républicains (sur 211) et 7 sénateurs républicains (sur 50) ont voté la destitution du président (*impeachment*) en février. Mieux encore, Trump est parvenu à faire accepter à la quasi-totalité du parti son récit sur la fraude électorale lors des dernières présidentielles. Cette validation s'accompagne de la poursuite des efforts de recomptage des bulletins de novembre – comme en Arizona, où la législature républicaine a embauché à cet effet l'entreprise privée Cyber Ninjas, dirigée par un complotiste pro-Trump – et d'initiatives législatives visant à restreindre l'accès au vote par correspondance. Au nom de l'unité, ceux qui n'adhèrent pas au « grand mensonge » (« *the Big Lie* », comme l'appellent les Démocrates) sont censurés voire exclus de la gouvernance républicaine, comme la représentante du Wyoming Liz Cheney le 12 mai dernier.

L'unité partisane prime donc sur la vérité des faits, aux dépens du principe démocratique fondamental d'une alternance décidée par les urnes. Cette unité de façade est le résultat d'un calcul tactique des Républicains, qui savent que le soutien d'une grande partie de l'électorat, et des donateurs, est indissociable de Donald Trump. Mais elle masque en réalité une profonde fracture idéologique au sein même du GOP, qui oppose les trumpistes partisans des thèses populistes, identitaires et protectionnistes, à des conservateurs plus modérés et favorables au libéralisme économique. Cent éminents Républicains (parmi lesquels d'anciens élus) ont d'ailleurs publié mi-mai 2021 une lettre dénonçant l'emprise d'« une seule personne » (Donald Trump) sur le GOP, et menaçant de le quitter pour fonder un autre parti.

Côté démocrate, le déplacement du centre de gravité du parti vers la gauche, amorcé dès les primaires de l'année précédente, se concrétise avec l'administration Biden. Sa réponse aux inégalités économiques et raciales, particulièrement criantes en temps de Covid-19[1], est radicalement différente de celle ses prédécesseurs démocrates[2]. Avec ses propositions de plans d'investissements massifs (comme la loi de relance économique à 1 900 milliards de dollars adoptée en mars), le pari de Biden est de regagner l'électorat blanc ouvrier, séduit par le message conservateur sur les questions culturelles et sociales, en répondant à ses problèmes économiques. Il espère ainsi toucher les électeurs républicains, même si les élus de ce parti se complaisent dans l'obstruction au Congrès.

1. Les études du gouvernement américain ont ainsi montré que par rapport à une personne blanche, un Indien américain a 2,4 fois plus de risques de décéder du coronavirus, un Latino 2,3 fois, et un Afro-Américain 1,9 fois plus.
2. Voir R. Brownstein, « Bidenomics Really Is Something New », *The Atlantic*, 6 mai 2021.

Cependant, le Parti démocrate n'est lui-même pas dénué de dissensions idéologiques. Biden doit gouverner en tenant compte de l'aile gauche du parti, ce qui pèse tant sur les perspectives de réformes que sur les futures élections de mi-mandat. Les progressistes comme Bernie Sanders – qui, comme directeur de la Commission du budget, contrôle le processus budgétaire dit « de réconciliation » permettant aux Démocrates de contourner l'opposition républicaine au Sénat – refusent d'excessivement ralentir ou d'édulcorer les réformes prévues pour tenter d'obtenir le soutien de quelques Républicains. De plus, en l'absence de la « vague bleue » espérée en sa faveur fin 2020, le débat fait rage au sein du parti sur la communication à adopter à l'approche des élections de mi-mandat de 2022. Les dirigeants du Parti démocrate souhaitent limiter les accusations de « socialisme » et éviter toute rhétorique radicale sur des sujets comme l'immigration ou la réforme de la police (exigée par le mouvement Black Lives Matter) : ils la jugent responsable d'avoir éloigné d'eux l'électorat modéré et une partie de l'électorat latino. L'aile gauche du Parti démocrate, et en particulier la très médiatique représentante Alexandria Ocasio-Cortez, rejette cette analyse et souligne au contraire que les atouts de ce groupe, notamment en matière de mobilisation populaire et de présence digitale, sont indispensables à l'avenir du parti.

Les élections de mi-mandat de novembre 2022

Considérant l'avantage très mince des Démocrates au Congrès, les prochaines *midterm elections* seront cruciales pour la capacité d'action de l'administration Biden. Elles verront l'ensemble des 435 sièges de la Chambre des représentants remis en jeu, ainsi que 34 des 100 sièges du Sénat, 36 sièges de gouverneurs, et de nombreux autres postes dans les divers États. Mêlant enjeux locaux et appréciation du président deux ans après son élection, elles sont généralement défavorables au parti présidentiel. Les Démocrates risquent donc de perdre quelques sièges à la Chambre des représentants, ce qui pourrait leur coûter la majorité puisqu'ils ne disposent que de 222 sièges contre 211 pour les Républicains. En outre, les élections de 2022 seront les premières depuis le redécoupage des circonscriptions électorales de 2021, qui a lieu tous les dix ans, après publication du recensement.

En novembre dernier, en dépit de la victoire de Joe Biden à l'échelle du pays, les élections législatives des États ont été favorables aux Républicains, qui contrôlent 54 % de tous les sièges législatifs et 59 chambres au total (contre 39 pour les Démocrates). Dans nombre d'États, y compris certains fort peuplés[3] et donc élisant un grand nombre de représentants au Congrès, ce contrôle des législatures permettra au GOP d'opérer un redécoupage partisan des circonscriptions électorales (dit « *gerrymandering* ») en 2021, pour faciliter une victoire en 2022. Outre ces batailles autour du *gerrymandering*, les Républicains tentent d'augmenter leurs chances de victoire avec le dépôt de plus de 360 projets de loi restreignant l'accès au vote et interdisant un vote par correspondance souvent favorable aux Démocrates. Très réactifs, les Démocrates essayent de contrer le mouvement, en proposant des lois facilitant l'exercice du droit de vote : 843 projets avaient été déposés en ce sens fin mars 2021 selon le Brennan Center for Justice.

3. Comme le Texas, la Caroline du Nord ou la Floride, dont les législatures sont à majorité républicaine, et qui représenteront un total de 80 élus à la Chambre en 2022 (soit 4 de plus que lors du dernier recensement).

Un contexte de violence croissante

Ces divisions idéologiques et partisanes s'accompagnent d'une augmentation de l'extrémisme politique violent et du terrorisme intérieur, spectaculairement illustrée par l'attaque du 6 janvier contre le Capitole. L'année 2020 a ainsi connu le plus grand nombre d'incidents terroristes d'origine interne depuis un quart de siècle, dans un contexte de troubles liés aux restrictions sanitaires, aux manifestations antiracistes, et à l'activisme d'extrême droite. Les réseaux sociaux et la rhétorique nationaliste et raciste de Trump ont en effet permis la montée en puissance de mouvances d'extrême droite anti-gouvernementales et xénophobes, responsables de 66 % des attaques et projets terroristes en 2020 (contre 23 % pour l'extrême gauche et les « antifascistes »).

L'assaut contre le Capitole, qui a entraîné 5 morts, plus de 140 blessés et l'évacuation en urgence des élus, a révélé l'ampleur de la menace que représentent pour la démocratie américaine ces activistes d'extrême droite, parfois organisés en groupes armés tels les *Proud Boys* (Fiers garçons) ou les *Oath Keepers* (Gardiens du serment). La popularité de ces mouvements attise en outre des tensions raciales déjà exacerbées par les manifestations massives en réaction aux violences policières contre les Afro-Américains, et par l'explosion d'un racisme anti-asiatique liée à la pandémie.

Ces divisions n'échappent pas aux adversaires des États-Unis, en particulier la Russie et la Chine, qui poursuivent leurs campagnes de désinformation en ligne, afin d'alimenter l'animosité ethnique et de discréditer les processus politiques démocratiques. Entre autres exemples, entre janvier 2020 et février 2021, près de 20 % des posts Facebook liés à la théorie du complot QAnon provenaient de l'étranger.

Quelques pistes de coopération bipartisane

Au vu de ce contexte politique et social, l'ambition de réconciliation du nouveau gouvernement est aussi indispensable que difficile à mettre en œuvre. Outre l'expérience du négociateur chevronné qu'est Biden, la perception bipartisane d'une compétition accrue avec la Chine pourrait faciliter l'adoption de réformes, y compris sur le plan interne. Un large éventail de sujets comme l'innovation technologique, la cybersécurité, l'industrie pharmaceutique, ou la rénovation des infrastructures, font déjà l'objet de discussions bipartisanes au Congrès. Les prochains mois diront si cette motivation est suffisante pour dépasser la tendance au bloc-contre-bloc et, selon les dires du président Biden, pour « prouver que la démocratie [américaine] fonctionne encore ».

M. V.

Pour en savoir plus :

- « Liz Cheney's Demotion Is a Death Rattle for Principled Conservatism », *The Economist*, n° 950, 15 mai 2021.
- E. Levitz, « David Shor on Why Trump Was Good for the GOP and How Dems Can Win in 2022 », *The Intelligencer*, 3 mars 2021.
- S. G. Jones, C. Doxsee, G. Hwang et J. Thompson, « The Military, Police, and the Rise of Terrorism in the United States », *CSIS Briefs*, Center for Strategic and International Studies, 12 avril 2021.

Présidentielles au Brésil : Bolsonaro *vs.* Lula

L'introuvable troisième voie

La prochaine élection présidentielle a toutes chances d'opposer Bolsonaro et Lula, en dépit du rejet de cette option par nombre de Brésiliens. La polarisation politique laisse peu d'espace à une éventuelle troisième voie, mais l'actuel président pourrait mettre en cause les institutions en cas de défaite.

Les présidentielles brésiliennes à venir opposeront sans doute Jair Bolsonaro à Luiz Inacio Lula da Silva. Qu'y a-t-il de particulier dans le système politique brésilien qui permette d'annoncer un second tour entre deux forces politiques faisant l'objet de hauts indices de rejet ? Pourquoi Lula, ex-président condamné à la prison pour corruption et leader d'un parti naguère donné comme « mort », réapparait-il en favori ? Comment Bolsonaro, un président qui compte parmi les pires au monde pour la gestion de la pandémie et aux résultats économiques médiocres, peut-il être crédité de réelles possibilités de victoire ?

La toile de fond est un fort rejet de la politique traditionnelle, pratiquement depuis une décennie. Bolsonaro et Lula, chacun à sa manière, attirent une part importante de l'électorat quand les partis traditionnels, associés à la corruption et à la mauvaise gestion, connaissent encore une crise de représentativité, sans leaders populaires. Comme en 2018, médias traditionnels et *establishment* politique restent déconnectés d'une large part de l'électorat. La catastrophe du Covid n'a pas changé la donne.

Un électorat divisé

On peut scinder l'électorat brésilien en trois groupes principaux. En premier lieu, celui qui appuie Lula et le Parti des travailleurs (PT). Historiquement, le PT, fondé en 1980, est le seul à avoir une base idéologique au Brésil et à bénéficier de l'appui déclaré d'au moins 10 % des électeurs depuis le début des années 1990, avec presque 30 % à son apogée en 2013. Même après la crise du *Lava Jato* et l'*impeachment* de Dilma Roussef en avril 2016, Lula et le PT ont gardé l'appui d'un nombre considérable d'électeurs, grâce à leurs liens historiques avec les syndicats et associations populaires, à la mémoire d'années d'expansion économique, et à l'élargissement d'une nouvelle classe moyenne qui a bénéficié des programmes de redistribution du gouvernement Lula.

Un deuxième groupe de l'électorat brésilien se compose de ceux qui, rejetant fortement le PT, ont rallié Bolsonaro comme seul leader susceptible d'éviter la perpétuation du Parti des travailleurs. Un large contingent d'électeurs, sans avoir de sympathie politique particulière, affiche une opposition acharnée au PT. Parmi leurs arguments : l'opposition d'une partie des entrepreneurs à des politiques interventionnistes, la peur d'une transition graduelle vers un État socialiste comme le Venezuela, ou la perception du PT comme parti fondamentalement corrompu – surtout après le scandale de l'achat de voix (*Mensalão*) de 2005.

Longtemps, le Parti social-démocrate du Brésil (PSDB), au centre du spectre politique, a pu canaliser le sentiment anti-PT. Mais il a perdu en crédibilité durant la dernière décennie, ouvrant l'espace à un Bolsonaro qui a capturé, avec sa rhétorique anti-système, les électeurs « antipetistes » en 2018 – au premier chef, mais pas seulement, dans la classe moyenne des grands centres urbains.

Le dernier groupe d'électeurs ne s'identifie ni au PT, ni à Bolsonaro : « antipetistes » acharnés mais ayant en horreur les envolées autoritaires et la politique de l'environnement de Bolsonaro, électeurs indifférents mais ayant perdu confiance dans le président à la suite de la pandémie de Covid et des récents scandales de corruption. Ce groupe n'est pas négligeable : selon une enquête de l'institut Queast de juillet 2021, 31 % des électeurs préféreraient voter pour un candidat qui ne soit ni Lula, ni Bolsonaro – contre 41 % pour Lula et 24 % pour Bolsonaro. Mais ce groupe manque de cohésion : aucun leader ne le représente, et le taux d'abstention y est traditionnellement élevé.

Les capacités de mobilisation tant de Lula que de Bolsonaro rendent donc difficile la mobilisation du reste de l'électorat en faveur d'une troisième voie. Or dans une élection à deux tours, le problème est d'accéder au tour décisif : étant donné le taux de rejet de Lula et de Bolsonaro, un troisième candidat aurait de grandes chances de victoire.

Une polarisation qui perdure

Le scénario n'est pas encore figé, mais les perspectives de maintien de la polarisation sont crédibles. L'identification au PT est assez résiliente. Lula ne dirige pas le pays, et la mémoire des crises intervenues sous la direction du PT s'estompe. La corruption – lourd passif du PT – continue à mobiliser les électeurs, mais le chômage, aggravé de la crise du Covid-19, et d'autres thèmes liés à l'économie et à la gestion des services publics (comme la santé) ont gagné en relief : ce sont les thèmes sur lesquels le PT est le plus compétitif. Et dans toute l'Amérique latine, la gauche regagne désormais du terrain, en Argentine, au Mexique, en Équateur, au Pérou…

Il est difficile d'imaginer une brutale régression de Lula. La meilleure chance d'une troisième voie serait donc dans le cas d'un échec de la candidature de Bolsonaro. Les principaux candidats alternatifs – Ciro Gomes, João Doria, Eduardo Leite – misent sur cette option. Gomes attire l'attention par une stratégie assez agressive. En dépit de son passé « gauchiste » et de son alliance antérieure avec Lula, Gomes attaque fréquemment Lula et le PT : option délibérée pour attirer les électeurs « antipetistes ». Gomes entend se positionner comme alternative fiable à Lula si Bolsonaro en venait à perdre du terrain. Pourtant, et en dépit d'une intense campagne de presse nationale et internationale, Bolsonaro semble pouvoir survivre politiquement jusqu'en 2022, en récupérant même une partie de sa base électorale avec la fin de la pandémie.

Bolsonaro a traversé sa pire passe politique avec plus d'un demi-million de morts du Covid et une détestable gestion de la crise sanitaire. Avant la fin de l'année, pourtant, et en dépit de toutes les équivoques du gouvernement actuel, le Brésil aura vacciné une part importante de sa population adulte, et l'économie entamera un temps de redressement, fondé sur le nouveau cycle de *commodities* du marché global et la reprise de la croissance des économies d'Amérique du Nord, d'Europe et de Chine.

La perception d'une amélioration relative du niveau de vie réduira la pression sur le président, limitant sa perte de popularité. Cette popularité se maintient, autour d'un noyau résilient et fidèle, théoriquement suffisant pour lui garantir une place au second tour. Le président Bolsonaro peut encore compter sur l'appui d'une partie importante de l'élite et des entrepreneurs brésiliens, plus par rejet du PT et de Lula que par appui de principe. On peut inclure le secteur de l'agro-business (très important dans le pays), comme le secteur financier, dans les soutiens du président actuel. Le secteur agricole s'aligne, lui, naturellement sur le président, y compris sur ses politiques environnementales. Quant au secteur financier, il devrait majoritairement suivre le discours de l'actuel ministre de l'Économie Paulo Guedes, un discours « libéral » tout droit sorti de l'école de Chicago des années 1970, où lui-même a obtenu son doctorat. Quant au secteur industriel, traditionnellement plus proche des politiques de développement industriel appuyées par les services de l'État comme la Banque du développement économique et social du gouvernement fédéral (BNDES), il devrait être plus divisé.

Bolsonaro peut encore compter sur un appui minimum au Congrès pour passer certaines mesures et mettre en place des faveurs destinées à lui rallier certains électeurs. Parmi ces mesures : le renforcement du programme de transferts de revenus *Bolsa Familia* destiné aux plus démunis, ou une réduction de l'impôt sur le revenu destinée à la classe moyenne. Le président sortant dispose d'une force considérable : aucun de ses prédécesseurs n'a échoué à se faire renouveler depuis 1998. Avec 34 % d'approbations aujourd'hui, Bolsonaro est compétitif pour 2022.

Une crise institutionnelle ?

Selon l'institut Latino Barometro, en 2018 le Brésil avait un très faible taux de confiance dans les partis politiques – avec seulement 6 % des électeurs. Le sentiment anti-système s'est accentué ces dix dernières années. Des candidats potentiels n'appartenant pas au spectre politique, comme le présentateur de télévision Luciano Huck ou le chef d'entreprise Luiza Trajano, ont renoncé devant la perspective de campagnes très incertaines. À 15 mois de l'élection, on n'identifie donc nul catalyseur pour une troisième voie. Le seul espoir, dans cette logique, est que le redémarrage économique ne profite pas à Bolsonaro, et que d'autres événements viennent inverser l'appui au président, ce qui est tout sauf certain... Mais cela reste imaginable, dans l'hypothèse d'un rationnement d'électricité – improbable mais possible du fait de la dépendance du Brésil vis-à-vis des usines hydroélectriques –, ou si Bolsonaro se retrouvait directement impliqué dans un scandale.

Reste à savoir, dans une élection opposant Bolsonaro à Lula, quelles propositions politiques et économiques seraient échangées. Pour Lula, si la tendance est claire en faveur d'une politique économique plus interventionniste et fiscalement expansionniste, des signes non équivoques sont aussi donnés en faveur d'une modération. Lula ne se compromettra pas dans un bréviaire pro-marché, mais il enverra des signes aux investisseurs montrant sa disposition à négocier les paramètres de sa future politique économique, dans une tentative de se poser en candidat en opposition au radicalisme de Bolsonaro. Lula essaiera également de reconstruire des ponts avec les Forces armées, pour essayer d'adoucir le sentiment « antipetiste » chez les militaires. Leader historique de la gauche, Lula a toujours fait preuve au pouvoir d'un pragmatisme absolu.

Bolsonaro tentera, lui, d'exploiter au maximum le sentiment « antipetiste » de sa base électorale. Ses choix économiques ne devraient pas changer significativement, et le président devrait jouer sur la reprise, arguant des dividendes de ses réformes libérales. Sa rhétorique restera agressive contre le PT et la « politique traditionnelle », et il donne quelques signes de vouloir répéter la stratégie Trump de mise en cause des résultats de l'élection pour essayer de mobiliser les militaires – forces fédérales et polices des États – en cas de défaite. Le système électoral brésilien de vote totalement électronique, sous supervision des partis mais sans recomptage des voix, donne cependant peu de marge à la contestation des résultats – moins qu'aux États-Unis, où les résultats doivent être contresignés État par État puis confirmés par le Congrès. Mais il laisse ouverte la possibilité d'une contestation du résultat.

Si le Brésil dispose d'institutions solides par rapport à nombre de ses pairs émergents (Turquie, Russie, pays d'Amérique latine…), elles pourraient s'avérer moins résilientes que les institutions américaines. Les différents pouvoirs (législatif, exécutif, judiciaire), comme l'*establishment* politique, social et économique, se sont jusqu'ici montrés fermes à cet égard. Mais le président Bolsonaro a multiplié récemment les signes qu'il n'hésiterait pas à tenter de saper les institutions politiques du pays. Le risque reste pour le moment faible, mais il existe, signe d'instabilité. Le positionnement des Forces armées devrait être sans importance dans une démocratie, mais il sera au Brésil une des variables à observer de près avant 2022.

B. R. & S. C.

Pour en savoir plus

- B. Meyerfeld, "Au Brésil, issue incertaine en vue pour le duel entre Bolsonaro et Lula à la présidentielle de 2022 », *Le Monde*, 24 juin 2021.
- D. Samuels et C. Zucco Jr., « Partisans, Anti-Partisans, and Voter Behavior », *in* B. Ames (dir.), *Routledge Handbook of Brazilian Politics*, Londres, Routledge, 2018.
- F. L. Abrucio, L. Fernando, E. Grin *et al.*, « Combate a COVID-19 sob o Federalismo Bolsonarista: Um Caso de Descoordenação Intergovernamental », Revista Brasileira de Administração Pública, 2020.

Que craint encore la Chine ?

Stabiliser l'intérieur et affirmer sa puissance

La Chine de Xi Jinping affirme sans complexe sa puissance, au premier chef dans son environnement immédiat, et semble indifférente à la dégradation de son image dans le monde. Le centenaire du Parti communiste est l'occasion de mobiliser en interne et de projeter à l'extérieur une stratégie conquérante.

Rien ne semble arrêter la Chine. Alors que sa posture stratégique et diplomatique s'affirme sur tous les fronts, Pékin semble faire fi de la crainte qu'il suscite et du renforcement des alliances à son encontre.

Pressions sur l'environnement immédiat

Dans son environnement immédiat, la Chine ne cesse d'affirmer sa domination. À Hong Kong, après avoir imposé la loi sur la sécurité nationale en juin 2020, Pékin a décidé en mars 2021 une profonde réforme du système électoral de l'organe législatif, le Legislative Council. Dorénavant, une Commission sera chargée de valider les candidatures aux élections sur la base du degré de « patriotisme » des candidats, tel que défini par le Parti communiste chinois (PCC). En outre, le nombre de sièges attribués au suffrage universel direct passe de 50 % à 22 %. Ceci permet à Pékin de verrouiller l'accès des candidats pro-démocrates au Legislative Council, dont beaucoup sont déjà poursuivis ou emprisonnés pour leur implication dans les manifestations de 2019. Initialement prévues en septembre 2020, les élections ont été reportées à décembre 2021 en raison de la pandémie, donnant le temps à la Chine de mettre en place son dispositif sécuritaire et électoral pour abolir toute opposition. Dernier signe du verrouillage : les commémorations de la répression du mouvement estudiantin de la place Tian'anmen, le 4 juin 1989, ont été interdites en 2021.

La Chine a substantiellement accentué sa pression militaire sur Taïwan depuis septembre 2020. L'armée de l'Air chinoise effectue des incursions quasi quotidiennes dans la zone d'identification et de défense aérienne de Taïwan, frôlant souvent le harcèlement : 28 appareils pour la seule journée du 15 avril 2021, 25 et 20 avions respectivement les 12 avril et le 26 mars. La récurrence de ces exercices a pour objectif de les « normaliser » et de rendre ainsi caduc le *statu quo* de la ligne médiane de démarcation entre les deux rives du détroit, jusqu'alors respecté par les deux parties.

En mer de Chine méridionale, Pékin a effectué une nouvelle démonstration de force en mars 2021, envoyant plus de 200 navires de pêche de la milice maritime occuper le récif de Whitsun, revendiqué par les Philippines, dans l'archipel des Spratleys. L'activisme chinois en mer a suscité la crainte de ses voisins dès le début de l'année, après le vote par le Parlement chinois de la loi sur les garde-côtes, autorisant ces derniers à s'armer et à recourir à « tous les moyens nécessaires » pour défendre les intérêts maritimes de la Chine.

Rien ne va plus avec l'Europe

Avec l'Europe, la dégradation des relations diplomatiques se poursuit, franchissant de nouveaux seuils. La signature de l'Accord global sur les investissements (CAI) entre l'Union européenne (UE) et la Chine, le 30 décembre 2020, n'aura été qu'un épiphénomène dans l'aggravation générale de la méfiance à l'égard de la Chine.

D'abord les révélations à l'été 2020 sur le contrôle des naissances et les stérilisations forcées au Xinjiang (expliquant la chute du taux de natalité dans la région à partir de 2017), puis la mise au jour, fin 2020 et début 2021, de la pratique du travail forcé dans la région ouïghoure, ont conduit le Parlement européen à user de son nouveau mécanisme de sanction contre quatre responsables de l'appareil de sécurité et une institution du Xinjiang, le 22 mars 2021 – sanctions suivies, le jour même, par le Royaume-Uni, le Canada et les États-Unis. En représailles, Pékin a imposé des sanctions contre cinq parlementaires européens, la sous-commission aux droits de l'Homme du Parlement européen (DROI), le Comité politique et de sécurité du Conseil de l'UE (COPS), ainsi que contre trois parlementaires d'États membres, deux chercheurs et deux centres de recherche.

En réponse aux sanctions ciblées de l'Europe, la Chine a ainsi opté pour une réponse indiscriminée, visant des élus et des acteurs de la société civile : une provocation inacceptable pour le Parlement européen qui a décidé en mai de geler les travaux relatifs à la ratification du CAI.

La rivalité avec Washington se poursuit

Sans surprise, l'arrivée de Joe Biden à la Maison-Blanche n'a pas réjoui Pékin. Et pour cause : le nouveau président américain a marqué un changement de style dans les relations avec la Chine par rapport à son prédécesseur, mais pas de philosophie. Dès son arrivée, il a affiché une certaine fermeté vis-à-vis de Pékin, et initié une politique active de consolidation des alliances et partenariats en Indo-Pacifique. Au sein du Conseil de sécurité nationale, l'équipe la plus importante est désormais celle dédiée à l'Indo-Pacifique, avec une vingtaine de conseillers et à sa tête Kurt Campbell, l'architecte du « pivot » vers l'Asie sous Obama.

En mars 2021, et pour la première fois, les chefs d'État et de gouvernement des pays du Quad (dialogue de sécurité réunissant Australie, États-Unis, Inde, Japon) se sont réunis virtuellement pour promouvoir un Indo-Pacifique « libre et ouvert », « ancré dans des valeurs démocratiques et non contraint par la coercition ». Quelques jours plus tard, le secrétaire d'État Antony Blinken et le secrétaire à la Défense Lloyd Austin se rendaient à Tokyo et Séoul, principaux alliés de Washington en Asie de l'Est. Les ministres des Affaires étrangères de ces trois pays se sont ensuite réunis en marge du G7 de Londres, en mai suivant. Encore en mars, le sommet d'Anchorage (Alaska) entre les deux plus hauts diplomates américains (Jake Sullivan et Antony Blinken) et chinois (Yang Jiechi et Wang Yi) n'a pu calmer les tensions, ni même les dissimuler, Yang Jiechi déclarant dès la session d'ouverture : « Les États-Unis ne sont pas qualifiés pour parler à la Chine avec un ton condescendant, et le peuple chinois n'acceptera pas cela. L'Histoire prouvera que ceux qui cherchent à étouffer la Chine finiront par en souffrir.[1] »

Washington continue en outre d'affirmer son soutien à Taïwan, par le biais de contrats d'armement, notamment au profit du programme de sous-marins taïwanais, et par un renforcement de la coopération sécuritaire, avec l'accord de coopération sur les garde-côtes signé en mars en réponse à la nouvelle loi chinoise.

Le mystère de l'origine du Covid-19

Durant toute l'année 2020, la stratégie de la Chine a consisté à se présenter comme la plus grande réussite en matière de lutte contre le Covid-19, tant pour juguler l'épidémie que pour produire des vaccins. Toutefois, des doutes persistent sur l'origine même du virus, et l'opacité régnant autour des recherches chinoises sur les coronavirus ne rassure guère.

Le directeur général de l'Organisation mondiale de la santé, Tedros Ghebreyesus, déclarait à l'issue de la mission des experts en Chine en mars 2021 : « Bien que l'équipe ait conclu qu'une fuite de laboratoire est l'hypothèse la moins probable, cela nécessite une enquête plus approfondie, éventuellement avec des missions supplémentaires impliquant des experts spécialisés, que je suis prêt à déployer[2]. » De plus en plus de scientifiques appellent à ne pas écarter la piste de la sortie accidentelle du virus d'un laboratoire[3].

Enfin, Pékin a certes capitalisé politiquement sur l'échec de Donald Trump dans la lutte contre l'épidémie aux États-Unis, mais l'arrivée de Joe Biden en janvier 2021 a presque fait oublier ces graves difficultés avec le lancement d'une campagne massive et rapide de vaccination.

Le centenaire du Parti communiste chinois

Avec la célébration du centenaire du PCC en juillet 2021, le secrétaire général Xi Jinping entend se présenter comme le dirigeant qui permettra à la Chine de regagner la place de première puissance mondiale, qui lui est due. Si le premier siècle du PCC a été celui de la conquête du pouvoir en Chine, le second devra être celui de son affirmation dans le monde.

---

1. « Yang Jiechi explique la position de la Chine dans son discours introductif lors du dialogue stratégique de haut niveau Chine/États-Unis », Ministère des Affaires étrangères de la République populaire de Chine, 19 mars 2021.
2. « WHO Director-General's Remarks at the Member State Briefing on the Report of the International Team Studying the Origins of SARS-CoV-2 », Organisation mondiale de la santé, 30 mars 2021.
3. J. Bloom *et al.*, « Investigate the Origins of Covid-19 », *Science*, 14 mai 2021 ; W. Audureau, « Origine du SARS-CoV-2 : un an et demi après, plus de questions que de réponses », *Le Monde*, 20 mai 2021.

Pour légitimer cette vision téléologique, le Parti réécrit et réinterprète constamment son histoire, pour attribuer les déboires de la Chine aux puissances étrangères et exonérer les dirigeants communistes de leur responsabilité. « Le siècle des humiliations » est la formule consacrée pour désigner la période allant du milieu du XIXe siècle au milieu du XXe siècle, caractérisée par les guerres de l'opium contre des puissances occidentales (1839-1842 et 1856-1860), la chute de l'empire (1912) et les invasions japonaises (1932, puis 1937). Cette lecture de l'histoire oblitère le marasme économique dans lequel l'empire se trouvait depuis le début du XIXe siècle et les nombreuses révoltes paysannes qui en ont découlé (l'insurrection des Taiping en 1850 notamment).

Elle néglige également, à dessein, les désastres sociaux et économiques provoqués par Mao. Début 2021, le PCC a publié une nouvelle édition de son manuel officiel *Une brève histoire du PCC*. La révolution culturelle, qui a duré dix ans (1966-1976), est traitée en une seule page, contre un chapitre dans les éditions précédentes. À l'inverse, un chapitre entier est consacré à la période qui s'est ouverte avec Xi en 2012. Cette réécriture de l'histoire vise à légitimer un discours revanchard et à mobiliser le nationalisme derrière le parti. L'attitude frontale et décomplexée de Pékin à l'égard de Taïwan, de la mer de Chine méridionale, ou des États-Unis, s'inscrit dans cette politique d'affirmation de puissance.

D'aucuns pourraient argumenter que la montée en puissance de la Chine depuis Deng Xiaoping a précisément été permise par la fin des campagnes de masse de l'ère maoïste, l'ouverture du pays au reste du monde et son intégration dans l'économie mondiale. L'approche frontale adoptée par Pékin sur un grand nombre de dossiers de politique intérieure et internationale apparaît donc contre-productive, dans la mesure où elle crispe ses voisins et solidarise de nombreux pays contre elle.

Le Parti-État semble privilégier le renforcement de sa légitimité interne et du nationalisme sur des relations extérieures apaisées. C'est du moins l'analyse de Shi Yinhong, professeur à l'université du Peuple de Pékin : « Il faut que le peuple chinois croie que le gouvernement, le Comité central et le PCC sont les meilleurs défenseurs des intérêts et de l'honneur de la Chine[4]. »

M. J.

Pour en savoir plus

- A. Cheng (dir.), *Penser en Chine*, Paris, Gallimard, 2021.
- M. Julienne et J. Seaman, « Pékin : pire et meilleur ennemi de Taïwan », *Politique étrangère*, vol. 86, n° 2, Ifri, juin 2021.
- C. Prazuck, « Mer de Chine et droit de la mer : le paradoxe chinois », *Lettre du Centre Asie*, n° 90, Ifri, 7 mai 2021.

4. A. Su, « Beijing Responds to U.S. Alliances with "Wolf Warrior" Defiance: Will It Backfire? », *Los Angeles Times*, 26 avril 2021.

Japon : les douze travaux de Suga

Entre pandémie et Jeux olympiques

Après le long mandat de Shinzo Abe, qui avait réussi à renforcer le positionnement international du Japon, son successeur Suga poursuit la même politique. Mais les défis d'une pandémie mal maîtrisée et de l'organisation des Jeux olympiques de Tokyo pourraient peser lourd lors des élections de l'automne.

Après la démission soudaine de Shinzo Abe en septembre 2020, c'est Yoshihide Suga, secrétaire en chef du Cabinet et proche de l'ancien Premier ministre, qui prend la relève. Il doit faire face à d'énormes défis, de la gestion de la pandémie à l'organisation des Jeux olympiques (JO) à l'ère du Covid-19, tout en restant proactif sur la scène internationale, alors que la rivalité sino-américaine se durcit.

Attendu sur les questions intérieures, c'est plutôt en matière diplomatique que le Premier ministre Suga a marqué des points, parvenant à maintenir l'engagement japonais pour un Indo-Pacifique « libre et ouvert », et à relancer l'alliance nippo-américaine avec le nouveau président américain Joe Biden. Sur le plan intérieur, Yoshihide Suga peine pourtant à sortir le pays de la pandémie, alors que des Jeux en format inédit se profilent à l'été 2021. Les élections législatives prévues pour l'automne 2021 devraient sonner le glas pour un Premier ministre qui a eu du mal à s'imposer.

Le départ précipité de Shinzo Abe

Le 28 août 2020, le Premier ministre Shinzo Abe annonçait son départ du gouvernement, vaincu par une maladie chronique dont il souffre depuis l'adolescence. Quelques jours plus tôt, il était pourtant entré dans l'histoire en célébrant ses huit années continues à la tête de l'exécutif, soit le plus long mandat de l'après-guerre au Japon.

Connu comme un idéologue, Shinzo Abe a su faire preuve, une fois arrivé au pouvoir, d'un grand pragmatisme. Depuis 2012, il avait engagé des réformes importantes sur le plan économique à travers son programme Abenomics – même si toutes n'ont pas eu les effets escomptés. Le succès le plus important de Shinzo Abe reste cependant d'avoir su repositionner le Japon sur la scène régionale et internationale. La stabilité politique et la vision portée par le Premier ministre pour son pays ont changé l'image du Japon : auparavant considéré comme un pays en déclin, Tokyo est aujourd'hui perçu comme un partenaire stratégique majeur à l'ère de la rivalité sino-américaine.

L'engagement personnel du Premier ministre Abe apparaît central dans le renforcement du rôle international du Japon, et son départ questionne donc le devenir de cette stratégie proactive. Son successeur et bras droit, Yoshihide Suga, est désigné le 14 septembre 2020 par une élection interne au Parti libéral démocrate, majoritaire à la Diète. C'est un Premier ministre de transition : des élections générales sont prévues dans l'année à venir. Moins idéologue qu'Abe, Yoshihide Suga, 71 ans, s'est positionné sur la même ligne que son prédécesseur, notamment sur le plan diplomatique.

Le Japon : un partenaire incontournable dans l'Indo-Pacifique

Le Premier ministre Suga, pourtant plus au fait des questions intérieures que de la diplomatie, s'est mobilisé pour continuer à promouvoir la stratégie pour un Indo-Pacifique « libre et ouvert ». Il a notamment appuyé la montée en puissance du Quadrilateral Security Dialogue (Quad) avec les États-Unis, l'Australie et l'Inde, organisant en octobre 2020 un sommet entre ministres des Affaires étrangères à Tokyo. Très remarquée, la rencontre organisée en présentiel en pleine pandémie a envoyé un signal fort quant à l'engagement des quatre partenaires.

Suga a également œuvré pour l'approfondissement des partenariats stratégiques. La signature avec l'Australie en novembre 2020 d'un accord d'accès réciproque pour leurs armées, resserre les liens entre les deux capitales et renforce l'interopérabilité de leurs forces en autorisant le stationnement des troupes d'un pays sur le territoire de l'autre – ce qui souligne l'importance de ce partenariat pour la sécurité du Japon. Les troupes japonaises participent enfin à une série d'exercices militaires visant à démontrer leur intégration au sein d'un réseau de partenaires d'affinité, dont la France[1].

Le Premier ministre Suga est également parvenu à relancer l'alliance avec les États-Unis sur des bases solides dans l'ère post-Trump. Sur le plan sécuritaire, il a reçu des gages de réassurance de la part de l'administration Biden, laquelle a confirmé à plusieurs reprises que les îles Senkaku – revendiquées par Pékin – se trouvaient bien placées sous la protection du traité de sécurité bilatéral. Suga a par ailleurs été le Premier chef d'État étranger à être reçu par Joe Biden à la Maison-Blanche. Le Partenariat pour la compétitivité et la résilience (*Competitiveness and Resilience* – CoRe), annoncé lors du sommet Biden-Suga du 16 avril 2021, a entériné la transformation de l'alliance en un contrepoids systémique à Pékin, notamment dans le domaine des technologies critiques.

Dans le même temps, le gouvernement Suga a semblé adopter une ligne plus ferme face à la Chine, déployant une série de mesures en matière de sécurité économique, pour protéger les industries et technologies sensibles, devenir un pôle d'innovation et accroître la résilience de ses chaînes de valeurs face à Pékin. Ce cadre est censé permettre au Japon de maintenir ses relations économiques avec la Chine, auxquelles il ne veut ni ne peut renoncer, tout en se positionnant plus clairement sur la situation de Taïwan ou sur les violations des droits de l'homme au Xinjiang.

1. Exercices de lutte anti-sous-marine en décembre 2020 réunissant France, Japon et États-Unis en mer des Philippines ; exercices La Pérouse dans l'océan Indien en avril 2021, où Paris réunit Japon, Inde, Australie et États-Unis ; exercices Arc21 en mai 2021, qui se déroulent pour la première fois sur le territoire japonais, avec des capacités amphibies et la participation de troupes américaines et australiennes.

Covid, JO : la difficile gestion de crise

Sur le plan intérieur, la priorité du gouvernement Suga reste la gestion de la pandémie de Covid-19. En septembre 2020, le Japon a pu se satisfaire d'avoir relativement bien maîtrisé l'épidémie, l'archipel ne comptant que 1 500 morts du coronavirus. Dans ce contexte, le Premier ministre a pris le parti de stimuler la croissance avec la mise en place d'une campagne d'incitation au tourisme : *Go to travel*. Si elles se sont avérées bénéfiques sur le plan économique, ces mesures ont aussi favorisé une reprise de la pandémie, avec une troisième, puis une quatrième vague en décembre 2020 et au printemps 2021. Les contaminations se sont accélérées rapidement, et le cap des 10 000 morts a été franchi fin avril 2021. À plusieurs reprises, le gouvernement a dû placer Tokyo, puis les principales villes du pays, sous état d'urgence sanitaire.

La crise liée au Covid-19 a mis en lumière les limites de la capacité de l'État japonais à gérer les crises. Légalement, le gouvernement ne dispose par exemple pas des prérogatives nécessaires pour décréter un confinement strict ou un couvre-feu. Par ailleurs, le manque de coordination entre les différents ministères impliqués d'une part, et entre le gouvernement central et les collectivités locales d'autre part, constitue un problème fondamental, qui a retardé la mise en place de mesures efficaces de prévention, de gestion des lits d'hôpitaux, et le déploiement de la campagne de vaccination (4 % de la population seulement est vaccinée fin mai 2021). Alors même que le Japon dispose de capacités hospitalières importantes, certaines régions – comme celle d'Osaka – ont par exemple connu un engorgement des services de réanimation.

Enfin, le gouvernement Suga semble avoir navigué à vue, entre gestion sanitaire de la crise, préoccupations économiques et préparation des JO. L'accueil de ces Jeux en juillet 2021, dans un tel contexte, est une gageure, une écrasante majorité de l'opinion publique japonaise demandant leur annulation pure et simple. L'administration japonaise n'a en réalité guère le choix : après un premier report d'un an, les sommes engagées atteignent plus de 13 milliards d'euros (un record). L'annulation des JO, outre qu'elle ne peut être décidée que par le Comité international olympique, impliquerait non seulement une énorme perte financière, mais également un important aveu d'échec pour l'archipel.

Dans ces circonstances, Tokyo doit assurer la tenue de Jeux ultra-sécurisés pour éviter la naissance de foyers de contamination ou une nouvelle flambée épidémique, au risque de ne satisfaire ni les athlètes, ni le public, ni les mécènes. Des mesures drastiques sont prises pour permettre la tenue de JO quasiment « sous bulle », en l'absence de spectateurs internationaux, et avec des athlètes vaccinés et limités dans leurs déplacements hors de la compétition.

Réformer l'administration et piloter une croissance verte post-Covid

Au-delà de la gestion de crise, un autre défi pour le gouvernement Suga était de permettre le retour de la croissance. En 2020, l'économie japonaise s'est contractée de 4,8 %, montrant une relative bonne capacité de résilience en l'absence de confinement strict ou de couvre-feu.

Le gouvernement Suga décide de fonder son plan de relance économique sur la mise en place d'une croissance verte. En octobre 2020, Tokyo s'est ainsi engagé à atteindre la neutralité carbone à l'horizon 2050. En avril 2021, suite au sommet sur le climat organisé par Joe Biden, Suga annonce un objectif de réduction de 46 % des émissions de gaz à effet de serre d'ici 2030 (par rapport aux niveaux de 2013). À cette fin, le gouvernement investit dans l'hydrogène, l'énergie solaire, les batteries de stockage et l'innovation technologique dans les véhicules électriques.

Les mesures environnementales sont également un moyen d'encourager la transformation de la structure industrielle du pays : près de 40 % des grandes entreprises japonaises cotées au Nikkei se sont engagées au printemps 2021 à réduire à zéro leurs émissions de gaz à effet de serre. Cette relance verte devra aussi s'appuyer sur une simplification administrative permettant de faciliter l'innovation.

De fait, la modernisation de l'administration japonaise constitue l'une des priorités personnelles du Premier ministre Suga. La transformation numérique est nécessaire pour la dématérialisation administrative et la mise en place des services de télé-éducation, télémédecine et télétravail, rendus essentiels en temps de pandémie. Une agence dédiée doit être mise en place en septembre 2021 pour tourner résolument la page de l'ère du fax et des tampons encreurs.

Un Premier ministre relativement impopulaire

Peu charismatique, Yoshihide Suga est arrivé au pouvoir en septembre 2020, auréolé d'une réputation d'homme pragmatique et efficace. Sa popularité a pourtant vite été écornée, à la suite d'une série de scandales impliquant ses proches et ses ministres, ainsi que de décisions controversées, comme son refus, en octobre 2020, de nommer au Conseil scientifique du Japon six universitaires qui avaient critiqué la politique de sécurité de son prédécesseur. Sa gestion de la pandémie, considérée comme erratique, a suscité la vive désapprobation et la défiance de l'opinion publique. Au printemps 2021, Suga ne recueille que 31 % de soutiens parmi les personnes sondées, ce qui le place en mauvaise posture pour les élections générales qui se profilent pour l'automne. L'opposition restant faible et morcelée, il est pourtant probable que son parti, le Parti libéral démocrate, se maintiendra au pouvoir. Les paris sont ouverts sur l'identité de son possible successeur : le nom de Shinzo Abe est même évoqué…

C. P.

Pour en savoir plus

- T. S. Harris, *The Iconoclast: Shinzo Abe and the New Japan*, Londres, Hurst & Co., 2020.
- C. W. Hughes, A. Patalano et R. Ward, « Japan's Grand Strategy: The Abe Era and Its Aftermath », *Survival*, vol. 63, n° 1, 2021.
- S. N. Katada, *Japan's New Regional Reality: Geoeconomic Strategy in the Asia-Pacific*, New York, Columbia University Press, 2020.

Péninsule coréenne : vers un retour de la diplomatie ?

Les Corées, entre Pékin et Washington

Après l'agitation de l'ère Trump, le dialogue semble clos entre les deux Corées. Pékin détient des cartes majeures vis-à-vis des deux pays de la péninsule. Et la nouvelle administration américaine semble désireuse de rouvrir un dialogue prudent qui pourrait aider Séoul à clarifier les ambiguïtés de sa posture diplomatique.

Depuis 2019, le processus de paix est de nouveau à l'arrêt dans la péninsule coréenne. L'année 2018, ses deux accords, ses trois sommets intercoréens – plus en six mois qu'en 70 ans de division – semblent loin. La Corée du Nord possède de 30 à 60 armes nucléaires, améliore son arsenal et aurait des têtes nucléaires assez miniaturisées pour être montées sur sa gamme de missiles. L'arrivée de l'administration Biden pourrait cependant constituer un facteur de relance de la logique diplomatique.

Nord et Sud : le dialogue est absent

En juin 2020, la Corée du Nord a fermé les canaux de communication avec Séoul, y compris la *hotline* mise en place en avril 2018, et détruit à l'explosif le bureau de liaison de Kaesong, menaçant de mettre fin à l'accord militaire intercoréen de septembre 2018. Lors du VIIIe congrès du parti en janvier 2021, Kim Jong-un réaffirmait que la Corée du Nord détenait l'arme nucléaire et reprochait au Sud ses « actions militaires hostiles », visant des manœuvres américano-sud-coréennes pourtant sérieusement réduites, ainsi que l'acquisition de nouveaux équipements militaires par Séoul.

Pourtant, s'il a jusqu'ici échoué dans sa *Nordpolitik*, Moon Jae-in poursuit la voie du dialogue et de la patience avec la Corée du Nord. Il l'a notamment réaffirmé lors du troisième anniversaire de la déclaration de Panmunjom (27 avril 2018). Mais les sanctions demeurent un obstacle majeur au progrès des relations intercoréennes, en particulier pour appeler à l'intégration des économies des deux pays dans un marché unique, comme l'a encore fait le ministre sud-coréen de l'Unification le 22 avril 2021.

Les marges de manœuvre du président Moon sont de plus en plus étroites. Suite, entre autres, à un scandale de spéculation foncière impliquant des membres du gouvernement, à une campagne vaccinale tardive contre le Covid-19, et en dépit d'une croissance économique qui a retrouvé dès le début 2021 son niveau pré-pandémie (+ 1,6 % au 1er trimestre 2021), sa popularité est au plus bas depuis son élection : 33 % d'avis favorables au 3 mai 2021 (Realmeter). Surtout, la fin proche de son mandat, non renouvelable (élections en mars 2022), le place dans une position défavorable pour négocier. Pour Kim Jong-un, ce n'est certainement pas le moment de faire des concessions, et détenir des armes nucléaires est, pour lui, une question de survie du régime.

Avec Biden : un nouvel élan ?

L'arrivée de Joe Biden permettra peut-être de sortir de l'impasse, mais il ne faut pas s'attendre à un bouleversement. Les premiers éléments connus (mai 2021) de la *review* de la politique nord-coréenne américaine précisent, sans surprise, que la dénucléarisation complète de la Corée du Nord reste l'objectif. Mais la nouvelle administration, reconnaissant les échecs passés, dit chercher un compromis pragmatique entre l'approche de Trump – *Grand Bargain* : la fin des sanctions contre un démantèlement nucléaire complet – et celle d'Obama – « patience stratégique » : pas de négociation sans arrêt des provocations nord-coréennes. Le compromis serait une démarche méthodique avançant par phases vers la dénucléarisation, ne s'engageant dans une rencontre avec Kim Jong-un que s'il accepte de négocier son programme nucléaire et avec des réunions préparatoires. La Corée du Nord n'a guère montré d'enthousiasme devant ces premières orientations.

Alors que la présidence Trump l'avait fragilisée, le changement d'administration permet d'envisager un renforcement de l'alliance militaire américano-sud-coréenne, qui demeure cruciale pour la sécurité de Séoul et reste très populaire dans l'opinion publique. En témoigne notamment le règlement, en mars 2021, après 18 mois de négociations difficiles sous l'ère Trump, du *Special Measure Agreement* (SMA) qui fixe la participation de la Corée du Sud aux frais de déploiement des forces américaines sur son sol jusqu'en 2025. Surtout, le sommet entre Biden et Moon Jae-in de mai 2021 a, entre autres, permis de conclure de multiples accords économiques et de mettre fin, après quatre révisions, aux *missile guidelines* qui imposaient depuis 1978 des restrictions aux programmes de missiles sud-coréens.

Enfin, le positionnement de Séoul vis-à-vis du Quadrilateral Security Dialogue (Quad) sera crucial, cette alliance informelle créée en 2007 entre l'Australie, l'Inde, le Japon et les États-Unis étant mise en avant par l'administration Biden. Les intérêts stratégiques de Séoul divergent sur nombre de points avec ces pays, et si les Américains n'ont pas demandé officiellement à Séoul de rejoindre le Quad, ils ne font pas mystère de leur souhait d'une coopération renforcée.

Vis-à-vis de la Chine : un positionnement géostratégique difficile

Alors que l'administration Biden met clairement en avant son objectif de contrebalancer la puissance chinoise, la recherche d'une position de quasi-neutralité entre, d'une part, les États-Unis et la Corée du Nord et, d'autre part, les États-Unis et la Chine, devient plus difficile pour Séoul. La Chine peut user de son poids économique considérable : 30 % des exportations sud-coréennes vont vers la Chine, deux fois plus en volume que vers les États-Unis. Toute prise de position contre Pékin en Indo-Pacifique aurait donc des conséquences négatives sur l'économie sud-coréenne.

Séoul se démarque ainsi régulièrement des États-Unis et de leurs alliés en adoptant des positions diplomatiques moins tranchées pour ne pas froisser Pékin. Ce fut encore le cas en février 2021, lorsque Séoul n'a pas souscrit à la « Déclaration contre la détention arbitraire dans les relations d'État à État » portée par le Canada pour presser Pékin de libérer deux de ses ressortissants. Le maintien d'une ambiguïté stratégique entre la Chine et les États-Unis pourrait devenir plus difficile, et isoler internationalement Séoul des alliés asiatiques. La déclaration conjointe du sommet des présidents américain et sud-coréen en mai 2021 marque d'ailleurs peut-être une inflexion : la Chine n'y est nulle part citée, mais les deux pays s'engagent notamment à maintenir la liberté de navigation en mer de Chine du Sud et soulignent l'importance de « préserver la paix et la stabilité dans le détroit de Taïwan ».

Cette recherche de neutralité ne reflète pas la dégradation de l'image de la Chine dans l'opinion coréenne. Pour le Pew Research Center, la part des Sud-Coréens ayant une perception négative de la Chine est passée de 31 % en octobre 2002 à 75 % en octobre 2020. Au nombre des facteurs expliquant cette tendance : la pandémie de Covid-19 et l'utilisation de plus en plus offensive par la Chine de son poids économique. Sur ce dernier point, les sanctions – non officielles – liées au déploiement du système antimissile américain THAAD en 2017 (elles auraient entraîné 15,6 milliards de dollars de pertes) ont marqué l'opinion. Autre facteur important : les multiples sujets de discorde sur les réseaux sociaux liés à ce que certains appellent de « l'impérialisme culturel ». On peut citer ici les vifs échanges entre internautes, fin 2020, sur la série télévisée chinoise *Royal Feast*, où des acteurs paraissent revêtir des *hanbok*, costumes traditionnels coréens, quand l'histoire se déroule en Chine sous la dynastie Ming, le producteur de la série affirmant qu'il s'agit de *hanfu*, habits traditionnels chinois.

Par sa relation, complexe, avec la Corée du Nord, la Chine joue un rôle central pour la stabilité de la péninsule. Les deux pays sont alliés, leurs liens s'étant consolidés depuis 2018. Mais sous la surface, l'antipathie est là. La Chine craint avant tout l'effondrement de la Corée du Nord et demande depuis 2019, comme la Russie, une levée partielle des sanctions. Pyongyang cherche à maintenir une certaine autonomie vis-à-vis de Pékin, ce qui n'est pas évident, la Chine comptant pour plus de 90 % de son commerce extérieur officiel. La baisse brutale des échanges commerciaux officiels (- 80,7 % en 2020) qui a suivi la décision de Pyongyang de fermer ses frontières (de janvier à mai 2020, puis à partir d'octobre 2020) dans le cadre de la lutte contre la pandémie a été durement ressentie par la Corée du Nord, qui subit une crise économique majeure à compter de 2020.

L'influence de la Chine est aussi essentielle pour tout processus diplomatique. La nomination par Xi Jinping, en avril 2021, d'un nouveau représentant spécial pour les affaires de la péninsule coréenne, Liu Xiaoming (ancien ambassadeur en Corée du Nord et au Royaume-Uni), est un signe important. En confiant ce poste – vacant depuis 2019 – à un diplomate expérimenté connaissant Pyongyang, Pékin semble signifier que le temps de la diplomatie est revenu.

Japon : le poids de l'histoire

Le Japon, qui a pris des positions plus tranchées vis-à-vis de la Chine, espérait pouvoir profiter des Jeux olympiques de Tokyo pour améliorer ses relations avec la Corée du Nord. Ce ne fut pas le cas, Kim Jong-un ayant décidé en mars 2021 de ne pas y envoyer de délégation, officiellement pour protéger ses athlètes du Covid. Dans la lignée de la position de Shinzo Abe, Yoshihide Suga, Premier ministre japonais depuis novembre 2020, s'est dit à plusieurs reprises prêt à rencontrer Kim Jong-un, sans aucune condition. But affiché : établir des relations « fructueuses » entre les deux pays et résoudre la question des Japonais enlevés par le régime nord-coréen dans les années 1970-1980.

Avec la Corée du Sud, les relations demeurent tendues. Les différends historiques persistent. La situation s'est dégradée depuis 2018 lorsque Moon Jae-in a dénoncé un accord de 2015 sur l'indemnisation des « femmes de réconfort ». Le différend ravivé par cette volte-face n'est toujours pas réglé, en dépit de nombreuses rencontres de haut niveau. En octobre 2018, la Cour suprême sud-coréenne a par ailleurs confirmé un jugement de 2013 sur la culpabilité de l'industrie japonaise pour son utilisation du travail forcé avant 1945, ce qui pourrait conduire à la liquidation d'avoirs de certaines entreprises japonaises, comme Nippon Steel, que le Japon veut absolument éviter. En réponse, Tokyo a imposé des restrictions d'exportations sur certains équipements industriels vers la Corée du Sud à partir du 1er juillet 2019, ouvrant une « guerre commerciale » qui, elle non plus, n'est pas encore conclue.

Corée du Sud et Japon sont pourtant, *de facto*, très liés. Fin 2020, les deux pays ont rejoint le *Regional Comprehensive Economic Partnership* (RCEP) aux côtés de la Chine, de l'Australie, de la Nouvelle-Zélande et des dix pays de l'Association des Nations d'Asie du Sud-Est (ASEAN). C'est la première fois que Séoul et Tokyo font partie d'un même accord de libre-échange. L'effet sera sans doute majeur : 92 % des exportations japonaises vers la Corée seront exemptées de droits de douane, contre 19 % aujourd'hui. De plus, Joe Biden cherche à améliorer les relations entre Séoul et Tokyo. Dans son adresse du Nouvel An 2021, Moon Jae-in a déclaré vouloir s'efforcer de construire avec le Japon une relation « tournée vers l'avenir ». Pour autant, en l'absence de concessions importantes de la part des deux parties, il est peu vraisemblable que l'on assiste à des évolutions notables avant mai 2022.

R. H.

Pour en savoir plus

- D. Kim, « The Politics of South Korea's "China Threat" », *The Diplomat*, 5 avril 2021.
- A. Park et E. Silverberg, « Mutual Suspicion, Mutual Threats: Getting Japan and South Korea to Work Together », *War on the Rocks*, 6 avril 2021.
- M. Richey, « South Korea's No Good Very Bad Year », *Inkstickmedia*, 16 avril 2021.

L'Inde face à la seconde vague de Covid-19

La catastrophe humanitaire et ses conséquences

L'imprévoyance et l'arrogance de l'administration Modi ont largement contribué à la catastrophe sanitaire actuelle. Pharmacie du monde, l'Inde s'est trouvée contrainte de faire appel à l'aide internationale. Pour le pouvoir central, le coût politique pourrait se traduire dès 2022 dans certaines élections régionales.

La seconde vague du Covid qui s'est abattue sur l'Inde à partir de mars 2021 a provoqué l'une des pires catastrophes humanitaires que ce pays a connues depuis son indépendance. Comme pour le Brésil du président Bolsonaro ou les États-Unis de l'administration Trump, la pandémie a révélé les limites structurelles d'un gouvernement populiste, fermé à l'expertise scientifique et enclin à l'autoritarisme.

Dans le cas de l'Inde, c'est d'abord l'autosatisfaction dans laquelle le gouvernement Modi s'est enfermé qui est en cause. Il est vrai que, démentant les prédictions les plus pessimistes, l'Inde avait surmonté la première vague de 2020 sans trop de pertes humaines – en dépit d'un lourd coût socio-économique, le confinement national de mars-avril 2020 ayant fragilisé des millions de travailleurs journaliers. En janvier 2021, à la faveur d'une baisse des contaminations (à moins de 10 000 cas par jour), le gouvernement Modi déclarait qu'il avait géré avec succès la pandémie et que l'Inde pouvait même constituer un modèle en la matière. Les autorités ont dès lors baissé la garde, et avec elles la population indienne, qui n'a plus beaucoup appliqué les gestes barrières.

Par excès de confiance et par mépris des experts, Modi et son équipe ont ignoré les avertissements des scientifiques sur les risques d'une seconde vague et l'apparition de variants plus contagieux. À l'inverse, ils ont autorisé la *Kumbh Mela*, un rassemblement religieux qui a attiré des millions de pèlerins hindous à Haridwar, sur les bords du Gange, durant la première quinzaine d'avril. Surtout, Modi et son ministre de l'Intérieur, Amit Shah, se sont lancés à corps perdu dans la campagne électorale au Bengale occidental, un État dont ils voulaient prendre le contrôle. Cette campagne, qui s'est déroulée en mars-avril, les a détournés de la gestion de la pandémie, alors que tous les voyants étaient déjà au rouge.

La lourde responsabilité des autorités

Dès la première quinzaine d'avril, en effet, les grandes villes ont connu une flambée des cas graves, et bientôt, des décès dus au Covid. Les infrastructures médicales ont alors été dépassées par l'afflux de malades, et les classes urbaines aisées ont découvert qu'en dépit de leur statut et de leur influence, leurs proches ne pouvaient être pris en charge : tout manquait, lits d'hôpitaux, respirateurs artificiels, ambulances, bouteilles d'oxygène et médicaments essentiels… La communication confuse des autorités, cautionnant des traitements inefficaces, voire contre-indiqués, a encore ajouté à la catastrophe. Les campagnes de vaccination, quant à elles, se sont avérées trop lentes au regard de l'ampleur du défi. Débutées à la mi-janvier 2021, elles n'avaient fin mai 2021 immunisé que 3 % de la population – soit en chiffres absolus 42,5 millions de personnes contre 133,5 aux États-Unis – en laissant à la marge les franges les plus vulnérables (la prise de rendez-vous se faisant *via* une application sur internet).

Face à ce désastre sanitaire, Modi et les gouvernements régionaux dirigés par le Bharatiya Janata Party (BJP) se sont montrés plus soucieux de sauver les apparences que les vies humaines. Loin d'exprimer le moindre sentiment de compassion, ils ont cherché à maintenir l'illusion d'une pandémie sous contrôle, et contredit, voire menacé, tous ceux qui tiraient la sonnette d'alarme. Les chiffres officiels ont par ailleurs été notoirement sous-estimés, d'abord parce que les causes de décès ont été volontiers attribuées à des comorbidités plutôt qu'au Covid, ensuite parce que dans certains États (Gujarat et Uttar Pradesh), les autorités se sont enfermées dans un véritable déni de réalité et ont limité les tests pour présenter des statistiques rassurantes.

Fin mai 2021, une estimation sérieuse portait à 1,2 million le nombre des morts dus au Covid, soit quatre fois le chiffre officiel. L'Inde apparaissait dès lors comme le pays enregistrant le plus grand nombre de décès dus à la pandémie[1]. L'extension de cette dernière aux campagnes, où les infrastructures sanitaires sont plus fragiles et l'enregistrement des causes de décès plus incertain, risque de rendre plus difficile encore l'évaluation des morts dues au Covid.

Un coût pour l'image internationale de l'Inde

La situation s'est tellement aggravée en avril que les autorités ont dû faire appel à l'aide internationale. Elles ont, ce faisant, rompu avec une ligne de conduite qu'elles suivaient depuis près de vingt ans, et qui consistait à n'accepter l'aide internationale qu'au compte-gouttes et selon leurs propres exigences, tout en déployant vers l'étranger une assistance de plus en plus ambitieuse. Ce renversement de statut, de pays récipiendaire de l'aide internationale à celui de donateur, suscitait une vraie fierté au sein des élites dirigeantes.

Le brusque recours à une aide internationale massive n'a donc pas seulement signé l'échec de la gestion sanitaire du gouvernement ; il a aussi réveillé les douloureux souvenirs d'une époque où l'Inde dépendait de l'aide extérieure pour assurer la survie d'une population engluée dans la pauvreté. Il a, de surcroît, constitué un revers majeur pour le programme *Atmanirbhar Bharat* (Inde autonome) que Modi cherchait à promouvoir depuis 2020 : non seulement l'Inde ne s'est pas suffi

1. R. Laxminarayan, « India's Cascading Covid-19 Failures », *Foreign Affairs*, 26 mai 2021.

à elle-même, mais elle n'a jamais eu autant besoin de l'aide extérieure depuis des décennies.

La diplomatie indienne du vaccin s'est, elle aussi, trouvée réduite à néant. Profitant de son statut de géant pharmaceutique, l'Inde avait d'abord espéré rehausser son prestige international et concurrencer la diplomatie vaccinale de la Chine. Entre l'été 2020 et mars 2021, l'Inde a exporté la majeure partie des vaccins anti-Covid qu'elle produisait, et cela notamment (mais pas seulement) dans le cadre du programme COVAX à destination des pays en développement. Mais, alors même qu'elles fournissaient près de 65 millions de vaccins à quelque 90 pays, les autorités indiennes n'ont ni précommandé ni stocké de vaccins pour leur propre population. Et elles n'ont même pas jugé utile d'aider financièrement les deux plus gros laboratoires indiens – Serum Institute of India et Bharat Biotech – à accroître leurs capacités de production[2].

Finalement contrainte de suspendre ses exportations, l'Inde a mis dans l'embarras les acteurs du programme COVAX et les nombreux pays qui comptaient sur ses approvisionnements. Elle a elle-même dû recourir à l'importation de vaccins étrangers, ses capacités de production, bien que considérables, s'étant avérées très en deçà de ses propres besoins.

La situation indienne est par ailleurs devenue un sujet d'inquiétude à l'échelle internationale. À l'heure où l'Amérique du Nord et l'Europe occidentale commençaient à sortir – péniblement – de la troisième vague, la flambée des contaminations et la virulence du variant indien ont ravivé de graves préoccupations. Les ressortissants indiens et des pays voisins – tel le Népal, qui a aussi été durement affecté – ont été interdits d'entrée dans nombre de pays. Surtout, les lacunes du gouvernement Modi, et notamment sa sous-estimation des chiffres liés à la pandémie, ont posé problème à l'échelle internationale. Comment aider, en effet, un État à combattre une pandémie sur la base de données aussi peu fiables ?

Quel coût politique pour le gouvernement Modi ?

La catastrophe de la seconde vague du Covid constitue, sans nul doute, la crise la plus grave que Modi ait dû affronter depuis qu'il est Premier ministre. Ce dirigeant, dont l'image paraissait inaltérable, quelle que soit la gravité des crises auxquelles il était confronté (voir par exemple la démonétisation de 2016, ou le brutal confinement de 2020) s'est trouvé dépassé par les réseaux sociaux et les médias numériques indépendants. Contournant le discours officiel, ceux-ci ont tôt révélé l'ampleur de la catastrophe sanitaire. Ces rapports de terrain ont ensuite été relayés par les grands médias internationaux, qui ne se sont pas privés de multiplier les analyses et éditoriaux au vitriol contre Modi, avant d'être repris et approfondis par la presse régionale. C'est par exemple le cas au Gujarat, ancien fief de Modi et bastion du BJP, où les journalistes ont fait un intense travail de terrain pour dénoncer les chiffres officiels – tandis que beaucoup de grands médias nationaux restaient, eux, très prudents dans leur appréciation du pouvoir en place.

Pour la première fois depuis son arrivée au pouvoir en 2014, Modi a vu sa formidable machine de communication publique fonctionner à vide : les messages

2. En 2020, Serum Institute of India avait une capacité de production de 60-70 millions de vaccins et Bharat Biotech, de 10 millions.

sur sa compétence et son omnipotence, de même que ceux sur la nécessité de garder un « état d'esprit positif » ont déclenché colère, exaspération et mépris. Il en a été de même de sa tentative d'attribuer la responsabilité de la crise aux gouvernements des États, et plus encore à ceux dirigés par l'opposition (Delhi, Maharashtra, Chhattisgarh, Pendjab, Kerala). Cette fragilisation de l'image de Modi s'est accompagnée de la défaite du BJP au Bengale occidental. Même si d'autres facteurs ont joué en faveur de cette défaite, et notamment la combativité et la ruse de Mamata Banerjee, l'adversaire régionale du BJP, la pandémie semble y avoir eu une influence : le désaveu du BJP a été plus marqué lors des dernières phases de l'élection, qui s'est tenue en contexte d'urgence sanitaire.

La gestion calamiteuse de la pandémie annonce-t-elle l'irrémédiable déclin politique de Modi et du BJP ? Pas nécessairement si l'on considère leurs trois principaux atouts, à savoir : le temps (la prochaine élection législative est prévue pour 2024), la relative cohésion du bloc nationaliste hindou en dépit de la crise, et enfin la désorganisation de l'opposition, notamment du parti du Congrès (même si son chef Rahul Gandhi et l'ancien Premier ministre Manmohan Singh se sont montrés clairvoyants concernant la pandémie).

L'échec de la politique sanitaire de Modi laissera néanmoins des traces. Car la seconde vague du Covid a meurtri la classe moyenne urbaine, soit le cœur de sa base électorale, de sorte que cette influente strate de la population pourrait à l'avenir se retourner contre lui. De même, les millions de jeunes qui, loin de la promesse d'une vie meilleure, vont subir de plein fouet le ralentissement économique pourraient ne plus croire en ses annonces démesurées. Enfin, les paysans indiens qui avaient manifesté en masse fin 2020 contre la libéralisation du secteur agricole n'ont montré aucun signe de démobilisation au fil des mois.

L'heure de vérité pourrait sonner dès mars 2022, lors des scrutins régionaux en Uttar Pradesh, le mastodonte politique de l'Inde. Dans cet État où il a pris le pouvoir en 2016, le BJP a placé Yogi Adityanath, prêtre hindou extrémiste, parfois vu comme potentiel successeur de Modi. Mais la politique sanitaire d'Adityanath s'est montrée tellement inepte que plusieurs caciques du BJP s'en sont émus. Conscients du risque électoral à venir, Modi et Amit Shah ont entrepris, fin mai 2021, de contenir les débordements d'Adityanath. Nul doute qu'ils se sont prêtés en cette occasion à un important galop d'essai, qui leur donnera des indications cruciales sur leur chance de « rattraper » politiquement une situation catastrophique, dont ils sont largement responsables.

I. S.-M.

Pour en savoir plus

- M. Al Dahdah, M. Ferry, I. Guérin et G. Venkatasubramanian, « L'Inde face à la crise du Covid-19. Une tragédie humanitaire à venir », *La vie des idées*, 4 mai 2020.
- C. Bros, « 75 millions de nouveaux pauvres en Inde : le modèle de développement indien à l'épreuve du Covid-19 », *Asie.Visions*, n° 121, Ifri, juin 2021.

Asie du Sud-Est : comment sortir des crises ?

Entre instabilités internes et pressions externes

Crise sanitaire sans issue claire, crises économiques et sociales, instabilités politiques, le tout sous l'ombre portée d'une puissance chinoise de plus en plus pesante : l'Asie du Sud-Est est un espace d'incertitudes fortes, en même temps qu'un enjeu central de la rivalité sino-américaine.

2021 est une année de crises en Asie du Sud-Est : crise sanitaire qui rebondit dans un contexte de précarité inquiétante, crises économiques avec une baisse de la croissance partout dans la région et la remise en cause de modèles extravertis, crises sociales avec une hausse spectaculaire du chômage, crises politiques en Malaisie, en Thaïlande ou au Myanmar, crises sécuritaires avec les incursions des marines chinoises en mer de Chine du Sud…

Une crise sanitaire à rebondissements

Dans un premier temps (2020), les pays d'Asie du Sud-Est ont semblé maîtriser la pandémie de Covid-19; la gestion du risque contagieux était d'autant plus exemplaire que la région était voisine de la Chine, où les cas se multipliaient. En Thaïlande, les autorités de santé et la population ont fait preuve d'une grande prudence, clé du succès pour contenir la première vague. Le Center for Covid-19 Situation Administration (CCSA), créé en mars 2020, a très tôt imposé ses mesures : gestes barrières, tests, prises de température fréquentes, confinement partiel, arrêt des entrées extérieures puis état d'urgence sanitaire. Les résultats ont confirmé l'efficacité de ces choix: au printemps 2021, en dépit d'une recrudescence des cas, on ne déplorait que 700 morts pour 69 millions d'habitants.

Au Vietnam aussi, les autorités ont été très réactives, contraignant patients et cas contacts à un isolement immédiat. Même tactique à Singapour et en Malaisie, où le recours à des mesures de blocage des frontières, et surtout le contrôle systématique des déplacements, ont permis d'éviter l'explosion des cas et de résorber les foyers épidémiques. Les Philippines et l'Indonésie, plus laxistes au début de la contagion et pénalisées par l'impréparation des systèmes de santé publics, ont rapidement été débordées. Elles restent les pays les plus touchés avec près de 2 millions de cas et 50 000 décès (Indonésie) et 1,2 million de cas et 20 000 décès (Philippines), statistiques sous-estimées selon nombre d'experts.

Au printemps 2021, la menace reste sérieuse et les pronostics annoncent un nombre de décès supérieur à celui de 2020. Des mesures de confinement partiel et de protection des frontières ont été décidées à nouveau aux Philippines, en Thaïlande, au Laos, au Cambodge et en Indonésie. Les campagnes de vaccination progressent lentement, à l'exception de Singapour et de Brunei (qui aura vacciné 70 % de ses 440 000 habitants fin 2021).

Une crise économique sévère

Les avis divergent sur les pronostics de croissance post-crise. Le Fonds monétaire international (FMI) reste raisonnablement optimiste quand des agences comme S&P Global Ratings s'inquiètent de bases insuffisamment solides (le ralentissement était déjà observable en 2019). Ce qui est déjà certain, c'est le coût de la crise sanitaire pour un développement qui aura subi un fort ralentissement (selon le FMI, il faudra attendre 2024 pour revenir au niveau d'avant-crise).

De fortes disparités caractérisent les économies d'Asie du Sud-Est. Le Vietnam caracole en tête (déjà en 2020, il était l'une des rares économies à enregistrer une croissance de 2,9 %), avec des prévisions de l'ordre de 6 % en 2021. Singapour, qui avait plongé dans la récession en 2020 (- 5,8 %), devrait s'en sortir en 2021 (rebond attendu autour de 4 %). La Malaisie devrait parvenir à rééquilibrer sa croissance (- 5,6 % en 2020, prévisions de 4 % en 2021), tout comme le Cambodge (- 2,3 % en 2020 et 3 % en 2021). Les Philippines s'enfoncent (après une récession de - 9 % en 2020, les pronostics pour 2021 ne passent pas la barre des 3 % selon les dernières estimations). La Thaïlande est plus fortement impactée que prévu (- 10 % en 2020 et pas plus de 1,5 % en 2021 selon la Banque centrale du royaume), avec un secteur du tourisme toujours en berne. Le Myanmar, atteint par la pandémie et par l'instabilité politique devrait rester dans le rouge en 2021 (- 7 %).

Crise sociale

Premier constat : dans de nombreux pays d'Asie du Sud-Est, les filets de sécurité sociale sont inexistants, et la vulnérabilité des plus faibles s'aggrave. En outre, dans tous les pays de l'Association des nations d'Asie du Sud-Est (ASEAN), le ralentissement des circuits économiques provoque la hausse du chômage : aux Philippines, au Myanmar, en Thaïlande et en Indonésie, il a pratiquement doublé sur les 12 derniers mois (près de 5 millions de Philippins sont sans emploi en mai 2021). Le taux de sous-emploi a lui aussi augmenté, entraînant une réduction substantielle des revenus des familles et des millions de personnes dans la précarité : en Indonésie où les travailleurs informels représentent deux tiers de la population active, la pauvreté (moins de 1,90 dollar par jour pour vivre) touche 10 % de la population en mai 2021, soit 26 millions de personnes. Cette précarité ne concerne plus seulement les catégories « marginales » (comme les travailleurs migrants, premières victimes du virus – en Malaisie, à Singapour et en Thaïlande, les deux tiers des cas), mais aussi les nationaux ramenant la zone ASEAN à une situation proche de la crise de 1997.

L'inflation des prix alimentaires contribue également à l'instabilité. Enfin, dans certains pays, des facteurs spécifiques ont aggravé la situation : en Thaïlande, la sécheresse et une situation politique instable ; au Cambodge, la mise en place des sanctions européennes pour dénoncer les abus en matière de droits de l'homme ; au Myanmar, l'opposition au coup d'État…

Crises politiques

La crise de 1997 avait déjà montré d'une part la responsabilité de milieux politiques souvent corrompus, corporatistes, voire dysfonctionnels, et de l'autre les aspirations des peuples à des transitions démocratiques et des systèmes plus respectueux des règles de droit, des équilibres et expressions politiques, et protecteurs des plus faibles. Plus de vingt ans après, ces aspirations n'ont pas été satisfaites, et une certaine régression est en cours. L'urgence sanitaire a justifié le glissement vers des mesures politiques autoritaires au détriment des libertés et droits fondamentaux. Les systèmes judiciaires, souvent défaillants ou aux ordres du pouvoir politique, ont laissé faire.

Aux Philippines, les opérations policières se poursuivent (traque à domicile des cas positifs non isolés), avec arrestations et homicides nombreux, et une opposition réduite au silence… En pleine pandémie, le président Duterte a même fait passer en urgence une loi antiterroriste (3 juillet 2020) dont de nombreuses dispositions sont jugées contraires au respect des droits civils et politiques. Le Vietnam a renforcé son arsenal répressif (dont le décret 15 qui vise les soupçons de diffusion de fausses nouvelles sur les réseaux sociaux) contre l'opposition et les critiques : au printemps 2021, on y dénombre selon Amnesty International plus de 170 prisonniers d'opinion, nombre record dans le pays.

En Thaïlande, la répression s'aggrave et plusieurs centaines de personnes ont été incarcérées dans le cadre du mouvement de protestation pro-démocratie ; en 2020, plusieurs milliers de manifestants ont demandé la démission du gouvernement du Premier ministre Prayut Chan-o-cha, la dissolution du Parlement, une nouvelle Constitution démocratique et la limitation des pouvoirs de la monarchie. Tous les leaders du mouvement ont été arrêtés, inculpés de crime de lèse-majesté et de sédition. Thanathorn Juangroongruangkit, leader de l'ex-Parti de l'avenir (Future Forward), est aussi sous le coup d'une inculpation pour s'être interrogé sur les liens entre l'achat de vaccins et une société liée à la couronne. Enfin, en mai 2021, une proposition de loi prévoyant un contrôle significatif des activités des organisations non gouvernementales (enregistrement obligatoire, sanctions pénales en cas de non-respect, autorisation de perquisition dans les bureaux, rapports obligatoires aux régulateurs du ministère de l'Intérieur, contrôles stricts des financements…) est en cours d'examen ; la Thaïlande s'oriente-t-elle vers un mode de gouvernance à la chinoise ?

Au Laos, sans surprise, les élections législatives du 21 février 2021 ont été remportées par le Parti (unique) révolutionnaire populaire lao. Sans plus de surprise en l'absence d'alternative, le Premier ministre Thongloun Sisoulith est maintenu à son poste. La démocratie indonésienne a, elle, bien du mal à résister aux multiples pressions qui s'exercent sur elle, notamment religieuses. Sur fond de menaces, d'attentats (comme celui de la cathédrale de Makassar en mars 2021), les grands partis religieux dopés par des dirigeants charismatiques (le retour d'Arabie Saoudite de Rizieq Shihab en novembre 2020, après trois ans d'absence, a été fêté par les foules) radicalisent leur discours et renforcent leurs critiques contre le gouvernement du président Jokowi. Dans un contexte très tendu, l'armée nationale indonésienne – la puissante TNI – serait-elle tentée par un scénario « à la birmane » ?

Le coup de force du 1er février mené par la Tatmadaw (les forces armées birmanes) a pu surprendre, tant le plébiscite remporté par la Ligue nationale pour la démocratie (LND) aux élections de novembre 2020 semblait sceller le sort de la transition amorcée en 2003. Des accusations d'irrégularités électorales ont servi de prétexte au général Min Aung Hlaing. Quelques mois plus tard, alors que le mouvement de désobéissance civile ne s'épuise pas et s'organise, on comprend que l'Armée n'était pas prête à abandonner les positions de contrôle et les circuits de prédation qui l'enrichissent. Si elle rencontre des obstacles sous-estimés (le mouvement de désobéissance, les hésitations des milieux d'affaires…), les forces d'inertie jouent en sa faveur.

Crise sécuritaire

Dans ces contextes tendus, l'Asie du Sud-Est reste un champ privilégié de la géostratégie mondiale. La Chine, géant mitoyen, a de grandes ambitions pour une région devenue l'espace de déploiement privilégié de son programme *Belt and Road Initiative* (24 % des budgets alloués). Mais si elle est désormais considérée comme le partenaire économique privilégié des pays de la région, elle n'inspire guère confiance en raison notamment de ses agissements en mer de Chine du Sud.

Les patrouilles chinoises y exercent une pression quotidienne sur les marines d'Asie du Sud-Est, et l'armée chinoise continue d'infléchir le rapport de force sur place, multipliant les exercices militaires pour « ne pas perdre un pouce des terres que nous ont léguées nos ancêtres » (ministère de la Défense, 1er mars 2021). Autour des récifs ou des zones économiques exclusives (ZEE), les tensions sont incessantes. En mars 2021, la milice maritime – bâtiments conduits par des équipages civils mais disposant d'une technologie duale – a accentué sa présence en envoyant jusqu'à 220 bateaux durant plusieurs semaines autour du haut-fond Whitsun, récif philippin situé dans les Spratleys, dans la ZEE philippine. Droits de pêche, de prospection ou de recherche scientifique sont, en outre, régulièrement bafoués par des bâtiments chinois de plus en plus vindicatifs.

Échaudés par l'administration Trump, les pays d'Asie du Sud-Est n'osent trop espérer des promesses du président Biden. En attendant, ils maintiennent leur intérêt pour toutes les initiatives multilatérales : Quadrilateral Security Dialogue (Quad) et stratégies indopacifiques.

S. B. du R.

Pour en savoir plus

- Dossier « L'Asie de l'Est face à la Chine », *Politique étrangère*, vol. 86, n° 2, Ifri, juin 2021.
- S. Boisseau du Rocher, « The Belt and Road: China's "Community of Destiny" for Southeast Asia? », *Asie.Visions*, n° 113, Ifri, juin 2020.
- F. Nicolas, « L'Asie de l'Est et le Covid-19 : le spectre du retour de la pauvreté », *Lettre du Centre Asie*, n° 81, Ifri, 17 avril 2020.

Quel horizon pour la France au Sahel ?

Un doute grandissant

vidéo

http://dunod.link/ramses07

En dépit des efforts militaires, la situation globale se dégrade au Sahel et l'instabilité sécuritaire se diffuse. Plusieurs États ont connu dans les mois passés des secousses politiques préoccupantes. Paris doit redéfinir ses objectifs et ses moyens, entre un *statu quo* et un retrait également intenables.

La situation sécuritaire continue à se dégrader au Sahel, en dépit de la valse de sommets et autres « réunions de haut niveau », et aux bilans toujours « encourageants ». À force de ne pas définir correctement les lames de fond des évolutions sahéliennes et de traiter les symptômes sans intervenir sur les causes profondes des violences, la communauté internationale et les États sahéliens échouent avec constance à limiter l'extension du domaine de la lutte armée. Augmentation du nombre d'attaques, de victimes, d'acteurs de la violence et/ou de la sécurité, concaténation de conflits ultra-localisés se reformulant en insurrections armées, dont certaines se branchent sur des dynamiques djihadistes aux agendas plus globaux : le théâtre des violences sahéliennes se complexifie, s'étend, s'approfondit.

Les pays sahéliens ne font pas tous face à la même situation. Alors que la Mauritanie n'a plus connu de violence sur son territoire depuis onze ans, le Mali, le Burkina Faso et le Niger ont des problèmes sécuritaires de plus en plus préoccupants.

Le sommet de Pau du 13 janvier 2020 avait été convoqué par la France, pour redemander solennellement aux dirigeants sahéliens si Paris était toujours désiré comme partenaire de lutte contre le terrorisme… La réponse positive réitérée par les dirigeants sahéliens s'est accompagnée d'un effort de coordination politique avec la création de la Coalition pour le Sahel. Cette dernière, fortement poussée par Paris et les Européens, est une sorte d'organisation faîtière devant relayer le plaidoyer pour les pays sahéliens et coordonner différentes initiatives en quatre « piliers » : lutte contre le terrorisme ; renforcement des appareils de sécurité nationaux ; organisation du « retour de l'État » dans les zones reconquises ; développement économique.

Les 15 et 16 février 2021, le sommet des chefs d'État du G5-Sahel devait faire à N'Djamena le bilan des orientations de Pau, évaluer les différentes mises en œuvre et les évolutions sécuritaires plus récentes. Les évolutions internes ont été majeures dans l'année écoulée, puisque trois élections, la mort violente d'un président en poste et trois coups d'État sont venus ponctuer l'agenda politique. La France, en dépit des déploiements de la Force conjointe du G5-Sahel (FC-G5S), du bataillon tchadien envoyé dans la zone des trois frontières et de la force européenne Takuba, reste en première ligne sur la lutte contre le terrorisme : une position de plus en plus difficile à assumer tant vis-à-vis des opinions publiques sahéliennes que de l'électorat français, à moins d'un an de l'élection présidentielle.

De Pau à N'Djamena, quelles avancées ?

Le sommet de N'Djamena, contrairement à celui de Pau, était un sommet ordinaire des chefs d'État du G5-Sahel, marquant la fin de la présidence mauritanienne et le passage de relais à Idriss Déby Itno à la tête de l'institution. Devant les difficultés de la structure, tant en matière de sécurité qu'en matière de développement, différents audits internes avaient préalablement pointé les dysfonctionnements et les réformes nécessaires du G5, certaines devant être entérinées par le sommet. Celui-ci prenait un relief particulier avec une présence extra-sahélienne ; le président Emmanuel Macron et Antony Blinken, nouveau secrétaire d'État américain, étant en effet présents à distance.

Le bilan post-Pau a été jugé « très positif », les chefs d'État se félicitant notamment de la « coordination entre les armées nationales, la Force Barkhane et la FC-G5S », matérialisée par la mise en place du Mécanisme de commandement conjoint (MCC) et par des opérations conjointes[1] dans le Liptako-Gourma. Était aussi souligné l'affaiblissement des mouvements terroristes avec l'élimination de certains *high-value targets*, comme l'émir et le vice-émir d'Al-Qaïda au Maghreb islamique (AQMI), Abdelmalek Droukdel et Yahia Abou el-Hammam, ainsi que le chef militaire du Groupe de soutien à l'islam et aux musulmans (GSIM), Bah Ag Moussa.

Au-delà de ce tableau, la rencontre se déroulait dans un climat d'inquiétude. La première préoccupation portait sur le manque de coordination avec les pays ouest-africains n'appartenant pas au G5-Sahel, témoignant en creux d'une crainte de débordement des violences vers les pays côtiers, déjà commencé au nord-est de la Côte d'Ivoire, alors que certains spécialistes parlent de cellules dormantes au nord de plusieurs riverains de la frontière sud du Burkina Faso. D'autres études évoquent un écoulement de l'or de zones d'orpaillage burkinabées contrôlées par les djihadistes vers certains marchés béninois et togolais – filières qui permettraient aux djihadistes un accès facilité à des ressources logistiques et en armes. Enfin, la dynamique du nord-ouest du Nigeria fait l'objet de fortes préoccupations, les milliers de bandits armés qui hantent ces régions de la Fédération commençant à s'allier avec des éléments djihadistes. Progressivement, Niamey, géographiquement proche du nord-ouest nigérian, se retrouve encerclée de zones conflictuelles.

La seconde inquiétude concernait la stabilité du Liptako Gourma. Elle devait être renforcée par la venue d'un important contingent tchadien (1 200 hommes), qui risquait de provoquer l'annonce d'un début de retrait de la France, laquelle avait renforcé de 600 soldats supplémentaires le contingent Barkhane après le sommet de Pau. Les armées burkinabées, et surtout maliennes, étant toujours plus défaillantes, les contingents tchadiens et français semblaient les seuls éléments en mesure d'éviter un effondrement sécuritaire complet dans la zone des trois frontières.

1. Opérations Bourrasque, Éclipse, Sama 1 et 2.

Une année de renouvellement politique au Sahel

Cette instabilité va de pair avec une dégradation de la situation politique dans la zone. Le 18 août 2020, une junte chassait Ibrahim Boubacar Keïta du pouvoir après des mois de manifestations et de grèves contre le président malien. La colère sociale s'était manifestée dès l'automne 2019 autour de la question de la qualité des routes, puis s'était peu à peu étendue face à certaines mesures de gestion de la crise du Covid, ainsi qu'au maintien et aux conditions d'organisation des élections législatives de mars-avril 2021. La combinaison des pressions politiques internes et extérieures conduisait la junte à consentir à l'installation d'institutions civilo-militaires, censées conduire la transition politique jusqu'à de nouvelles élections. Un gouvernement de transition, avec un président et un Premier ministre civils, ainsi qu'un organe législatif transitoire, le Conseil national de la transition, étaient mis en place avant la fin 2020. Mais le 24 mai 2021, le président de la transition et son Premier ministre, Bah N'Daw et Moctar Ouane, qui constituaient un nouveau gouvernement, étaient placés en résidence surveillée par les forces armées – ce que les Maliens qualifient de « coup d'État dans le coup d'État ». Le colonel Assimi Goïta, homme fort de la junte et jusque-là vice-président, devient alors chef de l'État début juin 2021. La France réagit le 3 juin en suspendant à titre conservatoire sa coopération et les activités militaires conjointes avec l'armée malienne.

Quelques semaines plus tôt, Idriss Déby Itno remportait de très contestées élections présidentielles et entamait vaillamment un sixième mandat. Le 19 avril, le maréchal Déby décédait de blessures reçues[2] lors d'une visite à des bataillons de l'armée tchadienne combattant un mouvement rebelle du nord du pays, le Front pour l'alternance et la concorde au Tchad (FACT). Ce mouvement, créé en 2016, s'était précédemment illustré en louant ses services dans la guerre en Libye. Il avait annoncé qu'il marcherait sur N'Djamena en cas de processus électoral insincère. En contradiction avec les textes qui prévoient, en cas de vacance du pouvoir présidentiel, un intérim assuré par le président de l'Assemblée nationale, une junte menée par l'un des fils du maréchal prend alors le pouvoir. Mahamat Idriss Déby, général de corps d'armée et commandant de la Garde républicaine, s'impose à la tête du Conseil militaire de transition (CMT) et suspend le gouvernement, avant de former un nouveau gouvernement de transition et de dissoudre l'Assemblée nationale. La présence du président Macron aux obsèques d'Idriss Deby et sa proximité affichée avec son fils sont interprétées, au Tchad comme dans de nombreuses chancelleries, comme une onction donnée à la junte.

Au Burkina Faso, le président Roch Marc Christian Kaboré est réélu au premier tour en novembre 2020 dans un contexte sécuritaire tendu, de nombreux bureaux de votes n'ayant pu fonctionner normalement. Au Niger, en avril 2021, Mohamed Bazoum, issu de la même formation (le Parti nigérien pour la démocratie et le socialisme) que le président sortant Mahamadou Issoufou, était élu au deuxième tour face à l'ancien président Mahamane Ousmane. Ce dernier n'acceptait pas les résultats, et des émeutes post-électorales éclataient. Sa désignation à la candidature par son parti avait déjà conduit à de nombreuses tensions, principalement du fait de son appartenance à une communauté très minoritaire au Niger (les Arabes) – certains parlent même de lui comme d'un « président libyen », en raison de son appartenance à la tribu des Ouled Souleymane.

2. Au moment de la rédaction de ces lignes, plusieurs versions contestent le discours officiel.

Désormais, quelle posture française au Sahel ?

On l'aura compris : la position de la France au Sahel est devenue délicate. Pour des segments de plus en plus larges des opinions sahéliennes, Paris est le parfait bouc émissaire des malheurs sahéliens : accusé, ici, d'être à l'origine des désordres, là d'être en dernier ressort responsable des problèmes de développement et de mal-gouvernance des pays comme grand marionnettiste des présidents en place. Le *french bashing*, appuyé ou non en coulisses par des rivaux géopolitiques de Paris, est devenu un problème, d'autant plus que malgré l'efficacité réelle du dispositif militaire français, la situation se dégrade.

Dans une interview du 30 mai 2021, Emmanuel Macron a évoqué un retrait partiel ou total de la force Barkhane, qu'il confirmait lors d'une conférence de presse le 10 juin. Dans cette conférence, il annonçait la fin programmée de l'opération Barkhane et donnait quelques indications sur la prochaine posture militaire française au Sahel : la participation à une future force internationale contre le terrorisme, et le fait que la France travaillerait avec les pays sahéliens qui le veulent bien (sous-entendant que cette coopération n'aurait aucun caractère automatique). Il laissait pointer également une certaine exaspération, soulignant le fait qu'il n'était plus pertinent que Barkhane libère ou sécurise certaines parties de territoire si les États ne se redéployaient pas dans les espaces reconquis. En fermant des bases, en réduisant le nombre de ses soldats, en favorisant des opérations de forces spéciales, la France sera toujours présente militairement au Sahel tout en étant moins exposée politiquement.

Le soutien, dans l'opinion publique française et l'ensemble du spectre des partis, a été relativement solide, depuis l'opération Serval jusqu'à récemment. Mais les pertes des armées, le coût croissant de l'opération, les images de manifestations anti-françaises, une situation qui globalement se dégrade et certaines justifications de l'opération de plus en plus contestées (par exemple sur la projection possible du terrorisme sahélien sur le sol européen) ont entamé le consensus. Des personnalités d'opposition n'hésitent plus à questionner la pertinence de la présence militaire au Sahel. Au sein même de la majorité présidentielle, certains la remettent désormais en cause. Dans une année pré-électorale, le président français semble n'avoir d'autre choix que de modifier substantiellement la posture de Paris au Sahel.

A. A.

Pour en savoir plus

- A. Antil, « Le G5-Sahel et le concept de “sécurité-développement” », *Recherches internationales*, n° 117, janvier-mars 2020.
- F. Clemenceau, « Mon pari pour l'Afrique », *Journal du dimanche*, n° 3881, 30 mai 2021.
- A. Tisseron, « La coopération sécuritaire et judiciaire en Afrique de l'Ouest face au défi de la lutte contre les groupes armés djihadistes », *Études de l'IRSEM*, n° 81, juin 2021.

Éthiopie : la guerre du Tigré

Une mise en cause générale de la gouvernance du pays

La guerre du Tigré, déclenchée en novembre 2020, met en cause le fonctionnement du système fédéral d'un pays composé de multiples communautés. Désastre humanitaire, le conflit n'est pourtant qu'un des problèmes, internes et régionaux, auxquels doit faire face le gouvernement d'Addis-Abeba.

Au cœur du conflit éthiopien entre le gouvernement du Premier ministre Abiy Ahmed et les anciens leaders régionaux du Tigré du Nord cohabitent des visions divergentes de l'ordre constitutionnel, dans ce pays multiethnique de plus de 100 millions d'habitants.

Depuis novembre 2020, l'armée fédérale, soutenue par des forces de la région voisine d'Amhara et des troupes de l'Érythrée voisine, s'oppose aux troupes loyales aux anciens dirigeants du Tigré. Jusqu'alors, le Tigré était dirigé par le Front populaire de libération du peuple du Tigré (TPLF), précédemment élément dominant d'une coalition de partis qui constituait le Front démocratique révolutionnaire du peuple d'Éthiopie (EPRDF), lequel gouverna le pays de 1991 à 2019. Aujourd'hui, le Tigré vit dans la guerre, et l'on rapporte de multiples cas de crimes de guerre, alors qu'une crise humanitaire mène des millions de personnes au bord de la famine.

Un fédéralisme contesté

La crise s'est développée progressivement. Après l'arrivée au pouvoir de Abiy Ahmed en avril 2018, sur fond de vastes protestations contre le gouvernement du EPRDF, les relations se sont détériorées entre la nouvelle administration et celle du Tigré. Abiy Ahmed sembla vouloir démanteler le système fédéral installé en partie par le TPLF, ses partisans arguant que ce dernier avait utilisé le EPRDF comme tremplin vers la richesse et le pouvoir.

Lors du démantèlement du régime militaire du Derg en 1991, le TPLF avait aidé à la création d'un système fédéral garantissant l'auto-administration des « nations, nationalités et peuples » éthiopiens. Sa première justification était que les systèmes précédents – impérial, puis militaire – avaient supprimé les identités et les droits à l'auto-gouvernement des communautés du pays. Mais dans les faits, si la fédération était officiellement très décentralisée, le EPRDF la dirigeait de manière autoritaire : l'idée que le système avait en réalité été créé, et était géré, pour assurer la prédominance du TPLF, s'imposa largement. Bien que le parti ne disposât, durant l'ère fédérale, que d'une voix égale à celle des autres partenaires dans les instances du EPRDF, le TPLF et ses chefs avaient un contrôle réel non seulement sur la coalition, mais aussi sur les institutions de sécurité fédérales. Durant des décennies, le système fonctionna sous la direction du président du EPRDF et Premier ministre Meles Zenawi.

La domination du TPLF vacilla à la mort de ce dernier en 2012 et prit fin avec l'arrivée au pouvoir de Abiy Ahmed, après plus de trois ans de protestations populaires, principalement dans les deux régions les plus peuplées du pays : Oromia et Asmara. Les protestataires d'Oromia s'opposaient à l'autoritarisme du TPLF et affirmaient que le système répressif du EPRDF avait dénié aux Oromos l'autonomie que leur accordait la Constitution. À Amhara, par contre, on voyait le TPLF et le système fédéral comme fondamentalement anti-Amhara, et combattait pour l'abolition du système multinational fédéral plus que pour son application.

Les relations entre le gouvernement fédéral et le Tigré commencèrent à se détériorer en 2018, après qu'Abiy Ahmed eut négocié la paix avec le président érythréen Isaias Afwerki, ennemi du parti. Plusieurs responsables du TPLF perdirent alors leurs postes ministériels fédéraux, d'autres étant arrêtés sur charges de corruption et d'abus de droit; le TPLF se plaignit que les responsables tigréens soient visés et que le parti fût blâmé pour tous les maux de l'Éthiopie.

En décembre 2019, Abiy Ahmed créa le Parti de la prospérité (PP), réunissant les composantes du EPRDF en une seule formation. Le TPLF refusa de s'y joindre, arguant que la structure unitaire du PP compromettait l'autonomie régionale. Il devenait ainsi le seul parti d'opposition au Parlement.

Les relations entre les niveaux fédéral et régional furent encore perturbées quand les élections nationales, initialement prévues en août 2020, furent repoussées pour cause de Covid-19. En juin, la Chambre haute du Parlement prorogeait les mandats des gouvernements fédéral et fédérés jusqu'à ce que la pandémie soit sous contrôle. Le gouvernement du Tigré jugea la décision inconstitutionnelle et décida de procéder de manière autonome à la consultation régionale. Les autorités fédérales considérèrent, elles, la décision tigréenne comme illégale, position soutenue par la Chambre haute du Parlement, en charge de l'interprétation de la Constitution. L'affaire se dégrada avec l'organisation des élections régionales le 9 septembre 2020. La Chambre haute de la Fédération qualifia les élections du Tigré de nulles et non avenues. De son côté, le gouvernement du Tigré déclara ne plus reconnaître l'autorité de l'administration Ahmed, son mandat étant échu.

La guerre se déchaîne

La tension déboucha sur la guerre le 3 novembre 2020. Les forces tigréennes prirent le contrôle du Commandement nord, une unité comprenant plus de la moitié des troupes, et de la division mécanisée de l'armée de Terre éthiopienne, stationnée au Tigré depuis la guerre de 1998-2000 avec l'Érythrée et comptant nombre d'officiers tigréens.

Abiy Ahmed ordonna aux militaires une « opération de rétablissement de la loi ». Les forces fédérales, appuyées par les forces d'Amhara et d'Érythrée remportèrent de rapides succès et Abiy Ahmed proclama la victoire trois semaines plus tard, quand les forces fédérales prirent le contrôle de la capitale régionale, Mekelé. La guerre se poursuivait pourtant dans de larges parties de la région, le drapeau tigréen flottant sur de vastes campagnes insurgées, avec un réel soutien populaire. Le gouvernement fédéral ne contrôlait que les zones urbaines et les grands axes de circulation, et des centaines de dirigeants tigréens, recherchés, demeuraient introuvables. Début juillet 2021, Mekelé repassait sous le contrôle des Tigréens.

Le coût humain et matériel de la guerre est immense, et les parties au conflit sont accusées de crimes de guerre et de graves violations des droits de l'homme. Des organisations de défense de ces droits accusent les forces érythréennes de blocage et détournement de l'aide humanitaire, ainsi que de violences sexuelles contre les femmes. Les forces fédérales sont également jugées responsables de viols et d'assassinats de civils, comme les milices tigréennes de massacres de civils amhariens pendant les premiers jours du conflit.

Le gouvernement éthiopien a reconnu certains crimes des troupes érythréennes, mais en dépit des pressions diplomatiques des États-Unis et de l'Union européenne (UE), et de l'engagement d'Abiy Ahmed, en mars 2021, au retrait des troupes érythréennes, ces dernières sont toujours là. Alors que les responsables d'Amhara affirment avoir repris le contrôle de territoires de l'ouest et du sud tigréens – ils prétendent qu'ils avaient été annexés par le TPLF dans les années 1990 –, l'administration américaine déclare que ce contrôle a entraîné un « nettoyage ethnique ».

Le conflit a en effet provoqué une crise humanitaire majeure, avec des millions de déplacés. Au 1er juin, le Programme alimentaire mondial des Nations unies (PAM) estimait que 5,2 millions de personnes, soit plus de 90 % de la population de la région, devraient percevoir une aide alimentaire d'urgence. Les responsables de l'Organisation des Nations unies (ONU) avertissaient du danger d'une famine généralisée en l'absence d'un soutien renforcé. Le récit des atrocités et la présence des forces d'Érythrée et d'Amhara ont galvanisé la résistance tigréenne. Les leaders rebelles assurent que de nouvelles recrues rejoignent leurs rangs en nombre, l'insurrection se renforçant, même si la plus grande partie de son armement lourd a été perdue durant le premier mois de combat sous les raids de drones éthiopiens.

Vers la paix ?

Ni Addis-Abeba ni les forces tigréennes ne semblent actuellement en mesure de s'imposer par la force, mais aucun protagoniste n'entend mettre fin aux hostilités. Les chances d'Abiy Ahmed de sortir renforcé d'un retrait des forces d'Amhara et de l'Érythrée paraissent minces, tant ce retrait affaiblirait la position de l'armée éthiopienne elle-même, déjà confrontée à l'insécurité dans d'autres régions du pays, et engagée dans une dispute frontalière avec le Soudan. On peut également douter de l'obéissance des militaires à un tel ordre de retrait. Quant au gouvernement érythréen, il ne cherche rien moins que l'élimination du TPLF, qu'il rend responsable de la guerre de 1998-2000 entre l'Éthiopie et l'Érythrée, et de la marginalisation internationale du gouvernement érythréen qui s'est ensuivie.

Après les échecs répétés des appels au cessez-le-feu, les États-Unis ont imposé des restrictions de visas, entre autres pour certains membres de l'administration Ahmed, supposés « miner la résolution de la crise ». À la suite de l'UE, l'administration Biden a également imposé des restrictions sur l'assistance à l'Éthiopie et étudie la possibilité de bloquer son accession aux financements de la Banque mondiale et du Fonds monétaire international. Reste à voir si ces mesures contraindront Addis-Abeba à changer ses vues. Des officiels éthiopiens accusent déjà l'administration américaine d'ingérence dans les affaires intérieures du pays.

La négociation sera difficile. Le 6 mai dernier, le Parlement éthiopien a qualifié le TPLF de groupe terroriste, compliquant d'autant les efforts de dialogue, et les officiels éthiopiens ont d'ores et déjà rejeté l'idée de négociations avec le TPLF, tandis que celui-ci oppose des conditions inacceptables au gouvernement Ahmed, comme son retour au contrôle du gouvernement régional du Tigré.

L'impasse au Tigré demeure donc, alors que le gouvernement éthiopien se heurte ailleurs à d'autres problèmes. Bloqué au Tigré, il doit faire face à un mécontentement croissant dans la partie la plus peuplée du pays, Oromia, où les autorités sont confrontées aux attaques armées de l'Armée de libération de l'Oromia (OLA), autre groupe ethno-nationaliste récemment désigné comme terroriste par le parlement fédéral. Le gouvernement doit aussi stabiliser le Benishangul-Gumuz, région frontalière du Soudan, où les attaques des milices ethniques ont causé la mort de centaines de civils et déplacé des dizaines de milliers de personnes depuis septembre dernier.

Addis-Abeba doit, en sus, faire face à des menaces régionales. Les troupes éthiopiennes sont engagées dans un conflit frontalier de basse intensité avec le Soudan depuis décembre 2020, après l'occupation par les forces soudanaises du territoire disputé de Al-Fashaga. Au même moment, l'Égypte et le Soudan ont adopté une position de plus en plus hostile au deuxième remplissage du grand Barrage de la Renaissance éthiopienne – le premier a eu lieu en juillet 2020 –, les trois pays ayant échoué à s'accorder sur la gestion du projet hydroélectrique. Les officiels éthiopiens craignent ainsi que l'Égypte et le Soudan n'en viennent à soutenir de façon croissante des groupes armés en Éthiopie, et la résistance au Tigré.

Le gouvernement éthiopien a besoin d'une solution au Tigré, première marche vers la solution d'autres problèmes. Elle implique la cessation urgente des hostilités, qui permettrait d'atteindre les millions de personnes en attente d'aide. Mais l'arrêt des hostilités au Tigré serait seulement un début. Réconcilier les visions du système constitutionnel permettant de gouverner un pays aussi complexe suppose que soient analysés les défauts du système fédéral actuel, dans un processus démocratique inclusif réunissant tous les acteurs clés du pays.

W. D.

Pour en savoir plus

- « Keeping Ethiopia's Transition on the Rails », *Report*, n° 283, International Crisis Group, 16 décembre 2019.
- « Finding a Path to Peace in Ethiopia's Tigray Region », *Briefing*, n° 167, International Crisis Group, 11 février 2021.
- « Ethiopia's Tigray War: A Deadly, Dangerous Stalemate », *Briefing*, n° 171, International Crisis Group, 2 avril 2021.

Covid-19 : le retour de la question sociale en Afrique

Les travailleurs « informels » et la gouvernance urbaine

La crise sanitaire a durement touché, dans les économies africaines, l'ensemble des travailleurs du secteur dit informel. L'importance de ce secteur fait de sa régulation un enjeu fondamental de la gouvernance des villes africaines, et donc du développement global des États du continent africain.

Si l'Afrique semble avoir été moins touchée par les infections de Covid-19, les sociétés africaines n'ont pas été épargnées par les effets socio-économiques de la crise. Les travailleurs journaliers du secteur dit informel sont les principales victimes de la lutte contre le coronavirus. Les restrictions à la mobilité, la fermeture – même temporaire – des marchés et la réduction générale des activités commerciales se sont traduites par une déstructuration des moyens de subsistance des marchands, chauffeurs de taxis-motos, boutiquiers et autres acteurs économiques n'ayant ni l'épargne ni la protection sociale permettant de faire face au choc de la crise sanitaire[1].

En avril 2020, à peine un mois après la mise en place du couvre-feu, 81 % des résidents des bidonvilles de Nairobi, capitale du Kenya, confirmaient avoir perdu une partie de leurs revenus. La précarité de ces acteurs vivant à la limite du seuil de pauvreté, et plus généralement les problèmes structurels que pose la prégnance de l'économie informelle en Afrique, sont des problématiques très anciennes. Le contexte pandémique représente plutôt une fenêtre d'opportunité pour les imposer sur l'agenda des autorités nationales et des acteurs internationaux. Mais la transformation de la question de la précarité des travailleurs « informels » en options de politique publique constitue une démarche ambitieuse, tant les contours de ce groupe socio-économique sont flous et ses définitions nombreuses. Les politiques sociales et de l'économie informelle sont pourtant des enjeux clés, au cœur des problématiques de gouvernance urbaine, et qui détermineront largement le développement des villes africaines.

1. Selon la Banque mondiale, la croissance en Afrique subsaharienne a chuté de 3,3 % en 2020 (dans un contexte de fort accroissement démographique [2,7 % par an]) : c'est la première entrée en récession depuis 25 ans.

Saisir une catégorie socio-économique hétérogène

Travailleurs journaliers, occasionnels, irréguliers, participant à une économie parallèle, illégale ou à la marge : les formulations sont nombreuses qui désignent les acteurs de l'économie dite informelle en Afrique. Cette panoplie de notions reflétant une variété d'acteurs, aux conditions de vie et de travail multiples, anime une part importante des économies africaines, et notamment urbaines. Les économies informelles non agricoles regroupent en effet une multitude de types d'activités : petit commerce, artisanat, restauration, transport ou travail domestique… Certains des domaines dominés par l'informalité connaissent les taux de croissance les plus élevés parmi les différents secteurs qui constituent les économies africaines[2]. Les contributions du secteur informel aux produits intérieurs bruts (PIB) des pays africains varient entre 20 % et 65 %[3].

Si elles génèrent des revenus plus ou moins réguliers, aux montants fluctuants, les activités informelles se déroulent, avec des degrés variables, hors des règles institutionnelles et du cadre réglementaire de l'État. Elles ne s'inscrivent pas dans les dispositifs sociaux ou fiscaux, et ne sont pas intégrées dans la comptabilité nationale. Le secteur informel est animé par des travailleurs indépendants, mais aussi par des firmes organisées ayant des directeurs et des employés. L'emploi informel correspond aux travailleurs qui ne disposent ni de contrat écrit ni d'assurance de protection sociale, dans des entreprises formelles et informelles. Ces travailleurs ont généralement un faible niveau de qualification, des conditions de travail difficiles, et des revenus instables et insuffisants pour couvrir leurs besoins essentiels. L'irrégularité et le bas niveau des revenus des activités informelles s'expliquent par leur faible productivité, avec, pour ces travailleurs et entreprises informels, un accès sporadique aux services de base : eau, électricité, lieu de travail adéquat… Enfin, les acteurs de ces économies informelles n'ont qu'un accès limité aux financements et aux crédits pour effectuer d'éventuels investissements productifs, se préparer à des risques économiques imprévus, et briser le cycle de la précarité.

En dépit de l'insécurité et de la précarité qu'elles représentent, les économies informelles constituent la source de revenus de la majeure partie de la population active en Afrique. Selon l'Organisation internationale du travail, l'emploi informel absorbe en Afrique 86 % de l'emploi total des hommes et 92 % de celui des femmes, et on peut prévoir l'augmentation de ces activités, notamment en zone urbaine.

L'épine dorsale des économies urbaines ?

L'impact du secteur informel s'affirme surtout dans les villes africaines aux taux de croissance démographique les plus élevés. C'est dans ces villes que le volume de la main-d'œuvre disponible et à la recherche d'emploi grandira. La population africaine en âge de travailler va augmenter de 224 millions d'ici 2030, le marché de travail devant absorber 730 millions de candidats supplémentaires à l'horizon 2050. La disponibilité d'une main-d'œuvre jeune peut être considérée comme

2. Y compris le commerce de gros et de détail, le transport, la restauration, la menuiserie, la construction et l'immobilier.
3. Fonds monétaire international (2017). Les chiffres reflètent de fortes variations entre les pays : le secteur informel représente 28 % du PIB du Togo, 30 % au Kenya, 40 % en Ouganda et 65 % au Nigeria.

une opportunité de croissance économique, mais le secteur salarié formel ne peut créer assez d'emplois pour les jeunes des zones urbaines ou néo-urbaines.

Les politiques sociales et de l'emploi proposant des alternatives à l'économie informelle constituent donc un enjeu central de la gouvernance des villes africaines. Mais l'insertion économique et la création d'emplois font partie d'un ensemble de défis auxquels sont confrontés gouvernements, municipalités et autres acteurs de la gouvernance urbaine pour remédier à la vulnérabilité d'une grande partie de leur population : l'informalité concerne non seulement les activités génératrices de revenus, mais aussi l'accès au foncier et au logement.

Dans certaines villes comme Nairobi, les logements informels hébergent jusqu'à 60 % de la population urbaine (voir le bidonville de Kibera au sud de la capitale). Faute d'aménagement urbain adapté, les pratiques d'installation aléatoire persistent pour les habitations et les commerces. Mais l'installation sans document public confirmant le droit à la parcelle et/ou au logement expose au risque d'expulsion, de déplacement et de perte d'accès au foncier. La sécurité des droits de propriété, de location ou d'usage, qui dépend largement de l'obtention d'un titre foncier, est souvent réservée aux personnes disposant de plus de ressources économiques, relationnelles ou de savoir, les procédures administratives pouvant être complexes et chronophages.

Une grande partie des acteurs urbains n'ont donc ni sécurité d'emploi ni sécurité foncière ou de logement, les deux précarités se renforçant mutuellement. À cette double vulnérabilité se rajoute une exposition plus importante aux problèmes environnementaux et, comme l'a montré l'expérience pandémique, aux risques sanitaires. Selon ONU-Habitat, 95 % des cas d'infection par le coronavirus ont été détectés en ville, les habitants des bidonvilles vivant sur des espaces parfois très restreints ayant été les premières victimes. Les travailleurs informels ne disposant ni de filets sociaux ou d'épargne, ni d'assurance maladie, se retrouvent donc face à la fois aux risques économiques et sanitaires. Cette imbrication des enjeux appelle une articulation entre les différents secteurs des politiques publiques, articulation qu'exige la complexité de la gouvernance urbaine. Les défis sont ici de formuler des réponses prenant en compte la porosité des frontières sectorielles, et dépassant la répartition dualiste entre espaces formels et informels.

Intégrer l'informel dans les politiques publiques

En 2050, plus de la moitié de la population africaine habitera en zone urbaine. C'est donc en ville qu'interviendra la plus grande part de la croissance économique, que seront générées les ressources des États, et que se jouera une grande partie de l'avenir du continent. Plusieurs approches et modèles ont été proposés, et testés, pour intégrer l'économie « parallèle » et renforcer la sécurité sociale de ses acteurs.

Si certains spécialistes ont insisté sur la nécessité de rendre le secteur informel plus productif en renforçant les capacités de ses employés et travailleurs, en améliorant l'accès à l'information, et surtout en facilitant l'accès aux financements – par exemple à travers les microcrédits –, d'autres réflexions s'organisent autour d'une éventuelle formalisation des activités informelles par les appareils étatiques. Mais les autorités publiques ont du mal à agir sur des pratiques et transactions qui ne participent pas aux recettes fiscales. L'évasion et la faible pression fiscales sont considérées comme des obstacles centraux à la croissance économique en Afrique, dont les États restent sous-financés. À titre d'exemple, on estime qu'en Afrique de l'Ouest le secteur informel représente 50 % du PIB, mais seulement 3 % des recettes fiscales. Pour améliorer les systèmes fiscaux, des outils dits innovants, flexibles et adaptés aux réalités socio-économiques sont développés et testés.

Concernant le secteur foncier, les experts des organisations internationales promeuvent des instruments prenant en compte le fonctionnement des régimes de propriété existants, et permettant aux gouvernements locaux et aux municipalités de générer des revenus basés sur les propriétés foncières. Néanmoins, le paiement des taxes par les usagers du foncier – commerçants, marchands, boutiquiers – *via* des dispositifs innovants, aussi flexibles soient-ils, dépend de leur confiance en la capacité des institutions étatiques à redistribuer les revenus fiscaux prélevés sous forme de prestations sociales, d'infrastructures ou d'équipements.

La formalisation des activités informelles implique également la mise à disposition des diverses formes de protection sociale : assurance maladie, cotisations pour la retraite et le chômage. Les acteurs de l'économie informelle se situent dans une zone grise des politiques publiques, dans la mesure où ils ne sont pas couverts par le système d'assurance sociale accessible aux travailleurs de l'économie formelle ni par les programmes gouvernementaux d'assistance destinés aux plus démunis.

L'attention renouvelée portée à la précarité des travailleurs informels depuis la pandémie de Covid-19 rappelle l'importance des formes d'assurance sociale basées sur l'épargne de court terme (pour couvrir les périodes d'inactivité) et de long terme (par exemple pour la retraite). Si les nouvelles technologies et les plateformes numériques facilitent la sensibilisation et le ciblage des « consommateurs » des assurances, ou les transferts d'argent, la mise à disposition d'une protection sociale exige une réflexion sur la relation entre gouvernants et gouvernés, et entre l'État et la société. Il s'agit là de défis clés pour les acteurs de la gouvernance des villes, défis qui auront un impact considérable sur le développement économique du continent.

S. S.

Pour en savoir plus

- « Protection sociale et secteur informel dans les pays africains : évaluation prospective des régimes contributifs », New York, Programme des Nations unies pour le développement, 2021.
- J.-P. Berrou et T. Eekhout, « L'économie informelle : un défi au rêve d'émergence des économies africaines ? », *Études internationales*, vol. 50, n° 1, 21 août 2019.
- H. Quénot-Suarez, « Gouverner les grandes villes africaines. Des problèmes techniques aux réponses politiques » *in* T. de Montbrial et D. David (dir.), *RAMSES 2016. Climat : une nouvelle chance ?*, Paris, Ifri/Dunod, 2015.

L'Arabie Saoudite et le Yémen

Quelles perspectives de sortie du conflit ?

Les relations entre Riyad et Sanaa ont toujours été conflictuelles. L'instabilité interne du Yémen après 2011 et les ambitions du nouvel héritier saoudien ont ouvert un drame face auquel la communauté internationale semble impuissante. Les Nations unies, les Houthis et la nouvelle administration américaine ont en main des cartes décisives.

Sans entrer dans les détails historiques, il est utile de rappeler que la première intervention militaire du Royaume d'Arabie Saoudite (RAS) au Yémen remonte à 1934, soit deux ans après sa création. Suite à l'établissement de la République arabe yéménite en 1962, l'Arabie Saoudite a activement soutenu un imam chiite déchu contre les républicains sunnites durant sept ans de guerre civile, claire preuve que les décisions politiques ne dépendent pas seulement d'un sectarisme religieux. Durant les deux décennies suivantes, Riyad a entretenu des relations ambiguës avec le régime républicain de Sanaa, finançant simultanément le gouvernement en place et les puissantes tribus de l'extrême nord du pays, tentant de préserver un équilibre de zizanies qui empêcherait l'État de consolider sa gouvernance sur l'ensemble du pays.

Pendant presque toute son existence (1967-1990), Riyad a activement tenté de saper le régime socialiste de la République démocratique populaire du Yémen à Aden. Quatre ans après l'unification, et après avoir encouragé le mouvement séparatiste, le régime saoudien l'a laissé tomber dès l'annonce de son indépendance. Aujourd'hui, presque vingt ans plus tard, le régime saoudien s'affirme hostile au séparatisme sudiste, bien que celui-ci soit soutenu par son « allié », les Émirats arabes unis (EAU). Ce bref rappel historique montre la flexibilité des positions saoudiennes, et surtout que la politique de Riyad est rarement guidée par des principes, répondant plutôt à des exigences tactiques et stratégiques de court terme.

Une dimension est cependant constante : Riyad perçoit le Yémen comme une menace. Le Yémen est un voisin, avec une population de taille comparable (environ 30 millions), mais intégralement composée de nationaux, dont un à trois millions résident dans le royaume saoudien selon les périodes. Le régime républicain du Yémen, aussi imparfait soit-il, semble offrir une alternative à l'autocratie des monarchies de la péninsule.

Aux origines du conflit actuel

Réagissant aux divers soulèvements populaires de 2011, l'Arabie Saoudite a mis en œuvre plusieurs tactiques. Au Yémen, elle a soutenu l'accord du Conseil de coopération du Golfe (CCG) finalisé en novembre 2011, qui ouvrait deux ans de transition. Cette période était censée rétablir la stabilité dans le pays, en remplaçant le président Ali Abdallah Saleh par son vice-président Abdo Rabbo Mansour Hadi, avec la formation d'un gouvernement d'union nationale intégrant l'opposition parlementaire et des représentants des forces émergentes du soulèvement (jeunesse, femmes, société civile), une réforme des services de sécurité, et une Conférence de dialogue national (CDN). Cette dernière était censée résoudre les principaux problèmes de base du pays, dont les questions sudiste (séparatisme) et nordiste (Houthis), et débattre de toutes les questions de gouvernance, en proposant si nécessaire une nouvelle Constitution.

L'intention des promoteurs de cet accord était de remplacer Saleh sans mettre fin au pouvoir des élites, tout en répondant partiellement aux aspirations d'une population touchée par la corruption, le chômage, le manque de services sociaux et la paupérisation dûs à la politique du régime Saleh. Autrement dit, l'objectif était d'éviter l'émergence d'une démocratie susceptible d'offrir une alternative aux monarchies autoritaires du CCG. Le dispositif de transition a échoué : la plupart des séparatistes sudistes ont refusé de participer à la CDN, les Houthis ont profité de la période transitoire pour consolider et étendre leur influence et, par opportunisme, Saleh s'est allié avec ses anciens ennemis Houthis pour entraver l'ensemble du processus. À noter qu'il restait à la tête du Congrès général du peuple (CGP), contrôlant 50 % du gouvernement et occupant une place importante dans le cadre de la CDN. En décembre 2017, il était assassiné par des Houthis, qui mettaient ainsi fin à une alliance contre-nature.

Début 2015, sous la menace d'une prise complète de pouvoir par les Houthis, et à la demande du président Hadi, l'Arabie Saoudite lançait une offensive militaire contre le Yémen. Cette décision, qui suivait de près l'accession au trône du roi Salman, lui donnait l'opportunité d'amorcer un transfert de la succession saoudienne en faveur de ses descendants directs, et en particulier de son fils favori, Mohammed ben Salman (MBS). Ce dernier, alors âgé d'à peine trente ans, et selon toute apparence irréfléchi et impulsif, pensait sans doute assurer son avenir par une offensive aérienne rapide démontrant au monde la puissance du royaume, et surtout à la population saoudienne qu'il pouvait agir de manière décisive et victorieuse, indépendamment de ses alliés, surtout des États-Unis. Il gagnerait ainsi un soutien populaire qui lui garantirait le succès dans la compétition familiale pour la succession qui suivrait.

Six ans plus tard, MBS est prince héritier, et il a commis nombre d'autres et sérieuses erreurs, mettant en danger tant l'avenir économique de son pays que sa réputation internationale. Au Yémen, si l'on peut distinguer une victoire dans le contexte du pire désastre humanitaire au monde, c'est celle des Houthis, qu'il espérait écraser en quelques semaines et qui contrôlent aujourd'hui 70 % de la population du pays. Sans parler de l'autre objectif de MBS : éliminer l'influence iranienne dans la péninsule, laquelle s'est, elle, considérablement étendue, partant de presque zéro pour devenir un réel facteur d'instabilité, accroissant la crédibilité d'une menace d'encerclement iranien. Finalement, pour couronner le tout, le territoire du royaume est lui-même régulièrement l'objet des attaques de drones ou de missiles en provenance du Yémen, et même d'incursions terrestres.

L'impasse locale et internationale

Désormais convaincu de l'impérieuse nécessité de se sortir de l'ornière yéménite, le régime saoudien est coincé dans une impasse à de multiples égards. Premièrement, alors que la situation financière du royaume est rendue difficile par les bas prix du pétrole et la crise du Covid-19, le coût de la guerre – dont l'estimation varie de 25 à 60 milliards de dollars l'an – commence à ronger sa popularité. Deuxièmement, le régime yéménite qui bénéficie de son soutien officiel est exilé à Riyad, ayant été évincé de sa capitale temporaire d'Aden en août 2019 par un groupe de séparatistes sudistes alliés – ou plutôt clients – du régime émirati. Les efforts saoudiens pour ramener les deux factions à un minimum de coopération ont abouti à l'accord de Riyad de novembre 2019, qui a théoriquement mis en place un « gouvernement conjoint » en décembre 2020. L'application de l'accord est, depuis, au mieux, contestable, et les deux factions sont, la plupart du temps, au bord de la confrontation militaire. Troisièmement, plus que sur d'autres sujets, les positions saoudienne et émiratie divergent à propos du conflit yéménite, aggravant la rivalité entre les deux princes héritiers Mohammed ben Zayed et Mohammed ben Salman, dont les médias décrivaient hier la proximité, sinon l'intimité.

Quatrième élément de la situation : la faiblesse du gouvernement internationalement reconnu (GIR) du président Hadi, notable en particulier par son absence des « zones libérées », surtout en ce qui concerne la coopération militaire. On parle d'ailleurs plus volontiers de « groupes anti-Houthis » tant est évidente l'incapacité des forces du GIR à agir de concert. En plus du conflit – le mot n'est pas trop fort – qui oppose le GIR et le Conseil de transition sudiste (CTS) qui, officiellement, partage le pouvoir avec Hadi dans le nouveau gouvernement, les anti-Houthis sont divisés sur la côte ouest, à Taiz et ailleurs. Les forces engagées sur le front principal de Marib (actif depuis le début 2020) dépendent du soutien matériel saoudien, qui n'est distribué qu'au compte-gouttes étant donné le niveau de corruption qui prévaut au sein des forces combattant les Houthis. Les forces anti-Houtis sont ainsi la source principale d'armement terrestre… des Houthis.

Autre contrainte pesant sur une résolution de la crise : le rôle des Nations unies. Adoptée pratiquement sur instructions de l'Arabie Saoudite, la résolution 2216 du Conseil de sécurité d'avril 2015 reste la norme référentielle pour l'Organisation des Nations unies (ONU). Comme elle exige le repli total des Houthis sur leurs positions pré-crise, autrement dit qu'ils acceptent la défaite, c'est une résolution totalement irréaliste vu la situation créée par plus de six années de guerre. Actuellement, les Houthis ont établi un régime assez efficient, bien qu'extrêmement répressif, et qui gouverne 70 % de la population. Il contrôle la capitale, le principal port maritime et soutient des offensives sur plusieurs fronts, en dépit d'un siège contraignant. Par contraste, leurs ennemis peinent à maintenir quelques positions militaires.

L'ONU en est à son troisième envoyé spécial, récemment nommé au poste de coordinateur humanitaire, en dépit d'une performance médiocre. Aussi exceptionnel soit-il, aucun envoyé spécial de l'ONU ne peut faire quoi que ce soit de significatif tant que la résolution 2216 reste en vigueur, ses exigences étant inacceptables pour les Houthis.

Début 2021, le président Biden a peut-être pensé qu'il suffirait de persuader l'Arabie Saoudite d'interrompre ses raids aériens sur le Yémen pour mettre fin à la guerre. Cinq mois après la nomination de son envoyé spécial, il doit se rendre à l'évidence : la situation n'est pas si simple. Comme le Royaume-Uni, porte-plume pour le Yémen au Conseil de sécurité, résiste ferme à tout effort pour remplacer la résolution 2216, les États-Unis pourraient utilement user de leur pouvoir pour initier une nouvelle résolution qui reconnaîtrait la réalité sur le terrain et faciliterait le travail du prochain envoyé spécial de l'ONU. Sa tâche ne serait de toute façon pas facile, dans la mesure où il n'est pas du tout évident que les Houthis aient renoncé à une victoire militaire, et où le GIR résistera au remplacement de la résolution 2216 de toutes ses forces, sa légitimité, aussi minimale soit-elle, en dépendant.

Du côté saoudien, le régime cherche à mettre fin à son aventure yéménite, au coût extravagant, financièrement et pour sa réputation internationale. De plus, quitter le Yémen aiderait à améliorer ses relations avec la nouvelle administration américaine. Mais le royaume veut éviter de perdre la face, s'assurer d'une frontière sécurisée, en finir avec les incursions terrestres houthies ainsi qu'avec les attaques de drones et de missiles sur son territoire. Idéalement, Riyad souhaite un régime politique stable et coopératif à Sanaa, ne présentant aucune menace. Le Yémen aura, quant à lui, besoin du soutien financier du royaume saoudien, et d'y envoyer sa main-d'œuvre.

***

Dans l'après-conflit, le Yémen et l'Arabie Saoudite devront trouver les moyens de coopérer. Ils resteront en toute hypothèse voisins, avec en commun différents problèmes de long terme, en particulier la menace du changement climatique. La question qui se pose dans l'immédiat est de savoir si les Houthis accepteront de faciliter un accord de paix, ou choisiront de s'enfermer dans leur stratégie militaire.

H. L.

Pour en savoir plus

- L. Bonnefoy, *Le Yémen. De l'Arabie heureuse à la guerre*, Paris, Fayard, 2017.
- H. Lackner, *Yemen in Crisis: The Road to War*, New York, Verso, 2019.
- B. Riedel « Saudi Arabia's Role in the Yemen Crisis » *in* S. Day et N. Brehony (dir.), *Global, Regional and Local Dynamics in the Yemen Crisis*, Cham, Palgrave Macmillan, 2020.

Oman : fin de l'état de grâce pour le nouveau sultan

De lourds obstacles économiques et sociaux

L'immobilisme du règne de Qabous Ben Saïd se traduit aujourd'hui en difficultés économiques et sociales. Le nouveau sultan Haitham Ben Tarek, qui refuse toute ouverture politique intérieure, devra répondre, en particulier face à la jeunesse, de ces problèmes, que ne suffira pas à résoudre une diplomatie régionale souple.

Fin mai 2021, la ville de Sohar, entre Mascate et Dubaï, a été le théâtre des premières manifestations d'ampleur auxquelles a dû faire face le nouveau souverain omanais Haitham Ben Tarek, intronisé en janvier 2020 suite au décès de son cousin paternel Qabous Ben Saïd, au pouvoir depuis 1970. À l'image du « printemps omanais » de 2011-2012, ce mouvement qui a rapidement gagné l'ensemble du pays s'est articulé autour des slogans : « Le peuple veut la réforme du régime » ou « Le peuple veut la chute de la corruption ». Pour calmer le mécontentement, les autorités ont promis la création de 32 000 emplois dans la fonction publique, notamment dans l'armée. Ces annonces n'ayant pas l'effet escompté, le régime procéda à l'arrestation de dizaines de manifestants et de cyberactivistes, perpétuant « la culture généralisée du silence et de la peur qui affecte quiconque souhaite parler et œuvrer en faveur des réformes en Oman », décrite par le rapporteur spécial de l'Organisation des Nations unies (ONU) en 2014.

D'un sultan à l'autre : une continuité trompeuse

L'état de grâce de Haitham aura donc été de courte durée. Peu après l'annonce du décès du « père de la nation » omanaise le 10 janvier 2020, Haitham a tenu à affirmer sa volonté de « s'inscrire dans les pas » de son prédécesseur : une posture attendue, compte tenu de la faible légitimité populaire dont il pouvait se prévaloir.

Né en 1954, Haitham Ben Tarek a longtemps servi au ministère des Affaires étrangères, notamment comme secrétaire général. Nommé ministre du Patrimoine national et de la Culture en 2002 – fonction qu'il occupait à la mort de Qabous –, il présidait en parallèle, depuis 2013, le Comité suprême en charge de développer la stratégie nationale « Vision Oman 2040 ». Bénéficiant de la confiance des services de renseignement et proche de l'oligarchie marchande de la capitale,

Haitham est depuis longtemps un homme d'affaires actif. Principal actionnaire de la compagnie National Holding, agent exclusif en Oman de plusieurs multinationales étrangères, il était impliqué dans le mégaprojet « Blue City », ville nouvelle à vocation touristique, d'un coût estimé à 20 milliards de dollars et supposée accueillir 200 000 résidents à l'horizon 2020. De sérieux problèmes de gestion, ainsi qu'une querelle juridique entre ses promoteurs, ont cependant causé la faillite la plus retentissante de l'histoire omanaise et conduit le fonds souverain national à racheter la majorité des obligations du projet en 2011.

La volonté de rupture avec le règne de Qabous n'a cependant pas tardé à se faire sentir. Le premier décret du nouveau sultan a modifié l'hymne national et fait disparaître l'hommage explicite à Qabous, tandis que la « fête de la Renaissance », commémorant le « réveil national » du 23 juillet 1970 – date de l'arrivée au pouvoir de Qabous – était supprimée. La Banque centrale annonçait lors du premier anniversaire de la mort de Qabous la mise en circulation de nouveaux billets de banque à l'effigie de Haitham, qui remplaçaient les coupures à l'effigie de son prédécesseur. Des mesures visant à remettre en cause la place centrale de Qabous dans l'historiographie du régime, et notamment l'identification de la « renaissance » d'Oman après 1970 et de l'État rentier contemporain avec Qabous, qui s'incarnait dans le culte de la personnalité dont celui-ci était jusqu'alors l'objet.

Ce processus de réécriture des références nationales s'est accompagné de l'abrogation, en janvier 2021, de la Loi fondamentale de 1996 et de son remplacement par un texte quasi identique, entérinant la vision paternaliste d'un État dont le guide est le sultan (article 48). Seule innovation du nouveau texte : l'intégration d'articles modifiant la procédure de succession. La primogéniture masculine devient la règle, assurant ainsi au fils aîné de Haitham, Dhi Yazan, né en 1990 et deuxième secrétaire à l'ambassade omanaise à Londres de 2014 à 2021, de lui succéder.

La rupture se manifeste enfin dans la répartition des postes les plus sensibles. Le règne de Qabous était caractérisé par un fonctionnement hypercentralisé, le sultan tenant à l'écart les membres de sa famille. Conscient de sa faible légitimité, Haitham, qui conserve les charges de chef des armées et de chef du gouvernement, s'est au contraire empressé de s'entourer de ses proches : en attestent les nominations, en août 2020, de son frère Chihab comme vice-Premier ministre pour les Affaires de défense, de son fils Dhi Yazan promu ministre de la Culture, du Sport et de la Jeunesse et numéro trois du gouvernement, ainsi que de ses cousins paternels Fatik Ben Fahr et Mansour Ben Majid, respectivement envoyé spécial et conseiller spécial du sultan, avec rangs de ministres.

Des défis économiques majeurs

Moins pourvu que ses voisins en hydrocarbures, Oman s'est distingué par un souci précoce de diversification de ses revenus, privilégiant les investissements dans l'industrie (ports) et le tourisme international. Mais ces objectifs se sont souvent limités aux déclarations d'intention, comme en attestent des inégalités sociales et économiques criantes, associées à un chômage endémique.

La population omanaise figure parmi les plus jeunes de la planète, 46 % des nationaux ayant moins de 20 ans. L'économie demeure extrêmement dépendante du pétrole et du gaz, qui contribuent pour 75 % aux revenus de l'État en 2019. L'ampleur du chômage, estimé par la Banque mondiale à 49 % parmi les 18-24 ans, illustre les résultats calamiteux des politiques de remplacement de la main-d'œuvre expatriée par des nationaux dans le secteur privé, pourtant érigées au rang de priorité nationale depuis les années 2000.

Depuis 2015 et la chute des cours du pétrole, Oman enregistre des déficits budgétaires élevés, aggravés par la crise du Covid-19 et la contraction du produit intérieur brut (PIB), avec - 6,4 % en 2020, après une récession de - 0,8 % déjà en 2019. Le Fonds monétaire international (FMI) prévoit que la dette omanaise atteindra 73 % du PIB en 2021 (contre 17 % en 2015) et les principales agences ont abaissé la notation de la dette souveraine au niveau spéculatif (*junk*) depuis 2018.

Les mesures économiques annoncées par le nouveau sultan, dans la ligne des priorités édictées par la stratégie « Oman 2040 » élaborée avec le cabinet McKinsey, visent à intensifier la privatisation d'actifs de l'État ainsi que la signature de partenariats public-privé (éducation, santé, transport, infrastructures), à réduire les subventions sur les prix de l'eau et de l'électricité d'ici 2025, ainsi qu'à introduire une TVA à 5 % (en vigueur depuis avril 2021). Loin de promouvoir un nouveau contrat social favorisant une distribution plus équitable des richesses et davantage de justice sociale, ces politiques néolibérales d'ajustement structurel, inspirées des préconisations des institutions financières internationales, reproduisent les vieilles recettes des années 2000 qui ont contribué aux explosions populaires du monde arabe en 2011.

L'indépendance du sultanat à l'épreuve ?

Depuis les années 1970, le régime omanais a perçu l'instabilité politique dans le golfe Persique comme un facteur menaçant la stabilité interne du pays. Ce sentiment de vulnérabilité vis-à-vis des convulsions régionales explique le pragmatisme de la diplomatie omanaise – comme le montre le *modus vivendi* établi avec l'Iran depuis la révolution islamique pour préserver la sécurité de navigation dans le détroit d'Ormuz, mais aussi en raison d'une dépendance omanaise croissante vis-à-vis du gaz iranien – et l'effort visant à maintenir des relations de bon voisinage avec les autres monarchies du Golfe, le Pakistan et l'Inde entre autres. Le développement du port de Duqm, sur l'océan Indien, pour lequel Oman a activement sollicité la participation du Royaume-Uni, de l'Iran, de la Chine et de l'Inde, illustre une approche dictée par des contraintes économiques.

Le prix de cette politique régionale pragmatique est un alignement sans faille sur les priorités britanniques et américaines. Le sultanat, « plus vieil ami de la Grande-Bretagne dans la péninsule Arabique » (*The Times*, 18 novembre 1974), n'a jamais remis en cause cette relation spéciale – qui avait causé la démission du père de Haitham, Tarek Ben Taimur, de son poste de Premier ministre en décembre 1971. Le renouvellement en 2019 de l'accord de coopération militaire avec les États-Unis et la signature la même année d'un nouvel accord omano-britannique de défense commune, permettant à Londres de maintenir une présence militaire à Oman pour la première fois depuis les années 1970, confirment la priorité donnée aux dépenses de sécurité et de défense (Oman se classant en 2020 au premier rang mondial pour les dépenses militaires en proportion du PIB, selon le SIPRI), lesquelles bénéficient prioritairement aux entreprises britanniques et américaines.

Sous Haitham – candidat préféré de Londres à la succession de Qabous –, cette dépendance stratégique et militaire d'Oman, qui abrite la base moyen-orientale de l'agence britannique de renseignement (GCHQ), l'un des principaux contributeurs du réseau mondial d'interception électronique Échelon, ne semble pas devoir être remise en cause.

Les difficultés économiques vont cependant rendre de plus en plus complexes les efforts omanais visant à préserver le pays des interférences de ses voisins saoudiens et émiriens. L'intronisation de Haitham a été chaleureusement accueillie par l'homme fort des Émirats arabes unis, Mohammed Ben Zayed, les deux hommes étant encore récemment associés en affaires, notamment dans le contrôle de la principale centrale électrique du sultanat. La lutte d'influence que se livrent l'Arabie Saoudite et Oman dans l'est du Yémen, ainsi que la hantise de Mascate de voir lui échapper l'allégeance des provinces du nord du pays, et notamment de l'enclave du Moussandam qui ferme le détroit d'Ormuz, au profit des Émirats, pourraient ne pas peser lourd en regard des propositions d'aide financière de Riyad et d'Abou Dhabi. À l'été 2020, Oman s'est tourné vers le Qatar et les Émirats pour tenter de faire face à ses difficultés économiques, sélectionnant la First Abu Dhabi Bank et Bank Muscat pour un prêt-relais de 2 milliards de dollars auprès des banques internationales. De même, il n'est pas anodin que les souverains saoudien et omanais aient réaffirmé fin mai 2021 leur détermination à renforcer la coopération bilatérale alors que le sultanat était secoué de manifestations.

***

Les événements de mai 2021 proposent ainsi un avant-goût des défis politiques et économiques qui attendent Haitham Ben Tarek, résultats de l'immobilisme des deux dernières décennies du règne de Qabous. Si Haitham a résolument rejeté, comme son prédécesseur, toute ouverture politique à son arrivée au pouvoir, tout en s'appuyant sur un noyau dur de parents proches afin de faire passer des mesures d'austérité suscitant la réprobation populaire, des secteurs de plus en plus nombreux de la société ne consentent plus à se voir considérés comme politiquement mineurs. Le nouveau souverain, qui a probablement déjà épuisé son crédit de légitimité au sein de la jeunesse, sera tenu pour responsable des choix politiques et économiques à la sortie de la pandémie, et risque de se retrouver en première ligne face aux prochains mouvements de revendication.

M. V.

Pour en savoir plus

- K. M. Al-Azri, *Social and Gender Inequality in Oman: The Power of Religious and Political Tradition*, Londres, Routledge, 2012.
- B. M. Said, « The Future of Reform in Oman », *Contemporary Arab Affairs*, vol. 9, n° 1, 2016.
- M. Valeri, *Oman: Politics and Society in the Qaboos State*, Londres, Hurst, 2017.

Chypre-Nord, l'abcès

Une vitrine des ambitions régionales de la Turquie

Les découvertes d'hydrocarbures en Méditerranée orientale donnent une nouvelle dimension au syndrome d'encerclement qui saisit régulièrement la Turquie. Après une période plutôt conciliante, Ankara en revient sur le dossier chypriote à une position de défi de ses alliés occidentaux dans la région.

Le 15 novembre 2020, célébrant le 37e anniversaire de la création de la République turque de Chypre du Nord (RTCN), le président turc Recep Tayyip Erdoğan affirmait son intention de traiter le dossier chypriote sur la base d'une solution à deux États. Cette déclaration intervenait un mois après la création officielle du Forum du gaz de la Méditerranée orientale, basé en Égypte, qui accueille la République de Chypre – la moitié sud de l'île – mais pas la Turquie, écartée *de facto* de la gestion des enjeux énergétiques régionaux.

Théâtre d'un conflit géopolitique gelé depuis des décennies, Chypre est aujourd'hui divisée en deux entités. Devenue colonie britannique après la défaite de l'Empire ottoman en 1918, l'île est indépendante depuis 1960. Les accords de Zürich et de Londres, toujours en vigueur, permettent au Royaume-Uni d'y conserver des bases militaires (Akrotiri et Dhekelia). Ils créent également un système qui implique Londres, Athènes et Ankara dans la garantie de l'équilibre constitutionnel de l'île, et leur donne le droit d'intervenir à cette fin militairement. L'île est alors habitée par 80 % de Grecs et une importante minorité (20 %) de Turcs. La Constitution de 1960 de la République met en place un système politique communautaire et inclusif, avec un président grec et un vice-président turc.

Des violences intercommunautaires éclatent dès 1963, suite à la décision du président grec Makários de réduire le nombre des Chypriotes turcs dans la représentation législative. L'Organisation des Nations unies (ONU) intervient, des Casques bleus sont envoyés pour apaiser la situation. Mais un coup d'État achève de rompre les équilibres le 15 juillet 1974 : l'organisation paramilitaire chypriote grecque, l'EOKA, renverse Makários et tente d'imposer une dictature sur le modèle du régime des colonels en Grèce. Garante de l'ordre à Chypre et redoutant une annexion à la Grèce, la Turquie intervient militairement le 20 juillet 1974. L'invasion turque cause la mort de plusieurs milliers de personnes et des déplacements de population ; désormais les Chypriotes turcs sont rassemblés au Nord et les Chypriotes grecs au Sud. Pour éviter une escalade des violences intercommunautaires, l'ONU établit une zone tampon démilitarisée le long d'une ligne verte partageant le territoire et passant par la capitale Nicosie, désormais divisée.

Le 15 novembre 1983, les Chypriotes turcs proclament leur indépendance. La RTCN n'est reconnue que par la Turquie, qui complète son intervention par une présence militaire et une aide économique indispensable à la survie de l'entité nord. Le conflit gelé perdure depuis lors sur la base de cette division de l'île. Si la Turquie préconisait en 2004 une réunification, lors d'un référendum organisé sous l'égide des Nations unies, elle promeut aujourd'hui une solution « à deux États ». Ersin Tatar, actuel président pro-Erdoğan de la RTCN, a confirmé cette position lors d'une réunion de pourparlers informels à Genève en avril 2021.

Chypre-Nord : un territoire turc, alternative à l'Enosis

La question chypriote suscite un intérêt tout particulier en Turquie, dont elle traduit les calculs stratégiques. L'île, dans un premier temps hellénisée, est passée sous contrôle ottoman à la fin du XVIe siècle, dans une optique de protection du territoire anatolien : située à proximité des côtes turques, elle permettait de sécuriser le port de Mersin, important nœud commercial.

Cette obsession de sécurisation anime aussi la République de Turquie de Mustafa Kemal. Le traumatisme de Sèvres[1] hérité de la dislocation de l'Empire ottoman et la montée du nationalisme grec ont alimenté l'obsession des Turcs pour la position stratégique de Chypre. En 1950, l'idée d'une fusion de l'île avec la Grèce, l'Enosis, matérialisait une menace pour la Turquie. Le cordon des îles grecques face aux côtes anatoliennes, la pression communiste au nord de la Turquie (URSS, Bulgarie) ainsi qu'au sein même de l'île, nourrissaient le « syndrome d'encerclement ».

Dans les années 1950, les premiers attentats de l'EOKA poussaient la Turquie à exprimer sa volonté de couper le cordon insulaire. Le président turc Menderes proposa dès 1957 au Royaume-Uni et à la Grèce une partition de l'île au niveau du 35e parallèle. Cette première proposition de division aurait assuré à la Turquie un contrôle du nord de l'île, légitimé par la présence de la minorité chypriote turque.

Les visées stratégiques d'Ankara se sont traduites par les opérations de l'Organisation turque de résistance (Türk Mukavemet Teşkilatı – TMT), organisant le transfert des Chypriotes turcs au nord de l'île lors des premiers affrontements intercommunautaires de la fin des années 1950. Après l'indépendance, l'évocation récurrente de l'Enosis par les nationalistes grecs a contribué à renforcer la volonté de la Turquie de diviser l'île en deux, ce qui fut fait le 20 juillet 1974 lors de « l'opération de paix » menée à Chypre. Les intérêts turcs furent par la suite défendus par le premier président de la RTCN, Rauf Denktash, fervent nationaliste – vu encore aujourd'hui en Turquie comme un héros, ainsi qu'en témoigne la dernière série télévisée turque en vogue, *Bir zamanlar Kıbrıs* (« Il était une fois Chypre »), sur les atrocités des attentats de l'EOKA dans l'île.

Tenir le nord de Chypre permet à la Turquie de renforcer sa position au centre d'un « lac grec », la présence militaire turque sur l'île ayant un effet dissuasif important. Les Chypriotes grecs ont dû renoncer en 1997 à installer sur leur territoire

1. D. Schmid, « Turquie : le syndrome de Sèvres, ou la guerre qui n'en finit pas », *Politique étrangère*, vol. 79, n° 1, Ifri, mars 2014.

des missiles russes sol-air *S-300* susceptibles d'atteindre la Turquie. L'installation d'une base de drones à Geçitkale, au nord de l'île, illustre aujourd'hui la volonté turque de maîtriser le rapport des forces en Méditerranée orientale.

Nouveau paradigme : Chypre et l'adhésion à l'UE

La volonté de partager Chypre en deux entités n'était pas *a priori* un objectif de la politique étrangère turque : l'intérêt de la Turquie était plutôt de réunifier l'île avant une adhésion à l'Union européenne (UE). Chypre eût alors été une nouvelle carte diplomatique vers l'Europe.

Après 1987, le dépôt de la demande d'adhésion à la Communauté économique et européenne a ainsi rendu la Turquie plus conciliante sur le différend chypriote. À partir de 1993, le Parti de la juste voie (Doğru Yol Partisi – DYP) au pouvoir, avec comme Premier ministre la très occidentalisée Tansu Çiller, se donne comme priorité l'adhésion à l'UE. Dans cette logique, Ankara s'abstient de condamner en 1994 la signature d'un accord de défense entre la République de Chypre et la Grèce, explicitement dirigé contre elle. Vivement critiquée par l'opposition, Tansu Çiller ne s'oppose cependant pas à la candidature de Chypre à l'UE : cette politique conciliante permet à la Turquie de signer en 1995 un accord d'union douanière avec l'UE.

La stratégie turque évolue après la victoire des islamistes du Parti de la justice et du développement (Adalet ve Kalkınma Partisi – AKP) aux élections de 2002. Une solution bicommunautaire basée sur le modèle fédéral belge dans l'île est alors proposée, vue comme un moyen d'avancer dans le processus d'adhésion à l'UE. Le parti au pouvoir profite de la dynamique de rapprochement avec les Européens pour réduire le rôle des militaires dans les processus décisionnels du pays. Cette stratégie pragmatique de l'AKP explique son soutien au projet de réunification de l'île avancé en 2004 par le secrétaire général de l'ONU Kofi Annan. Soumis à référendum, le plan est accepté par les Chypriotes turcs mais refusé par les Chypriotes grecs, car ne prévoyant pas le retour de tous les réfugiés grecs au nord de l'île, et ne permettant pas une démilitarisation totale.

Le comportement de la Turquie est à ce moment salué par l'UE. Mais dès 2006, l'imbroglio juridique autour de la division de Chypre devient un argument, pour certains États membres (France, Allemagne et République de Chypre), pour bloquer le processus d'adhésion turc.

La résurgence du « syndrome d'encerclement »

Les perspectives d'adhésion à l'UE de plus en plus floues, la découverte de gisements d'hydrocarbures près de Chypre et la dynamique géopolitique en Méditerranée orientale ont été déterminants dans le changement d'attitude de la Turquie sur ce dossier. La position géostratégique de l'île, au cœur de la Méditerranée orientale – avec l'Égypte au sud, Israël et la bande de Gaza au sud-est, le Liban à l'est, la Syrie au nord-est, la Turquie au nord et la Grèce au nord-ouest – en fait un enjeu capital.

Les gigantesques gisements gaziers progressivement découverts depuis 2009 en différents endroits de la Méditerranée orientale ont provoqué des tensions entre pays riverains. Israël et Chypre ont signé un accord de délimitation maritime en

2010, entraînant le mécontentement d'Ankara, alors sous tension avec Tel-Aviv suite à la tentative turque de forcer le blocus de Gaza (affaire du *Mavi Marmara*). La Turquie signe, en représailles, en 2011 un accord sur le plateau continental avec Chypre-Nord. En 2012, un accord de défense entre Israéliens et Chypriotes grecs prévoit l'installation d'une base pour les avions israéliens à Chypre, irritant davantage la Turquie. La présidence chypriote de l'UE entre juillet et décembre 2012 ne réchauffe pas le climat.

La résurgence du « syndrome de l'encerclement » est désormais nourrie par l'émergence d'un maillage d'alliances régionales minant les intérêts maritimes turcs. Le projet de gazoduc EastMed (entre la Grèce, Chypre et Israël), le Forum du gaz de la Méditerranée orientale et les accords internationaux signés par les Chypriotes grecs pour explorer les ressources énergétiques autour de l'île sont perçus par Ankara comme des provocations. Il devient alors vital pour la Turquie de se donner les moyens de desserrer l'étau.

La doctrine nationaliste de la *Mavi Vatan*, la « Patrie bleue », qui intègre les intérêts de la Turquie et ceux des Chypriotes turcs – la RTCN réclamant sa propre zone économique exclusive (ZEE) et contestant les revendications maritimes chypriotes – doit être comprise dans ce contexte. Les revendications territoriales des Turcs et des Chypriotes turcs – qui s'inscrivent dans la compétition pour délimiter les ZEE dans la région – provoquent une montée spectaculaire des tensions dans la région en novembre 2019, lorsque Recep Tayyip Erdoğan conclut avec le Gouvernement d'union nationale libyen un accord de délimitation maritime empiétant largement sur les eaux grecques.

Début 2021, la Turquie semble prête à arrêter l'escalade en Méditerranée orientale : pour échapper à l'encerclement, elle se réconcilie avec l'Égypte de Sissi, tente une ouverture vers Israël. Mais la conciliation n'est plus possible sur Chypre : la réouverture de la ville de Varosha, station balnéaire fantôme de la partie septentrionale et symbole de la prospérité passée de l'île, et le déploiement des drones turcs *Bayraktar TB2* à Geçitkale marquent une rupture radicale. La Méditerranée orientale est désormais une arène de compétition, où la Turquie entend faire respecter ses intérêts en défiant les puissances occidentales, et Chypre devient ainsi le lieu central de cette confrontation symbolique.

Y. D.

Pour en savoir plus

- P. Blanc, « Chypre : un triple enjeu pour la Turquie », *Hérodote*, n° 148, 2013.
- A. Denizeau, « Mavi Vatan, la “Patrie bleue” : origines, influence et limites d'une doctrine ambitieuse pour la Turquie », *Études de l'Ifri*, avril 2021.
- H. S. Özertem, « Back to “the Tradition”: Turkey's Changing Position from a Federal to Two-State Solution in Cyprus Conflict », *Études de l'Ifri*, juin 2021.

Voir également la carte « La présence turque en Méditerranée orientale », p. 331 de cet ouvrage.

L'Égypte post-Covid

Une accumulation de crises

Crise financière, printemps arabe, coup d'État, déstabilisations régionales, Covid : en un peu plus de dix ans, la situation économique et politique de l'Égypte ne s'est guère améliorée. Si l'économie tient globalement, elle n'a pas été réformée, et les contestations populaires demeurent face à un régime de plus en plus autoritaire.

L'Égypte a connu une décennie particulièrement déstabilisante, qui s'achève sur l'émergence d'une pandémie mondiale impactant un équilibre fragile. Si, depuis quelques années, la stabilité macroéconomique semble rétablie, le modèle de croissance n'a pas changé et peine à répondre aux aspirations socio-économiques des Égyptiens qui s'étaient mobilisés en 2011. Concernant les aspirations à une vie décente, la situation ne s'est pas améliorée sur les plans économique, social et politique. Dans ce contexte, la crise sanitaire, en apparence relativement limitée, durcit encore un peu plus le caractère autoritaire du régime égyptien.

Des réformes macroéconomiques sans changement de régime de croissance

L'économie égyptienne se transforme lentement depuis vingt ans, suite à des réformes économiques successives qui tendent à donner davantage de place aux marchés dans un système largement dominé par le secteur public, des institutions puissantes comme l'armée, ainsi qu'un marché informel qui représenterait plus de la moitié de l'emploi total, et environ 40 % du produit intérieur brut.

Les réformes du milieu des années 2000 avaient été décrites comme une tentative de libéralisation pour briser le *statu quo*. En dépit de ces ouvertures, le régime de croissance de l'économie égyptienne ne s'est pas fondamentalement transformé. L'économie égyptienne est faiblement innovante et exporte des biens ou services dont la part technologique demeure très faible. Une grande partie de la production manufacturière est à vocation locale, et dominée par de grands groupes, l'État, l'armée et des hommes d'affaires proches des cercles du pouvoir. Depuis la prise de pouvoir du général Sissi, l'Égypte s'est lancée dans une série de grands projets de type pharaonique (nouvelle capitale administrative, doublement des voies de navigation sur le canal de Suez, dépenses d'infrastructure…), qui visent à transformer le pays et à le moderniser, mais aussi à consolider la légitimité du pouvoir.

L'une des caractéristiques durables du système politico-économique de l'Égypte reste sa dimension rentière. Une grande partie du budget égyptien est équilibrée par quatre ou cinq rentes, qui représentent un cinquième à un quart des dépenses publiques. Il s'agit des transferts des travailleurs égyptiens à l'étranger, du tourisme, des recettes du canal de Suez, des ventes de produits pétroliers, auxquels s'ajoute l'aide étrangère. Ces rentes équilibrent un budget public contraint par la dette, les salaires des fonctionnaires et les subventions alimentaires censées amortir les chocs macroéconomiques. L'État égyptien ne dispose donc pas des marges de manœuvre qui lui permettraient de moderniser son économie.

Depuis plus de dix ans, l'Égypte doit, de plus, faire face à un contexte particulièrement déstabilisant. La crise financière de 2008, le printemps arabe en 2011, l'instabilité liée au moment démocratique, la réaffirmation du pouvoir autoritaire après le « coup d'État populaire » du général Sissi en 2013, la crise dans le Sahel, notamment en Libye, le risque terroriste, enfin la pandémie du Covid, ont rythmé une décennie de perturbations, dont l'Égypte est pourtant parvenue à sortir sans sombrer, en préservant un taux de croissance de 2 % à 3 % et en restaurant progressivement sa stabilité macroéconomique, ce qui n'est pas négligeable dans le contexte actuel et dans un Moyen-Orient marqué par la récession.

Cette décennie n'a cependant pas permis une transition vers une véritable économie de marché fondant son dynamisme sur l'innovation et une meilleure insertion dans l'économie mondiale. L'Égypte reste enserrée dans un régime de croissance largement établi sur des produits primaires ou des services faiblement générateurs de revenus, où persistent également une certaine insécurité économique et une faiblesse dans la stabilité des règles de droit qui expliquent à la fois l'importance du secteur informel et la nécessité pour les milieux d'affaires de s'associer aux réseaux politiques pour bénéficier d'une sécurité dans leurs investissements. Cette déficience de l'état de droit économique favorise les mécanismes de protection, de clientélisme, ainsi que la corruption qui peut en découler. En dépit de la résilience de l'économie égyptienne, et de l'amélioration récente des équilibres macroéconomiques, la question du mode de fonctionnement de cette économie reste posée pour affronter les défis démographiques futurs.

Nouveau défis politiques et sociaux

Si la situation macroéconomique est relativement préservée compte tenu du contexte particulièrement tendu de la dernière décennie, c'est au prix d'une dégradation continue du climat social. En dix ans, la part de la population égyptienne vivant en dessous du seuil de pauvreté est passée d'un quart à un tiers.

La dévaluation de la livre égyptienne en 2016, suite aux mesures de libéralisation du marché des changes, s'est traduite par une forte inflation, de l'ordre de 30 %, suivie d'une stabilisation autour de 5 % en 2020. Cette inflation affecte les salaires réels des fonctionnaires, mais également tous les pauvres bénéficiant de filets sociaux.

Ces évolutions de court terme doivent être replacées dans la perspective des contraintes démographiques de long terme. Le nombre d'Égyptiens dépasse à présent les 100 millions, soit presque 20 millions de plus que lors du printemps arabe de 2011. Les projections tablent sur un doublement de la population – soit 200 millions de personnes – pour la fin du siècle. L'Égypte connaît même depuis quinze ans une « contre-transition démographique », avec un retournement à la hausse de la fécondité. Ces évolutions s'expliquent par de nombreux facteurs, comme la baisse de l'âge au mariage, des taux de fécondité élevés et un faible de taux d'activité des femmes.

Ce contexte détérioré explique la réapparition de mouvements sociaux de grande ampleur, en dépit du resserrement autoritaire et de la lutte farouche de l'État égyptien contre toute forme de contestation. Des manifestations coordonnées ont été organisées en septembre 2020 au Caire, mais aussi dans les zones rurales, dans les gouvernorats de Guizeh, Minya, Assouan, Fayoum, où les taux de pauvreté dépassent 50 %. Le 25 septembre 2020, un « vendredi de la colère » a vu réapparaître des demandes de départ du président Sissi, malgré l'étau sécuritaire et les limitations à la liberté d'expression. Toute critique du président est en effet passible de lourdes conséquences. Face à l'efficacité des mesures de répression, les mouvements sociaux dans ces milieux ruraux pauvres se sont caractérisés par de nouvelles formes de mobilisation (manifestations de nuit, simultanées dans différentes villes, avec les visages masqués, et usant d'enregistrements pour la diffusion sur les réseaux sociaux). Parmi les motifs de ces mouvements : la décision de détruire des habitations informelles, mais aussi les hausses de prix liées à la baisse des subventions sur les produits de base.

Ces manifestations font suite à celles de septembre 2019 et reposent la question de la durabilité du régime. En effet, les questions fondamentales posées par la population – sur les perspectives économiques, la montée des inégalités, les privilèges des cercles du pouvoir ou de l'armée, la liberté d'expression, la mise en place d'un système démocratique et d'un état de droit – demeurent d'une cruelle actualité. La situation en matière de droits de l'homme s'est dégradée depuis dix ans, au point qu'en octobre 2020 278 parlementaires européens et américains ont rédigé une lettre ouverte à destination du président Sissi, lui demandant de mettre fin aux emprisonnements des défenseurs des droits de l'homme. Le Haut-Commissariat des Nations unies aux droits de l'homme a également lancé un appel suite à la dégradation de la situation : arrestations de masse, censure, procès collectifs prononçant des peines de mort, les disparitions, et incarcération préventive de défenseurs des droits, ainsi que de chercheurs ou de journalistes.

Le Covid et le contrôle sanitaire

C'est dans ce contexte complexe et troublé que l'Égypte a dû affronter la menace de la pandémie de Covid-19. Selon les chiffres de l'Organisation mondiale de la santé, l'Égypte a dénombré moins de 300 000 cas fin juin 2021, avec un nombre limité de 15 600 décès. Ce résultat place l'Égypte dans le groupe des pays ayant connu le moins de morts, avec un taux de 150 morts pour 1 million d'habitants, soit dix fois moins que la France. Toujours fin juin 2021, le nombre de personnes vaccinées n'atteint cependant que 3 % de la population.

L'Égypte s'est contentée de prendre des mesures relativement limitées, pour ne pas être trop impactée par l'épidémie et préserver le tourisme. Les vols internationaux ont été rouverts dès le 1er juillet 2020. Dans les zones touristiques du Sinaï, de Charm el-Cheikh et de la région d'Hurghada, les touristes étaient même exemptés de visas et ils pouvaient effectuer un test sur place avec une quarantaine provisoire en attendant son résultat. Les restaurants, cafés et centres commerciaux ne se sont vus imposer une fermeture à 21 heures que durant deux semaines.

Il reste difficile d'avoir des informations précises sur les politiques de santé publique effectivement mises en œuvre, et les chiffres avancés sont sujets à caution. Le Covid a cependant été un élément de communication important dans les démarches de légitimation du pouvoir, et ceux qui ont critiqué le gouvernement pour sa gestion sanitaire ont pu être accusés de « dissémination de fausses nouvelles » et condamnés à de lourdes peines d'emprisonnement. Selon un rapport de EuroMed Droits, « combattre les fausses informations » sur le Covid constitue un nouveau dispositif narratif permettant de réprimer les défenseurs des droits de l'homme.

La crise sanitaire vient ainsi s'ajouter à la crise née du terrorisme pour donner au durcissement autoritaire motifs et raisons de s'affirmer. Bien entendu, elle accentue aussi les inégalités et affecte tout particulièrement les secteurs en lien avec le tourisme. Mais elle durcit aussi des tensions sociales, notamment dans les relations de genre, avec une montée des violences faites aux femmes, dans l'espace public ou privé.

***

Au final, la crise sanitaire du Covid est venue s'ajouter aux différentes crises qui ont frappé les Égyptiens depuis plus de dix ans. Cette décennie n'a pas permis de répondre aux questions posées par le printemps arabe, et une grande part de la population reste déçue par un mouvement révolutionnaire qui n'a pas débouché sur des améliorations notables dans les domaines sociaux et politiques.

La question de la durabilité du régime politique et économique continue à se poser. D'autant que les perspectives régionales ne sont guère encourageantes. La non-résolution du conflit libyen, l'opposition de plus en plus marquée entre l'Égypte et la Turquie portent des germes de tensions futures. De même, la construction du barrage éthiopien sur le Nil, et l'échec de l'accord avec le Soudan constituent un dossier sensible compte tenu des tensions démographiques en Égypte. Enfin, Le Caire, qui tentait de jouer un rôle stabilisateur dans la région, se trouve désormais enfermé dans son alliance avec l'Arabie Saoudite et les Émirats arabes unis, contre le Qatar, l'Iran et la Turquie, qui l'emprisonne dans des tensions régionales dont il ne tirera pas nécessairement avantage. L'Égypte ne peut plus à elle seule se positionner comme une puissance régionale.

J.-Y. M.

Pour en savoir plus

- « Poverty & Equity Brief: Arab Republic of Egypt », Banque mondiale, avril 2020.
- C. Breisinger, M. Raouf *et al.*, « Impact of Covid-19 on the Egyptian Economy: Economic Sectors, Jobs, and Households », *MENA Policy Note*, n° 6, International Food Policy Research Institute, 2020.
- J. Moonrises et M. Zenzzi Malaffa, « In Search of a More Efficient EU Approach to Human Rights: Civil Society and EU Strategies in Egypt », *Working Paper*, n° 16, MEDRESET, juillet 2018.

Tunisie : une économie du tourisme en crise

D'un modèle à l'autre ?

La révolution de 2011, le terrorisme, la crise sanitaire du Covid ont durement touché un tourisme de masse capital pour l'économie tunisienne. Le modèle du tourisme balnéaire doit progressivement céder le pas à un tourisme plus qualitatif, et plus diffus, mettant en valeur toutes les richesses du pays.

En 2019, les hôtels tunisiens ont accueilli plus de 9 millions de touristes. Le tourisme contribuait alors à hauteur de 7 % à la croissance du pays, avec quelque 95 000 emplois directs et près de 185 000 emplois indirects. Ce secteur essentiel traverse aujourd'hui une crise profonde, qui contribue au marasme économique général. Le tourisme de masse développé depuis les années 1970 a subi de plein fouet l'impact d'une série de crises politiques, sécuritaires et sanitaires. Il est aujourd'hui contraint de s'adapter aux nouvelles donnes, et à l'évolution de la demande touristique nationale et internationale.

Un modèle de développement touristique en voie d'obsolescence

La Tunisie, qui accède à l'indépendance en 1956, a hérité de la période coloniale près de 7 000 lits hôteliers. Le président Bourguiba mise sur le tourisme pour équilibrer la balance des paiements et moderniser la société tunisienne. L'État tunisien crée ainsi dans un premier temps sa propre Société hôtelière et touristique de la Tunisie (SHTT) en 1959, chargée de la construction et de la gestion des hôtels d'État. D'autres institutions sont aussi créées pour accompagner le développement du secteur : l'Office national du tourisme tunisien (ONTT) en 1971, puis l'Agence foncière touristique (AFT) en 1973, pour planifier le zonage de nouveaux espaces touristiques.

Avec l'incitation et le financement de la Banque mondiale, la Tunisie crée ainsi sept zones touristiques littorales au début des années 1970. Ces espaces sont aménagés et lotis pour accueillir des hôtels balnéaires devant être réalisés par des promoteurs privés. La demande est importante, et les tour-opérateurs européens fonctionnent avec des hôtels de grande capacité, parfois réalisés en matériaux préconstruits. La destination tunisienne commence à perdre de son originalité, son image étant désormais associée au tourisme de masse.

Au milieu des années 1970, l'État tunisien entreprend de diversifier l'offre touristique balnéaire, dominée par l'hôtellerie. Les stations intégrées de El Kantaoui (13 600 lits) puis Montazah Tabarka (5 500 lits) sont alors créées, en partenariat avec des fonds arabes. Elles sont organisées autour d'un port de plaisance et se composent d'unités hôtelières, d'appartements-hôtels, de restaurants et de commerces, d'un parcours de golf et d'une zone résidentielle. Suite à ces premières expériences, une autre station intégrée dite « de deuxième génération » est créée en 1989 à Yasmine Hammamet (25 000 lits touristiques et résidentiels). Ce complexe contribue à lui seul pour plus d'un tiers à l'évolution du nombre des lits hôteliers en Tunisie entre 1996 et 2006.

La demande touristique évolue à partir des années 1990 et 2000, mais faute de vision stratégique, la Tunisie continue à développer le tourisme de masse. Le Maroc, gouverné après 1999 par le roi Mohammed VI qui se veut moderniste, élabore une stratégie plus sophistiquée. Concurrent direct de la Tunisie, il mise avec son « Plan Azur 2020 » sur le développement du tourisme culturel, à travers des politiques de marque territoriale et de *branding* pour améliorer l'attractivité de ses régions et de ses villes impériales : Marrakech, Fès, Meknès et Rabat. Sous le régime de Ben Ali, le secteur touristique tunisien a plutôt été utilisé comme un moyen de renforcer le système de domination politique, à travers le clientélisme : les lots hôteliers du grand projet de Yasmine Hammamet sont attribués à des proches ou à des obligés du président. Le lobby des promoteurs hôteliers est demeuré très puissant depuis cette époque.

En dépit de ses richesses patrimoniales et paysagères, la Tunisie reste commercialisée comme une destination purement balnéaire, la plus proche de l'Europe. La politique commerciale de l'ONTT continue de relayer sans le renouveler l'argumentaire daté des promoteurs hôteliers et des tour-opérateurs, en discordance totale avec les tendances de la demande touristique internationale, qui évolue vers des exigences écologiques et culturelles nouvelles.

Une crise touristique multiforme et durable

La crise systémique du tourisme s'est intensifiée avec la multiplication des incidents sécuritaires et politiques. La fragilisation de la destination tunisienne commence par les événements du 11 septembre 2001 et, dans leur sillage, l'attentat de la Ghriba à Djerba le 11 avril 2002. Pis encore, la dégradation du climat sécuritaire depuis la révolution de Jasmin de 2011 a sévèrement affecté les arrivées touristiques. Les attentats du musée du Bardo et de Sousse en 2015, qui ont fait des dizaines de morts – pour la majorité des touristes de diverses nationalités – ont accéléré la catastrophe.

La pandémie de Covid-19 a encore aggravé la situation en 2020. Les autorités tunisiennes ont rendu public le 2 mars 2020 un premier cas de contamination importé, et immédiatement décidé de fermer les frontières pour endiguer l'épidémie. Seuls les vols de rapatriement des Tunisiens non résidents à l'étranger ont été autorisés ; les rapatriés subissant un confinement obligatoire dans des « centres Covid », essentiellement concentrés dans les villes balnéaires disposant d'hôtels aux grandes capacités d'hébergement : Hammamet, Sousse, Djerba, Monastir, etc. Cette stratégie a largement aidé l'État tunisien à contrôler la propagation du virus, pour en arriver à zéro contamination au début du mois de juin. Le 27 juin 2020, au début de la saison estivale, les autorités tunisiennes décidaient d'ouvrir à nouveau les frontières, mais les touristes n'étaient pas au rendez-vous.

La crise du Covid-19 a provoqué en 2020 une baisse de fréquentation inédite dans l'histoire du tourisme au niveau mondial : - 72 %. Le ministre du Tourisme tunisien a annoncé une chute de 78 % pour le pays. Ses conséquences sociales sont dramatiques : près de 80 000 salariés de l'hôtellerie sont au chômage, avec des conséquences collatérales majeures pour des secteurs comme l'artisanat ou le transport.

La conjonction de tous les facteurs de crise affecte particulièrement le transport aérien. La compagnie nationale Tunisair, qui connaît des problèmes de gouvernance structurels (recrutements anarchiques avant et après la révolution de 2011, compagnie très syndicalisée), ne parvient pas à se réformer. La crise du Covid-19 a entraîné une chute de 97 % du nombre de passagers transportés sur ses avions, et une baisse de revenu de 95 % au deuxième trimestre 2020 par rapport à la même période de 2019. Outre l'obsolescence de sa flotte, la compagnie doit gérer une lourde dette (2 200 millions de dinars tunisiens).

L'après-Covid : un changement progressif de stratégie, appuyé par les bailleurs internationaux

L'évolution du transport aérien illustre, en revanche, le succès croissant du tourisme de l'intérieur depuis la première vague de la pandémie. La fermeture de plusieurs destinations internationales a encouragé le déploiement des vols internes : outre ses vols vers Djerba, la compagnie Tunisair Express – filiale de Tunisair – vient de rétablir ses vols vers Gafsa et Gabès.

La littérature touristique insiste aujourd'hui sur l'évolution de la demande dans le contexte de l'après-Covid, vers un tourisme plutôt de proximité, plus territorial et moins « fordiste ». Le produit touristique tunisien, figé depuis les années 1970, est donc appelé à s'adapter à cette nouvelle donne. Les bailleurs de fonds et les investisseurs désertent désormais l'hôtellerie, qui n'est plus rentable.

La Banque mondiale et l'Agence de coopération japonaise internationale (JICA) ont esquissé, au début des années 2000, de nouvelles stratégies de développement touristique, qui portent sur l'ensemble du territoire national tunisien. Si le bureau d'études parisien Roland Berger a produit une « Étude stratégique du secteur touristique » en 2012, la France, partenaire stratégique de la Tunisie, semble relativement absente de ces réflexions prospectives. L'ensemble de ces études est demeuré à ce jour lettre morte.

Les organigrammes inadaptés de l'ONTT et de l'AFT ne favorisent guère une révolution touristique en Tunisie. Ces administrations déconcentrées ne sont pas en mesure, dans leurs structures actuelles, de servir d'appui à un tourisme plus territorialisé et durable. Ceci, bien que la nouvelle Constitution du 26 janvier 2014 ait formellement adopté le principe de la décentralisation.

Face à la crise de l'hôtellerie, et en dépit de contraintes bureaucratiques fortes, on assiste depuis quelques années à la prolifération de structures alternatives de tourisme, « chez l'habitant » : chambre d'hôtes, maison d'hôtes et gîtes ruraux, sur l'ensemble du territoire national. De jeunes entrepreneurs tunisiens proposent ainsi des initiatives locales et écologiques : randonnées et campings en plein air sur plusieurs sites d'intérêt écologique, dont Aïn Draham, Beni M'tir, le parc national d'El Feija, etc. Ce type de tourisme était peu développé sous Ben Ali, car les autorisations sécuritaires nécessaires ne s'obtenaient qu'au terme de fastidieux processus. La révolution de 2011 a permis l'émergence d'acteurs précurseurs, individuels et associatifs, proposant diverses offres touristiques douces.

Ces initiatives alternatives, surtout relayées par les réseaux sociaux, sont parfois appuyées par des organismes internationaux. Le projet Wijhatouna pour la « Promotion du tourisme durable », financé par l'Allemagne et l'Union européenne, est mis en œuvre conjointement par la Deutsche Gesellschaft für Internationale Zusammenarbeit et le ministère du Tourisme tunisien pour une durée de cinq ans à compter de 2019, avec un budget total de 17,5 millions d'euros. Il s'inscrit dans une vision nouvelle du développement d'un tourisme responsable et durable, à travers la réanimation des régions intérieures, la création de nouveaux types d'emploi et la valorisation des spécificités locales. Le projet contribue à valoriser les atouts culturels et les richesses naturelles dont regorge le pays.

L'agence Swisscontact et le ministère du Tourisme coopèrent sur un programme « Grow Together », qui favorise les échanges et le soutien des jeunes entreprises innovatrices en matière de solutions numériques pour le tourisme. Swisscontact soutient également le projet Dhaher, au sud-est de la Tunisie, pour développer une offre touristique adaptée dans une région défavorisée, où le taux de chômage des jeunes dépasse 40 %. Avec des produits phares comme les *ksour* (villages fortifiés), l'habitat troglodyte ou les villages berbères perchés au sommet des collines, la région est traversée, depuis les années 1960 déjà, par un tourisme de passage, en provenance des hôtels balnéaires de Djerba. Elle pourrait ainsi devenir une destination indépendante. Le projet inclut également un volet de gouvernance inclusive, destiné notamment aux jeunes et aux femmes.

M. H.

Pour en savoir plus

- « Des bailleurs de fonds internationaux se mobilisent pour un tourisme durable en Tunisie », Webmanager, 14 novembre 2020.
- M. Hellal, « Reconfiguration du rapport ville/tourisme de masse en contexte de crise : cas de la ville de Monastir à l'épreuve de la Covid-19 », *Revue internationale de management, d'entrepreneuriat et de communication*, n° 6, février 2021.
- M. Hellal, « L'évolution du système touristique en Tunisie. Perspectives de gouvernance en contexte de crise », *Études caribéennes*, n° 6, décembre 2020.

Terrorisme : vingt ans après

vidéo
http://dunod.link/ramses06

Tout ça pour ça ?

Vingt ans après le 11 Septembre, le terrorisme a muté sous des formes diverses, s'est diffusé dans des géographies nouvelles. Globalement en échec par rapport à ses objectifs officiels, la guerre contre le terrorisme se donne désormais pour objectif de le contenir, plus que de l'éradiquer.

Quelques mois après son arrivée à la Maison-Blanche, Joe Biden a annoncé que les troupes américaines quitteraient l'Afghanistan avant le 11 septembre 2021, soit vingt ans après les attentats contre le World Trade Center et le Pentagone. Le choix de cette date symbolique est étrange, tant il souligne l'incapacité des États-Unis à remplir leurs objectifs stratégiques de 2001. Loin d'être éradiqués, les Talibans apparaissent aujourd'hui comme l'acteur fort en Afghanistan. Plus inquiétant encore, un rapport d'un des principaux *think tanks* américains – le Center for Strategic and International Studies (CSIS) – estime que les combattants djihadistes sont aujourd'hui deux à trois fois plus nombreux dans le monde qu'il y a deux décennies.

La guerre contre le terrorisme – en dépit d'un coût humain et financier faramineux – n'aurait-elle servi à rien ? Certes non. Les chefs d'Al-Qaïda et de Daech ont été traqués et éliminés les uns après les autres, l'action des djihadistes est toujours plus contrainte, et aucun attentat de l'ampleur du 11 Septembre n'a eu lieu depuis vingt ans. Dans les pays occidentaux, le risque de mourir dans une attaque terroriste est infime, même si la menace persiste. Comprendre ce bilan en demi-teinte suppose de s'intéresser à la fois aux limites de l'action militaire internationale et aux raisons de la résilience de l'adversaire.

Les limites des interventions militaires occidentales

La guerre globale contre le terrorisme déclenchée par George W. Bush avait plutôt bien commencé pour Washington. Les gouvernements du monde entier avaient exprimé leur solidarité avec le peuple américain et une large coalition avait été réunie pour punir le régime des Talibans, coupable d'avoir hébergé et refusé de livrer Oussama Ben Laden. Dès la fin 2001, ce régime était balayé par la première puissance militaire mondiale et ses alliés, les camps d'entraînement d'Al-Qaïda détruits, et environ 80 % des combattants de ce groupe neutralisés. Ben Laden et son adjoint, l'Égyptien Ayman al-Zawahiri, n'ont pas été tués, mais ils ont dès lors dû survivre dans la clandestinité et sous la menace constante d'une élimination ciblée.

Les États-Unis n'ont toutefois pas su convertir la victoire initiale en succès durable. Trois erreurs majeures ont contribué à la prolongation de la guerre globale contre le terrorisme. Tout d'abord, l'après-guerre n'a pas été suffisamment préparé, et les Américains ne se sont pas assez investis dans la reconstruction et la stabilisation de l'Afghanistan, déléguant largement cette tâche à leurs alliés, aux bailleurs internationaux et aux organisations non gouvernementales. Ce qui partait d'une bonne intention : la volonté de ne pas apparaître comme une puissance occupante ; mais la mauvaise gouvernance et la corruption ont continué à gangréner le pays, permettant aux Talibans de promouvoir leur modèle alternatif.

Les Américains ont, de plus, eu recours à des méthodes controversées : éliminations ciblées à l'aide de drones – qui n'ont pas manqué d'occasionner des « dommages collatéraux » –, ouverture du camp de Guantanamo pour la détention de « combattants illégaux », mise en place des *blacks sites* de la Central Intelligence Agency (CIA), où étaient employées des techniques d'interrogatoire s'apparentant à la torture, etc. Ces dérives ont terni le blason de l'Amérique, lui faisant perdre une partie du capital de sympathie acquis lors du 11 Septembre.

Enfin, l'invasion de l'Irak en 2003 et le renversement de Saddam Hussein ont eu un effet profondément déstabilisant pour le Moyen-Orient, et leurs conséquences se font sentir jusqu'à aujourd'hui. Ils ont non seulement fait s'effondrer la cote de popularité des États-Unis dans le monde musulman, mais de surcroît permis à Al-Qaïda de se relancer après la débâcle afghane. En 2004, la première « filiale » régionale d'Al-Qaïda y a été créée par Abou Moussab al-Zarkaoui. Ce dernier a été tué deux ans plus tard et, dès 2006, ses deux successeurs ont rebaptisé cette organisation « État islamique d'Irak ». Ils ont eux-mêmes été éliminés en 2010 puis remplacés par Abou Bakr al-Baghdadi, futur émir de Daech, proclamé calife en 2014.

Durant ces vingt ans de guerre contre le terrorisme, différentes approches militaires ont été mises en œuvre : changement de régime (*regime change*), contre-insurrection, « contre-terrorisme-plus », formation de supplétifs, etc. Les succès tactiques ont été nombreux, mais la victoire stratégique se fait attendre.

La résilience de l'adversaire

Le bilan en demi-teinte de la *global war on terror* s'explique aussi par la compétence de l'adversaire. Les djihadistes ont fait preuve, ces deux dernières décennies, d'une remarquable capacité à durer, qui s'explique notamment par leur aptitude à innover.

Cette faculté d'innovation s'observe à différents niveaux. Sur le plan organisationnel, Al-Qaïda a su muter pour survivre, misant sur une double stratégie de décentralisation : d'une part, après l'Irak, d'autres « filiales » ont vu le jour au Maghreb, dans la péninsule arabique ou encore dans le sous-continent indien ; d'autre part, la diffusion de propagande et de modes opératoires sur internet a engendré une forme de décentralisation plus poussée, suscitant un « terrorisme d'inspiration » individuel dans les pays occidentaux.

Au niveau stratégique, Al-Qaïda a su innover pour surprendre ses adversaires. Les attentats contre le World Trade Center et le Pentagone en sont la meilleure illustration : nul n'imaginait avant le 11 Septembre que la première puissance mondiale pût ainsi être frappée au cœur, ni qu'un seul attentat pût faire des milliers de morts. La perception du terrorisme en a été durablement changée. La mouvance djihadiste a non seulement démontré son aptitude à imposer des surprises stratégiques; elle a aussi fait la preuve de sa capacité à profiter de chocs géopolitiques qu'elle n'avait pas créés. Le meilleur exemple en est son exploitation du chaos en Syrie et en Libye, à la suite des soulèvements populaires de 2011.

Au niveau tactique enfin, Al-Qaïda et la mouvance djihadiste ont aussi montré toute leur imagination. La variété des camouflages d'engins explosifs improvisés, le bricolage de drones armés, ou encore l'utilisation quasi industrielle de véhicules-suicides en sont des illustrations. Le cyber a été un autre champ où Al-Qaïda et Daech ont déployé leurs capacités d'adaptation, évoluant avec une flexibilité remarquable des sites web classiques d'il y a vingt ans aux applications chiffrées d'aujourd'hui, en passant par les forums et les réseaux sociaux.

Et maintenant ?

Si la mouvance djihadiste internationale est résiliente, elle n'est pas en mesure d'atteindre ses objectifs stratégiques. Oussama Ben Laden et Ayman al-Zawahiri ne sont pas parvenus à « chasser les juifs et les croisés » de la péninsule arabique, pas plus qu'ils n'ont réussi à renverser les gouvernements « apostats » du monde musulman. Quant au califat de Daech, il s'est effondré après quelques années d'existence. Mais en dépit de ces échecs, les djihadistes ne sont pas près de s'avouer vaincus. Dès lors, la menace risque de perdurer, même s'il est peu probable que la guerre contre le terrorisme se poursuive selon les mêmes modalités qu'au cours des vingt dernières années.

En effet, les États-Unis sont lassés par deux décennies de « guerres lointaines » et coûteuses. Ils souhaitent visiblement clore le chapitre de la *global war on terror*, pour se concentrer sur d'autres enjeux : montée en puissance de la Chine, gestion des conséquences de la crise du Covid, changement climatique, etc. Dans ce contexte, et sauf nouveau choc de l'ampleur du 11 Septembre, Washington renoncera aux grandes opérations militaires comme celles de 2001 en Afghanistan, de 2003 en Irak, ou de 2014 en zone syro-irakienne. L'accent sera mis sur l'« empreinte légère », déjà promue par Joe Biden lorsqu'il était vice-président de Barack Obama. La triade renseignement-drones-forces spéciales constituera probablement le cœur du contre-terrorisme des prochaines années.

Cette approche légère offre une certaine mobilité stratégique aux États-Unis et pourrait leur permettre d'intervenir rapidement si un nouveau foyer djihadiste venait à émerger. Les pays déstabilisés où cette mouvance pourrait remonter en puissance ne manquent pas, de la Libye à l'Afghanistan en passant par le Yémen, ou encore la zone syro-irakienne. Depuis la chute du califat de Daech, le centre de gravité du djihadisme semble toutefois se déplacer vers le sud. En Afrique, trois fronts focalisent l'attention : la bande sahélo-saharienne, le bassin du lac Tchad, et la Corne de l'Afrique. Dans ces trois espaces, des affidés de l'État islamique et d'Al-Qaïda sont actifs. Et d'autres zones ont récemment suscité l'inquiétude, à l'instar du nord du Mozambique.

Il n'est cependant pas certain que les partisans de la nébuleuse djihadiste cherchent à créer un nouveau sanctuaire. S'ils ont retenu la leçon des deux dernières décennies, ils savent que la communauté internationale n'est pas prête à tolérer un proto-État terroriste. En outre, être discrètement présents sur un territoire sans le gouverner constitue au moins deux avantages majeurs pour des combattants irréguliers : ils peuvent d'une part passer plus facilement sous les écrans radars du contre-terrorisme et, d'autre part, n'ont pas à rendre de comptes à la population.

Sur ces deux plans, Al-Qaïda apparaît d'ailleurs plus habile que Daech. Les groupes qaïdistes ont en effet appris à nouer des alliances locales et à s'insérer dans le tissu social. Un exemple de cette méthode est donné par le Rassemblement pour la victoire de l'islam et des musulmans (RVIM) au Sahel. La branche saharienne d'Al-Qaïda au Maghreb islamique (AQMI) y côtoie les Touaregs d'Ansar Dine et les Peuls de la katiba Macina. Le RVIM ne peut être considéré comme un simple groupe terroriste : il s'agit davantage d'un mouvement insurrectionnel portant un projet politico-religieux concurrent de celui des États sahéliens, et qui prospère sur la mauvaise gouvernance.

Au Sahel comme sur d'autres théâtres, le contre-terrorisme enregistre des succès réguliers. L'émir d'AQMI a été tué par les forces françaises au Mali à l'été 2020. La même année, le chef d'Al-Qaïda dans la péninsule arabique a été éliminé, ainsi que le numéro 2 d'Al-Qaïda, l'Égyptien Abdullah Ahmed Abdullah (Abu Mohammed al-Masri), assassiné en Iran. Toutefois, au fil des années, les différentes filiales d'Al-Qaïda ont montré leur capacité à se régénérer après la perte de leurs dirigeants. Il est peu probable qu'il en aille différemment cette fois-ci. Pour les armées occidentales, cette situation est usante et fait résonner le mythe de Sisyphe.

***

Voici vingt ans, George W. Bush annonçait que la guerre contre le terrorisme ne s'arrêterait que lorsque tous les « groupes terroristes de portée globale » auraient été défaits. L'objectif n'a pas été atteint, mais les États-Unis souhaitent désormais tourner la page de ce long conflit. Il est désormais clair que ni le terrorisme comme mode d'action ni le djihadisme comme mouvance idéologique ne pourront être éradiqués dans un avenir proche. À condition de ne pas abandonner la lutte, ils peuvent toutefois encore être endigués.

M. H. & É. T.

Pour en savoir plus :

- M. Hecker et É. Tenenbaum, *La Guerre de vingt ans. Djihadisme et contre-terrorisme au* xxi*e siècle*, Paris, Robert Laffont, 2021.
- S. G. Jones, C. Vallee, D. Newlee *et al.*, « The Evolution of the Salafi-Jihadist Threat », Center for Strategic and International Studies, 2018.
- M. Levitt, « Rethinking U.S. Efforts on Counterterrorism: Towards a Sustainable Plan Two Decades After 9/11 », *Policy Notes*, n° 99, The Washington Institute for Near East Policy, 8 mars 2021.

L'avenir des négociations de désarmement

Entre crise et mue ?

Le régime de non-prolifération nucléaire est en difficulté, à la fois à la Conférence du désarmement et face aux développements nord-coréens et iraniens. Le désarmement bilatéral États-Unis/Russie marque le pas, alors que se renforcent les mouvements civils qui entendent faire peser la pression sur les gouvernements.

Les négociations de désarmement, qui visent à élaborer des engagements juridiques ou politiques de limitation, de réduction, de réglementation ou d'interdiction de certaines catégories d'armes, sont au cœur de l'architecture de sécurité collective, en ce qu'elles permettent d'édicter de nouvelles normes, renforçant la stabilité de l'environnement stratégique.

Pourtant, dans un entretien accordé au journal *Le Monde* en avril 2020, Jean-Yves Le Drian évoquait « un moment sensible, où sont en train de tomber les grands accords de maîtrise des armements datant de la guerre froide ». De fait, les dernières années ont été marquées par une défiance croissante envers les engagements internationaux de désarmement. Au cours du mandat de Donald Trump, Washington s'est ainsi retiré de trois accords importants : le plan d'action conjoint sur le nucléaire iranien (*Joint Comprehensive Plan of Action* – JCPoA) signé à Vienne en 2015, le traité sur les Forces nucléaires à portée intermédiaire (FNI) de 1987, et le traité Ciel ouvert de 1992, qui permettait la vérification des mouvements militaires par observation aérienne mutuelle. En réaction, en janvier 2021, Moscou a également entamé son retrait de ce programme de vols de surveillance non armés.

Parallèlement, la Conférence du désarmement, établie en 1979 comme instance des Nations unies dédiée aux questions de désarmement, peine à s'accorder ne serait-ce que sur son programme de travail. Dans un tel contexte, on peut se demander si les négociations de désarmement sont encore susceptibles de produire des résultats tangibles.

Des tensions dans le régime de non-prolifération

Entré en vigueur en 1970, le Traité sur la non-prolifération des armes nucléaires (TNP) est considéré comme la pierre angulaire du régime de maîtrise des armements nucléaires. Il repose sur trois axes d'efforts internationaux : la non-prolifération, le désarmement et l'utilisation pacifique des matières nucléaires.

L'article 6 du TNP prévoit en outre une double obligation pour les signataires : obligation de comportement (négocier de bonne foi) et de résultat (pour conclure un traité de désarmement nucléaire général et complet). C'est parce qu'ils estimaient que ces obligations n'étaient pas respectées que les militants de la Campagne internationale pour l'abolition des armes nucléaires (ICAN), créée en 2007, ont porté le projet de Traité sur l'interdiction des armes nucléaires (TIAN). Adopté par l'Assemblée générale des Nations unies le 7 juillet 2017, ce traité interdit l'utilisation, le développement, la production, les essais, le stationnement, le stockage et la menace d'utilisation des armes nucléaires, et est entré en vigueur le 22 janvier 2021. N'ayant pas été signé par les États aujourd'hui détenteurs d'armes nucléaires, il n'a qu'une portée symbolique, mais constitue un pas supplémentaire dans une stratégie de délégitimation des armes nucléaires et de stigmatisation de leurs possesseurs, et contribue à la polarisation des débats autour de la Conférence d'examen du TNP.

Les programmes nucléaires de l'Iran et de la Corée du Nord suscitent par ailleurs de nombreuses inquiétudes, en ce qu'ils mettent en péril la norme de non-prolifération nucléaire. Bien que Joe Biden semble se montrer ouvert à un retour des États-Unis dans le JCPoA, les conditions qu'il pose à ce retour sont loin d'être réunies. En effet, Téhéran a su tirer profit de la confusion créée par le retrait américain de l'accord en 2015 pour étoffer son programme nucléaire. Le président américain, qui avait fait du renouveau du JCPoA l'une de ses promesses de campagne, se trouve par conséquent dans une situation délicate, en dépit de la réouverture du dialogue en mai 2021.

Dans la même veine, les résolutions du Conseil de sécurité des Nations unies, qui ont renforcé les sanctions internationales à l'encontre du régime nord-coréen, semblent ne pas suffire à contenir les ambitions nucléaires de Pyongyang. L'administration Biden tente donc de trouver une position d'équilibre entre le « grand accord » cher à Donald Trump – c'est-à-dire la levée de toutes les sanctions en échange d'une dénucléarisation complète – et la « patience stratégique » de Barack Obama, qui s'opposait à toute discussion tant que se poursuivaient les provocations nucléaires. La nouvelle administration privilégie une « approche par étapes » d'allégement partiel des sanctions en échange d'une dénucléarisation progressive, jusqu'au démantèlement complet du programme nucléaire.

Face aux tensions persistantes que connaît le régime de non-prolifération, la problématique des risques d'escalade nucléaire prend de l'ampleur. Une politique de réduction des risques stratégiques – qui consiste en un ensemble des mesures unilatérales, bilatérales et multilatérales permettant d'atténuer le risque d'emploi d'armes nucléaires – pourrait toutefois être en mesure de renforcer la sécurité internationale et la stabilité stratégique, grâce à l'amélioration des communications, et aux notions de prévisibilité et de retenue. La réduction des risques nucléaires peut donc constituer un terrain d'entente pour les négociations à venir.

Les difficultés du désarmement bilatéral

Si les efforts multilatéraux sont importants, les négociations de désarmement sur le nucléaire sont historiquement structurées par des engagements bilatéraux entre Moscou et Washington, États-Unis et Russie détenant à eux seuls plus de 90 % des armes nucléaires dans le monde.

Les relations entre les deux capitales sont devenues très complexes, avec des désaccords sur un nombre croissant de dossiers (en particulier le traitement de l'opposant russe Alexeï Navalny et la situation en Ukraine), sur fond d'accusations d'ingérences électorales, d'espionnage, de cyberattaques (en particulier contre l'entreprise SolarWinds) et de sanctions réciproques.

Joe Biden tente pourtant, depuis le début de son mandat, d'adopter une approche plus nuancée que celle de son prédécesseur sur les questions de désarmement. Cette stratégie a déjà permis en février 2021 l'extension *in extremis* du traité *New Start*. Signé en 2010, cet accord limite les arsenaux américains et russes à un maximum de 1 550 ogives déployées chacun, soit près de 30 % de moins que ce que prévoyait le précédent plafond, fixé en 2002. La prolongation de *New Start* pour cinq ans est encourageante, car elle permet de maintenir une certaine transparence dans les arsenaux grâce au dispositif d'inspections réciproques prévu par le traité.

Les dossiers d'*arms control* bilatéral demeurent pourtant éminemment complexes. Il est très probable que l'approche future du désarmement différera de celle qui avait prévalu pour *New Start*, mais il est encore impossible de déterminer la forme (traité juridiquement contraignant, ou déclaration politique) et le fond des accords à venir.

En réalité, le principe même d'une réduction des arsenaux, même sur le plan bilatéral, n'a plus rien d'évident. Les arsenaux américains et russes, s'ils sont quantitativement très supérieurs à ceux des autres puissances nucléaires, ne sont plus aussi prolifiques qu'ils l'étaient à la fin de la guerre froide. Barack Obama, dans son discours de Berlin de 2013, avait laissé entendre que les États-Unis pourraient se limiter à environ 1 000 têtes nucléaires stratégiques. L'évolution globale du contexte international, et en particulier la montée en puissance qualitative et quantitative du nucléaire chinois, remettent toutefois en question la pertinence de cet objectif.

De nouvelles pistes de désarmement

Depuis plusieurs années, de nouvelles pistes d'*arms control* et de désarmement apparaissent pourtant. La société civile constitue désormais un acteur à part entière des négociations internationales et joue un rôle important de sensibilisation de l'opinion publique. Le désarmement est également appréhendé comme un instrument permettant d'éviter des tragédies humanitaires.

Cette approche humanitaire du désarmement, avec une irruption des sociétés civiles dans les enceintes diplomatiques, a notamment été déterminante dans les efforts qui ont abouti en 1996 à l'interdiction complète des essais nucléaires (Traité d'interdiction complète des essais – TICE), des mines terrestres antipersonnel (Convention d'Ottawa, 1997) et des armes à sous-munitions (Convention d'Oslo, 2008), ainsi que dans l'élaboration du Traité sur le commerce des armes en 2013 et du TIAN de 2017.

Fortes du succès du TIAN[1], plusieurs campagnes de « désarmement humanitaire » sont en cours et donnent lieu à des discussions internationales. Sous l'impulsion de la campagne « Stop Killer Robots », un groupe d'experts gouvernementaux a été constitué en 2016 à la Convention sur certaines armes classiques (CCAC, 1983), afin de réfléchir aux technologies émergentes dans le domaine des systèmes

1. La Campagne internationale pour l'abolition des armes nucléaires a obtenu le prix Nobel de la Paix en 2017.

d'armes létales autonomes. Dans la même veine, l'International Network on Explosive Weapons mène une campagne pour une meilleure protection des civils contre l'utilisation d'armes explosives en zones peuplées (*Explosive Weapons in Populated Areas* – EWIPA). L'Allemagne a ainsi lancé en 2018 l'initiative « EWIPA Talks », visant à inscrire la thématique à l'agenda de la CCAC.

Ces campagnes incitent les citoyens à faire pression sur leurs gouvernements, pour les pousser à entamer des négociations sur l'impact des systèmes d'armes existants et des technologies émergentes, en raison de leurs conséquences humanitaires et environnementales alarmantes. Si les textes adoptés à l'issue de ces négociations n'engagent que leurs signataires, les militants évoquent régulièrement les effets des conventions d'Oslo ou d'Ottawa sur des États non signataires, en particulier sur les régimes démocratiques. C'est là en effet un procédé caractéristique des campagnes de désarmement humanitaire, qui ciblent les démocraties et concentrent leurs attaques de diplomatie publique sur les pays « ouverts » dont l'opinion publique est accessible. Il s'agit bien de produire une pression normative suffisamment forte pour créer des comportements d'autocensure face à des systèmes d'armes controversés, tant de la part des États que des industriels, et plus largement des entreprises, qui peuvent à leur tour peser sur les négociations. Le mouvement « Don't Bank on the Bomb » par exemple, mène une stratégie de *naming and shaming* contre les entreprises privées impliquées dans la production d'armes nucléaires. Elle tire profit du risque réputationnel et vise à rendre ces armes « infréquentables ».

***

En 2019, le ministre des Affaires étrangères allemand Heiko Maas s'alarmait de la « menace pour la paix mondiale » que représentait la crise du désarmement. Les considérations politiques, les préoccupations stratégiques et les manœuvres diplomatiques actuelles paraissent en effet peu propices à l'élaboration de traités véritablement féconds.

Dans cet environnement fragmenté, des approches coopératives sont toutefois susceptibles d'émerger. Ces initiatives, même si elles émanent de la société civile, peuvent contribuer à améliorer la transparence. Or, comme le soulignait Jules Moch dans une formule célèbre, « pas de désarmement sans contrôle, pas de contrôle sans désarmement, mais progressivement tout le désarmement contrôlable ». Le contrôle pourrait alors bénéficier du soutien des opinions et de la collaboration active des sociétés civiles pour mettre au jour les violations des accords internationaux et peser sur les négociations de désarmement.

L. de R.

Pour en savoir plus

- J. Goldblat, *Agreements for Arms Control: A Critical Survey*, Londres, Routledge, 2020 [réédition].
- N. Hynek et A. Solovyeva, *The Logic of Humanitarian Arms Control and Disarmament: A Power-Analytical Approach*, Lanham, Rowman & Littlefield, 2020.

Le climat à l'heure de la COP26

vidéo

http://dunod.link/ramses08

Entre coopération, compétition et confrontation

En dépit du retour des États-Unis dans l'accord de Paris, les efforts de ses signataires demeurent limités. La rivalité sino-américaine pourrait avoir un aspect positif, pour les positions des deux pays, qui s'observent. La stratégie européenne est ambitieuse, mais soumise à nombre d'hypothèques.

Sur le plan formel, l'accord de Paris sur le climat a survécu à l'ère Trump. Contre le désengagement du premier contributeur historique à la hausse des émissions de gaz à effet de serre (GES), les 194 autres pays signataires ont choisi de maintenir leur participation. Il faut voir là le résultat des efforts diplomatiques des Européens pour marquer le caractère « irréversible et irrévocable » de l'accord, et par exemple faire pression sur le Brésil de Bolsonaro en mettant dans la balance les négociations commerciales entre l'Union européenne (UE) et le Marché commun du Sud (Mercosur). Pour la Chine, ce fut aussi l'occasion de démontrer la durabilité de son engagement en faveur du multilatéralisme, alors que les États-Unis faisaient une nouvelle fois défaut.

Mais si les négociations climatiques ont suivi leurs cours, c'est aussi que l'accord de Paris repose sur des engagements de réduction des émissions définis par les parties elles-mêmes, donc de nature largement volontaire. Si l'absence de regard extérieur sur les contributions nationales fut la condition nécessaire d'un accord universel, les États se sont, en contrepartie, engagés à rehausser leurs ambitions tous les cinq ans, pour combler progressivement l'écart avec une trajectoire de réchauffement climatique à long terme ne dépassant pas les + 2 °C, voire les + 1,5 °C.

Cette accélération des efforts n'a pas eu lieu : fin 2020, seuls l'UE, l'Argentine, la Colombie et le Chili avaient présenté des contributions reflétant un niveau d'ambition plus élevé pour 2030. Reportée d'un an en raison de la pandémie, la COP26 doit permettre de réinstaller une dynamique vertueuse entre les parties, et l'agenda pro-climat du président Biden vient alimenter cet espoir.

La relance verte n'est pas encore une réalité mondiale

La crise sanitaire et la mise à l'arrêt brutale de la production et des échanges mondiaux auront constitué une simple parenthèse dans la croissance effrénée du stock de carbone présent dans l'atmosphère. En 2020, les émissions de CO_2 dues à la combustion des énergies fossiles ont connu la plus forte baisse enregistrée depuis la Seconde Guerre mondiale (- 6 %) ; mais dès la levée des restrictions et la reprise de l'activité économique, en particulier en Chine, la trajectoire s'est de nouveau inversée et les prévisions pour 2021 laissent présager d'un rebond, tout aussi historique, de + 5 %[1].

Les organisations internationales ont pourtant multiplié les appels à faire de cette crise l'occasion d'une refondation, en fléchant le surplus de dépenses budgétaires vers les infrastructures et technologies susceptibles d'accompagner la transition vers une économie décarbonée. Au printemps 2021, les pays du G20 ont annoncé collectivement environ 4 600 milliards de dollars d'investissement public dans les principaux secteurs responsables des émissions de carbone (énergie, transport, industrie, agriculture et gestion des déchets), mais moins de 40 % de ces dépenses peuvent être considérées comme « vertes », au sens où elles contribueraient à la décarbonation. En conséquence, les plans de relance n'auraient un impact environnemental positif net que dans le cas de neuf pays, tous européens sauf le Canada[2].

La réalité des investissements est en décalage avec les prises de position officielles. Au bilan de l'année 2020, on ajoutera la multiplication des engagements à atteindre, d'ici 2050 ou 2060, la neutralité climatique, à savoir un équilibre entre les émissions nationales d'origine anthropique et l'absorption des GES par les puits de carbone naturels (sols, forêts, océans) ou artificiels (technologies de séquestration du carbone). Ces promesses de neutralité climatique pour le milieu du siècle concernent désormais plus d'une centaine de pays, dont la Chine qui a pris les observateurs internationaux par surprise en faisant cette annonce en septembre 2020, quelques mois avant l'élection américaine. Mais aussi nécessaires soient-ils, ces engagements de long terme n'ont aucune crédibilité s'ils ne sont pas complétés par des mesures concrètes pour l'horizon 2030, en particulier concernant l'utilisation du charbon. La demande mondiale de charbon a doublé sur la période 1988-2013, puis elle s'est inscrite sur une légère tendance baissière, mais elle repart à la hausse en 2021, et ce regain de demande s'explique avant tout par l'expansion des centrales électriques au charbon en Asie. Ces nouvelles infrastructures verrouillent un avenir hautement carboné et compromettent sérieusement les perspectives d'atteinte de la neutralité climatique.

La rivalité sino-américaine au service du climat ?

Dans ce contexte inquiétant, les premiers mois de la présidence Biden ont apporté quelques raisons d'espérer. Formellement réintégrés à l'accord de Paris depuis février, les États-Unis l'ont aussi mis en œuvre en présentant une nouvelle contribution nationale à l'occasion d'un grand sommet Climat virtuel organisé par la Maison-Blanche le 22 avril 2021.

Les États-Unis se posent de nouveau en partenaires crédibles, à la fois déterminés à assumer leur responsabilité avec un objectif de réduction des émissions de 50 % à 52 % d'ici 2030 par rapport au niveau de 2005, et désireux de susciter un effet d'entraînement des autres grands émetteurs. Incarné par John Kerry, envoyé spécial du

1. *Global Energy Review 2021*, Agence internationale de l'énergie, avril 2021.
2. *Greenness of Stimulus Index*, Vivid Economics, février 2021.

président, l'activisme diplomatique des États-Unis s'explique par un souci d'efficacité, puisque le centre de gravité des émissions a définitivement basculé du côté des émergents. C'est aussi certainement un héritage de la période Trump : pour que la politique climatique de Biden trouve un soutien dans l'opinion publique américaine, il faut combattre l'idée selon laquelle les intérêts économiques des États-Unis se dégraderont faute d'engagements réciproques de la part de leurs rivaux commerciaux. La stratégie américaine commence à porter ses fruits. Répondant à l'appel de Joe Biden, le Canada, la Corée du Sud et le Japon ont finalement décidé de présenter de nouveaux engagements plus ambitieux pour 2030, et les échanges bilatéraux se poursuivent avec l'Inde, l'Afrique du Sud, et même le Brésil, rendant probables de nouvelles annonces d'ici la COP de novembre 2021.

Pour autant, c'est bien la Chine qui est au cœur des préoccupations américaines et, sur ce front, les résultats diplomatiques sont plus incertains. Alors que les relations entre les deux premières puissances mondiales sont au plus bas, le climat semble être le seul sujet sur lequel un dialogue reste possible. Xi Jinping l'a confirmé en acceptant l'invitation à participer au sommet du 22 avril, tout en rappelant dans son discours l'importance de solutions négociées dans un cadre multilatéral. La Chine n'entend pas céder aux pressions américaines et n'a d'ailleurs signalé aucune inflexion majeure de sa politique climatique, en confirmant le plafonnement de sa consommation de charbon en 2025. Comme le suggère son dernier plan quinquennal, la Chine est déterminée à investir dans l'économie sobre en carbone, mais elle n'entend pas se lier les mains, de crainte d'entraver la reprise économique et sa quête d'autosuffisance.

Côté américain, la rivalité avec la Chine est un marqueur de la politique climatique développée par l'administration Biden sur le plan intérieur. Puisque la décarbonation de l'économie mondiale est le seul scénario valable, les États-Unis ne peuvent se satisfaire d'une situation où la Chine domine les chaînes de valeur des principales technologies bas carbone, comme le photovoltaïque ou encore les batteries électriques. Le plan d'investissement dans les infrastructures proposé par Biden fait écho à ces préoccupations et mise sur le soutien à l'innovation et à l'industrialisation, ainsi que sur le levier de la commande publique pour enclencher une transition bas carbone « made in all of America ». Dans un premier temps au moins, cette émulation peut être vertueuse si elle apporte à l'engagement climatique américain ce qui lui a toujours manqué : un soutien bipartisan pérenne.

Une voie étroite pour la diplomatie climatique européenne

En 2021, les États-Unis reviennent sur le devant de la scène, mais les efforts annoncés restent en deçà de ceux déployés avec constance par l'UE et le Royaume-Uni. Sur le plan extérieur, l'Europe est le premier contributeur aux financements-climat destinés aux pays en développement, et elle nourrit un dialogue continu avec ces derniers, y compris sur un volet technique comme pour la mise en place du marché carbone chinois. Juste avant le sommet du 22 avril, Xi Jinping a d'ailleurs organisé à la hâte une rencontre virtuelle avec le président français et la chancelière allemande, pour leur réserver la primeur d'une annonce sur l'usage des hydrofluorocarbures. Puisque la Chine semble ne rien céder aux pressions américaines, l'Europe pourrait jouer un rôle de médiateur et aider à la formalisation de nouveaux engagements. Sur le plan interne, l'engagement américain correspond à une réduction nette des émissions de 43 % d'ici 2030 par rapport au niveau de 1990, alors que l'UE à 27 vise - 55 % sur la même période. En Europe, près de 65 % de l'électricité consommée provient de sources décarbonées, et la tonne de carbone s'échange à plus de 50 euros sur le système européen d'échange de quotas.

En Europe, les réductions d'émissions les moins coûteuses ont déjà été mises en œuvre, et la feuille de route pour 2030 suppose des changements bien plus lourds techniquement, économiquement et socialement : sortie totale du charbon, vague de rénovation des bâtiments, basculement massif du véhicule thermique vers l'électrique, ou encore décarbonation de l'industrie avec des technologies de rupture, comme l'hydrogène produit par électrolyse. Comme l'administration Biden, l'Europe veut renforcer son offre de technologies bas carbone, et elle compte sur la relance budgétaire pour soutenir des consortiums industriels paneuropéens dans le cadre de ses « alliances européennes » pour les batteries, l'hydrogène, les panneaux solaires ou encore les matières premières minérales. Elle joue la carte d'une « autonomie stratégique ouverte » en ne limitant pas son soutien aux porteurs de projets européens, tout en essayant d'améliorer leur position concurrentielle en fixant de nouvelles obligations de transparence sur les conditions de fabrication des produits, et en particulier sur leur empreinte carbone.

Compte tenu de son niveau d'ambition, l'Europe a plus à craindre que les États-Unis en termes de délocalisation de la production et des investissements industriels vers les régions aux contraintes environnementales plus souples. L'Europe est légitime à prévenir les « fuites de carbone » dans un contexte international marqué par des engagements climatiques à la carte, mais sa proposition de taxation carbone aux frontières se heurte à des réactions hostiles, y compris de la part des États-Unis.

Cette question devra pourtant être traitée tôt ou tard par tous les pays qui engageront une décrue drastique de leurs émissions territoriales. Pour surmonter cette défiance, l'Europe devra d'abord cibler un nombre limité de secteurs et surtout inscrire cette mesure dans une proposition plus large de réforme des règles du commerce international, pour que celles-ci contribuent davantage à la lutte contre le changement climatique. La voie est étroite, car la diplomatie climatique européenne devra, pour être efficace, bousculer l'ordre établi tout en rassurant sur le fait qu'elle ne renonce pas au grand principe de responsabilité commune mais différenciée.

C. M.

Pour en savoir plus

- M.-A. Eyl-Mazzega, « Le climat face au défi du charbon : comment fermer 1 000 gigawatts de centrales d'ici à 2035 », *Briefings de l'Ifri*, Ifri, 2 avril 2021.
- L. Fabius, *Rouge carbone*, Paris, Éditions de l'Observatoire, 2020.
- C. de Perthuis, *Covid-19 et réchauffement climatique*, Paris, De Boeck Supérieur, 2020.

Partie 4

Repères

LA CRISE MONDIALE DU COVID (2020-2021)

JUILLET 2020

8 – États-Unis : Un mois après avoir franchi les 2 millions de contaminés, le pays dépasse le seuil des 3 millions.

AOÛT

11 – Russie : Le vaccin Spoutnik V est le premier vaccin contre le Covid à être approuvé.

6 – Russie : Les services de renseignement américains, britanniques et canadiens accusent le groupe de hackers APT29 du Service fédéral de sécurité (FSB) de tentatives de piratage de centres de recherche travaillant sur des vaccins.

31 – Finlande : Lancement de l'application *Koronavilkku*, qui sera téléchargée par plus de 40 % de la population, permettant une traçabilité inédite en Europe.

SEPTEMBRE

8 – Chine : Le président Xi Jinping célèbre la victoire de la Chine sur le Covid-19. Officiellement, le virus n'aurait fait que 4 634 morts.

20 – Royaume-Uni : Le variant Alpha est détecté dans le Kent.

OCTOBRE

5 – Inde : Le variant Delta est détecté dans la région de Nagpur.

9 – COVAX : La Chine rejoint l'initiative COVAX de l'Organisation mondiale de la santé (OMS).

NOVEMBRE

8 – Monde : Le seuil des 50 millions de contaminations est franchi.

DÉCEMBRE

2 – Royaume-Uni : Première approbation du vaccin Pfizer-BioNTech.

18 – Afrique du Sud : Découverte du variant Beta.

31 – Chine : Le vaccin Sinopharm est approuvé par les autorités de santé chinoises.

JANVIER 2021

15 – Monde : Plus de 2 millions de décès sont recensés.

FÉVRIER

9 – Monde : Les experts de l'OMS, en mission à Wuhan, jugent extrêmement improbable l'hypothèse d'une fuite du SRAS-CoV-2 d'un laboratoire.

MARS

8 – Autriche : L'utilisation du vaccin AstraZeneca est suspendue en raison de cas de thrombose ; la suspension est suivie par de nombreux pays européens.

10 – États-Unis : Le Congrès adopte un plan de sauvetage de 1 900 milliards de dollars.

24 – Inde : Le Premier ministre Narendra Modi décide un confinement total de 3 semaines pour 1,3 milliard d'habitants.

28 – Slovaquie : Le Premier ministre Igor Matovič démissionne suite à l'importation de 200 000 doses du vaccin russe Spoutnik V, sans concertation préalable avec les membres pro-européens de sa coalition.

AVRIL

7 – Union européenne (UE) : Tout en maintenant sa recommandation d'utilisation, l'Agence européenne des médicaments (AEM) confirme les très rares cas de thrombose suite à l'injection d'AstraZeneca.

30 – Inde : Le pays franchit le seuil des 400 000 contaminations par jour.

MAI

2 – Burkina Faso : La campagne de vaccination débute après réception de 115 000 doses de vaccins AstraZeneca financées par le programme COVAX.

JUIN

7 – Inde : Le Premier ministre Narendra Modi annonce un changement de stratégie vaccinale, redonnant du pouvoir au gouvernement fédéral et rendant le vaccin gratuit.

30 – Russie : Le pays enregistre son taux de décès quotidien le plus élevé depuis le début de la pandémie, du fait du variant Delta et de retards de vaccination.

JUILLET

9- Espagne : La Catalogne ferme à nouveau les établissements de « loisirs nocturnes », qui avaient repris leur activité le 21 juin.

EUROPE

JUILLET 2020

10 – UE : La Bulgarie et la Croatie intègrent le mécanisme de taux de change européen.

AOÛT

10 – Grèce/Turquie : Déploiement d'un navire de prospection turc, accompagné de bâtiments militaires, dans des zones maritimes revendiquées par la Grèce et Chypre. Renforcement de la présence militaire française dans la zone.

30 – Monténégro : Le Parti démocratique socialiste (DPS) du Premier ministre Duško Marković perd les législatives ; trois groupes d'opposition forment un gouvernement : première alternance politique depuis 1990.

SEPTEMBRE

1 – Norvège : Le Parlement est victime d'une attaque informatique ; le gouvernement accuse la Russie d'en être à l'origine.

21 – Italie : Le référendum constitutionnel visant à réduire le nombre de parlementaires est approuvé par 70 % des suffrages exprimés.

OCTOBRE

1 – Belgique : Après les législatives de mai 2019 et une longue crise politique, Alexander De Croo devient Premier ministre d'une coalition de sept partis.

11 – Autriche : Le Parti social-démocrate d'Autriche (SPÖ), après un net recul aux législatives de septembre 2019, remporte les municipales à Vienne.

15 – France/Allemagne/Pologne : Réunion à Paris des ministres des Affaires étrangères du « triangle de Weimar ».

18 – Chypre-Nord : Ersin Tatar, candidat pro-turc, remporte les élections face au président sortant, partisan d'une réunification de l'île.

22 – Pologne : Le tribunal constitutionnel valide l'interdiction quasi totale du recours à l'interruption volontaire de grossesse (IVG).

NOVEMBRE

2 – Autriche : Une attaque terroriste revendiquée par l'État islamique fait 4 morts et 14 blessés autour de la grande synagogue de Vienne.

5 – Kosovo : Démission du président Hashim Thaçi après son inculpation par le tribunal spécial à La Haye pour crimes contre l'humanité et crimes de guerre commis lors de la guerre de 1998-1999.

11 – Royaume-Uni : Signature de l'*Immigration Act* qui met fin à la libre circulation européenne.

DÉCEMBRE

3 – Danemark : Le gouvernement et le Parlement concluent un accord prévoyant la fin de l'exploitation du plateau continental en mer du Nord d'ici 2050.

10 – UE : Accord sur le budget pluriannuel 2021-2027 et le plan de relance *Next Generation EU*, d'un montant de 750 milliards d'euros.

12 – Roumanie : Après sa défaite aux municipales, le Parti social-démocrate (PSD) d'opposition remporte les législatives, mais une coalition de droite libérale investit Florin Cîțu Premier ministre.

22 – Norvège : La Cour suprême valide l'exploitation pétrolière dans l'Arctique, contre des plaintes d'organisations environnementales l'estimant contraire à l'accord de Paris.

24 – Royaume-Uni/UE : Signature de l'accord de commerce et de coopération définissant les termes de la future relation entre les deux parties.

30 – UE/Chine : Signature d'un accord de principe sur les investissements.

JANVIER 2021

16 – Allemagne : Armin Laschet est élu président fédéral de la CDU ; il sera le candidat de la CDU/CSU à la succession d'Angela Merkel.

24 – Portugal : En dépit d'une poussée de l'extrême droite, le président conservateur Marcelo Rebelo de Sousa est réélu.

25 – Grèce/France : Signature d'un contrat d'exportation de 18 *Rafale* à la Grèce pour 2,5 milliards d'euros.

26 – Estonie : La présidente Kersti Kaljulaid nomme Kaja Kallas, première femme Premier ministre.

FÉVRIER

9 – Chine/Europe : Le sommet « 17 + 1 » entre la Chine et 17 pays d'Europe est présidé pour la première fois par Xi Jinping. Seuls 12 chefs d'État et de gouvernement y participent.

13 – Italie : Le nouveau président du Conseil, Mario Draghi, forme un gouvernement d'union nationale.

14 – Kosovo : En remportant les élections législatives, le leader de gauche nationaliste et engagé dans la lutte anticorruption Albin Kurti met fin à la domination des anciens commandants de l'Armée de libération du Kosovo (UCK).

MARS

3 – Hongrie : Au Parlement européen, le parti Fidesz de Viktor Orban quitte le Parti populaire européen.

4 – Belgique : Le Premier ministre belge annonce le rapatriement des 27 enfants belges de moins de 12 ans des camps de réfugiés du nord-est de la Syrie.

16 – Royaume-Uni : Publication de la *Revue intégrée de défense et de politique extérieure.*

18 – Espagne : Le Parlement vote la légalisation de l'euthanasie.

18 – Pays-Bas : Le parti libéral du chef du gouvernement Mark Rutte et les centristes pro-européens du D66 remportent les législatives.

AVRIL

2 – Irlande du Nord : Affrontements entre Républicains et Unionistes : le protocole nord-irlandais de l'accord du Brexit prévoit le maintien des accords du Vendredi Saint, mais institue une frontière maritime entre l'Irlande du Nord et la Grande-Bretagne.

4 – Bulgarie : Le Premier ministre conservateur Boïko Borissov remporte les législatives face à un Parti socialiste bulgare (BSP) en net recul et à la percée de deux jeunes formations de lutte contre la corruption.

19 – Allemagne : Les Verts allemands annoncent que leur co-présidente Annalena Baerbock sera candidate à la chancellerie en septembre.

25 – Albanie : Le Parti socialiste du Premier ministre Edi Rama remporte les législatives, conservant la majorité absolue en dépit des protestations du Parti démocrate.

27 – France/Rwanda : Trois mois après la publication du rapport Duclert, Emmanuel Macron reconnaît à Kigali les responsabilités françaises dans les événements qui ont entraîné le génocide Tutsi, mais dénie toute culpabilité de Paris.

MAI

5 – Allemagne : Suite à une censure de sa «loi climat» par la Cour constitutionnelle de Karlsruhe, le gouvernement annonce relever ses objectifs de réduction des émissions de gaz à effet de serre à 88 % d'ici 2040.

5 – Biélorussie : Dix opposants au régime d'Alexandre Loukachenko déposent plainte en Allemagne, pour des actes présumés de tortures, en vertu de la compétence judiciaire universelle.

6 – Royaume-Uni : Les élections locales marquent une progression des conservateurs en Angleterre et une victoire des indépendantistes du Parti national écossais (SNP) et des Verts en Écosse.

7 – UE : La présidence portugaise du Conseil de l'UE organise un sommet social, pour renforcer la mise en œuvre du socle européen des droits sociaux.

18 – France : Suite à l'appel de 18 chefs d'État africains et européens pour une mobilisation internationale sur les conséquences économiques de la pandémie de Covid-19 en Afrique, Paris accueille un Sommet de financement des économies africaines.

20 – UE/Chine : Le Parlement européen vote la suspension des travaux de ratification de l'Accord global sur les investissements, en raison des sanctions de Pékin contre des parlementaires européens.

22 – Chine/Europe : La Lituanie annonce qu'elle ne participera plus aux réunions du format « 17 + 1 ».

JUIN

13 – Finlande : L'opposition de droite, et en particulier le Parti des Finlandais – d'extrême droite –, remporte les élections locales.

24 – UE/Hongrie : Lors du sommet des chefs d'État et de gouvernement européens, les tensions se cristallisent autour d'une loi anti-LGBTQ+ adoptée en Hongrie.

JUILLET

7 – Suède : Trois semaines après un vote de défiance du Parlement, et quatre jours après avoir annoncé sa démission, le Premier ministre social-démocrate Stefan Löfvenest est réinvesti par le Parlement.

12 – France : Le président Macron annonce l'extension du *pass* sanitaire ainsi que l'obligation vaccinale pour certaines professions.

15 – UE : La Commission lance une procédure d'infraction contre la Hongrie et la Pologne en raison de lois discriminatoires à l'encontre des personnes LGBTQ+.

AMÉRIQUES

AOÛT 2020

2 – Guyana : La commission électorale valide la victoire aux présidentielles de l'opposant Irfaan Ali, cinq mois après un scrutin contesté.

SEPTEMBRE

3 – États-Unis : Le militant antiraciste Michael Reinoehl est abattu par la police de Portland pour son rôle suspect dans la mort d'un militant d'extrême droite lors de manifestations du mouvement Black Lives Matter qui durent depuis mai.

OCTOBRE

18 – Bolivie : Un an après la démission d'Evo Morales pour soupçons de fraude électorale, Luis Arce, candidat de gauche du Mouvement vers le socialisme (MAS), ancien ministre de l'Économie, remporte largement la présidentielle.

25 – Chili : Le projet de changement de Constitution est approuvé à plus de 78 % des voix par référendum.

26 – États-Unis : Le Sénat confirme la nomination de la juge Amy Coney Barrett à la Cour suprême, qui permet d'y asseoir une majorité conservatrice.

NOVEMBRE

3 – États-Unis : Avec un taux de participation record de près de 67 %, Joe Biden remporte les présidentielles : 81,2 millions de voix contre 74,2 millions pour Donald Trump.

29 – Brésil : Les municipales ne permettent ni au Parti de la social-démocratie brésilienne (droite), ni au Parti des travailleurs (gauche), de s'affirmer, profitant à une quinzaine de partis centristes.

DÉCEMBRE

30 – Argentine : Les sénateurs adoptent un texte de loi légalisant l'IVG pendant les 14 premières semaines de grossesse.

JANVIER 2021

1er – Cuba : Mise en place d'un système à monnaie unique mettant fin au complexe système à deux monnaies en vigueur depuis 1994.

5 – États-Unis : Plusieurs agences de renseignement annoncent que la Russie est « probablement » à l'origine de la gigantesque cyberattaque SolarWinds.

6 – États-Unis : Des centaines de partisans de Donald Trump, s'introduisent dans le Capitole pour empêcher Joe Biden d'y être officiellement déclaré vainqueur de l'élection présidentielle.

8 – États-Unis : Le compte Twitter de Donald Trump est fermé, ses comptes Facebook et Snapchat sont suspendus.

11 – États-Unis/Cuba : Neuf jours avant la fin du mandat de Donald Trump, Mike Pompeo inscrit de nouveau Cuba sur la liste noire américaine des États soutenant le terrorisme.

13 – États-Unis : Un jour après le Royaume-Uni et le Canada, les États-Unis interdisent les importations de produits issus du travail forcé des Ouïgours.

20 – États-Unis : Joe Biden impose le port du masque et la distanciation sociale dans tous les espaces fédéraux et annonce le maintien des États-Unis dans l'OMS. Il abroge le *Muslim Ban* interdisant l'entrée sur le territoire américain aux ressortissants de sept pays à majorité musulmane, et suspend la construction du mur à la frontière avec le Mexique.

FÉVRIER

3 – Brésil : La justice brésilienne clôt l'opération anticorruption *Lava Jato*, critiquée pour le rôle trouble du juge Sergio Moro, devenu ministre de la Justice, dans la condamnation de l'ancien président Lula.

3 – Canada : Le ministère de la Sécurité publique ajoute l'organisation d'ultradroite Proud Boys à la liste des entités terroristes.

6 – Cuba : Les autorités autorisent l'activité privée dans la majorité des secteurs économiques.

8 – Colombie : Le président Iván Duque annonce la régularisation provisoire d'environ 1 million de Vénézuéliens.

19 – États-Unis : Les États-Unis, deuxième pays le plus polluant au monde, réintègrent les accords de Paris sur le climat.

23 – États-Unis/Canada : Le premier sommet bilatéral officiel de Joe Biden est organisé avec Justin Trudeau, Premier ministre canadien.

24 – Venezuela/UE : Après une nouvelle série de sanctions imposées par l'UE au gouvernement de Nicolás Maduro, l'ambassadrice de l'UE à Caracas est déclarée *persona non grata*.

28 – Salvador : Le parti du président Nayib Bukele arrive en tête des législatives.

MARS

8 – Brésil : Le juge de la Cour suprême Edson Fachin annule l'ensemble des condamnations de Lula, ouvrant la voie à sa possible candidature aux présidentielles de 2022.

13 – Bolivie : L'ancienne présidente par intérim (2019-2020) Jeanine Añez est arrêtée pour sédition et terrorisme dans le cadre de l'enquête sur un présumé coup d'État contre Evo Morales.

19 – Canada/Chine : L'homme d'affaires canadien Michael Spavor, détenu en Chine depuis 27 mois est jugé par un tribunal de Dandong pour espionnage.

29 – Brésil : Jair Bolsonaro remanie certains ministères clés, dont la Défense et les Affaires étrangères, au profit de personnalités plus proches de la ligne du groupe parlementaire Centrao.

AVRIL

11 – Équateur : Le candidat de droite Guillermo Lasso remporte avec 52 % des voix les présidentielles face au président sortant Lenin Moreno.

19 – Cuba : À l'issue du 8e congrès du Parti communiste de Cuba, le président Miguel Díaz-Canel remplace Raoul Castro à la tête du parti.

20 – États-Unis : Le policier ayant tué George Floyd est reconnu coupable de meurtre.

24 – Brésil : Le ministre de la Justice et de la Sécurité publique Sergio Moro démissionne en raison de l'ingérence de Jair Bolsonaro dans les affaires judiciaires.

24 – États-Unis/Arménie : Le président Biden reconnaît le génocide arménien.

28 – Équateur : La Cour constitutionnelle dépénalise le recours à l'IVG en cas de viol.

MAI

1er – Salvador : Le Parlement révoque les juges du Tribunal constitutionnel et le procureur général, opposés au président Nayib Bukele.

1er – États-Unis : Début du retrait officiel des troupes américaines d'Afghanistan.

3 – Mexique/Guatemala : À l'occasion des 500 ans de la conquête du Mexique, les présidents mexicain et guatémaltèque présentent officiellement leurs excuses au peuple indigène Maya.

16 – Chili : Les partis issus de la société civile et de gauche obtiennent la majorité de sièges aux élections de l'Assemblée constituante.

28 – Canada : La découverte d'une fosse commune contenant les ossements de 215 enfants d'un ancien pensionnat en Colombie-Britannique ravive le débat sur la politique à l'encontre des populations autochtones, à laquelle ont participé, entre 1880 et 1996, 139 pensionnats supposés inculquer les « valeurs blanches et catholiques ».

29 – Brésil : Manifestations massives dans plus de 200 villes brésiliennes contre Jair Bolsonaro et sa gestion de l'épidémie, et en hommage aux 460 000 victimes brésiliennes du Covid-19.

JUIN

3 – Nicaragua : Cristiana Chamorro, principale concurrente de Daniel Ortega aux présidentielles de novembre, est assignée à résidence après avoir été accusée de blanchiment d'argent par le gouvernement.

6 – Mexique : Le parti Morena du président Andrés Manuel López Obrador et ses alliés remportent de justesse la majorité à la chambre des députés.

6 – Colombie : Le président Iván Duque annonce une réforme de la police, mise en cause pour la répression particulièrement violente des manifestations, depuis le 28 avril, contre un projet de réforme fiscale et qui a causé la mort de plus de 60 personnes.

6 – Pérou : Au second tour des présidentielles, Pedro Castillo l'emporte avec 50,12 % des suffrages face au candidat de droite radicale Keiko Fujimori.

8 – États-Unis : Le Sénat vote un plan d'investissement industriel de 250 milliards de dollars afin de combler le retard vis-à-vis de la Chine dans des secteurs stratégiques (Intelligence artificielle, semi-conducteurs...).

JUILLET

4 – Chili : L'Assemblée constituante désigne Elisa Loncon, femme mapuche – ethnie majoritaire du Chili – à sa présidence.

5 – Venezuela/États-Unis : À l'occasion de la fête nationale vénézuélienne, le président Biden réaffirme son soutien à Juan Guaido, reconnu comme le président par intérim.

7 – Haïti : Le président haïtien Jovenel Moïse est tué par un commando de 26 Colombiens et de deux Américains originaires d'Haïti.

11 – Cuba : Des manifestations d'une ampleur inédite protestent contre l'aggravation des pénuries produites par la crise économique, faisant un mort et une centaine d'arrestations.

MONDE RUSSE ET POST-SOVIÉTIQUE

AOÛT 2020

9 – Biélorussie : Alexandre Loukachenko remporte les présidentielles avec 80 % des voix : de nombreux soupçons de fraude entraînent des protestations inédites, sévèrement réprimées.

11 – Russie : La Russie annonce avoir mis au point le premier vaccin contre le Covid : Spoutnik V.

20 – Russie : L'opposant au régime Alexeï Navalny est victime d'une tentative d'empoisonnement au Novitchok.

SEPTEMBRE

12 – Russie : Le parti de Vladimir Poutine Russie unie remporte largement les élections régionales partielles.

27 – Haut-Karabagh : Début de la guerre entre les forces arméniennes soutenant les indépendantistes du Haut-Karabagh et les forces azerbaïdjanaises cherchant à reprendre le contrôle de ce territoire, avec le soutien de la Turquie.

OCTOBRE

6 – Kirghizstan : La Commission électorale centrale annule les législatives pour fraude et achats massifs de voix. Le président Sooronbaï Jeenbekov démissionne le 15 octobre.

11 – Tadjikistan : Le président Emomali Rahmon est réélu avec 85,3 % des suffrages pour un cinquième mandat.

31 – Géorgie : Le parti au pouvoir Rêve géorgien, de Bidzina Ivanichvili, remporte les législatives. L'opposition dénonce des fraudes et lance une vague de manifestations qui plongent le pays dans une grave crise politique.

NOVEMBRE

1 – Moldavie : Élection de Maia Sandu, pro-européenne et anti-corruption, avec 58 % des voix face au président sortant Igor Dodon.

10 – Haut-Karabagh : Signature d'un cessez-le-feu sous l'égide de la Russie, consacrant la défaite de l'Arménie et prévoyant le déploiement d'une force russe de maintien de la paix pour cinq ans.

DÉCEMBRE

8 – Russie/Afrique : Le Soudan et la Russie signent un accord pour la création d'une base navale russe à Port-Soudan.

30 – Russie : Entrée en vigueur de la loi étendant le statut d'« agents étrangers » aux personnes physiques recevant des fonds en provenance de l'étranger.

JANVIER 2021

10 – Kirghizstan : Sadyr Japarov remporte l'élection présidentielle.

17 – Russie : Alexeï Navalny est arrêté en Russie, retour d'Allemagne. Son interpellation est suivie de protestations dans plusieurs villes.

29 – Russie/États-Unis : La Russie prolonge de cinq ans le traité *New Start* pour la réduction des armes nucléaires stratégiques.

FÉVRIER

5 – Russie/UE : Josep Borrell, Haut Représentant de l'UE pour les affaires étrangères et la politique de sécurité et vice-président de la Commission européenne, se rend à Moscou.

MARS

1 – Russie/UE : La Slovaquie importe 200 000 doses de vaccins Spoutnik V.

5 – Russie/Turquie : Rencontre entre Recep Tayyip Erdoğan et Vladimir Poutine à Moscou.

26 – Ukraine/Russie : La mort de quatre soldats ukrainiens au Donbass alimente la tension créée par le positionnement de troupes russes et ukrainiennes des deux côtés de la frontière.

31 – Russie : Détenu, Alexeï Navalny entame une grève de la faim ; les manifestations de l'opposition continuent et les arrestations d'opposants se multiplient.

AVRIL

10 – Ukraine : Le président Zelensky est reçu à Ankara par son homologue turc. La Turquie vend 48 drones à l'Ukraine. La Russie suspend ses liaisons aériennes pour un mois et demi avec la Turquie, officiellement pour des raisons sanitaires.

15 – Russie/États-Unis : Joe Biden expulse 10 diplomates russes et met en place de nouvelles sanctions après une série d'actions imputées à Moscou, dont une cyberattaque de grande ampleur et une ingérence dans l'élection présidentielle américaine de 2020.

16 – Ukraine : Sommet trilatéral Paris-Kiev-Berlin sur la situation dans le Donbass.

17 – Russie/République tchèque : Le Premier ministre Andrej Babiš accuse le renseignement militaire russe d'être à l'origine de l'explosion d'un dépôt de munitions en 2014 et expulse 18 diplomates russes.

19 – Géorgie : Le parti au pouvoir et l'opposition signent, sous l'égide de l'UE, un accord prévoyant notamment la libération du chef de l'opposition.

23 – Russie/Ukraine : Début du retrait des troupes russes, après la « fin des exercices militaires » à la frontière ukrainienne et en Crimée.

24 – Arménie/États-Unis : Joe Biden reconnaît le génocide arménien dans l'Empire ottoman en 1915.

25 – Arménie : Le Premier ministre Nikol Pachinian annonce sa démission et des législatives anticipées.

25 – Moldavie : La présidente Maia Sandu dissout le Parlement et annonce la tenue de législatives anticipées.

29 – Kirghizstan/Tadjikistan : Affrontements armés à la frontière entre le Kirghizistan et le Tadjikistan.

30 – Russie/UE : La Russie adopte des sanctions contre huit responsables européens, dont le président du Parlement européen David Maria Sassoli, et la vice-présidente de la Commission Věra Jourova.

MAI

2 – Kirghizstan/Tadjikistan : Fin des combats autour de plusieurs zones frontalières contestées ; ils ont provoqué plus de 50 morts.

19 – Russie/États-Unis : Suspension des sanctions américaines contre le gazoduc Nord Stream 2.

20 – Arctique : La Russie prend, pour deux ans, la présidence tournante du Conseil de l'Arctique.

23 – Biélorussie : L'interception d'un avion de la compagnie Ryanair transportant l'opposant Roman Protassevitch, et l'interpellation de ce dernier, tendent les relations avec l'UE et l'Organisation du traité de l'Atlantique nord (OTAN).

28 – Russie/Biélorussie : Rencontre à Sotchi entre Vladimir Poutine et Alexandre Loukachenko.

JUIN

4 – Russie : Vladimir Poutine promulgue une loi interdisant aux collaborateurs d'organisations qualifiées d'« extrémistes » de se présenter à des élections.

7 – Russie : Moscou se retire officiellement du traité de surveillance militaire « Ciel ouvert ».

16 – Russie/États-Unis : Rencontre à Genève entre Vladimir Poutine et Joe Biden.

20 – Arménie : Victoire de Nikol Pachinian aux élections législatives.

22 – Biélorussie/Occident : L'UE, les États-Unis et le Canada rajoutent le nom de 78 responsables et de 8 personnes morales à la liste des Biélorusses sanctionnés suite au détournement du vol Ryanair.

23 – Mer Noire : L'armée russe affirme avoir repoussé le destroyer britannique *Defender*, entré dans la zone maritime russe en mer Noire.

23 – Russie/Afrique : La Russie et la Mauritanie signent un accord de coopération dans le domaine de la défense.

JUILLET

11 – Moldavie : Le parti au pouvoir remporte les législatives anticipées.

ASIE-PACIFIQUE

JUILLET 2020

6 – Sri Lanka : L'alliance des frères Rajapaksa, l'un président et l'autre Premier ministre, remporte les deux tiers des sièges aux législatives.

10 – Singapour : Le People's Action Party (PAP) du Premier ministre sort victorieux mais affaibli des législatives, cédant 10 sièges au principal parti d'opposition (Workers' Party).

18 – Thaïlande : Plusieurs milliers de manifestants se rassemblent à Bangkok autour du Monument de la démocratie, pour protester contre la disparition d'opposants politiques.

31 – Hong-Kong : Pour des raisons officiellement sanitaires, les législatives sont reportées d'un an.

AOÛT

28 – Japon : Démission du Premier ministre Shinzo Abe.

SEPTEMBRE

1 – Laos/Chine : Face aux difficultés de remboursement de sa dette envers la Chine, le gouvernement laotien cède le contrôle de la société publique Électricité du Laos à la société chinoise China Southern Power Grid.

16 – Japon : Le Parlement désigne Yoshihide Suga comme Premier ministre.

OCTOBRE

8 – Indonésie : La police arrête près de 800 manifestants contre une loi sur les investissements dite « loi Omnibus », qui mettrait en danger certains acquis sociaux.

10 – Corée du Nord : Célébration du 75e anniversaire de la fondation du Parti du travail. Kim Jong-un affiche sa force militaire, présentant notamment un missile balistique intercontinental (ICBM) de 25 mètres de long.

10 – Quad : Tokyo accueille les ministres des Affaires étrangères du Quadrilateral Security Dialogue, auquel il participe avec les États-Unis, l'Inde et l'Australie.

17 – Nouvelle-Zélande : Le Parti travailliste de Jacinda Ardern remporte les législatives avec 49 % des voix, son score le plus élevé depuis cinquante ans.

27 – Inde : Le gouvernement nationaliste hindou autorise des non-Cachemiris à acquérir des terres au Jammu-et-Cachemire, où les questions foncières sont facteurs de fortes tensions.

28 – Corée du Sud : Au lendemain d'une annonce similaire par le Japon, le président Moon Jae-in s'engage devant l'Assemblée nationale à atteindre la neutralité carbone d'ici 2050.

NOVEMBRE

2 – Bangladesh : À Dacca, plus de 50000 personnes manifestent à l'appel de l'un des principaux groupes islamistes – Hefazat-e-Islam – pour protester contre les « propos blasphématoires » d'Emmanuel Macron, et appeler au boycott des produits français.

3 – Quad : Les membres du Quad mènent des exercices militaires dans la Baie du Bengale, pour la première fois depuis 2007.

11 – Hong-Kong : Quatre députés pro-démocratie sont contraints de démissionner, du fait de la loi de sécurité nationale.

13 – Myanmar/Birmanie : Victoire massive de la Ligue nationale pour la démocratie (LND) aux législatives.

15 – ASEAN : Les 10 pays membres de l'Association des nations de l'Asie du Sud-Est (ASEAN) ainsi que la Chine, la Corée du Sud, l'Australie, la Nouvelle-Zélande et le Japon signent un partenariat économique régional global instaurant une large zone de libre-échange.

17 – Japon/Australie : Signature d'un accord d'accès réciproque des troupes, illustrant le rapprochement militaire entre les deux pays.

17 – Thaïlande : Nouvelles manifestations pro-démocratie à Bangkok.

26 – Chine/Corée du Sud/Japon : Le ministre des Affaires étrangères chinois se rend au Japon et en Corée du Sud afin de renforcer les liens commerciaux avec Pékin.

DÉCEMBRE

2 – Singapour : Les autorités sanitaires autorisent la vente de viande artificielle : une première mondiale.

20 – Népal : Craignant une dissidence de la branche maoïste de son parti, le Premier ministre marxiste Khadga Prasad Sharma Oli dissout la Chambre des députés et convoque de nouvelles législatives.

28 – Chine : La journaliste Zhang Zhan, arrêtée en mai, est condamnée par un tribunal de Shanghai à quatre ans de prison.

29 – Cambodge : Le pays commence sa production de pétrole *offshore* avec un projet porté à 95 % par la société singapourienne KrisEnergy.

JANVIER 2021

6 – Hong-Kong : Cinquante-trois militants sont arrêtés pour incitation à la subversion, en application de la loi de sécurité nationale.

8 – Japon/Corée du Sud : La décision du tribunal de Séoul condamnant Tokyo à dédommager les « femmes de réconfort » ravive les tensions mémorielles entre les deux pays.

12 – Inde : La Cour suprême suspend la réforme agraire qui avait libéralisé la vente de produits agricoles, à l'origine d'un mouvement de contestation de dizaines de milliers de paysans depuis novembre.

20 – Chine : Le jour de l'investiture de Joe Biden, le ministère chinois des Affaires étrangères annonce l'entrée en vigueur de sanctions contre 28 responsables de l'administration Trump, dont l'ex-secrétaire d'État Mike Pompeo.

FÉVRIER

1er – Birmanie : La conseillère d'État Aung San Suu Kyi et le président Win Myint sont arrêtés par l'armée qui déclare l'état d'urgence pour un an et nomme le général Myint Swe président par intérim. Une vague massive de protestations pacifiques est réprimée de plus en plus violemment.

1er – Mer de Chine : Pékin promulgue une loi autorisant les garde-côtes à user de la force, qui suscite l'inquiétude au Vietnam, aux Philippines et au Japon, pays avec lesquels la Chine a des contentieux territoriaux.

10 – Chine/Inde : Accord bipartite sur le retrait des troupes de la zone frontalière contestée du Ladakh indien et de l'Aksai Chin chinois, au centre de fortes tensions depuis les affrontements en juin 2020.

25 – Australie : Le Parlement adopte une loi contraignant les grandes plateformes internet à payer pour les contenus des médias qu'elles diffusent. Facebook, en coupant notamment l'accès aux médias depuis son interface, obtient de pouvoir passer des accords individuels avec ces médias.

MARS

8 – Thaïlande : Huit mois après le début des manifestations pro-démocratie, trois chefs de file de l'opposition sont jugés et incarcérés.

21 – Mer de Chine : 200 « navires de pêcheurs » chinois sont amarrés autour du récif Whitsun revendiqué par les Philippines.

22 – Chine/UE : L'UE, suivie du Royaume-Uni, du Canada et des États-Unis, impose des sanctions contre 4 officiels et une institution au Xinjiang pour de graves violations des droits de l'homme. En représailles, la Chine sanctionne des parlementaires et des acteurs de la société civile européenne.

25 – Corée du Nord : Pyongyang déclenche le tir de deux missiles tactiques guidés.

AVRIL

7 – Corée du Sud : Le parti majoritaire du président Moon Jae-in perd les villes de Séoul et Busan lors d'élections locales partielles.

8 – Singapour : Heng Swee Keat, successeur désigné du Premier ministre Lee Hsien Loong, annonce son retrait, déclenchant une guerre de succession qui affaiblit le People's Action Party.

13 – Japon : Chine et Corée du Sud critiquent l'annonce du rejet dans le Pacifique de 1,25 million de tonnes d'eau venant de la centrale nucléaire de Fukushima.

16 – Birmanie : Annonce de la création d'un gouvernement d'unité nationale.

20 – Pakistan : Le Premier ministre Imran Khan demande à l'Assemblée de se prononcer sur l'expulsion de l'ambassadeur de France pour cause de blasphème antimusulman.

29 – Chine : Le module central de la nouvelle station spatiale chinoise est placé en orbite avec succès.

MAI

2 – Corée du Nord : Pyongyang refuse de poursuivre les négociations avec l'administration Biden, qui s'était montrée ouverte à une reprise des tractations sur le nucléaire.

6 – Chine : L'agence de planification chinoise (NDRC) suspend partiellement sa coopération économique avec l'Australie.

10 – Népal : Le Parlement révoque sa confiance au Premier ministre.

14 – Japon : Plus de 353000 personnes signent une pétition pour demander l'annulation des prochains Jeux olympiques en raison de la situation sanitaire.

JUIN

2 : Ouverture des négociations d'accession du Royaume-Uni au Partenariat Trans-Pacifique (CPTPP).

2 – Sri Lanka : Le porte-conteneurs *MV X Press Pearl* coule partiellement à 11 kilomètres des côtes sri lankaises, avec un risque de marée noire.

4 – Hong Kong : Les rassemblements de commémoration du massacre de Tian'anmen sont pour la première fois interdits.

7-8 – ASEAN : À l'occasion du 30e anniversaire du dialogue Chine-ASEAN, le ministre des Affaires étrangères chinois participe à une réunion spéciale des ministres des Affaires étrangères.

10 – Mongolie : L'ancien Premier ministre et chef du Parti populaire mongol Khunral Sukh Ukhnaa est élu président.

11 – Philippines : L'OMS annonce la disparition de la poliomyélite aux Philippines, près de 18 mois après sa réapparition, qui avait entraîné une vaste campagne de vaccination.

15 – Chine/Taïwan : 28 avions militaires chinois pénètrent dans la zone d'identification et de défense aérienne de Taïwan.

JUILLET

15 – Afghanistan : Les Talibans prennent le contrôle de *Spin Boldak*, axe stratégique vers la frontière pakistanaise.

16 – Chine : Entrée en fonction d'un système d'échange de droits à polluer permettant au niveau national d'échanger des crédits carbone.

AFRIQUE

AOÛT 2020

2 – Cameroun : Une attaque de Boko Haram sur un camp de personnes déplacées fait 16 morts dans le nord-est du pays.

5 – République démocratique du Congo (RDC) : Selon un rapport du Bureau conjoint des Nations unies pour les droits de l'homme, plus de 630 personnes ont été tuées au premier semestre, principalement dans les régions de l'Ituri et du Nord-Kivu.

18 – Mali : Après des législatives contestées, un coup d'État contraint Ibrahim Boubacar Keïta à démissionner.

SEPTEMBRE

17 – Niger : L'État islamique revendique une attaque ayant causé la mort de huit personnes, dont six humanitaires français et deux Nigériens le 9 août.

OCTOBRE

3 – Soudan : Accord de paix entre le gouvernement de transition et le Front révolutionnaire soudanais, prévoyant l'intégration des ex-rebelles dans les institutions de transition.

5 – Éthiopie : La région du Tigré annonce ne plus reconnaître l'autorité fédérale.

8 – Mali : Après la libération par la junte de plus de 200 prisonniers djihadistes, le Groupe de soutien à l'islam et aux musulmans (GSIM), lié à Al-Qaïda, libère les otages Sophie Pétronin et Soumaïla Cissé.

18 – Guinée-Conakry : En dépit d'une constitution interdisant un troisième mandat, Alpha Condé est réélu au premier tour des présidentielles à l'issue d'une campagne marquée par les violences.

31 – Côte d'Ivoire : Le président Alassane Ouattara remporte les élections présidentielles, largement boycottées par l'opposition, avec 94,24 % des voix.

NOVEMBRE

4 – Éthiopie : Début des affrontements armés, suite à l'attaque d'un camp de l'armée fédérale par les forces tigréennes du Front de libération du peuple du Tigré (TPLF).

11 – Angola : La police de Luanda tire à balles réelles sur de jeunes manifestants mobilisés pour la lutte contre la pauvreté, l'augmentation du chômage et la corruption du régime.

22 – Burkina Faso : Le président Roch Marc Christian Kaboré et son parti remportent les élections présidentielles et législatives.

28 – Éthiopie : Les autorités fédérales annoncent avoir repris le contrôle de Mekelé, capitale du Tigré.

DÉCEMBRE

4 – Bénin : La Cour africaine des droits de l'homme dénonce dans un arrêt neuf violations des droits de l'homme au Bénin, et demande l'annulation de plusieurs réformes constitutionnelles.

6 – Cameroun : 24 000 grands électeurs ont voté pour la première fois aux élections régionales, boycottées par les partis d'opposition.

9 – Ghana : Le président Nana Akufo-Addo remporte de justesse les élections face à son rival John Mahama.

24 – Burundi : Le président Évariste Ndayishimiye gracie, après 430 jours de détention, quatre journalistes de l'hebdomadaire indépendant *Iwacu*.

27 – Centrafrique : Le président Faustin-Archange Touadéra remporte les présidentielles et les législatives, en dépit d'un niveau de violence toujours élevé dans le pays.

JANVIER

1er – Somalie/États-Unis : La majorité des troupes américaines présentes en Somalie se retirent.

19 – Soudan : Alors que la mission de l'ONU s'est définitivement désengagée du Darfour fin décembre, un regain de violence fait 200 morts.

FÉVRIER

8 – Comores/France : Échec des négociations sur les migrations illégales du sommet franco-comorien organisé autour de la montée des tensions causées par la crise sanitaire.

15 – G5-Sahel : À l'occasion du sommet de N'Djamena entre les pays du G5-Sahel et la France, le président tchadien Idriss Déby annonce le déploiement de 1 200 soldats dans la zone dite « des trois frontières ».

22 – RDC : L'ambassadeur d'Italie Luca Attanasio est tué lors d'une mission dans le Nord-Kivu.

MARS

3 – Bénin : À un mois des présidentielles, l'opposante et candidate Reckya Madougou est arrêtée.

3 – Sénégal : Après l'arrestation de l'opposant Ousmane Sonko suite à des accusations de viol, les manifestations contre le président Macky Sall se multiplient, violemment réprimées.

6 – Côte d'Ivoire : Pour la première fois depuis 10 ans, tous les partis participent aux législatives : le Rassemblement des houphouëtistes pour la démocratie et la paix (RHDP) du président obtient 137 sièges, contre 91 pour l'opposition.

10 – Côte d'Ivoire : Décès du Premier ministre Hamed Bakayoko.

17 – Tanzanie : Le président Magufuli étant décédé du Covid-19, la vice-présidente Samia Suluhu Hassan le remplace.

21 – Congo-Brazzaville : Pour son quatrième mandat, et après 36 années au pouvoir, Denis Sassou-Nguesso remporte 88,57 % des voix au premier tour de la présidentielle.

24 – Mozambique : Face à la montée en puissance de groupes affiliés à l'État islamique, Total suspend son projet gazier.

26 – France/Rwanda : Remise au président Emmanuel Macron du Rapport sur le rôle et l'engagement de la France au Rwanda entre 1990 et 1994 (« rapport Duclert »).

AVRIL

2 – Niger : Le président élu Mohamed Bazoum prête serment dans un pays en proie à une recrudescence des attaques djihadistes, et deux jours après une tentative de coup d'État.

7 – Éthiopie : Après l'échec des négociations avec l'Égypte et le Soudan, l'Éthiopie annonce la poursuite du remplissage de son barrage sur le Nil.

11 – Tchad : Un mouvement rebelle majoritairement composé de combattants goranes – le Front pour l'alternance et la concorde au Tchad (FACT) – lance une offensive.

12 – RDC : Après l'échec de son alliance avec Joseph Kabila, le président Tshisekedi nomme un gouvernement sur sa propre ligne politique.

13 – Bénin : Le président Patrice Talon remporte avec plus de 86 % des voix des élections contestées.

18 – Érythrée/Éthiopie : Pour la première fois en six mois de conflit, l'Érythrée reconnaît la présence de ses troupes au Tigré, aux côtés des forces éthiopiennes accusées de crimes de guerre.

19 – Tchad : Réélection pour un sixième mandat d'Idriss Déby Itno dès le premier tour avec 79,32 % des voix.

26 – Somalie : Des miliciens loyaux à des factions de l'opposition se déploient dans certains quartiers de Mogadiscio ; le pays s'enfonce dans la crise politique en raison de la prolongation de deux ans du mandat du président Farmajo.

28 – Malawi : La Cour suprême abolit la peine de mort.

30 – RDC : Nouvelle vague de violences dans le Nord-Kivu et l'Ituri : le président Tshisekedi y décrète l'état de siège.

MAI

2 – Tchad : Après la mort du président Idriss Déby, le 20 avril, le conseil militaire dirigé par son fils Mahamat Idriss Déby nomme un gouvernement de transition.

24 – Mali : Le colonel Assimi Goïta, qui avait mené le coup d'État contre Ibrahim Boubacar Keïta en août 2020, arrête le président et le Premier ministre de transition, et s'empare du pouvoir.

26 – Afrique du Sud : Début du procès de l'ancien président Jacob Zuma et de la filiale sud-africaine de Thales, poursuivis depuis 2018 pour corruption, extorsion et blanchiment d'argent.

28 – Namibie/Allemagne : Pour la première fois, Berlin qualifie de génocide les massacres, entre 1904 et 1908, de 65 000 Herero et de 10 000 Nama dans son ancienne colonie.

30 – Centrafrique/Tchad : Violent accrochage frontalier entre les armées centrafricaine et tchadienne.

JUIN

4 – Nigeria : Deux jours après la suppression par Twitter d'un tweet du président Muhammadu Buhari, le gouvernement nigérian suspend le réseau social.

4 – Nigeria : La filiale de l'État islamique en Afrique de l'Ouest qui traquait Abubakar Shekau, leader du groupe rival Boko Haram, annonce son suicide.

5 – Burkina Faso : La pire attaque depuis le début des assauts djihadistes en 2015 fait 160 morts, dont 20 enfants, dans le nord-est du pays.

7 – Centrafrique : Accusant le gouvernement centrafricain de complicité avec la Russie dans une campagne antifrançaise, Paris suspend son aide budgétaire et sa coopération militaire.

10 – Mali/France : Après avoir suspendu, suite au coup d'État, la coopération militaire franco-malienne, Emmanuel Macron annonce la fin de l'opération Barkhane et une transformation profonde de la présence militaire française au Sahel.

17 – Côte d'Ivoire : Laurent Gbagbo, acquitté par la Cour pénale internationale (CPI) en mars 2021, rentre en Côte d'Ivoire.

21 – Éthiopie : Le parti du Premier ministre Abiy Ahmed remporte des législatives entachées d'irrégularités et de violence.

22 – Mauritanie : L'ancien président Mohamed Ould Abdel Aziz est écroué dans le cadre d'affaires de corruption présumée.

29 – Éthiopie : Les rebelles tigréens annoncent la reprise de leur capitale Mekelé.

JUILLET

6 - Éthiopie/Égypte : Après l'annonce de la deuxième phase de remplissage du grand barrage de la Renaissance (GERD), les autorités égyptiennes dénoncent une décision unilatérale et en appellent à la communauté internationale.

15 – Afrique du Sud : Nouvelles restrictions sanitaires et augmentation du chômage : les violences qui agitent le pays depuis une semaine ont fait près de 117 morts.

MOYEN-ORIENT, MONDE ARABE

JUILLET 2020

20 – Émirats arabes unis (EAU) : La sonde *Al-Amal* (Espoir), premier projet spatial porté par un pays arabe, décolle vers la planète Mars depuis le centre spatial de Tanegashima (Japon).

AOÛT

1er – EAU : Pour la première fois dans le monde arabe, Abou Dhabi met en service une centrale nucléaire civile.

4 – Liban : Une explosion de stocks de nitrate d'ammonium dans le port de Beyrouth fait plus de 200 morts et 6500 blessés.

10 – Turquie/Grèce : La Turquie déploie un navire d'exploration escorté de deux navires de guerre dans des eaux disputées avec la Grèce, entre la Crète et Chypre. Athènes demande la tenue d'un sommet de l'UE. En soutien à la Grèce, la France annonce trois jours plus tard le déploiement de deux bâtiments de la Marine nationale et de deux chasseurs.

SEPTEMBRE

2 – Tunisie : Le gouvernement technocratique d'Hichem Mechichi est approuvé par le Parlement.

13 – Turquie : Le navire d'exploration regagne les côtes turques, mais Ankara assure ne pas renoncer à ses droits en Méditerranée orientale.

15 – Israël/EAU/Bahreïn : Sous l'égide des États-Unis, signature des accords de normalisation dits d'Abraham entre les EAU et Bahreïn d'une part, et Israël de l'autre.

20 – Égypte : Déclenchées par la destruction de logements illégaux par les autorités, des manifestations de grande ampleur partout dans le pays demandent la démission d'Abdel-Fattah Al-Sissi.

29 – Koweït : Décès de l'émir Sabah Al-Ahmad Al-Jaber Al-Sabah au pouvoir depuis 2006. Son frère, le prince héritier cheikh Nawaf Al-Ahmad Al-Sabah, le remplace.

OCTOBRE

5 – Syrie/Allemagne : Trois ONG portent plainte en Allemagne contre le régime syrien pour crimes contre l'humanité, en particulier pour usage d'armes chimiques.

8 – Iran/États-Unis : Le Trésor américain annonce des sanctions contre les 18 principales banques iraniennes.

22 – Liban : Après la démission du gouvernement d'Hassan Diab en août, devant l'échec de Moustapha Adib à en former un nouveau en septembre, le président Aoun nomme Saad Hariri Premier ministre, un an après sa démission forcée par des manifestations.

23 – Libye : À Genève, le Gouvernement d'entente nationale (GNA) et les autorités de l'Est alliées au maréchal Khalifa Haftar signent un cessez-le-feu.

NOVEMBRE

1er – Algérie : Le référendum constitutionnel est approuvé, en dépit d'un boycott massif (23 % de participation).

11 – Bahreïn : Décès du prince Khalifa Ben Salman Al Khalifa, chef de l'État depuis 1971.

13 – Maroc : Des forces militaires sont déployées au Sahara-Occidental, dans la zone tampon de Guerguerate, pour prendre le contrôle du passage vers la Mauritanie occupé par le Front Polisario depuis le 21 octobre.

14 – Iran : Manifestations contre la suppression des subventions sur l'essence.

22 – Arabie Saoudite/Israël : Rencontre secrète entre Mohammed Ben Salman et Benjamin Netanyahou.

27 – Iran : Le gouvernement accuse Israël d'être à l'origine de la mort de Mohsen Fakhrizadeh, éminent scientifique iranien dans le domaine nucléaire.

DÉCEMBRE

7 – Algérie : L'opposant et figure du *Hirak* Karim Tabbou est condamné pour la deuxième fois à une peine de prison.

10 – Maroc/Israël : Normalisation des relations israélo-marocaines, en échange de la reconnaissance par les États-Unis de la souveraineté du Maroc sur le Sahara-Occidental.

JANVIER 2021

4 – Arabie Saoudite/Qatar : Levée du blocus aérien terrestre et maritime contre le Qatar.

5 – Organisation des pays exportateurs de pétrole (OPEP) : Accord, grâce à un compromis saoudien, sur le maintien d'une très légère augmentation de la production.

10 – Maroc : Les États-Unis lancent le processus d'ouverture d'un consulat américain au Sahara-Occidental.

20 – Algérie/France : Le rapport de Benjamin Stora sur les questions mémorielles concernant la colonisation et la guerre d'Algérie est remis au président Macron.

21 – Irak : L'État islamique revendique une attaque ayant fait plus de 30 morts dans le centre-ville de Bagdad, la plus importante depuis trois ans.

24 – Israël/EAU : Tel-Aviv annonce l'ouverture d'une ambassade à Abou Dhabi.

FÉVRIER

4 – États-Unis/Yémen : Joe Biden annonce la fin du soutien américain aux opérations de la coalition menée par l'Arabie Saoudite au Yémen.

5 – Israël/Palestine : La Cour pénale internationale (CPI) se déclare compétente pour les faits survenus dans les territoires palestiniens occupés.

5 – Libye : L'homme d'affaires Abdel Hamid Dbeibah est nommé Premier ministre par le Forum du dialogue politique libyen (FDPL).

15 – Irak : La milice chiite Awliya Al-Dam attaque à la roquette la base aérienne américaine d'Erbil.

18 – Liban : Le juge Fadi Sawan, chargé du dossier de l'explosion du port de Beyrouth en août 2020 est récusé par la Cour de cassation.

21 – Algérie : Le président Tebboune dissout l'Assemblée et remanie le gouvernement.

MARS

6 – Irak/Vatican : Rencontre entre l'Ayatollah Sistani, autorité spirituelle des chiites irakiens, et le pape François.

22 – Yémen/Arabie Saoudite : Les rebelles houthistes refusent une proposition de cessez-le-feu de l'Arabie Saoudite.

30 – Syrie : Les forces kurdes qui contrôlent le nord-est du pays, annoncent avoir arrêté 53 membres de l'État islamique dans le camp d'Al-Hol.

AVRIL

5 – Jordanie : Après 48 heures de crise, le prince Hamza prête allégeance au roi Abdallah II.

9 – Iran/Arabie Saoudite : À Bagdad, des pourparlers se tiennent pour la première fois depuis 2016 pour désamorcer les tensions entre les deux pays.

14 – Afghanistan/États-Unis : Le président Biden annonce le retrait des troupes américaines du sol afghan.

16 – Iran : Les autorités iraniennes annoncent commencer à produire de l'uranium enrichi à 60 %.

21 – Syrie : La Syrie est sanctionnée par l'Organisation pour l'interdiction des armes chimiques (OIAC) pour non-respect de ses engagements.

28 – Algérie : L'opposant et figure du *Hirak* Karim Tabbou est placé en garde à vue à la suite d'une plainte du président du Conseil national des droits de l'homme (CNDH).

MAI

6 – Égypte/Turquie : Une délégation turque relance au Caire le processus de normalisation avec les autorités égyptiennes.

21 – Israël/Palestine : Après plus d'un mois d'une confrontation qui a fait plus de 250 morts, un cessez-le-feu est signé entre le Hamas et Israël.

27 – Syrie : Aux présidentielles qui se sont tenues dans les zones sous contrôle du régime, Bachar al-Assad remporte officiellement 91,3 % des suffrages pour un quatrième mandat.

JUIN

13 – Israël : Après une coalition inédite entre partis d'extrême droite, de droite et arabe, la Knesset, à 61 voix sur 120, investit Naftali Bennett, issu de l'extrême droite religieuse, à la tête du gouvernement.

16 – Israël/Palestine : Plus de 3 semaines après le cessez-le-feu, l'aviation israélienne frappe des sites du Hamas à Khan Younès dans la bande de Gaza, en réponse à des tirs de ballons incendiaires

19 – Iran : Le conservateur Ebrahim Raïssi remporte les présidentielles.

26 – Turquie : Le président Erdoğan inaugure les travaux de construction du KanalIstanbul, entre la mer de Marmara et la mer Noire.

JUILLET

7 – Algérie : Après des législatives marquées par une forte abstention, le président Abdelmadjid Tebboune nomme un nouveau gouvernement.

15 – Liban : Alors que le pays est toujours en proie à une forte crise socio-économique, Saad Hariri, Premier ministre depuis 9 mois, renonce à former un gouvernement, faute d'accord avec le président Aoun.

MONDE

SEPTEMBRE 2020

15-29 : Assemblée générale de l'ONU.

OCTOBRE

9 : Le Programme alimentaire mondial (PAM) reçoit le prix Nobel de la Paix.

29 : Les États-Unis bloquent la nomination de Ngozi Okonjo-Iweala, candidate nigériane à la tête de l'OMC, pourtant soutenue par plus de 105 pays membres.

FÉVRIER 2021

15 : Suite à une initiative canadienne, 58 pays et l'UE signent une « Déclaration contre la détention arbitraire dans les relations d'État à État », qui s'inscrit dans l'effort canadien pour obtenir la libération de deux ressortissants détenus en Chine.

MARS

22 : Les États-Unis, le Canada et l'UE prennent de nouvelles sanctions contre la Chine, en raison de la répression de la minorité ouïgoure au Xinjiang.

JUIN

10 : Publication d'un rapport conjoint de 50 spécialistes mondiaux de la biodiversité et du climat.

13 : Réunis au Royaume-Uni, les dirigeants du G7 s'engagent à atteindre la neutralité carbone d'ici 2050, et à fournir plus d'un milliard de vaccins anti-Covid aux pays les plus pauvres.

14 : À l'issue de son 28e sommet, l'OTAN qualifie la Chine de « défi systémique », et le renforcement militaire russe de « menace grandissante ».

16 : Le Britannique Karim Khan devient procureur général de la Cour pénale internationale.

JUILLET

10 : Après son adoption par l'Organisation de coopération et de développement économiques (OCDE) le 1er juillet, le G20 valide la mise en place du projet de taxation internationale des multinationales dès 2023.

18 : Accord des membres de l'OPEP et de l'OPEP+ pour augmenter légèrement la production de pétrole à partir d'août.

23 : Ouverture des Jeux olympiques d'été à Tokyo dans un contexte de fortes critiques.

30 ANS DANS L'ESPACE POST-SOVIÉTIQUE

8 décembre 1991 : Création de la Communauté des États indépendants (CEI).

26 décembre 1991 : L'URSS est officiellement dissoute.

21 septembre-4 octobre 1993 : Crise constitutionnelle russe, dite d'« Octobre rouge ».

11 octobre 1994 : Offensive militaire russe contre les séparatistes tchétchènes ayant déclaré leur indépendance.

4 juillet 1996 : Boris Eltsine est réélu à la présidence de la Fédération de Russie.

31 août 1996 : Accords de Khassaviourt : retrait des troupes russes de Tchétchénie.

1er octobre 1999 : Seconde offensive militaire russe en territoire tchétchène.

31 décembre 1999 : Boris Eltsine démissionne. Le Premier ministre, Vladimir Poutine, assure l'intérim.

6 février 2000 : L'armée russe reprend Grozny. Des opérations de contre-insurrection auront lieu jusqu'en 2009.

7 mai 2000 : Vladimir Poutine remporte l'élection présidentielle anticipée dès le premier tour.

15 juin 2001 : Création de l'Organisation de coopération de Shanghai (OCS), qui réunit Chine, Kazakhstan, Kirghizstan, Ouzbékistan, Russie et Tadjikistan, et, à partir de 2017, Inde et Pakistan.

7 octobre 2002 : Création de l'Organisation du traité de sécurité collective (OTSC) regroupant Arménie, Biélorussie, Kazakhstan, Kirghizstan, Russie et Tadjikistan. L'Ouzbékistan la rejoint en 2006, puis la quitte en 2012. La Russie implante des bases militaires en Arménie, au Kirghizstan et au Tadjikistan.

23 novembre 2003 : Le président géorgien Edouard Chevardnadze, au pouvoir depuis 1992, démissionne suite à la « révolution des roses ».

26 décembre 2004 : Avec 52 % des voix, Viktor Iouchtchenko remporte les élections organisées suite aux manifestations de la « révolution orange ».

4 avril 2005 : Le président kirghize Askar Akaïev annonce sa démission depuis l'ambassade de son pays en Russie, après avoir fui la « révolution des tulipes ».

21 décembre 2006 : Décès du président du Turkménistan Saparmourat Niazov, remplacé par son ministre de la Santé, Gourbangouly Berdymoukhamedov.

8 mai 2008 : Dmitri Medvedev est élu président de la Fédération de Russie. Vladimir Poutine prend la tête du gouvernement et du parti au pouvoir Russie unie.

7-16 août 2008 : Après l'intervention de l'armée géorgienne en Ossétie du Sud, la Russie attaque la Géorgie, l'Abkhazie entrant aussi dans le conflit. Un cessez-le-feu est signé sous médiation de l'UE. La Russie reconnaît les Républiques auto-proclamées d'Ossétie du Sud et d'Abkhazie.

30 décembre 2008 : Une révision de la Constitution russe porte la durée du mandat présidentiel de quatre à six ans.

15 avril 2010 : Après une semaine de protestations populaires à Bichkek, le président Kourmanbek Bakiev démissionne. Roza Otoumbaïeva est la première femme à accéder (à titre intérimaire) à la présidence d'un pays centrasiatique.

30 octobre 2011 : Le Premier ministre Almazbek Atambaïev est élu président du Kirghizstan.

4 mars 2012 : Vladimir Poutine remporte l'élection présidentielle russe. Dmitri Medvedev redevient son Premier ministre.

22 août 2012 : Après 19 ans de négociations, la Russie intègre l'OMC.

21 novembre 2013 : Le président ukrainien Viktor Ianoukovitch refuse de signer l'accord d'association avec l'UE, provoquant des manifestations massives. Le 21 février 2014, le président se réfugie en Russie.

7-23 février 2014 : Sotchi accueille les 22e Jeux olympiques d'hiver.

18 mars 2014 : Vladimir Poutine signe le Traité d'intégration de la République de Crimée à la Fédération de Russie.

27 juin 2014 : Géorgie, Moldavie et Ukraine signent des accords d'association dans le cadre du Partenariat oriental de l'UE.

21 mai 2014 : Gazprom et la China National Petroleum Corporation (CNPC) signent un contrat d'approvisionnement gazier d'une valeur de 400 milliards de dollars.

27 mai 2014 : Création de l'Union économique eurasiatique (UEE) regroupant Russie, Biélorussie, Kazakhstan et, à partir de 2015, Arménie et Kirghizstan. L'Ouzbékistan obtient un statut d'observateur en décembre 2020.

5 septembre 2014 : La Russie, l'Ukraine, les Républiques auto-proclamées de Donetsk et de Lougansk signent à Minsk un accord de cessez-le-feu dans l'est de l'Ukraine (« Protocole de Minsk »).

12 février 2015 : L'Allemagne, la France, la Russie et l'Ukraine signent à Minsk un deuxième accord sur le Donbass (« Minsk II »).

25 février 2015 : L'opposant Boris Nemtsov est assassiné à Moscou.

8-10 juin 2015 : La ville russe d'Oufa accueille un sommet des BRICS (Brésil, Russie, Inde, Chine, Afrique du Sud) et un sommet de l'OCS.

30 septembre 2015 : Des forces russes se déploient en Syrie en soutien au régime de Bachar al-Assad.

4 décembre 2016 : Quatre mois après la mort du président ouzbek Islam Karimov, au pouvoir depuis l'indépendance du pays, l'ancien Premier ministre Chavkat Mirzioïev lui succède, ouvrant une période de libéralisation économique.

4 mai 2017 : Russie, Iran et Turquie signent à Astana un accord créant quatre zones de cessez-le-feu en Syrie.

15 octobre 2017 : Sooronbaï Jeenbekov remporte l'élection présidentielle kirghize au premier tour.

18 mars 2018 : Vladimir Poutine est réélu à la présidence de la Fédération de Russie.

14 juin-15 juillet 2018 : La Russie accueille la 21e Coupe du monde de football.

16 juillet 2018 : Vladimir Poutine et Donald Trump se rencontrent à Helsinki.

12 août 2018 : Azerbaïdjan, Iran, Kazakhstan, Russie et Turkménistan adoptent une convention sur le statut de la mer Caspienne.

19 mars 2019 : Noursoultan Nazarbaïev démissionne de la présidence du Kazakhstan. Le président du Sénat Kassym-Jomart Tokaïev remporte l'élection présidentielle du 9 juin.

21 avril 2019 : Élection de Volodymyr Zelensky à la présidence de l'Ukraine.

23-24 octobre 2019 : Premier sommet Russie-Afrique à Sotchi.

15 janvier 2020 : Vladimir Poutine nomme Mikhaïl Michoustine Premier ministre et annonce une révision constitutionnelle.

1er juillet 2020 : La révision de la Constitution russe est approuvée par référendum. Tout en maintenant la limite de deux mandats présidentiels successifs, elle permet à Vladimir Poutine de se représenter en 2024 et en 2030.

16 juin 2021 : Joe Biden et Vladimir Poutine se rencontrent à Genève.

La richesse mondiale

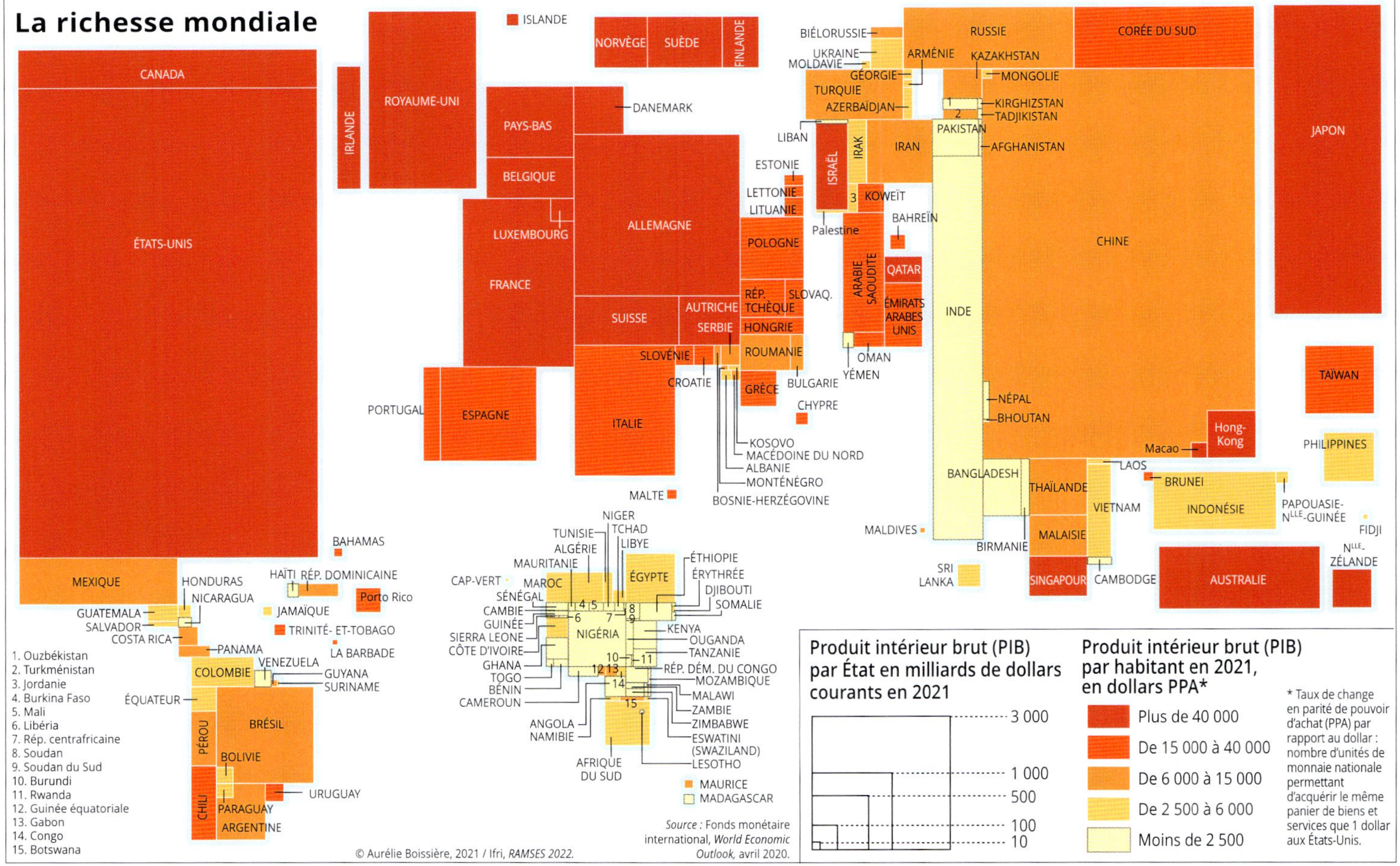

La dynamique de la population mondiale

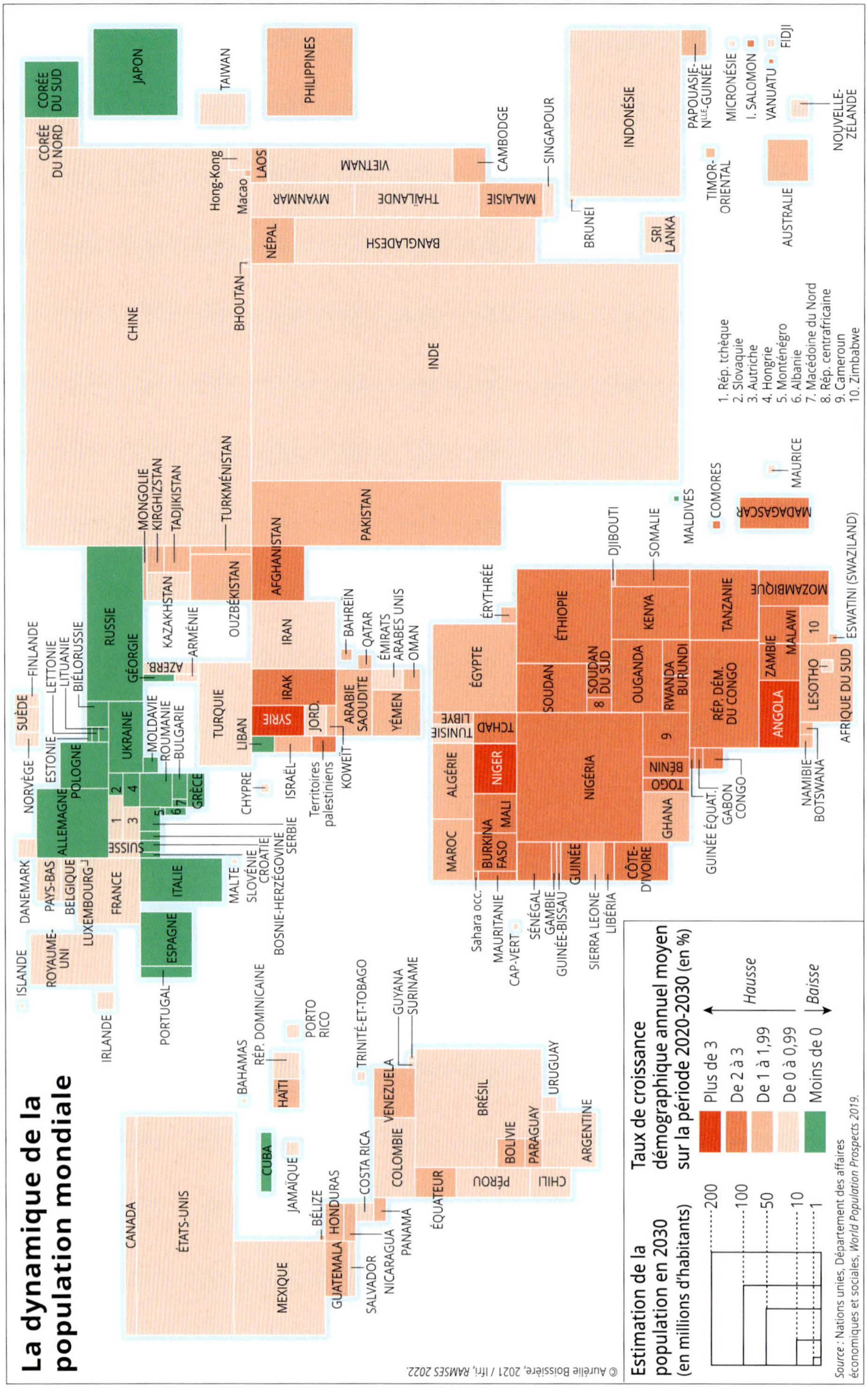

Source : Nations unies, Département des affaires économiques et sociales, *World Population Prospects 2019*.

Les grands acteurs de la course à l'espace

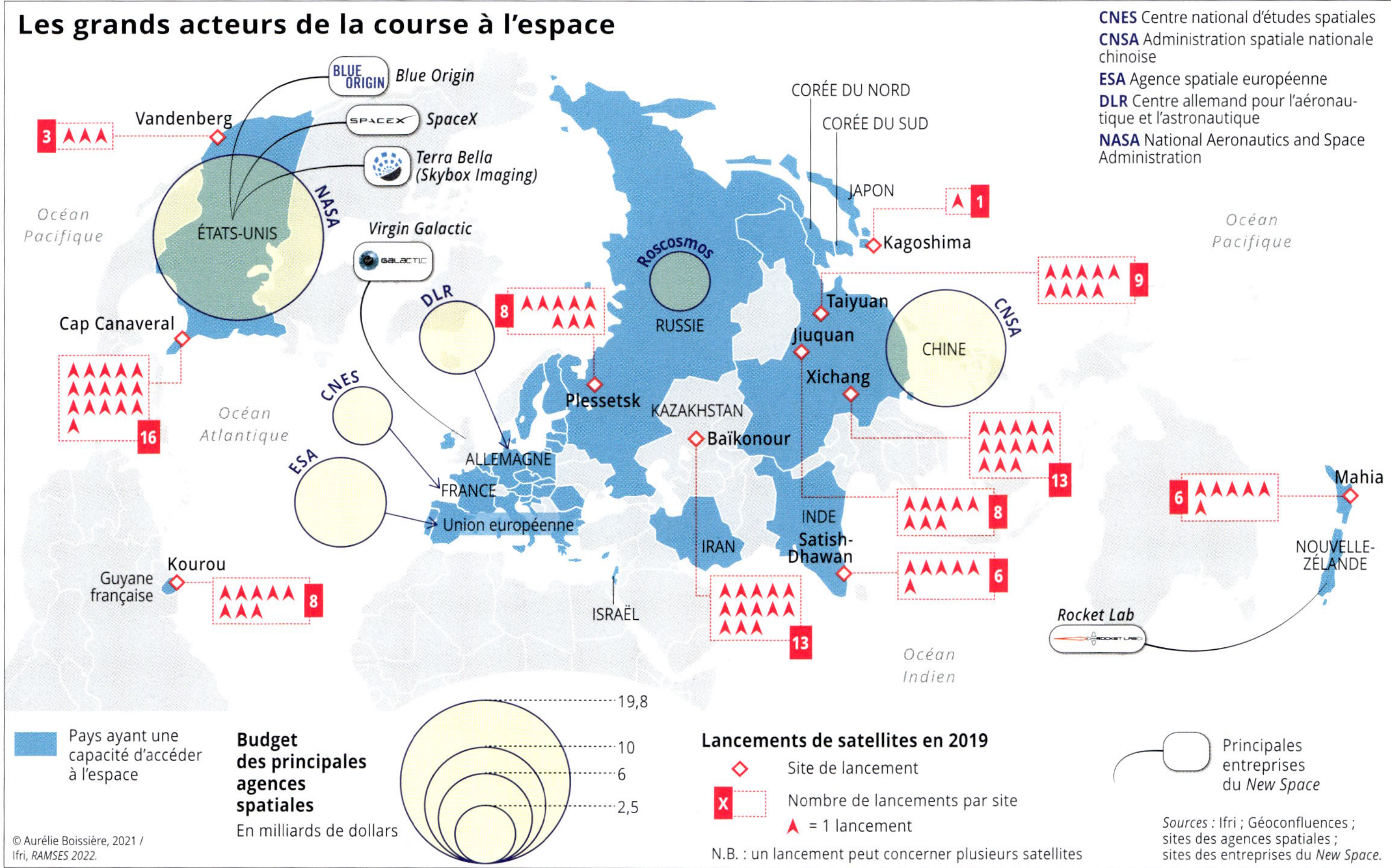

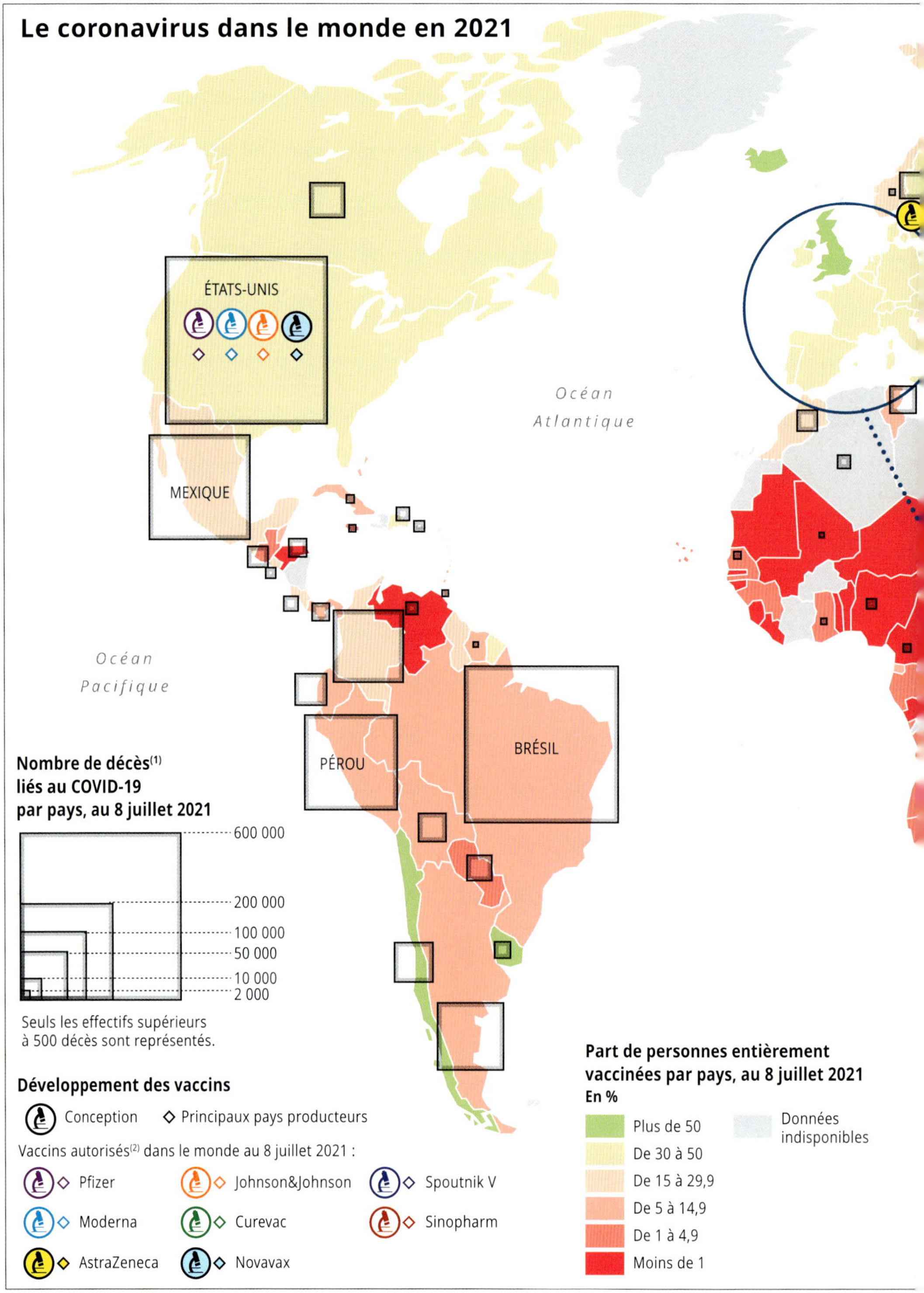

Le coronavirus dans le monde en 2021
ÉTATS-UNIS
MEXIQUE
PÉROU
BRÉSIL
Océan Atlantique
Océan Pacifique
Nombre de décès(1) liés au COVID-19 par pays, au 8 juillet 2021
600 000
200 000
100 000
50 000
10 000
2 000
Seuls les effectifs supérieurs à 500 décès sont représentés.
Développement des vaccins
Conception
Principaux pays producteurs
Vaccins autorisés(2) dans le monde au 8 juillet 2021 :
Pfizer
Johnson&Johnson
Spoutnik V
Moderna
Curevac
Sinopharm
AstraZeneca
Novavax
Part de personnes entièrement vaccinées par pays, au 8 juillet 2021
En %
Plus de 50
De 30 à 50
De 15 à 29,9
De 5 à 14,9
De 1 à 4,9
Moins de 1
Données indisponibles

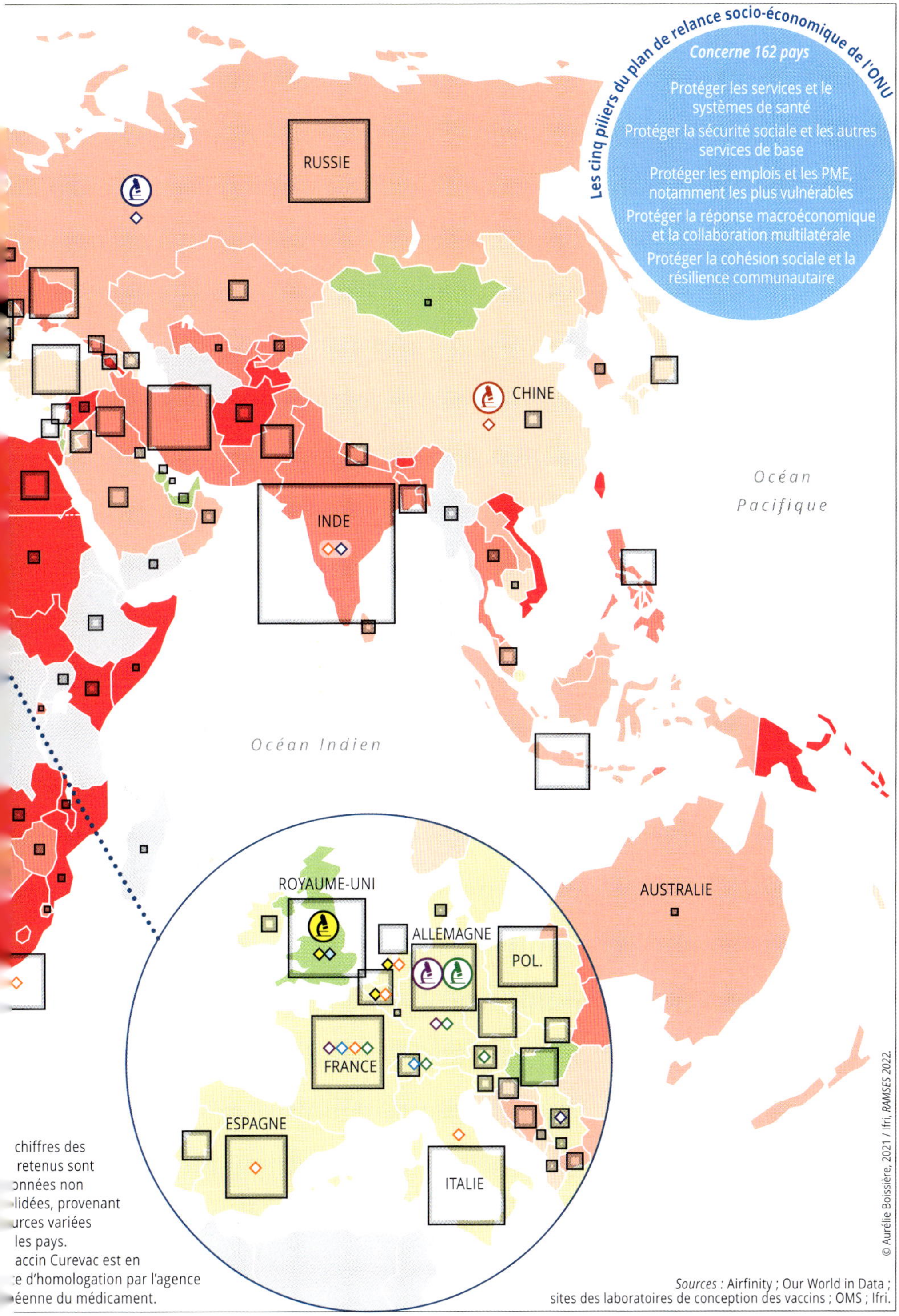

chiffres des
retenus sont
onnées non
lidées, provenant
urces variées
les pays.
accin Curevac est en
e d'homologation par l'agence
éenne du médicament.

Sources : Airfinity ; Our World in Data ; sites des laboratoires de conception des vaccins ; OMS ; Ifri.

La puissance militaire dans le monde

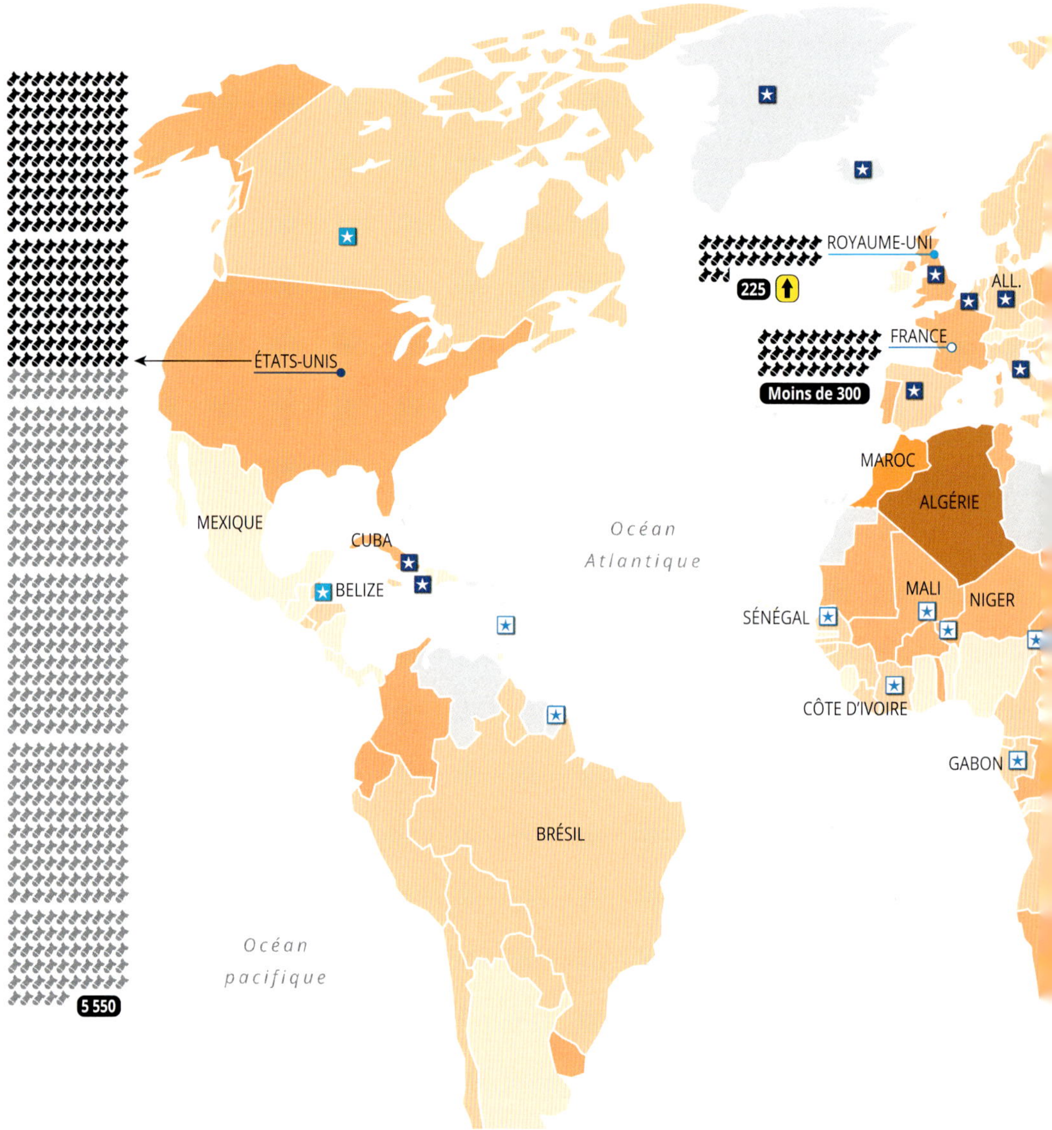

Budget alloué à la défense par pays en 2020
En % du PIB
- Plus de 6
- De 4 à 6
- De 2 à 3,9
- De 1 à 1,9
- Moins de 1
- Pas de données

Principales bases militaires étrangères en 2020
- Française
- Américaine
- Britannique
- Russe
- Chinoise
- Turque
- Émirati (Émirats arabes unis)

Arsenaux nucléaires
- 156 Nombre de têtes nucléaires estimé par pays
- = 10 têtes nucléaires
- Tendance à la hausse

Pour les États-Unis et la Russie
- Tête déployée
- Tête retirée ou en réserve

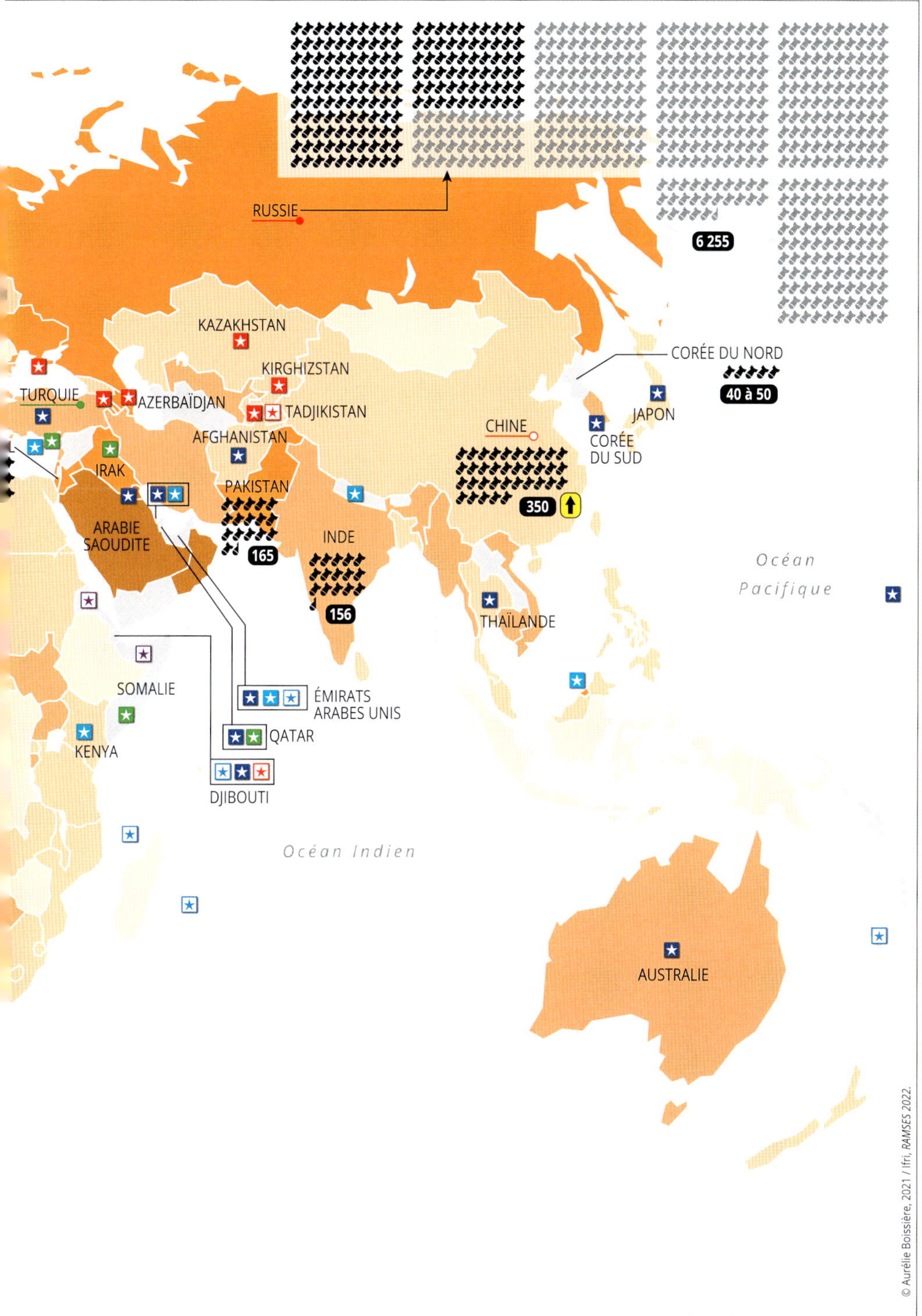

Sources : SIPRI ; Ifri ; Federation of American Scientists.

La présence militaire russe dans le monde

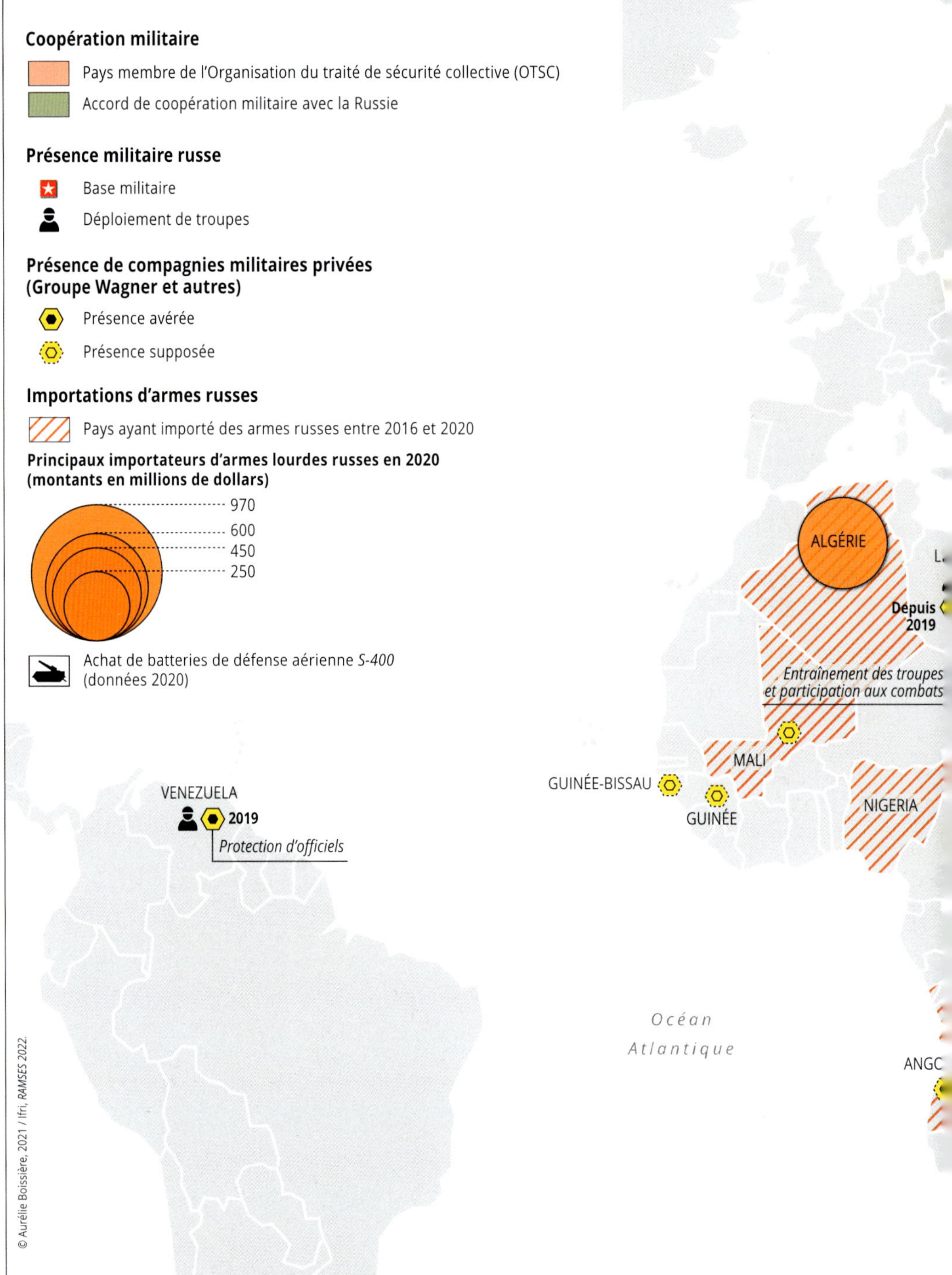

Sources : SIPRI Yearbook 2020 ; « The Military Balance », IISS, 2020 ; Bloomberg ; Newlines Intitute for Strategy and Policy ; Ifri.

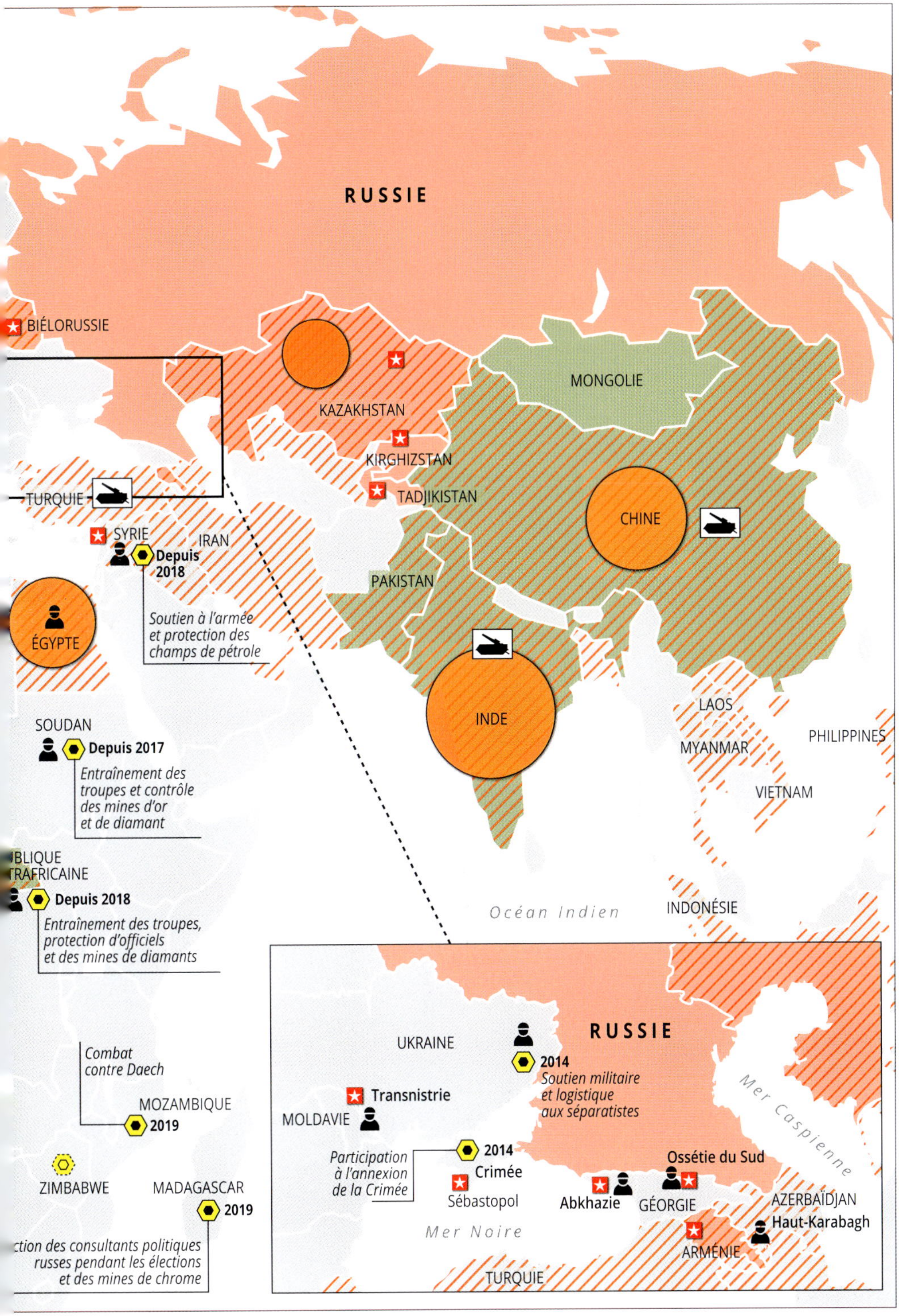
RUSSIE
BIÉLORUSSIE
KAZAKHSTAN
MONGOLIE
KIRGHIZSTAN
TADJIKISTAN
TURQUIE
CHINE
SYRIE
IRAN
Depuis 2018
Soutien à l'armée et protection des champs de pétrole
PAKISTAN
ÉGYPTE
INDE
LAOS
MYANMAR
PHILIPPINES
VIETNAM
SOUDAN
Depuis 2017
Entraînement des troupes et contrôle des mines d'or et de diamant
BLIQUE
TRAFRICAINE
Depuis 2018
Entraînement des troupes, protection d'officiels et des mines de diamants
Océan Indien
INDONÉSIE
Combat contre Daech
MOZAMBIQUE
2019
ZIMBABWE
MADAGASCAR
2019
ction des consultants politiques russes pendant les élections et des mines de chrome
UKRAINE
RUSSIE
2014
Soutien militaire et logistique aux séparatistes
Mer Caspienne
Transnistrie
MOLDAVIE
Participation à l'annexion de la Crimée
2014
Crimée
Sébastopol
Ossétie du Sud
Abkhazie
GÉORGIE
AZERBAÏDJAN
Haut-Karabagh
Mer Noire
ARMÉNIE
TURQUIE

Les organisations et forums régionaux de l'espace post-soviétique

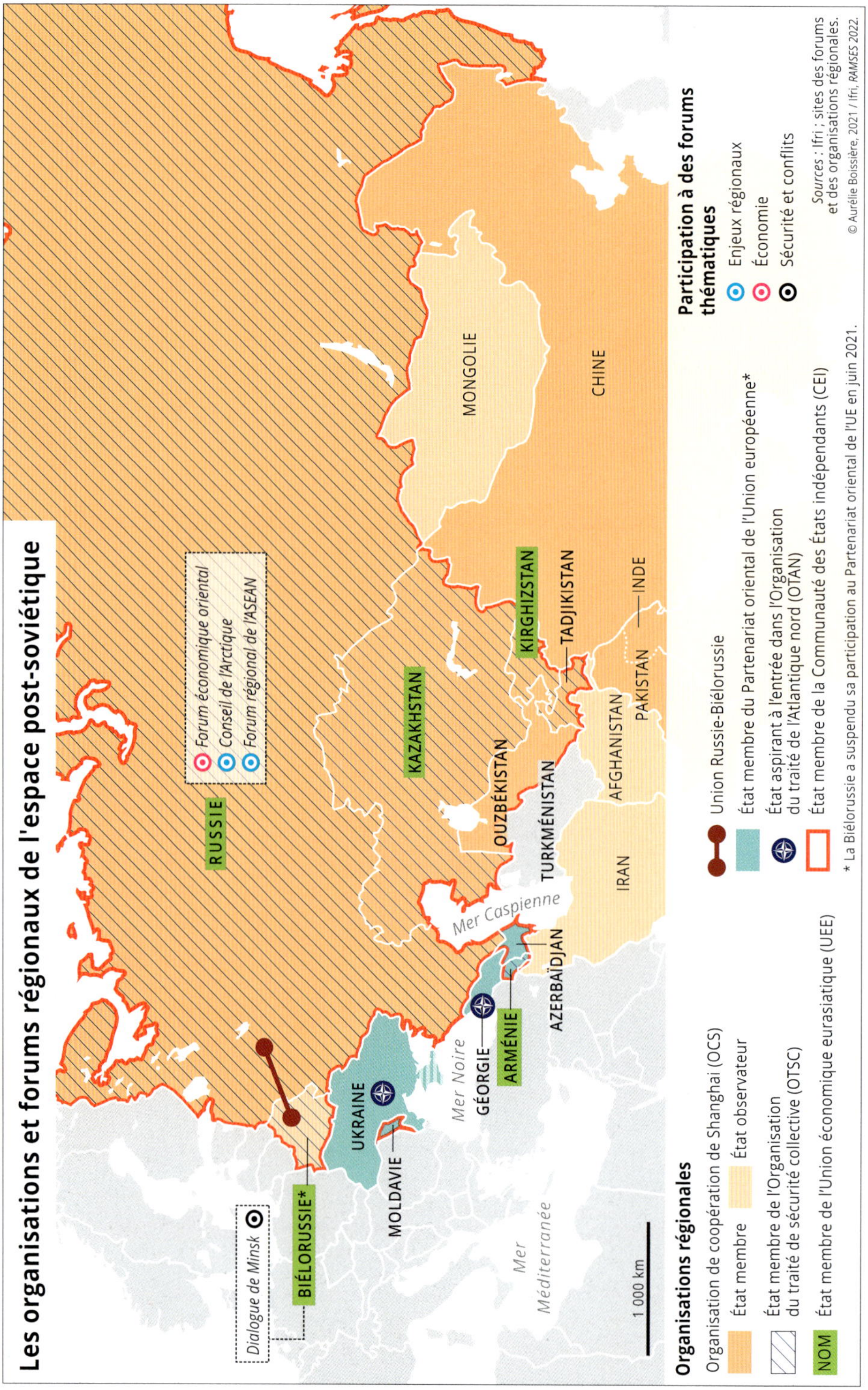

La présence turque en Méditerranée orientale

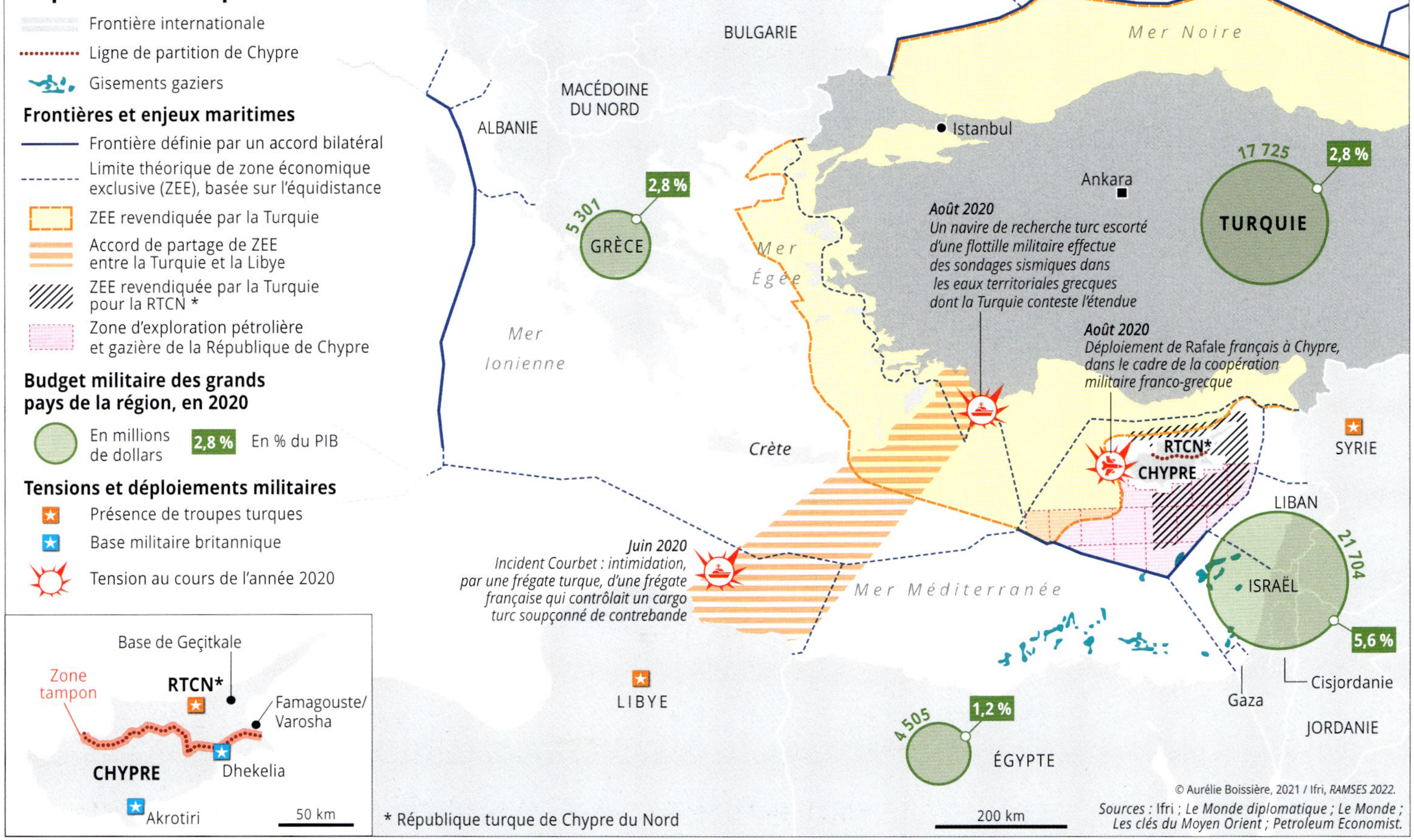

Les conflits en Afrique du Nord et au Moyen-Orient

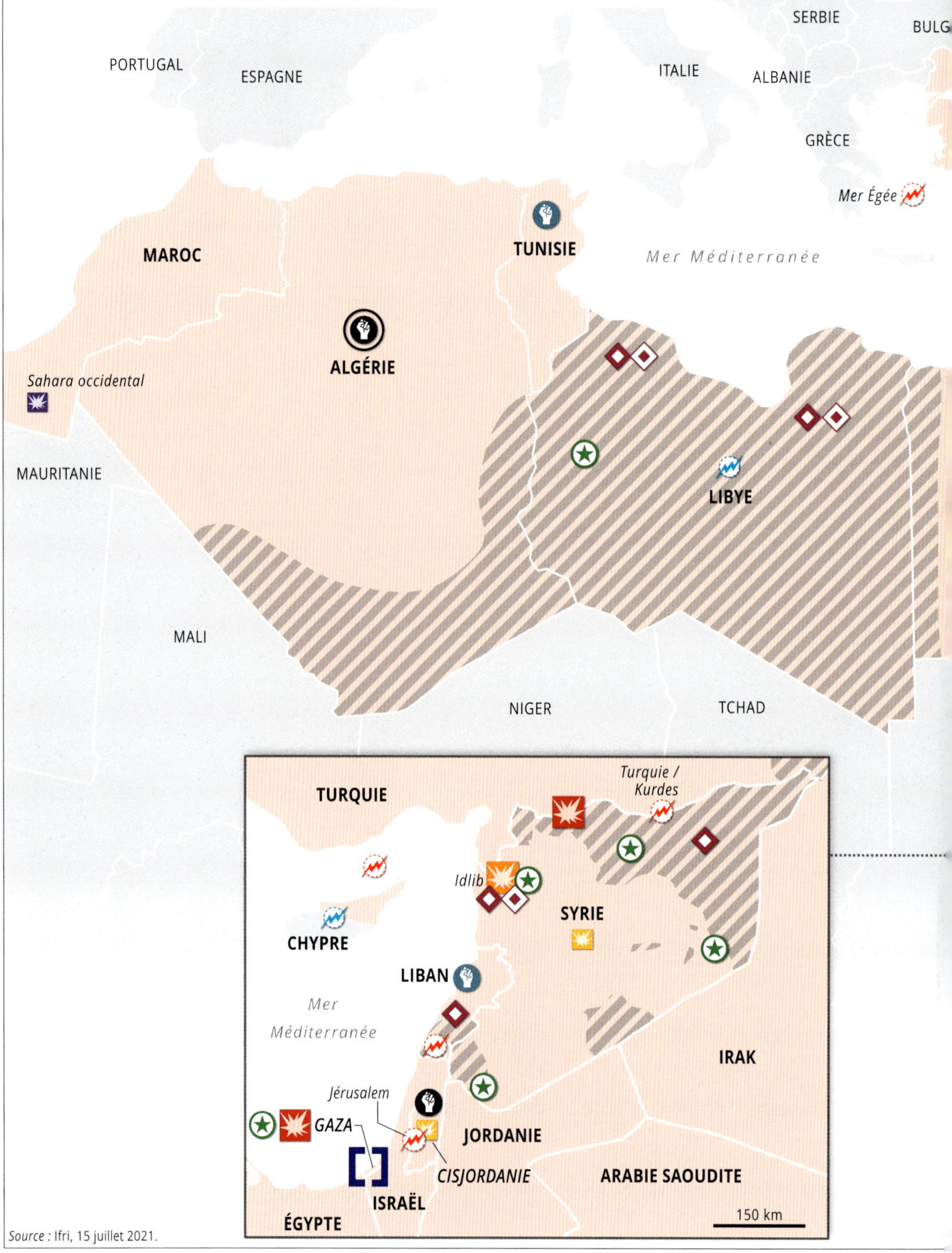

Source : Ifri, 15 juillet 2021.

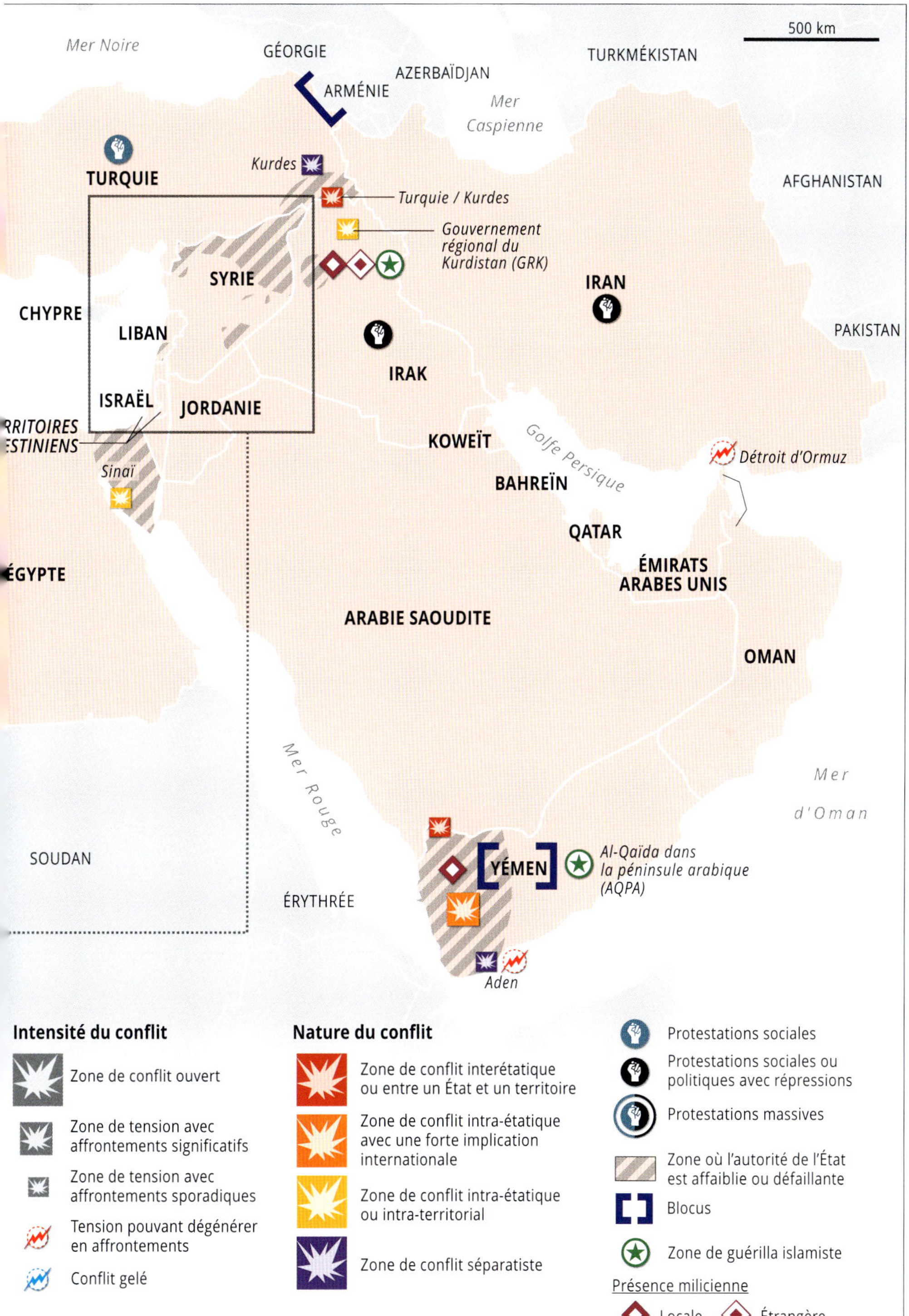

© Aurélie Boissière, 2021 / Ifri, *RAMSES 2022*.

Les conflits en Afrique

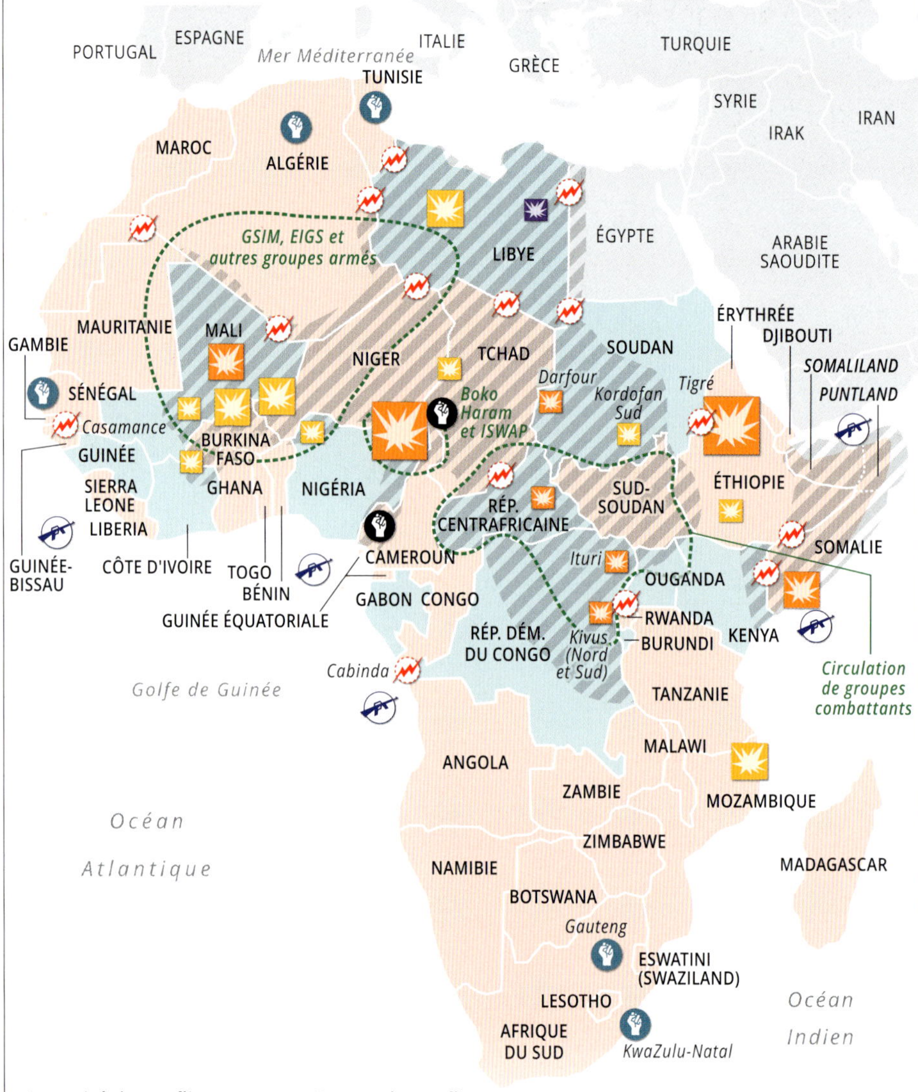

Intensité du conflit

- Zone de conflit ouvert
- Zone de tension avec affrontements significatifs
- Zone de tension avec affrontements sporadiques
- Tension pouvant dégénérer en affrontements

Nature du conflit

- Zone de conflit interétatique ou entre un État et un territoire
- Zone de conflit intra-étatique avec une forte implication internationale
- Zone de conflit intra-étatique ou intra-territorial
- Zone de conflit séparatiste
- Protestations sociales
- Protestations sociales ou politiques avec répressions
- Zone où l'autorité de l'État est affaiblie ou défaillante
- Zone de guérilla
- Zone de piraterie
- Pays dans lequel la CPI mène une enquête ou un examen préliminaire

Source : Ifri, 15 juillet 2021.

Les conflits dans la zone Russie – Nouveaux États indépendants (NEI)

© Aurélie Boissière, 2021 / Ifri, *RAMSES 2022*. *Source :* Ifri, 15 juillet 2021.

Les conflits dans la zone Asie-Pacifique

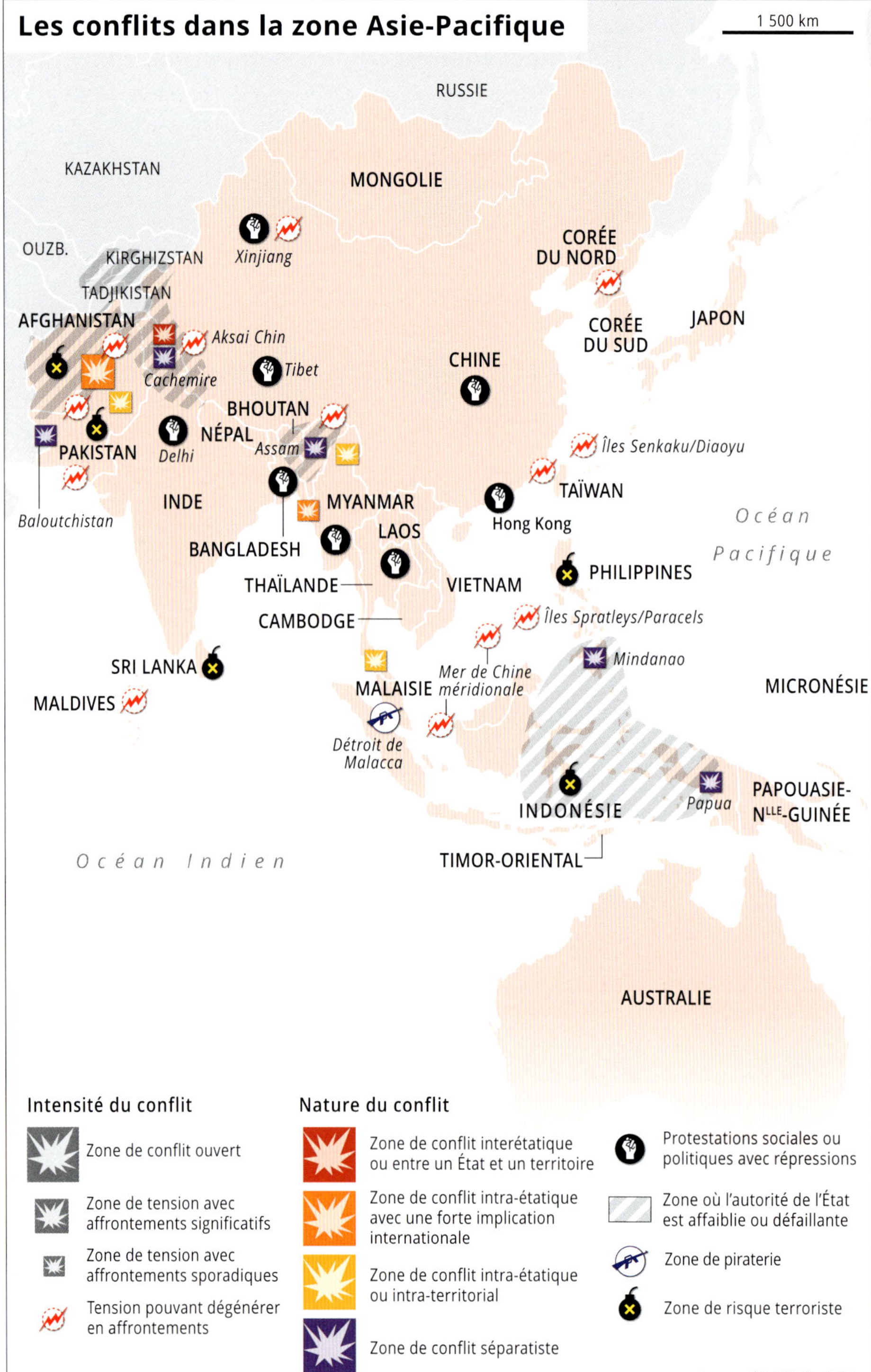

Source : Ifri, 15 juillet 2021.

Le monde en chiffres

Démographie/Développement humain

Population 2021 : nombre total d'habitants, en millions (prévision)
Source : Nations unies, Département des affaires économiques et sociales, *World Population Prospects: The 2019 Revision*, 2019.

Taux de fécondité : nombre moyen d'enfants par femme, en 2019
Source : Banque mondiale, *World Development Indicators*, 2021.

Espérance de vie : espérance de vie à la naissance, en années, en 2019
Source : Programme des Nations unies pour le développement, *Rapport sur le développement humain 2020*, 2020.

Urbanisation : population vivant dans les zones urbaines en % de la population totale, en 2020
Source : Banque mondiale, *World Development Indicators*, 2021.

Économie

Alphabétisation : population sachant lire et écrire en % de la population totale de 15 ans et plus, en 2018 (estimations de l'UIS)
Source : UNESCO, *Institute for Statistics*, 2020.

RNB total : revenu national brut, en milliards de dollars de parité de pouvoir d'achat, en 2020
(RNB = PNB + flux nets de revenu primaire de non résidents)

RNB par habitant : revenu national brut par habitant, en dollars de parité de pouvoir d'achat, en 2020
Source : Banque mondiale, *World Development Indicators*, 2021.

Croissance du PIB : taux de croissance annuel moyen du produit intérieur brut, en %, en 2020

Taux de chômage : taux de chômage en % de la population active, en 2020

Inflation : indice des prix à la consommation, croissance annuelle moyenne, en %, en 2020

Taux d'épargne national en % du PIB, en 2020
Source : Fonds monétaire international, *World Economic Outlook*, 2021.

Politique/Sécurité

Démocratie : indice de démocratie (0-10), en 2020
Démocratie à part entière (8-10), démocratie imparfaite (6-7,9), régime hybride démocratique/autoritaire (4-5,9), régime autoritaire (<4,00)
Source : Economist Intelligence Unit, *Democracy Index*, 2021.

Liberté de la presse (0-100), en 2021
Situation bonne (0-13), situation plutôt bonne (13,1-24,99), problèmes sensibles (25-34,1), situation difficile (34,2-55), situation très grave (55,1-100)
Source : Reporters sans frontières, *Classement mondial de la liberté de la presse 2021*, 2021.

Stabilité de l'État : indice des États fragiles, 0-120, en 2021
Situation d'alerte (>90), situation préoccupante (60-89,9), stabilité (30-59,9), grande stabilité (<30)
Source : The Fund for Peace, *Fragile States Index 2021*, 2021.

Corruption : indice de perception de la corruption (0-100), en 2020
État considéré comme très corrompu (0), État considéré comme non corrompu (100)
Source : Transparency International, *Corruption Perceptions Index 2020*, 2021.

Budget de défense : proportion du budget de défense dans le PIB national, en %, en 2020
Source : Stockholm International Peace Research Institute, *SIPRI Military Expenditure Database 1988-2020*, 2021.

Europe

Europe

	Démographie/Développement humain				Économie			
Pays	Population 2021***	Taux de fécondité	Espérance de vie	Urbanisation	Alphabétisation	RNB total PPA	RNB par habitant	Crois sance du PI
Albanie	2 873	1,6	78,6	62	98,14	38,5	13 580	2,24
Allemagne	83 900	1,5	81,3	78	n/d	4 596,9	55 220	-4,9
Autriche	9 043	1,5	81,5	59	n/d	523,4*	58.940*	1,42
Belgique	11 632	1,6	81,6	98	n/d	636,2*	55.370*	-6,42
Bosnie-Herzégovine	3 263	1,3	77,4	49	n/d	51,4	15 660	2,83
Bulgarie	6 897	1,6	75,1	76	n/d	164,8	23 780	3,69
Chypre	1 216	1,3	81	67	n/d	32,9	36 840	-5,1
Croatie	4 082	1,5	78,5	58	n/d	115,9	28 630	2,86
Danemark	5 813	1,7	80,9	88	n/d	362,6	62 180	2,85
Espagne	46 745	1,3	83,6	81	98,44	1991,3*	42.250*	-10,9
Estonie	1 325	1,7	78,8	69	n/d	50,3*	37.940*	-2,9
Finlande	5 548	1,4	81,9	86	n/d	285,6	51 650	1,27
France	65 426	1,9	82,7	81	n/d	3389,4*	50.400*	-8,2
Grèce	10 371	1,4	82,2	80	97,94	328,3*	30.620*	-8,2
Hongrie	9 634	1,5	76,9	72	n/d	323,1*	33.070*	-4,9
Irlande	4 983	1,7	82,3	64	n/d	341,4*	69.190*	5,92
Islande	343	1,8	83	94	n/d	21,5*	59.590*	4,72
Italie	60 367	1,3	83,5	71	99,16	2 517,5	42 270	-8,8
Kosovo	n/d	2,0	n/d	n/d	n/d	20,7	11 650	4,94
Lettonie	1 867	1,6	75,3	69	99,89	60,5*	31.590*	-3,6
Lituanie	2 690	1,6	75,9	68	n/d	104,5*	37.420*	-0,8
Luxembourg	635	1,3	82,3	92	n/d	45,2**	74.310*	-1,3

* Données pour 2019
** Données pour 2018
*** Prévisions

Économie			Politique/Sécurité					
aux de ômage	Inflation	Taux d'épargne national	Démocratie	Liberté de la presse	Stabilité de l'État	Corruption	Budget de défense
11,5*	1,6	14,54*	6,08	30,59	59	36	1,5
4,18	0,37	27,44	8,67	15,24	24,8	80	1,4
4,53*	1,4	28,31*	8,16	16,34	26,1	76	0,8
5,36*	0,43	24,53	7,51	11,69	31	76	1,1
15,7*	0,56*	18,52*	4,84	28,34	72,9	35	0,9
5,21	1,22	24,12*	6,71	37,29	51,6	44	1,8
7,6	-1,1	13,04	7,56	19,85	57,4	57	1,8
7,76*	0,77*	25,45*	6,5	27,95	49,8	47	1,8
5,04*	0,73*	31,57*	9,15	8,57	18,8	88	1,4
14,11*	-0,32	20,86	8,12	20,44	44,8	62	1,4
4,45*	-0,63	29,63	7,84	15,25	39,5	75	2,3
6,68*	1,14*	24,01*	9,2	6,99	16,2	85	1,5
8,18	0,53	21,39	7,99	22,6	32,5	69	2,1
17,33*	-1,26	6,02	7,39	29,01	54,5	50	2,8
4,12	3,32	27,46	6,56	31,76	51,1	44	1,6
4,98*	0,86*	33,43*	9,05	11,91	22,2	72	0,3
3,1**	2,69**	25,74**	9,37	15,37	18	75	n/a
9,88*	-0,15	21,13	7,74	23,39	45,2	53	1,6
25,7*	0,17	20,63*	n/d	30,32	n/d	36	1,1
8,17	0,08	25,56	7,24	19,26	44	57	2,3
6,25*	1,06	20,7	7,13	20,15	38,7	60	2,1
6,33	0	20,02	8,68	17,56	21,1	80	0,8***

Europe

Europe

	Démographie/Développement humain				Économie			
Pays	Population 2021***	Taux de fécondité	Espérance de vie	Urbani-sation	Alphabé-tisation	RNB total PPA	RNB par habitant	Croissa du PI
Macédoine du Nord	2 083	1,5	75,8	59	n/d	33,9	16 280	-4,5
Malte	443	1,1	82,5	95	94,5	20,4	38 800	-7
Montenegro	628	1,7	76,9	68	98,85	13	20 870	-15,2
Norvège	5 466	1,5	82,4	83	n/d	355,2	66 020	1,12
Pays-Bas	17 173	1,6	82,3	92	n/d	1035,5*	59.700*	1,68
Pologne	37 797	1,4	78,7	60	n/d	1 260,8	33 220	-2,7
Portugal	10 168	1,4	82,1	67	96,14	350,2	33 980	-7,5
Roumanie	19 128	1,8	76,1	54	98,84	605,8	31 410	4,13
Royaume-Uni	68 207	1,7	81,3	84	n/d	3182,9*	47.620*	-9,9
Serbie	8 698	1,5	76	57	n/d	128,8	18 650	4,25
Slovaquie	5 461	1,6	77,5	54	n/d	170,8	31 290	2,32
Slovénie	2 079	1,6	81,3	55	n/d	84,7*	40.530*	-5,5
Suède	10 160	1,7	82,8	88	n/d	582,6	56 270	1,37
Suisse	8 715	1,5	83,8	74	n/d	631,3*	73.620*	1,11
République tchèque	10 725	1,7	79,4	74	n/d	430,7*	40.360*	2,31

* Données pour 2019
** Données pour 2018
*** Prévisions

Économie			Politique/Sécurité				
Chômage	Inflation	Taux d'épargne national	Démocratie	Liberté de la presse	Stabilité de l'État	Corruption	Budget de défense
16,38	1,2	26,16	5,89	31,67	64,5	35	1,3
4,29	0,79	22,99	7,68	30,46	36,2	53	0,6
n/d	-0,24	-0,42	5,77	34,33	58,5	45	2,1
3,85**	2,17*	36,01**	9,81	6,72	16,6	84	1,9
3,39*	2,67*	31,23*	8,96	9,67	24,1	82	1,4
3,16	3,4	20,81	6,85	28,84	43,1	56	2,2
6,79	-0,12	17,14	7,9	10,11	26,8	61	2,1
3,91*	3,83*	19,03*	6,4	24,91	51	44	2,3
4,5	0,85	13,07	8,54	21,59	41,5	77	2,2
13,32	1,67	18,23*	6,22	32,03	67,4	38	2,1***
5,76*	2,01	20,85*	6,97	23,02	39	49	1,8
4,43*	-0,05	27,89	7,54	23,1	28,2	60	1,1
8,29	0,66	29,8*	9,26	7,24	21,4	85	1,2
2,31*	-0,72	31,15*	8,83	10,55	19,9	85	0,8
2*	2,85*	26,65*	7,67	23,38	39,3	54	1,4

Russie/NEI

Russie/NEI

	Démographie/Développement humain				Économie			
Pays	Population 2021***	Taux de fécondité	Espérance de vie	Urbanisation	Alphabétisation	RNB total PPA	RNB par habitant	Croiss du P
Arménie	2 968	1,8	75,1	63	n/d	38,7	13 080	7,58
Azerbaïdjan	10 223	1,8	73	57	n/d	144,5	14 300	2,22
Biélorussie	9 443	1,4	74,8	80	99,76	181,6	19 320	1,45
Géorgie	3 980	2,1	73,8	60	n/d	52,6	14 160	5,01
Kazakhstan	18 995	2,9	73,6	58	99,78	457,2	24 380	-2,6
Kirghizistan	6 628	3,3	71,5	37	99,59	31,3	4 750	4,47
Moldavie	4 024	1,3	71,9	43	n/d	35,4	13 520	3,58
Ouzbékistan	33 936	2,8	71,7	50	99,99	251,5	7 350	5,8
Russie	145 912	1,5	72,6	75	99,73	4 036,1	27 550	-3,0
Tadjikistan	9 750	3,6	71,1	28	n/d	42,9	4 500	7,5
Turkménistan	6 118	2,7	68,2	53	n/d	92,7*	15.600*	6,33
Ukraine	43 467	1,2	72,1	70	n/d	553,5	13 260	3,23

* Données pour 2019
** Données pour 2018
*** Prévisions

Économie			Politique/Sécurité				
Chômage	Inflation	Taux d'épargne national	Démocratie	Liberté de la presse	Stabilité de l'État	Corruption	Budget de défense
24,17***	1,44*	10,23*	5,35	28,83	69,8	49	4,9
4,85*	2,82	28,45*	2,68	58,77	75,1	30	5,4
4,83**	5,6*	27,2*	2,59	50,82	68	47	1,3
17,61***	4,85*	23,81*	5,31	28,64	72,6	56	1,8***
4,78*	6,8	26,83	3,14	50,28	61,2	38	1,1
6,61*	1,14*	17,79*	4,21	30,37	76,4	31	1,8***
5,13*	3,77	16,95*	5,78	31,61	67	34	0,4
n/d	12,86	34,86*	2,12	50,74	72	26	3,6**
4,6*	3,38	25,63	3,31	48,71	73,6	30	4,3
n/d	7,8*	18,24*	1,94	55,52	75,1	25	1
n/d	5,09*	n/d	1,72	80,03	68,2	19	n/d
8,5*	2,74	9,86*	5,81	32,96	69,8	33	4,1

Moyen-Orient/Maghreb

Moyen-Orient/Maghreb

	Démographie/Développement humain				Économie			
Pays	Population 2021***	Taux de fécondité	Espérance de vie	Urbanisation	Alphabétisation	RNB total PPA	RNB par habitant	Croissan du PIB
Algérie	44 617	3,0	76,9	74	81,41	482,9	11 010	0,8*
Arabie Saoudite	35 341	2,3	75,1	84	n/d	1 663,9	47 790	0,33*
Bahreïn	1 748	2,0	77,3	90	97,46	72,7*	44.300*	1,99*
Égypte	104 258	3,3	72	43	n/d	1 249,9	12 210	3,57
Émirats arabes unis	9 991	1,4	78	87	n/d	686,9*	70.300*	1,68*
Irak	41 179	3,6	70,6	71	n/d	388,5	9 660	-10,89
Iran	85 029	2,1	76,7	76	n/d	1 104,6	13 150	1,52
Israël	8 790	3,0	83	93	n/d	378*	41.750*	-2,38
Jordanie	10 269	2,7	74,5	91	98,23	105,3	10 320	1,96*
Koweït	4 329	2,1	75,5	100	96,06	247,9*	58.930*	0,43*
Liban	6 769	2,1	78,9	89	95,07	81,6	11 960	-1,93**
Libye	6 959	2,2	72,9	81	n/d	77,3	11 250	-59,72**
Maroc	37 345	2,4	76,7	64	73,75	269,5	7 190	2,48*
Oman	5 223	2,8	77,9	86	95,65	130,1*	26.160*	-0,83*
Palestine, État de****	5 223	3,6	74,1	77	97,2	31,8	6 620	1,36*
Qatar	2 931	1,8	80,2	99	n/d	253,7	88 070	0,78*
Syrie	18 276	2,8	72,7	56	n/d	n/d	n/d	n/d
Tunisie	11 936	2,2	76,7	70	n/d	118,1	9 990	0,98*
Turquie	85 043	2,1	77,7	76	n/d	2 343	27 780	1,79
Yémen	30 491	3,7	66,1	38	n/d	n/d	n/d	2,1*

* Données pour 2019
** Données pour 2018
*** Prévisions
**** Données pour Cisjordanie et Gaza

Économie			Politique/Sécurité				
hômage	Inflation	Taux d'épargne national	Démocratie	Liberté de la presse	Stabilité de l'État	Corruption	Budget de défense
11,38*	1,95*	35,97*	3,77	47,26	73,6	36	6,7
5,63*	3,44	32,63*	2,08	62,73	69,7	53	8,4***
3,94**	1,01*	31,01*	2,49	61,1	66,7	42	4,1***
8,3	5,7	10,74	2,93	56,17	85	33	1,2***
n/d	-2,07	32,23*	2,7	43,13	40,3	71	n/d
n/d	0,57	1,9	3,62	55,57	96,2	21	4,1***
10,82	34,62*	41,97	2,2	72,7	84,5	25	2,2
4,3	-0,59	26,78	7,84	30,9	43	60	5,6
22,7	0,4	14,61*	3,62	42,89	76,8	49	5
1,09**	1,1*	40,6*	3,8	34,36	52,9	42	6,5
n/d	88,18	-9,37**	4,16	34,93	89	25	3,0***
n/d	4,56*	n/d	1,95	55,73	97	17	n/d
9,5**	0,24*	28,08*	5,04	43,94	71,5	40	4,3
n/d	0,13*	14,75*	3	43,37	50,4	54	10,9***
25,93	-0,71	n/d	3,83	43,18	86	n/d	n/d
n/d	-0,7*	48,7*	3,24	42,6	44,1	63	n/d
n/d	n/d	n/d	1,43	70,63	110,7	14	n/d
14,89*	6,72*	8,78*	6,59	29,53	69,2	44	2,9
13,11	12,28	26,67	4,48	49,79	79,7	40	2,8
n/d	10*	2,54*	1,95	62,35	111,7	15	n/d

Asie-Pacifique

Asie-Pacifique

Pays	Démographie/Développement humain				Économie			
	Population 2021***	Taux de fécondité	Espérance de vie	Urbanisation	Alphabétisation	RNB total PPA	RNB par habitant	Croissance du PIB
Afghanistan	39 835	4,3	64,8	26	43,02	82	2 110	3,91*
Australie	25 788	1,7	83,4	86	n/d	1 320,9	51 420	-2,44
Bangladesh	166 303	2,0	72,6	38	74,68*	875	5 310	3,8
Cambodge	16 946	2,5	69,8	24	n/d	71	4 250	7,05*
Chine	1 444 216	1,7	76,9	61	96,84	24 110,1	17 200	2,27
Corée du Nord	25 887	1,9	72,3	62	n/d	n/d	n/d	n/d
Corée du Sud	51 305	0,9	83	81	n/d	2 251,4	43 480	-0,96
Hong Kong	7 553	1,1	84,9	100	n/d	467,7	62 510	-6,14
Inde	1 393 409	2,2	69,7	35	74,37	8 823,2	6 390	-7,97
Indonésie	276 362	2,3	71,7	57	95,66	3 213,4	11 750	-2,07
Japon	126 051	1,4	84,6	92	n/d	5.525,3*	43.760*	-4,83
Laos	7 379	2,6	67,9	36	n/d	56,6	7 790	4,65*
Malaisie	32 776	2,0	76,2	77	94,85	885,9	27 370	4,3*
Mongolie	3 329	2,9	69,9	69	98,42	35,8	10 930	-5,34
Myanmar (Birmanie)	54 806	2,1	67,1	31	n/d	253,1	4 650	3,19
Népal	29 675	1,9	70,8	21	67,91	118,2	4 060	-1,88
Nouvelle-Zélande	4 861	1,7	82,3	87	n/d	218,8*	43.950*	-2,99
Pakistan	225 200	3,5	67,3	37	n/d	1 054	4 770	-0,39
Philippines	111 047	2,5	71,2	47	n/d	990,2	9 040	-9,51
Singapour	5 897	1,1	83,6	100	97,34	491,7	86 480	1,35*
Sri Lanka	21 497	2,2	77	19	91,71	282	12 870	2,26
Taïwan	23 855	n/d	n/d	n/d	n/d	n/d	n/d	3,11
Thaïlande	69 951	1,5	77,2	51	93,77	1 237,3	17 730	-6,09
Timor-oriental	1 344	3,9	69,5	31	68,07	5,9	4 490	1,8*
Vietnam	98 169	2,1	75,4	37	95	797,8	8 200	7,02*

* Données pour 2019 ** Données pour 2018 *** Prévisions

Économie			Politique/Sécurité				
Chômage	Inflation	Taux d'épargne national	Démocratie	Liberté de la presse	Stabilité de l'État	Corruption	Budget de défense
n/d	5,61	29,9*	2,85	40,19	102,1	19	1,4
6,51	0,87	24,57	8,96	19,79	21,8	77	2,1
n/d	5,65	26,26	5,99	49,71	85	26	1,3
n/d	2,01*	8,07*	3,1	46,84	80,6	21	2,4***
3,8	2,39	45,67	2,27	78,72	68,9	42	1,7***
n/d	n/d	n/d	1,08	81,28	90	18	n/d
3,94	0,54	36,26	8,01	23,43	32,5	61	2,8
5,85	0,33	26,25	5,57	30,44	n/d	77	n/d
n/d	6,2	29,43	6,61	46,56	77	40	2,9
7,07	2,03	31,92	6,3	37,4	67,6	37	0,9
2,79	-0,02	28,83	8,13	28,88	32,2	74	1
n/d	3,32*	n/d	1,77	70,56	76	29	n/d
3,28*	0,66*	24,41*	7,19	39,47	56,9	51	1,1
10*	3,72	20,17	6,48	28,97	52,3	35	0,8
n/d	5,73	28,83	3,04	46,14	93,8	28	2,9***
n/d	6,15	30,38	5,22	34,62	82,2	33	1,4
4,6	1,72	20,88	9,25	10,04	18,4	88	1,5
4,5	10,74	14,28	4,31	46,86	90,5	31	4
10,4	2,64	20,63	6,56	45,64	82,4	34	1
2,25*	0,57*	38,92*	6,03	55,2	26,6	85	3,2
4,4**	4,56	25,24*	6,14	42,2	80,5	38	1,9
3,71**	-0,17	39,88	8,94	23,86	n/d	65	1,9
1*	-0,85	27,15	6,04	45,22	70,9	36	1,5
n/d	0,89*	n/d	7,06	29,11	80,9	40	1,2
2,17*	2,8*	30,36*	2,94	78,46	63,3	36	n/d

Afrique subsaharienne

Afrique subsaharienne

Pays	Démographie/Développement humain				Économie			
	Population 2021***	Taux de fécondité	Espérance de vie	Urbanisation	Alphabétisation	RNB total PPA	RNB par habitant	Croissa du PI
Afrique du Sud	60 042	2,4	64,1	67	n/d	703,8	11 870	-6,96
Angola	33 934	5,4	61,2	67	n/d	198	6 020	-0,6*
Bénin	12 451	4,8	61,8	48	42,36	42,1	3 470	6,87*
Botswana	2 397	2,8	69,6	71	n/d	36,6	15 570	3,03*
Burkina Faso	21 497	5,1	61,6	31	41,22	45,7	2 190	6,82*
Burundi	12 255	5,3	61,6	14	n/d	9,2	780	1,81*
Cameroun	27 224	4,5	59,3	58	77,07	98,7	3 720	3,86*
République Centrafricaine	4 920	4,6	53,3	42	37,4	5	1 040	-0,02**
Congo	5 657	4,4	64,6	68	80,3	17,2	3 110	-6,43*
Congo (RDC)	92 378	5,8	60,7	46	n/d	98,7	1 100	4,38*
Côte d'Ivoire	27 054	4,6	57,8	52	47,17	139,8	5 300	2,28**
Érythrée	3 601	4,0	66,3	n/d	76,57	n/d	n/d	13,03*
Éthiopie	117 876	4,1	66,6	22	n/d	277	2 410	6,06
Gabon	2 279	3,9	66,5	90	84,67	31,4	14 130	3,94*
Gambie	2 487	5,2	62,1	63	n/d	5,4	2 240	7,24*
Ghana	31 732	3,8	64,1	57	79,04	170,1	5 470	6,48*
Guinée	13 497	4,6	61,6	37	n/d	33,8	2 580	6,18*
Guinée-Bissau	2 015	4,4	58,3	44	n/d	3,9	1 980	3,36*
Kenya	54 986	3,4	66,7	28	81,53	235	4 370	5,37*
Libéria	5 180	4,2	64,1	52	n/d	6,3	1 250	-2,97*

* Données pour 2019
** Données pour 2018
*** Prévisions

Économie			Politique/Sécurité				
Chômage	Inflation	Taux d'épargne national	Démocratie	Liberté de la presse	Stabilité de l'État	Corruption	Budget de défense
29,18	3,27	14,6	7,05	21,59	70	44	1,1
n/d	17,08*	25,38*	3,66	34,06	89	27	1,6
n/d	-0,93*	21,6*	4,58	38,18	72,8	41	0,5
n/d	2,85*	25,7*	7,62	23,25	57	60	3,5
n/d	-3,23*	22,14**	3,73	23,17	87,1	40	2,7
n/d	7,31	7,55*	2,14	47,57	97,1	19	2
n/d	2,45*	25,78*	2,77	43,78	97,2	25	1
n/d	2,3	10,67***	1,32	41,92	107	26	1,9
n/d	2,21*	24,86**	3,11	38,83	92,4	19	3,4
n/d	4,71*	7,92*	1,13	48,59	108,4	18	0,7
n/d	0,81*	18,19***	4,11	28,87	90,7	36	1,3
n/d	-14,4**	18,37**	2,15	81,45	97	21	n/d
n/d	15,81*	26,55	3,38	33,63	99	38	0,5***
n/d	2,02*	29,59*	3,54	38,6	67,4	30	1,8
n/d	6,52**	7,95**	4,49	30,76	80,5	37	0,8
n/d	7,14*	26,19*	6,5	21,33	63,9	43	0,4
n/d	10,6	-0,98**	3,08	35,42	97,4	28	1,5
n/d	1,46	11,06**	2,63	32,68	92	19	1,7
n/d	5,29	8,62*	5,05	33,65	89,2	31	1,1
n/d	26,97*	n/d	5,32	33,36	89,5	28	1,3

Afrique subsaharienne

Afrique subsaharienne

	Démographie/Développement humain				Économie			
Pays	Population 2021***	Taux de fécondité	Espérance de vie	Urbanisation	Alphabétisation	RNB total PPA	RNB par habitant	Croissanc du PIB
Madagascar	28 427	4,0	67	39	74,8	42,8	1 540	3,19**
Malawi	19 648	4,1	64,3	17	n/d	29,5	1 540	4,5*
Mali	20 856	5,8	59,3	44	35,47	45,6	2 250	4,75**
Maurice	1 273	1,4	75	41	91,33	28,3	22 390	3,76**
Mauritanie	4 775	4,5	64,9	55	n/d	24,3	5 240	2,12**
Mozambique	32 163	4,8	60,9	37	n/d	39,2	1 250	2,28*
Namibie	2 587	3,3	63,7	52	91,53	23,4	9 220	-7,24
Niger	25 131	6,8	62,4	17	35,05	29,4	1 210	5,91*
Nigéria	211 401	5,3	54,7	52	62,02	1 030,2	5 000	2,21*
Ouganda	47 124	4,8	63,4	25	76,53	103,3	2 260	8,04*
Rwanda	13 277	4,0	69	17	73,22	28	2 160	8,58**
Sénégal	17 196	4,6	67,9	48	n/d	56,9	3 400	4,4*
Sierra Leone	8 141	4,2	54,7	43	43,21	13,4	1 670	3,47**
Somalie	16 360	6,0	57,4	46	n/d	13,8	870	2,9*
Soudan	44 909	4,3	65,3	36	60,7	174	3 970	-2,54*
Soudan du Sud	11 381	4,6	57,9	20	34,52	n/d	n/d	-1,93**
Tanzanie	61 498	4,8	65,5	35	n/d	159,9	2 760	6,97*
Tchad	16 915	5,6	54,2	24	n/d	26	1 580	-0,89***
Togo	8 478	4,3	61	43	n/d	18,4	2 230	0,7***
Zambie	18 921	4,6	63,9	45	86,75	61,7	3 360	1,44*
Zimbabwe	15 092	3,5	61,5	32	n/d	42,3	2 850	-7,41*

* Données pour 2019
** Données pour 2018
*** Prévisions

Économie			Politique/Sécurité				
Chômage	Inflation	Taux d'épargne national	Démocratie	Liberté de la presse	Stabilité de l'État	Corruption	Budget de défense
n/d	4,19	21,09**	5,7	28,24	79,5	25	0,7
n/d	8,64	-4,71*	5,74	28,8	83,2	30	1,1
n/d	1,73**	15,56**	3,93	33,5	96,6	30	3,3
10,90	2,52	18,72**	8,14	28,74	38,1	53	0,2
n/d	2,31*	29,37**	3,92	32,25	89,1	29	2,5
n/d	2,79*	21,9*	3,51	35,39	93,9	25	1,1
n/d	2,57	16,43	6,52	19,72	64,3	51	3,3
n/d	-2,52*	17,96*	3,29	28,44	96	32	2,4
22,56***	11,4*	21,62*	4,1	39,69	98	25	0,6
n/d	3,79	21,12*	4,94	41,19	92,9	27	2,6
n/d	2,43*	10,1**	3,1	50,66	85	54	1,4
n/d	1,02*	24,1*	5,67	25,22	73,4	45	1,6
n/d	14,8*	-1,72**	4,86	29,61	83,4	33	0,6
n/d	n/d	n/d	n/d	55,47	110,9	12	n/d
26,83***	50,99*	-5,75*	2,54	52,93	105,2	16	1,1
n/d	51,19*	10**	n/d	45,78	109,4	12	3,6*
n/d	3	32,88*	5,1	40,69	79,3	38	1
n/d	3,48	16,61***	1,55	40,2	105,8	21	3,1
n/d	0,69*	17,12***	2,8	29,59	85,1	29	2
n/d	16,35	40,8*	4,86	38,21	84,9	33	1,2
n/d	255,29*	n/d	3,16	43,12	99,1	24	0,7*

Amériques

Amériques

	Démographie/Développement humain				Économie			
Pays	Population 2021***	Taux de fécondité	Espérance de vie	Urbanisation	Alphabétisation	RNB total PPA	RNB par habitant	Croissar du PIE
Argentine	45 606	2,2	76,7	92	99	917,2	20 210	-2,09*
Bolivie	11 833	2,7	71,5	70	n/d	96,3	8 250	2,22*
Brésil	213 993	1,7	75,9	87	93,23	3 093,2	14 550	-4,06
Canada	38 068	1,5	82,4	82	n/d	1 805,2	47 500	-5,4
Chili	19 212	1,6	80,2	88	n/d	458,5	23 980	-5,84
Colombie	51 266	1,8	77.3	81	95,09	762,4	14 280	-6,85
Costa Rica	5 139	1,7	80,3	81	97,86	101,1	19 840	2,17*
Cuba	11 317	1,6	78,8	77	n/d	n/d	n/d	n/d
République dominicaine	10 954	2,3	74,1	83	n/d	185	17 060	5,05*
Équateur	17 888	2,4	77	64	n/d	186,7	10 580	0,01*
États-Unis	332 915	1,7	78,9	83	n/d	21.690*	66.060*	-3,51
Guatemala	18 250	2,8	74,3	52	n/d	146,6	8 690	3,85*
Haïti	11 542	2,9	64	57	n/d	33,4	2 930	-1,68*
Honduras	10 063	2,4	75,3	58	87,21	50	5 050	2,65*
Jamaïque	2 973	2,0	74,5	56	n/d	26,2	8 850	0,97*
Mexique	130 262	2,1	75,1	81	95,38	2 343	18 170	-8,24
Nicaragua	6 702	2,4	74,5	59	n/d	35,8	5 410	-3,88*
Panama	4 382	2,4	78,5	68	95,41	107,9	25 010	3,04*
Paraguay	7 220	2,4	74,3	62	94,02	89,8	12 590	-0,03*
Pérou	33 359	2,2	76,7	78	94,41	378,8	11 490	-11,12
Salvador	6 519	2,0	73,3	73	89,01	52,2	8 050	2,38*
Trinité-et-Tobago	1 403	1,7	73,5	53	n/d	34,7	24 800	-1,25*
Uruguay	3 485	2,0	77,9	96	98,7	75,1	21 630	0,33*
Venezuela	28 705	2,3	72,1	88	n/d	n/d	n/d	-19,62*

* Données pour 2019 ** Données pour 2018 *** Prévisions

Économie			Politique/Sécurité				
Chômage	Inflation	Taux d'épargne national	Démocratie	Liberté de la presse	Stabilité de l'État	Corruption	Budget de défense
9,83*	42,02	16,5*	6,95	28,99	50,1	42	0,8
4*	0,94	14,2*	5,08	35,47	74,9	31	1,6
13,24	3,21	14,54	6,92	36,25	75,8	38	1,4
9,6	0,72	20,16	9,24	15,25	21,7	77	1,4
10,78	3,04	21,2	8,28	27,89	44,1	67	1,9
16,08	2,52	15,49	7,04	43,74	79,3	39	3,4
12,42*	2,1*	13,94*	8,16	8,76	42,5	57	0
n/d	n/d	n/d	2,84	63,94	59,5	47	n/d
6,17*	3,78	24,65*	6,32	25,6	64,7	28	0,8
3,84*	-0,34	25,86*	6,13	32,83	71,2	39	2,4
8,11	1,25	17,8	7,92	23,93	44,6	67	3,7
n/d	3,7*	16,93*	4,97	38,45	79,4	25	0,5
n/d	22,95	14,75*	4,22	31,12	97,5	18	0
5,39*	4,37*	20,92*	5,36	49,35	79,4	24	1,7
7,7*	3,91*	22,77*	7,13	9,96	61,2	44	1,7
4,42	3,4	21,8	6,07	46,71	69,9	31	0,6
6,13*	3,71	23,17*	3,6	39,98	77,1	22	0,7
18,55	-1,55	34,3*	7,18	29,94	48,7	35	0
6,09*	2,76*	21,81*	6,18	33,52	66,4	28	1
6,6*	2,14*	19,29	6,53	31,71	71,4	38	1,3
6,73*	0,07*	17,04*	5,9	30,49	71,6	36	1,5
3,93**	0,6	12,2*	7,16	21,55	52,9	40	0,7
10,35	9,76	16,27*	8,61	16,38	35,9	71	2,3
35,54***	2355,15	n/d	2,76	47,6	92,6	15	n/d

Les chiffres du Covid-19

Nombre de cas confirmés au 1er mai 2021 : cumulatif total

Nombre de cas confirmés au 1er mai 2021 rapporté à la population (total pour 1 million d'habitants)

Nombre de décès au 1er mai 2021 : cumulatif total

Nombre de décès au 1er mai 2021 rapporté à la population (total pour 1 million d'habitants)

Taux de létalité (en pourcentage)

Personnes vaccinées autour du 1er mai 2021 : part des personnes ayant reçu au moins une dose de vaccin contre le Covid-19

Source : Our World in Data, *Covid-19 Dataset*, 2021

Europe

Pays	Les chiffres du Covid-19 (au 1er mai 2021)					
	Cas confirmés (cumulatif total)	Cas confirmés rapportés à la population	Décès (cumulatif total)	Décès rapporté à la population	Taux de létalité (%)	Personnes vaccinées (%)
Albanie	131 185	45 585,17	2 396	832,58	1,83	15,32
Allemagne	3 420 000	40 865,82	83 207	993,11	2,43	27,90
Autriche	620 485	68 893,79	10 233	1 136,19	1,65	26,30
Belgique	993 434	85 717,59	24 258	2 093,08	2,44	26,96
Bosnie-Herzégovine	198 461	60 491,37	8 551	2 606,36	4,31	2,54
Bulgarie	404 846	58 264,26	16 444	2 366,57	4,06	8,72
Chypre	65 909	74 221,43	312	351,35	0,47	24,59
Croatie	334 229	81 414,66	7 130	1 736,79	2,13	17,22
Danemark	252 740	43 634,52	2 490	429,89	0,98	23,25
Espagne	3 520 000	75 373,62	78 216	1 672,90	2,22	26,09
Estonie	122 450	92 307,88	1 166	878,98	0,95	25,46
Finlande	87 096	15 719,26	914	164,96	1,05	30,55
France	5 700 000	84 416,02	104 867	1 552,11	1,84	23,69
Grèce	346 422	33 236,13	10 453	1 002,87	3,02	20,83
Hongrie	781 299	80 876,88	27 701	2 867,49	3,55	42,07
Irlande	249 437	50 515,86	4 906	993,56	1,97	23,22
Islande	6 472	18 965,57	29	84,98	0,45	32,06
Italie	4 040 000	66 746,53	121 033	2 001,81	3,00	24,02
Kosovo	103 638	53 621,38	2 134	1 104,11	2,06	1,14
Lettonie	119 370	63 285,90	2 139	1 134,03	1,79	16,25
Lituanie	248 655	91 340,35	3 937	1 446,21	1,58	25,56
Luxembourg	67 205	107 360,35	796	1 271,61	1,18	23,71
Macédoine du Nord	152 581	73 237,24	4 891	2 347,63	3,21	2,96
Malte	30 307	68 639,46	415	939,89	1,37	52,43
Montenegro	97 517	155 266,52	1 502	2 391,48	1,54	6,40

Covid-19

Europe

Pays	Les chiffres du Covid-19 (au 1er mai 2021)					
	Cas confirmés (cumulatif total)	Cas confirmés rapportés à la population	Décès (cumulatif total)	Décès rapporté à la population	Taux de létalité (%)	Personnes vaccinées (%)
Norvège	113 259	20 891,71	756	139,45	0,67	25,83
Pays-Bas	1 530 000	89 218,81	17 421	1 016,70	1,14	26,30
Pologne	2 800 000	73 946,32	67 924	1 794,72	2,43	23,56
Portugal	836 947	82 080,13	16 976	1 664,85	2,03	24,54
Roumanie	1 060 000	54 922,00	28 194	1 465,56	2,67	17,35
Royaume-Uni	4 430 000	65 317,69	127 782	1 882,30	2,88	50,83
Serbie	690 931	101 538,87	6 386	938,48	0,92	29,81
Slovaquie	382 720	70 099,82	11 732	2 148,86	3,06	20,34
Slovénie	241 309	116 073,54	4 258	2 048,17	1,76	20,64
Suède	973 604	96 403,40	14 048	1 390,99	1,44	27,42
Suisse	659 974	76 256,86	10 633	1 228,59	1,61	21,63
République tchèque	1 630 000	152 482,47	29 316	2 737,51	1,79	20,55

Russie/NEI

Pays	Les chiffres du Covid-19 (au 1er mai 2021)					
	Cas confirmés (cumulatif total)	Cas confirmés rapportés à la population	Décès (cumulatif total)	Décès rapporté à la population	Taux de létalité (%)	Personnes vaccinées (%)
Arménie	216 596	73 094,46	4 128	1 393,07	1,91	0,36
Azerbaïdjan	320 322	31 592,51	4 538	447,57	1,42	9,58
Biélorussie	359 982	38 096,07	2 552	270,07	0,71	3,17
Géorgie	311 457	78 075,54	4 130	1 035,30	1,33	0,98
Kazakhstan	378 441	20 154,81	3 341	177,93	0,88	7,57
Kirghizistan	95 752	14 676,46	1 612	247,08	1,68	0,41
Moldavie	251 160	62 261,35	5 826	1 444,24	2,32	3,23
Ouzbékistan	91 250	2 726,39	650	19,42	0,71	1,79
Russie	4 760 000	32 616,71	108 675	744,68	2,28	8,48
Tadjikistan	13 308	1 395,31	90	9,44	0,68	0,74
Turkménistan	n/d	n/d	n/d	n/d	n/d	0,53
Ukraine	2 130 000	48 766,49	46 281	1 058,24	2,17	1,73

Moyen-Orient/Maghreb

Pays	Les chiffres du Covid-19 (au 1er mai 2021)					
	Cas confirmés (cumulatif total)	Cas confirmés rapportés à la population	Décès (cumulatif total)	Décès rapporté à la population	Taux de létalité (%)	Personnes vaccinées (%)
Algérie	122 311	2,789.24	3 261	74,36	2,67	n/d
Arabie Saoudite	418 411	12 018,51	6 968	200,15	1,67	n/d
Bahrein	177 997	104 606,71	648	380,82	0,36	41,25
Egypte	228 584	2 233,70	13 402	130,96	5,86	1,04
Emirats arabes unis	521 948	52 773,19	1 591	160,86	0,30	51,38
Irak	1 070 000	26 611,12	15 498	385,31	1,45	0,74
Iran	2 520 000	29 956,76	72 090	858,29	2,87	1,02
Israël	838 481	96 872,16	6 363	735,14	0,76	62,40
Jordanie	712 077	69 789,99	8 871	869,44	1,25	6,85
Koweït	275 270	64 457,54	1 569	367,40	0,57	19,25
Liban	527 508	77 285,54	7 302	1 069,82	1,38	4,30
Libye	177 508	25 833,30	3 029	440,82	1,71	1,55
Maroc	511 562	13 859,50	9 026	244,54	1,76	13,70
Oman	193 253	37 843,61	2 010	393,61	1,04	3,89
Palestine, Etat de****	296 462	58 113,67	3 249	636,88	1,10	5,12
Qatar	206 302	71 606,28	465	161,40	0,23	34,80
Syrie	22 818	1 303,84	1 598	91,31	7,00	0,01
Tunisie	310 734	26 291,91	10 808	914,49	3,48	2,58
Turquie	4 850 000	57 498,95	40 504	480,25	0,83	16,31
Yémen	6 325	212,06	1 229	41,21	19,43	0,06

**** Données pour Cisjordanie et Gaza

Asie-Pacifique

Pays	Les chiffres du Covid-19 (au 1er mai 2021)					
	Cas confirmés (cumulatif total)	Cas confirmés rapportés à la population	Décès (cumulatif total)	Décès rapporté à la population	Taux de létalité (%)	Personnes vaccinées (%)
Afghanistan	59 939	1 539,73	2 631	67,59	4,39	0,62
Australie	29 824	1 169,57	910	35,69	3,05	12,54
Bangladesh	760 584	4 618,29	11 510	69,89	1,51	3,53
Cambodge	13 790	824,81	96	5,74	0,70	8,16
Chine	90 735	63,04	4 636	3,22	5,11	n/d
Corée du Nord	n/d	n/d	n/d	n/d	n/d	n/d
Corée du Sud	123 240	2 403,78	1 833	35,75	1,49	6,64
Hong Kong	11 782	1 571,56	210	28,01	1,78	12,49
Inde	19 560 000	14 172,02	215 542	156,19	1,10	9,15
Indonésie	1 670 000	6 116,03	45 652	166,9	2,73	4,56
Japon	599 253	4 738,06	10 281	81,29	1,72	2,54
Laos	821	112,84	0	0	n/d	1,73
Malaisie	411 594	12 716,86	1 521	46,99	0,37	2,78
Mongolie	37 285	11 373,30	115	35,08	0,31	27,06
Myanmar (Birmanie)	142 831	2 625,10	3 209	58,98	2,25	3,11
Népal	328 893	11 287,89	3 298	113,19	1,00	7,18
Nouvelle-Zélande	2 618	542,90	26	5,39	0,99	4,26
Pakistan	829 933	3 757,18	18 070	81,81	2,18	0,95
Philippines	1 050 000	9 551,40	17 354	158,37	1,66	1,51
Singapour	61 179	10 457,34	31	5,3	0,05	31,67
Sri Lanka	109 862	5 130,56	687	32,08	0,63	4,33
Taiwan	1 132	47,53	12	0,5	1,06	0,24
Thaïlande	67 044	960,52	224	3,21	0,33	1,57
Timor-oriental	2 276	1 726,28	3	2,27	0,13	2,32
Vietnam	2 942	30,22	35	0,36	1,19	0,53

Covid-19

Afrique subsaharienne

Pays	Les chiffres du Covid-19 (au 1er mai 2021)					
	Cas confirmés (cumulatif total)	Cas confirmés rapportés à la population	Décès (cumulatif total)	Décès rapporté à la population	Taux de létalité (%)	Personnes vaccinées (%)
Afrique du Sud	1 580 000	26 688,20	54 406	917,34	3,44	0,54
Angola	26 815	815,88	600	18,26	2,24	1,39
Bénin	7 821	645,13	99	8,17	1,27	0,09
Botswana	46 934	19 958,11	712	302,77	1,52	2,12
Burkina Faso	13 319	637,17	157	7,51	1,18	n/d
Burundi	4 018	337,91	6	0,51	0,15	n/d
Cameroun	72 250	2 721,70	1 107	41,70	1,53	0,04
République Centrafricaine	6 411	1 327,39	88	18,22	1,37	0,01
Congo	10 678	1 935,09	144	26,10	1,35	0,69
Congo (RDC)	29 904	333,89	768	8,57	2,57	0,00
Côte-d'Ivoire	46 114	1 748,18	286	10,84	0,62	0,60
Érythrée	3 671	1 035,13	10	2,82	0,27	n/d
Éthiopie	258 062	2 244,73	3 709	32,26	1,44	0,99
Gabon	23 075	10 367,39	139	62,45	0,60	0,36
Gambie	5 898	2 440,55	174	72,00	2,95	1,02
Ghana	92 601	2 980,12	779	25,07	0,84	2,72
Guinée	22 247	1 694,00	144	10,96	0,65	0,73
Guinée Bissau	3 736	1 898,38	67	34,05	1,79	0,30
Kenya	160 053	2 976,55	2 744	51,03	1,71	1,59
Libéria	2 099	415,01	85	16,81	4,05	0,72
Madagascar	37 296	1 346,86	654	23,62	1,75	0,00
Malawi	34 095	1 782,28	1 148	60,01	3,37	1,55
Mali	13 896	686,19	485	23,95	3,49	0,25
Maurice	1 211	952,22	17	13,37	1,40	16,68
Mauritanie	18 429	3 963,52	455	97,86	2,47	0,34

Afrique subsaharienne

Pays	Les chiffres du Covid-19 (au 1er mai 2021)					
	Cas confirmés (cumulatif total)	Cas confirmés rapportés à la population	Décès (cumulatif total)	Décès rapporté à la population	Taux de létalité (%)	Personnes vaccinées (%)
Mozambique	69 965	2 238,49	814	26,04	1,16	0,95
Namibie	48 654	19 148,21	643	253,06	1,32	0,92
Niger	5 229	216,01	191	7,89	3,65	0,28
Nigeria	165 110	800,96	2 063	10,01	1,25	0,59
Ouganda	41 905	916,14	342	7,48	0,82	0,74
Rwanda	25 225	1 947,54	335	25,86	1,33	2,70
Sénégal	40 388	2 412,10	1 109	66,23	2,75	2,47
Sierra Leone	4 057	508,59	79	9,90	1,95	0,69
Somalie	13 915	875,53	713	44,86	5,12	0,78
Soudan	33 944	774,11	2 349	53,57	6,92	0,32
Sud Soudan	10 583	945,44	115	10,27	1,09	0,05
Tanzanie	509	8,52	21	0,35	4,13	n/d
Tchad	4 824	293,68	170	10,35	3,52	n/d
Togo	12 992	1 569,32	123	14,86	0,95	1,93
Zambie	91 670	4 986,41	1 251	68,05	1,36	0,23
Zimbabwe	38 260	2 574,19	1 568	105,50	4,10	2,88

Covid-19

Amériques

Pays	Cas confirmés (cumulatif total)	Cas confirmés rapportés à la population	Décès (cumulatif total)	Décès rapporté à la population	Taux de létalité (%)	Personnes vaccinées (%)
	Les chiffres du Covid-19 (au 1er mai 2021)					
Argentine	2 990 000	66 242,14	64 096	1 418,19	2,14	15,49
Bolivie	306 527	26 259,42	13 009	1 114,45	4,24	5,27
Brésil	14 730 000	69 279,34	406 437	1 912,11	2,76	13,80
Canada	1 230 000	32 719,70	24 245	642,38	1,96	33,21
Chili	1 200 000	62 970,38	26 457	1 384,01	2,20	42,59
Colombie	2 880 000	56 556,27	73 992	1 454,16	2,57	6,71
Costa Rica	250 991	49 270,79	3 231	634,26	1,29	11,88
Cuba	107 622	9 501,69	654	57,74	0,61	0,62
République dominicaine	266 861	24 600,24	3 487	321,44	1,31	10,93
Équateur	384 589	21 798,32	18 724	1 061,27	4,87	4,49
États-Unis	32 390 000	97 873,09	576 969	1 743,40	1,78	43,73
Guatemala	228 477	12 752,99	7 543	421,03	3,30	0,95
Haïti	13 056	1 145,01	254	22,28	1,95	n/d
Honduras	213 167	21 522,00	5 318	536,92	2,50	1,10
Jamaïque	45 777	15 459,14	779	263,07	1,70	4,94
Mexique	2 350 000	18 209,34	217 168	1 684,35	9,25	9,75
Nicaragua	6 898	1 041,28	182	27,47	2,64	2,51
Panama	364 844	84 557,04	6 235	1 445,04	1,71	11,17
Paraguay	281 023	39 400,18	6 476	907,95	2,30	1,71
Pérou	1 800 000	54 575,20	167 398	5 077,00	9,30	3,61
Salvador	69 198	10 668,50	2 124	327,46	3,07	12,95
Trinité et Tobago	11 072	7 911,45	171	122,19	1,54	3,03
Uruguay	200 908	57 836,44	2 669	768,34	1,33	34,00
Venezuela	198 865	6 993,44	2 155	75,78	1,08	1,11

Index

K

L

M

N

O

P

R

S

T

U

V

X

Y

Z

L'équipe du RAMSES 2022

Alain Antil : chercheur ; directeur du Centre Afrique subsaharienne de l'Ifri ; chargé de cours à Sciences Po Lille.

Claude-France Arnould : conseiller du président de l'Ifri pour les Affaires européennes ; ancien conseiller diplomatique du gouvernement au ministère de l'Europe et des Affaires étrangères.

Caroline Berchet : analyste des politiques de santé à l'Organisation de coopération et de développement économiques (OCDE).

Michael van den Berg : analyste des politiques de santé à l'Organisation de coopération et de développement économiques (OCDE).

Sophie Boisseau du Rocher : chercheuse associée au Centre Asie de l'Ifri, à Asia Centre (Paris) et à l'Institut de recherche sur l'Asie du Sud-Est contemporaine (IRASEC, Bangkok).

Christian de Boissieu : professeur émérite à l'université de Paris I (Panthéon-Sorbonne), vice-président du Cercle des économistes et ancien président du Conseil d'analyse économique.

Patrice Bourdelais : historien et démographe ; directeur d'études émérite à l'École des hautes études en sciences sociales (EHESS).

Silvio Cascione : directeur du Groupe Eurasia à São Paulo.

Yasmina Dahech : collaboratrice du programme Turquie/Moyen-Orient de l'Ifri.

Dominique David : conseiller du président de l'Ifri ; rédacteur en chef de *Politique étrangère* et co-directeur du *RAMSES.*

William Davison : analyste à l'International Crisis Group et spécialiste de l'Éthiopie.

Isabelle Facon : directrice adjointe de la Fondation pour la recherche stratégique (FRS), spécialiste de la politique de sécurité et de défense russe.

Sylvain Faye : professeur titulaire en sociologie et anthropologie à l'université Cheikh Anta DIOP de Dakar, spécialiste des questions de santé.

Michel Foucher : géographe, ancien ambassadeur de France, titulaire de la chaire de géopolitique appliquée au Collège d'études mondiales de la Fondation Maison des sciences de l'homme (FMSH).

Christophe Gaudin : sociologue ; maître de conférences en science politique à l'université Kookmin, Séoul.

Olga Gille-Belova : maîtresse de conférences en civilisation russe et directrice du département des études slaves à l'université Bordeaux-Montaigne, chercheuse au Centre d'études des mondes moderne et contemporain (CEMMC).

Alexandra Goujon : maîtresse de conférences en science politique à l'université de Bourgogne, rattachée au Centre de recherche et d'étude en droit et science politique (CREDESPO).

Pierre Grosser : historien, spécialiste des relations internationales, membre du Centre d'histoire de Sciences Po Paris.

Frederico Guanais : analyste senior des politiques de santé à l'Organisation de coopération et de développement économiques (OCDE).

Marc Hecker : directeur de la recherche et de la valorisation de l'Ifri ; chercheur au Centre des études de sécurité de l'Ifri ; rédacteur en chef de *Politique étrangère*.

Mohamed Hellal : enseignant de géographie à l'université de Sousse FLSHS ; chercheur à l'université de Tunis.

Rémy Hémez : officier de l'armée de Terre ; ancien chercheur au Laboratoire de recherche sur la défense (LRD) de l'Ifri.

Jolyon Howorth : professeur émérite de politique européenne à l'université de Bath ; *fellow* à la Harvard Kennedy School.

Tatiana Kastouéva-Jean : directrice du Centre Russie/NEI de l'Ifri.

Marc Julienne : chercheur, responsable des activités Chine au Centre Asie de l'Ifri.

Dominique Kerouedan : fondatrice de la spécialisation « Global Health » à PSIA-Sciences Po (2005-2020) ; titulaire (2012-2013) de la chaire « Savoirs contre pauvreté, Géopolitique de la santé mondiale », Collège de France.

Helen Lackner : chercheuse associée à l'European Council for Foreign Relations (ECFR) et à la School of Oriental and African Studies (SOAS), université de Londres.

Maxime Lefebvre : diplomate et professeur à l'ESCP Business School, à Paris.

Roseline Letteron : professeur de droit public à l'université Paris-Sorbonne ; co-directrice du master Relations internationales ; autrice du blog « Liberté libertés chéries ».

Michaël Levystone : chercheur au Centre Russie/NEI de l'Ifri.

Florent Marciacq : secrétaire-général adjoint du Centre franco-autrichien pour le rapprochement en Europe (CFA), chercheur associé au Centre international de formation européenne et membre de l'Observatoire des Balkans à la Fondation Jean Jaurès.

Éric-André Martin : secrétaire général du Comité d'études des relations franco-allemandes (Cerfa) à l'Ifri.

Paul Maurice : chercheur au Comité d'études des relations franco-allemandes (Cerfa) à l'Ifri.

Carole Mathieu : chercheuse au Centre Énergie de l'Ifri ; responsable du suivi des politiques énergétiques européennes de l'énergie et du climat.

Gaïdz Minassian : journaliste au *Monde*, enseignant à Sciences Po Paris.

Jean-Yves Moisseron : socio-économiste, directeur de recherche à l'Institut de recherche pour le développement (IRD).

Thierry de Montbrial : membre de l'Académie des sciences morales et politiques ; professeur émérite du Conservatoire national des arts et des métiers (CNAM) ; fondateur et président de l'Ifri.

Laurence Nardon : responsable des programmes Amérique du Nord et Espace de l'Ifri.

Françoise Nicolas : directeur du Centre Asie de l'Ifri ; maître de conférences associé à l'université de Paris-Est-Marne-la-Vallée.

Julien Nocetti : chercheur associé à l'Ifri ; enseignant-chercheur en relations internationales et études stratégiques à l'Académie militaire de Saint-Cyr Coëtquidan.

Christian Noyer : directeur du Trésor (1993-1995), vice-président de la Banque centrale européenne (1998-2002) et gouverneur de la Banque de France (2003-2015) ; président de la Banque des règlements internationaux (2010-2015).

Céline Pajon : chercheuse au Centre Asie de l'Ifri ; responsable des activités Japon.

Alice Pannier : responsable du programme Géopolitique des technologies de l'Ifri.

Florent Parmentier : secrétaire général du Centre de recherches politiques de Sciences Po (CEVIPOF), enseignant à Sciences Po et chercheur-associé au Centre de géopolitique de HEC.

Antoine Pecqueur : journaliste, spécialisé en politique et économie de la culture ; directeur de la rédaction de *La Lettre du Musicien* ; collaborateur de RFI, Mediapart et *Alternatives économiques*.

Michel Pletschette : médecin microbiologiste et épidémiologiste ; attaché au département des maladies infectieuses et tropicales de l'université de Munich.

Bruno Reis : directeur du Groupe Eurasia à New York.

Laure de Rochegonde : chercheuse au Centre des études de sécurité de l'Ifri.

Isabelle Saint-Mézard : chercheuse associée au Centre Asie de l'Ifri.

Sina Schlimmer : chercheuse au Centre Afrique subsaharienne de l'Ifri.

John Seaman : chercheur au Centre Asie de l'Ifri.

Krzysztof Soloch : historien et spécialiste de l'Europe centrale et orientale ; chercheur associé à la RAND Corporation.

Hans Stark : professeur de civilisation allemande contemporaine à Sorbonne Université ; conseiller pour les relations franco-allemandes à l'Ifri.

Elina Suzuki : analyste des politiques de santé à l'Organisation de coopération et de développement économiques (OCDE).

Élie Tenenbaum : directeur du Centre des études de sécurité de l'Ifri.

David Teurtrie : chercheur associé au Centre de recherche Europes Eurasie (CREE) de l'Institut national des langues et des civilisations orientales (INALCO).

Marc Valeri : maître de conférences et directeur du Centre d'études sur le Golfe persique à l'université d'Exeter, Royaume-Uni.

Mathilde Velliet : collaboratrice du programme Amérique du Nord de l'Ifri.

Julien Vercueil : professeur d'économie et vice-président de l'Institut national des langues et civilisations orientales (INALCO), chercheur au Centre de recherches Europes Eurasie (CREE) de l'INALCO.

Florian Vidal : chercheur au Centre Russie/NEI de l'Ifri.

***

Chronologie de l'année (15 juillet 2020-14 juillet 2021) : Zoé Godard

Le monde en cartes :
- **coordination :** Clédia Barbieri Jimenez
- **réalisation :** Aurélie Boissière

Le monde en chiffres : David Blohm

Index : Julie Trenque

Fabrication : Maud Gilles

Graphisme de couverture : Élisabeth Hébert

Responsable éditoriale : Sharleen Lavergne, avec la collaboration de Jade Michielini

82210 - (I) - SOP 80° - P2356 U - BPA - MGS
Imprimerie CHIRAT - 42540 Saint-Just-la-Pendue
Dépôt légal : septembre 2021

Imprimé en France